2025

공기업 NCS 2주 완성
핵심문제집

의사소통/수리/문제해결/자원관리

NCS 공기업연구소 편저

머리말

2015년 상반기부터 공공기관은 산업현장에서 필요한 직무만을 요구하겠다는 취지로 국가직무능력표준(NCS)을 적용하여 직무능력 위주의 채용문화를 정착시키고 있습니다. 따라서 NCS 직업기초능력평가는 공공기관 채용을 위한 필수조건이 되었으며, 수험생들은 이에 대한 확실한 준비가 필요합니다.

본 교재는 의사소통능력, 수리능력, 문제해결·자원관리능력으로 구성되어 있으며 대다수 공공기관에서 반드시 출제되는 영역입니다. 따라서 해당 능력 중심으로 출제 유형의 이해도를 높이는 것은 합격 여부를 결정짓는 중요한 요소가 됩니다.
이에 공공기관 취업을 준비하는 수험생들에게 실질적이고 효과적인 도움을 드리고자 '2025 공기업 NCS 2주 완성 핵심문제집'를 출간하였습니다.

본 교재의 특징은 다음과 같습니다.

첫째, NCS 빈출 4개 영역을 의사소통능력 1~3일차, 수리능력 4~8일차, 문제해결 · 자원관리능력 9~13일차로 끊어 총 2주 동안 꾸준히 학습할 수 있도록 구성하였습니다.

둘째, 주요 공기업 기출문제 분석 후 영역별 대표유형을 선별하여 각 영역마다 일차별로 정리하였습니다. 유형별 풀이 비법과 팁을 수록하고, 연관 자료를 더해 NCS에 쉽게 접근할 수 있도록 하였습니다.

셋째, 반복 학습이 가능하도록 대표유형을 응용한 연습문제를 엄선하였습니다. 또한, 학습 점검표를 수록하여 취약 부분을 파악하고 복습할 수 있도록 하였습니다.

넷째, 최신 기출 경향을 반영한 영역 통합형 실전모의고사 50문항을 수록하여, 학습의 마무리와 동시에 실전에 대비할 수 있도록 하였습니다.

NCS를 가장 효율적이고, 꾸준히 학습할 수 있는 교재를 만들기 위해 교재 기획부터 원고 집필에 많은 시간과 노력을 기울였습니다. 본 교재에는 다양한 유형의 문항을 선별함은 물론, 학습에 도움이 될 요소를 곳곳에 첨부하여 NCS 직업기초능력평가를 준비하는 수험생들에게 많은 도움이 될 수 있으리라 확신합니다.

이 교재로 학습하시는 모든 수험생 여러분들께서 원하는 공공기관에 합격하시기를 진심으로 기원합니다.

목차

이 책의 구성

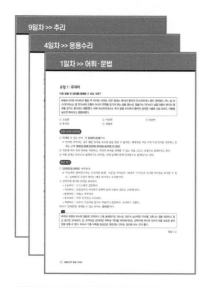

2주 학습 플랜, 일차별 구성

1~3일차 의사소통능력, 4~8일차 수리능력, 9~13일차 문제해결 · 자원관리능력, 14일차 마무리 실전모의고사로 구분하여 NCS 빈출 4개 영역을 2주간 효율적으로 학습할 수 있도록 구성하였습니다.

총 34개의 NCS 대표유형

주요 공기업 최신 기출문제를 분석하여 대표유형을 선별했습니다. 단계별 풀이 노하우는 물론 추가 학습 내용을 덧붙여 NCS에 더욱 쉽게 접근하고 빠르게 해결하는 방법을 파악할 수 있습니다.

반복 학습에 최적화된 연습문제

학습한 내용을 복습할 수 있도록 대표유형 연습문제를 엄선했습니다. 빈출 유형 문제를 반복 학습함으로써 NCS 문제 풀이 실력을 향상시킬 수 있습니다.

취약 유형을 파악하는 학습 점검표

일차별로 수록된 학습 점검표로 취약 유형을 파악하고, 해당 유형을 다시 학습할 수 있도록 하였습니다.

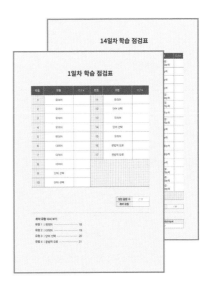

통합형 실전모의고사

전체 학습 내용을 마무리하고 실력을 점검할 수 있도록 4개 영역 통합형 50문항 실전모의고사를 수록하였습니다. 공기업 NCS 최신 출제 경향을 반영한 문제로 실제 시험 감각을 익힐 수 있습니다.

상세한 정답 및 해설

자가 학습에 어려움이 없도록 상세한 해설과 오답 분석을 수록하였습니다. 또한, 풀이 시간을 단축하는 다양한 접근 방법과 소거 스킬 등 효율적으로 문제를 해결하는 방법을 덧붙였습니다.

01 다음 제시된 단어와 의미가 유사한 것은?

구휼(救恤)

① 긍휼(矜恤)　　　　② 고혈(膏血)　　　　③ 궁핍(窮乏)
④ 고휼(顧恤)　　　　⑤ 구호(救護)

02 주어진 식의 값을 구한 것은?

$$2 \times (4^2 + 6^2) - 4$$

① 98　　　　　　　　② 100　　　　　　　　③ 102
④ 104　　　　　　　⑤ 106

03 오후 2시와 3시 사이에 시침과 분침이 서로 겹쳐지는 시각은?

① 오후 2시 $10\dfrac{1}{11}$　　　② 오후 2시 $10\dfrac{4}{11}$　　　③ 오후 2시 $10\dfrac{6}{11}$

④ 오후 2시 $10\dfrac{8}{11}$　　　⑤ 오후 2시 $10\dfrac{10}{11}$

04 다음 명제가 모두 참일 때, 항상 옳은 것은?

- 싱가포르에 가면 라오스에 가지 않는다.
- 미국에 가면 노르웨이에 가지 않는다.
- 싱가포르에 가지 않으면 스위스도 가지 않는다.
- 프랑스에 가면 노르웨이도 간다.
- 라오스에 가지 않으면 프랑스에 간다.

① 노르웨이에 가지 않으면 싱가포르에 간다.
② 프랑스에 가지 않으면 미국에 간다.
③ 라오스에 가면 스위스도 간다.
④ 미국에 가지 않으면 라오스도 가지 않는다.
⑤ 싱가포르에 가면 프랑스도 간다.

05 다음 글에서 문법이 틀린 부분의 개수는?

곳곳이 부러지고, 뜯기고, ㉠말라비틀어진 옥수수들. 강원도 한 산골의 옥수수밭입니다. 야생 멧돼지가 습격한 흔적이 온 밭에 남아 있습니다. 옥수수뿐만 아니라 감자 싹을 뿌리까지 모두 먹어치우면서, 올해 감사 농사는 ㉡더 이상 지을 수 없게 되었습니다. 이처럼 멧돼지나 고라니 같은 야생동물에 의한 농작물 피해가 끊이지 않고 있습니다. 최근 3년간 강원도 내의 야생동물 피해 신고는 ㉢천 여 건에서 약 2,700건까지 증가하였고, 그 피해 규모 또한 3년 전 8억 원에서 21억 원으로 3배 가까이 증가했습니다. 농가에서도 이러한 피해를 막기 위해 갖가지 대책을 ㉣세운지 몇 년째지만 역 부족입니다.

① 0개   ② 1개   ③ 2개
④ 3개   ⑤ 4개

[06~08] A온라인 쇼핑몰에서는 다음과 같이 재고를 관리하고 있다. 자료를 바탕으로 이어지는 물음에 답하시오.

물품명	물품번호	재고수량(개)	입고단가(원)	출고단가(원)
코닉 유리잔	H168543	148	3,000	6,600
뚜껑 얼음틀	U695426	174	1,100	2,300
나눔 볼	K879254	187	1,300	2,700
레트로 주방저울	E651034	112	18,800	31,500
스퀴저	T784134	133	15,300	19,500
컬러 물병	M269472	169	5,800	16,800
수박 슬라이서	P624821	153	1,000	3,500
논슬립 쟁반	T320154	144	3,500	5,900
우드 컵걸이	A187940	125	4,500	12,600
마그넷 소품걸이	Y125498	160	800	2,900
손잡이 유리머그	F026452	138	1,500	3,600
4구 프라이팬	I456280	128	14,600	21,500
실리콘 병세척솔	W341467	170	2,000	5,600
웨이브 슬라이서	R597512	142	7,300	13,600
커트러리 세트	C386470	135	2,800	6,400

06 물품번호에 따라 분류하여 재고를 관리하고 있다. A~E로 시작하는 물품은 1구역, F~J로 시작하는 물품은 2구역, K~O로 시작하는 물품은 3구역, P~T로 시작하는 물품은 4구역, U~Z로 시작하는 물품은 5구역에 보관한다. 다음 중 다른 구역에 보관해야 할 물품이 포함된 구역은?

1구역	레트로 주방저울, 우드 컵걸이, 커트러리 세트
2구역	코닉 유리잔, 손잡이 유리머그, 4구 프라이팬
3구역	나눔 볼, 컬러 물병, 논슬립 쟁반
4구역	스퀴저, 수박 슬라이서, 웨이브 슬라이서
5구역	뚜껑 얼음틀, 마그넷 소품걸이, 실리콘 병세척솔

① 1구역 ② 2구역 ③ 3구역
④ 4구역 ⑤ 5구역

07 구역별 물품의 적정재고가 다음과 같을 때, 추가로 구매해야 할 물품이 없는 구역은?(단, 모든 물품은 적절한 구역에 보관된 상태이다.)

1구역	2구역	3구역	4구역	5구역
120	145	170	140	155

① 1구역 ② 2구역 ③ 3구역
④ 4구역 ⑤ 5구역

08 다음은 지난 주 가장 많이 판매된 상위 5개 품목이다. 각 물품의 판매 수량이 다음과 같을 때 판매 수익이 가장 높은 품목은?

손잡이 유리머그	나눔 볼	스퀴저	마그넷 소품걸이	웨이브 슬라이서
148	135	76	154	89

① 손잡이 유리머그 ② 나눔 볼 ③ 스퀴저
④ 마그넷 소품걸이 ⑤ 웨이브 슬라이서

09 산을 올라갈 때는 시속 3km의 일정한 속력으로 걷고 내려올 때는 4km가 더 먼 길을 시속 2km의 일정한 속력으로 걸었다. 산을 올라갔다가 내려오는 데 6시간 20분이 걸렸다면, 올라갈 때 걸은 거리는 몇 km인가?

① 4.8km ② 5.2km ③ 5.5km
④ 5.8km ⑤ 6.2km

10 다음 글의 내용과 일치하지 않는 것은?

공론장은 사회적 의제에 대해 서로 다른 의견을 조율해 가며, 이 과정에서 형성된 건전한 여론을 국가 정책에 반영하는 곳으로, 민주주의의 실현에 반드시 필요한 곳이다. 최근 사회의 다원화로 인한 갈등 분출이 잦아지면서 공론장의 필요성이 부각되고 있고, 상당수 사람들에게 TV 토론 프로그램이 공론장의 역할을 할 것으로 기대되고 있다. 그런데 이에 대해 비판적인 입장을 견지하는 학자들도 있다. 이들에 따르면 TV 토론 프로그램에서는 공적 문제에 대해 상호 의사소통을 하기보다는 각자 이해관계에 따라 자신의 주장을 일방적으로 전달하고 있을 뿐이며, 이로 인해 오히려 사람들로 하여금 해당 의제에 대한 관심이 멀어지도록 한다는 것이다. 또한 주제, 진행 방법, 참여자 및 사회자의 성향 등을 방송사가 설정함으로써 결론 혹은 논조를 그들의 의도대로 조절하고 일반 시민을 방관자로 전락시키기까지 한다고 주장한다.

① 공론장은 민주주의 실현에 반드시 필요한 곳이다.
② 최근 공론장의 필요성이 부각되고 있다.
③ 상당수의 사람들은 TV 토론 프로그램은 공론장의 역할을 못할 것이라고 생각한다.
④ 공론장은 사회적 의제에 대해 서로 다른 의견을 조율해 가며, 형성된 건전한 여론을 국가 정책에 반영하는 곳이다.
⑤ 일부 학자들은 TV 토론 프로그램에서 각자 이해관계에 따라 자신의 주장을 일방적으로 전달하고 있다고 생각한다.

11 소금물 200g에 물 30g을 넣었더니 농도가 10%인 소금물이 되었다. 처음 소금물의 농도는?

① 10%　　　　　　　　② 10.5%　　　　　　　　③ 11%
④ 11.5%　　　　　　　⑤ 12%

12 다음 중 〈보기〉의 문장을 순서대로 배열한 것으로 가장 적절한 것은?

┌보기┐
㉠ 기술의 발달이 언뜻 관련 없어 보이는 분야에도 큰 영향을 미칠 수 있음을 보여주는 사례라고 할 수 있다.
㉡ 이는 판소리나 민담 등 구전으로만 이루어졌던 각종 민속 문학의 전승이 활자의 형태로 이루어지도록 하였다.
㉢ 17세기경부터 급속도로 발달한 인쇄 기술은 많은 변화를 일으켰다.
㉣ 그러면서 자연스럽게 서민들이 주로 이용하던 언문(한글)이 이와 함께 널리 보급되기 시작하였다.
㉤ 우선 책의 제작이 이전과 비교할 수 없을 정도로 쉽고 저렴하게 가능해졌다.

① ㉢ - ㉤ - ㉣ - ㉡ - ㉠　　　② ㉢ - ㉤ - ㉡ - ㉣ - ㉠　　　③ ㉠ - ㉢ - ㉤ - ㉡ - ㉣
④ ㉢ - ㉡ - ㉤ - ㉣ - ㉠　　　⑤ ㉠ - ㉢ - ㉡ - ㉤ - ㉣

13 고객 대상으로 전달할 사은품을 포장하는 데 사원 A가 혼자 하면 10일이 걸리고, 사원 B가 혼자 하면 15일이 걸린다고 한다. 사은품 포장 작업을 사원 A와 B가 같이 하여 완성하려면 며칠이 걸리는가?

① 2일   ② 3일   ③ 4일
④ 5일   ⑤ 6일

14 은행에 A~F 6명이 대기 중이다. 이들의 대기번호가 다음과 같을 때, 항상 참인 것은?

> • A의 대기번호가 가장 빠르고, D는 이들 중 다섯 번째이다.
> • D는 F보다 대기번호가 빠르다.
> • B와 C의 번호는 연달아 이어지지 않는다.

① B는 두 번째로 업무를 처리한다.
② C는 E 다음 순서이다.
③ D 바로 전은 E이다.
④ B는 E보다 대기 번호가 빠르다.
⑤ A의 대기번호가 101번이라면 E의 번호는 103번이다.

15 다음 글의 주제로 가장 적절한 것은?

> 확률 인지 심리학자들은 사람들이 확률을 판단할 때 '주관적 추론'에 의존하는 경향이 매우 큼을 알아냈다. 예컨대 A가 B에 속할 확률을 판단할 때 실제 확률에 영향을 미치는 정보보다 A가 B를 얼마나 더 닮았는지에 영향을 받거나, A에 대한 구체적인 예를 떠올리기 쉬울수록 A가 발생할 확률이 더 크다고 판단하기도 한다는 것이다. 또한 새로운 정보를 입수함에 따라 자신의 평가를 조정하지만, 결국 최종적인 추정 결과는 처음의 평가 쪽으로 기울기 쉬운 경향을 보이는 것도 이러한 예이다. 이러한 주관적 추론은 편리한 인지 방법이지만 체계적인 편향이나 심각한 오류가 발생할 확률이 높다.

① 사람들은 확률을 판단할 때 주관적 추론이라는 편리한 인지 방법을 이용한다.
② 객관적 정보 제공을 통해 사람들이 주관적 추론에 따라 판단을 내리지 않도록 해야 한다.
③ 사람들은 확률에 대해 판단할 때 주관적 추론으로 인한 오판을 내릴 가능성이 높다.
④ 주관적 추론에 의한 판단을 방지하기 위해 심리학적 도움을 받을 필요가 있다.
⑤ 주관적 추론에 의지하여 내린 확률 판단은 무의미한 판단이다.

실력 TEST 정답 및 해설

01 답 ⑤

- 구휼(救恤) : 사회적 또는 국가적 차원에서 재난을 당한 사람이나 빈민에게 금품을 주어 구제함
- 구호(救護) : 재해나 재난 따위로 어려움에 처한 사람을 도와 보호함
① 긍휼(矜恤) : 불쌍히 여겨 돌보아 줌
② 고혈(膏血) : 몹시 고생하여 얻은 이익이나 재산을 비유적으로 이르는 말
③ 궁핍(窮乏) : 몹시 가난함
④ 고휼(顧恤) : 불쌍하게 생각하여 돌보거나 도와줌

02 답 ②

$2 \times 52 - 4 = 100$

03 답 ⑤

시침은 1시간 동안 30도를 움직이므로, 1분 동안 0.5도 움직인다. 분침은 1시간 동안 360도를 움직이므로 1분 동안 6도 움직인다. 2시와 3시 사이의 시침과 분침이 서로 일치할 때 시각은 2시 x분이므로, 시침이 이루는 각은 $30 \times 2 + 0.5 \times x = 60 + 0.5x$, 분침이 이루는 각은 $6x$이다. 시침과 분침이 서로 일치해야 하므로 $60 + 0.5x = 6x \rightarrow 5.5x = 60$이다. 따라서 x는 $10\frac{10}{11}$이다.

04 답 ⑤

명제를 기호화하면 다음과 같다.
- 싱가포르 → ~라오스 (대우 : 라오스 → ~싱가포르)
- 미국 → ~노르웨이 (대우 : 노르웨이 → ~미국)
- ~싱가포르 → ~스위스 (대우 : 스위스 → 싱가포르)
- 프랑스 → 노르웨이 (대우 : ~노르웨이 → ~프랑스)
- ~라오스 → 프랑스 (대우 : ~프랑스 → 라오스)

이를 종합하면 미국 → ~노르웨이 → ~프랑스 → 라오스 → ~싱가포르 → ~스위스이고, 대우는 스위스 → 싱가포르 → ~라오스 → 프랑스 → 노르웨이 → ~미국이다. 따라서 '싱가포르에 가면 프랑스도 간다.'만 항상 참이다.

05 답 ③

ⓒ : '그 수를 넘음'의 뜻을 더하는 접미사 '-여'는 앞말과 붙여 쓴다.
ⓔ : 의존명사 '지'는 앞말과 띄어 쓴다.

06 답 ③

구역별로 정해진 물품을 정리하면 다음과 같다.

1구역(A~E)	레트로 주방저울(E), 우드 컵걸이(A), 커트러리 세트(C)
2구역(F~J)	코닉 유리잔(H), 손잡이 유리머그(F), 4구 프라이팬(I)
3구역(K~O)	나눔 볼(K), 컬러 물병(M)
4구역(P~T)	스퀴저(T), 수박 슬라이서(P), 논슬립 쟁반(T), 웨이브 슬라이서(R)
5구역(U~Z)	뚜껑 얼음틀(U), 마그넷 소품걸이(Y), 실리콘 병세척솔(W)

논슬립 쟁반의 물품번호가 T로 시작하므로 3구역이 아닌 4구역에 보관해야 한다.

07 답 ⑤

구역별 적정재고와 품목별 재고수량을 정리하면 다음과 같다.

1구역	120	레트로 주방저울(112), 우드 컵걸이(125), 커트러리 세트(135)
2구역	145	코닉 유리잔(148), 손잡이 유리머그(138), 4구 프라이팬(128)
3구역	170	나눔 볼(187), 컬러 물병(169)
4구역	140	스퀴저(133), 수박 슬라이서(153), 논슬립 쟁반(144), 웨이브 슬라이서(142)
5구역	155	뚜껑 얼음틀(174), 마그넷 소품걸이(160), 실리콘 병세척솔(170)

이를 토대로 할 때, 1구역에서는 레트로 주방저울, 2구역에서는 손잡이 유리머그와 4구 프라이팬, 3구역은 컬러 물병, 4구역은 스퀴저를 추가로 구매해야 한다. 그러나 5구역 물품은 모두 적정재고 이상이므로 추가로 구매할 물품이 없다.

08 답 ⑤

지난 주 가장 많이 판매된 상위 5개 품목의 판매 수익을 계산하면 다음과 같다.

물품명	판매개수 (개)	개당 판매이익 (원)	판매 수익 (원)
손잡이 유리머그	148	2,100	310,800
나눔 볼	135	1,400	189,000
스퀴저	76	4,200	319,200
마그넷 소품걸이	154	2,100	323,400
웨이브 슬라이서	89	6,300	560,700

따라서 판매 수익이 가장 높은 품목은 웨이브 슬라이서이다.

09　답 ②

올라갈 때 거리를 $x$km라 하면, 내려올 때 거리는 4km가 더 멀다고 하였으므로 $(x+4)$km이다. 따라서 $\dfrac{x}{3}+\dfrac{x+4}{2}=6\dfrac{1}{3}=\dfrac{19}{3}$

$\rightarrow 2x+3(x+4)=38 \rightarrow 5x=26,\ x=5.2$km이다.

10　답 ③

두 번째 문장에서 상당수 사람들에게 TV 토론 프로그램이 공론장의 역할을 할 것으로 기대되고 있다고 하였다.

11　답 ④

소금의 양 $=\dfrac{농도}{100}\times$소금물의 양이다. 따라서 소금물 200g의 농도를 x%라 하면 $200\times x+30\times 0=230\times 10 \rightarrow x=11.5\%$

12　답 ②

도입부인 ⓒ에서 '인쇄 기술의 발달'이 가져온 변화에 대해 언급하고 그에 대한 대표적인 사례로서 ⓓ에서 '책의 제작'을 이야기한다. 그리고 '책의 제작이 쉬워진 것'이 가져온 변화를 ⓑ에서 설명하고, 이러한 민속 문학의 전승이 가져온 효과, 즉 한글의 보급을 ⓔ을 통해 설명한다. 마지막으로 ⓐ에서 이러한 흐름의 의의를 정의하며 글을 마무리한다.

13　답 ⑤

전체 일의 양을 x라 하면, 사원 A는 하루에 $\dfrac{1}{10}$만큼 일하고, 사원 B는 하루에 $\dfrac{1}{15}$만큼 일한다. 둘이 함께 일하면 $\dfrac{1}{10}+\dfrac{1}{15}=\dfrac{1}{6}$만큼의 일을 하게 된다. $\dfrac{1}{6}\times x=1$이므로 $x=6$일 걸린다.

14　답 ⑤

A는 1번째, D는 5번째, F는 6번째로 고정이다. 남은 순서는 2, 3, 4인데, B와 C의 대기번호가 연달아 이어지지 않으므로 B와 C는 2번째 혹은 4번째이며, 3번째는 E이다.

1	2	3	4	5	6
A	B or C	E	C or B	D	F

15　답 ③

사람들은 확률을 판단할 때 주관적 추론에 의존하는 경향이 있으며, 이는 편리한 인지 방법이기는 하지만 객관성이 결여되어 체계적인 편향이나 김각한 오류가 발생할 확률이 높다고 이야기하고 있다.

실력 TEST 결과&맞춤 PLAN

A+
[맞춘 개수 : 13~15개]

NCS에 대한 기본기가 탄탄한 실력으로, 본 교재를 잘 이용한다면 실제 시험에서 고득점할 가능성이 높다. 긴 시간을 투자하는 것보다는 취약 유형 위주로 학습해 단기간 고득점을 목표로 할 것을 추천한다.

➡ 5일 PLAN

A
[맞춘 개수 : 10~12개]

NCS에 대한 기본기를 갖추고 있으므로, 정확하게 푸는 것이 필요하다. 일정기간을 정해두고 본 교재의 능력별 정답 찾기와 취약 유형을 중심으로 학습할 것을 추천한다.

➡ 10일 PLAN

B
[맞춘 개수 : 6~10개]

NCS에 대한 실력을 키우기 위해서 일차별로 학습할 필요가 있다. 본 교재의 대표유형과 연습문제를 일차별로 학습하여 NCS에 대한 실력을 키울 것을 추천한다.

➡ 14일 PLAN

C
[맞춘 개수 : 5개 이하]

NCS에 대한 기본기를 다지기 위해서 시간을 들여 학습할 필요가 있다. 단기간 많은 내용을 학습하지 말고 본 교재의 내용을 일차별로 차근차근 학습하며 꼭 복습도 함께 할 것을 추천한다.

➡ 18일 PLAN

완벽 마스터 스터디 PLAN

📅 의·수·문·자 5일 안에 완벽 마스터!

5일 PLAN

DAY 1	DAY 2	DAY 3	DAY 4	DAY 5
__월__일	__월__일	__월__일	__월__일	__월__일
의사소통능력 (1일차~3일차)	수리능력 (4일차~8일차)	문제해결 · 자원관리능력 (9일차~13일차)	취약 유형 분석 및 복습	모의고사

📅 취약 유형을 중점적으로 완벽 마스터!

10일 PLAN

DAY 1	DAY 2	DAY 3	DAY 4	DAY 5
__월__일	__월__일	__월__일	__월__일	__월__일
의사소통능력 (1일차~3일차)	의사소통능력 취약 유형 분석 및 복습	수리능력 (4일차~6일차)	수리능력 (7일차~8일차)	수리능력 취약 유형 분석 및 복습
DAY 6	**DAY 7**	**DAY 8**	**DAY 9**	**DAY 10**
__월__일	__월__일	__월__일	__월__일	__월__일
문제해결 · 자원관리능력 (9일차~11일차)	문제해결 · 자원관리능력 (12일차~13일차)	문제해결 · 자원관리능력 취약 유형 분석 및 복습	모의고사	모의고사 취약 유형 분석 및 복습

📅 유형부터 꼼꼼하게 완벽 마스터!

14일 PLAN

DAY 1	DAY 2	DAY 3	DAY 4	DAY 5
__월 __일	__월 __일	__월 __일	__월 __일	__월 __일
의사소통능력 (1일차)	의사소통능력 (2일차)	의사소통능력 (3일차)	수리능력 (4일차)	수리능력 (5일차)
DAY 6	**DAY 7**	**DAY 8**	**DAY 9**	**DAY 10**
__월 __일	__월 __일	__월 __일	__월 __일	__월 __일
수리능력 (6일차)	수리능력 (7일차)	수리능력 (8일차)	문제해결 · 자원관리능력 (9일차)	문제해결 · 자원관리능력 (10일차)
DAY 11	**DAY 12**	**DAY 13**	**DAY 14**	
__월 __일	__월 __일	__월 __일	__월 __일	
문제해결 · 자원관리능력 (11일차)	문제해결 · 자원관리능력 (12일차)	문제해결 · 자원관리능력 (13일차)	모의고사	

📅 기초부터 천천히 완벽 마스터!

18일 PLAN

DAY 1	DAY 2	DAY 3	DAY 4	DAY 5
__월 __일	__월 __일	__월 __일	__월 __일	__월 __일
의사소통능력 (1일차)	의사소통능력 (2일차)	의사소통능력 (3일차)	의사소통능력 취약 유형 분석 및 복습	수리능력 (4일차)
DAY 6	**DAY 7**	**DAY 8**	**DAY 9**	**DAY 10**
__월 __일	__월 __일	__월 __일	__월 __일	__월 __일
수리능력 (5일차)	수리능력 (6일차)	수리능력 (7일차)	수리능력 (8일차)	수리능력 취약 유형 분석 및 복습
DAY 11	**DAY 12**	**DAY 13**	**DAY 14**	**DAY 15**
__월 __일	__월 __일	__월 __일	__월 __일	__월 __일
문제해결 · 자원관리능력 (9일차)	문제해결 · 자원관리능력 (10일차)	문제해결 · 자원관리능력 (11일차)	문제해결 · 자원관리능력 (12일차)	문제해결 · 자원관리능력 (13일차)
DAY 16	**DAY 17**	**DAY 18**		
__월 __일	__월 __일	__월 __일		
문제해결 · 자원관리능력 취약 유형 분석 및 복습	모의고사	모의고사 취약 유형 분석 및 복습		

※ 스터디 플래너 홈페이지 제공

P / A / R / T

01

의사소통능력

유형 1 | 유의어

다음 밑줄 친 단어를 대체할 수 있는 것은?

> 바빌로니아와 아시리아 멸망 후 터키와 시리아, 이란 일대는 메디아 왕국의 아스티아게스 왕이 장악했다. 어느 날 아스티아게스는 딸 만다네의 오줌이 아시아 전역을 잠기게 하는 꿈을 꿨는데, 점술가는 만다네가 낳을 아들이 메디아 왕국을 삼키는 꿈이라고 해몽했다. 이에 아스티아게스는 즉시 딸을 수도에서 떨어진 <u>궁벽한</u> 시골로 시집 보내고, 아들을 낳으면 죽이라고 명령하였다.

① 소슬한   ② 가난한   ③ 쓸쓸한
④ 후미진   ⑤ 처량한

유형&문제 CHECK

① 대체할 수 있는 단어, 즉 유의어 문제이다.
  ➡ 단어만 주어지는 경우 해당 단어를 모르면 답을 찾을 수 없지만, 예제처럼 지문 속에 특정 단어를 지목하는 문제는 글의 맥락을 통해 단어의 의미를 유추할 수 있다.
② 지문에 여러 개의 단어를 지목하고, 각각의 단어를 대체할 수 없는 것을 고르는 유형으로 출제되기도 한다.
③ 어휘 문제는 단독으로 출제되기도 하지만, 독해 문제와 함께 연결형으로 출제되기도 한다.

정답 찾기

① '궁벽한'의 의미를 파악한다.
  ➡ '수도에서 떨어진'이라는 수식어와 함께, '시골'을 꾸며준다. 따라서 '구석진'과 유사한 의미임을 유추할 수 있다. '궁벽한'의 사전적 의미는 '매우 후미지고 으슥한'이다.
② 선택지에 제시된 단어를 검토한다.
  • 소슬하다 : 으스스하고 쓸쓸하다.
  • 가난하다 : 살림살이가 넉넉하지 못하여 몸과 마음이 괴로운 상태에 있다.
  • 쓸쓸하다 : 외롭고 적적하다.
  • 후미지다 : 아주 구석지고 으슥하다.
  • 처량하다 : 마음이 구슬퍼질 정도로 외롭거나 쓸쓸하다. 초라하고 가엾다.
따라서 '궁벽한'을 대체할 수 있는 단어는 '후미진'이다.

> **Tip**
>
> 유의어 유형과 유사한 형태로 반의어가 간혹 출제되기도 하는데, 의미가 상대적인 단어를 고른다는 점을 제외하고 접근 방식은 유사하다. 단, 유의어든 반의어든 맥락상 의미를 파악하더라도 선택지에 제시된 단어의 뜻을 모르면 결국 답을 찾을 수 없다. 따라서 기출 어휘를 중심으로 헷갈리는 단어는 정리해 두는 것이 좋다.

정답 | ④

유형 2 | 다의어

다음 〈보기〉의 밑줄 친 단어와 동일한 의미로 쓰인 것은?

┌ 보기 ┐

그는 미처 말하지 못했던 이야기들을 <u>풀어</u> 가기 시작했다.

① 숙소에 도착하자마자 짐을 <u>풀고</u> 휴식을 취했다.
② 사과를 받았음에도 화가 <u>풀리지</u> 않았다.
③ 그토록 원하던 바를 이루었으니 평생의 한을 <u>풀었다</u>.
④ 자신의 의견을 논리적으로 <u>풀어</u> 나가는 법을 배워야 한다.
⑤ 궁금증을 <u>풀기</u> 위해 직접 들어가 보았다.

유형&문제 CHECK

① 특정 단어의 의미가 동일한 경우를 찾는 문제이다.
  ➡ 두 가지 이상의 뜻을 가진 단어인 다의어 문제로, 소리는 같으나 뜻이 다른 단어인 동음이의어가 섞여서 출제
     되기도 한다.
② 예제처럼 제시문을 주고 해당 문장의 단어 뜻과 같은 문장을 고르는 유형 또는 선택지에서 의미가 다른 하나를
   고르는 유형으로 출제된다.
③ 다의어는 기본 의미에서 의미가 파생된 경우가 많으므로 의미 차이가 다소 모호하다.
  ➡ 다른 단어로 대체해서 판단하는 방법이 가장 명확하다.

정답 찾기

〈보기〉 문장의 '풀다'는 생각이나 이야기 따위를 말한다는 뜻이며, '말하다, 이야기하다' 등으로 바꾸어 쓸 수 있다.
이것과 같은 의미로 쓰인 경우는 ④이다.
① '묶이거나 감기거나 얽히거나 합쳐진 것 따위를 그렇지 아니한 상태로 되게 하다'라는 뜻이며, '끄르다'로 대체할
   수 있다.
② '일어난 감정 따위를 누그러뜨리다'라는 뜻으로 '가라앉히다, 삭이다'와 같은 단어로 대체할 수 있다.
③ '마음에 맺혀 있는 것을 해결하여 없애거나 품고 있는 것을 이루다'라는 뜻으로 '해소하다' 혹은 '이루다'로 대체할
   수 있다.
⑤ '모르거나 복잡한 문제 따위를 알아내거나 해결하다'라는 뜻으로 '해결하다'로 대체할 수 있다.

정답 | ④

유형 3 | 단어 선택

다음 빈칸 ㉠~㉤에 들어갈 적절한 단어로 옳은 것은?

> 마르크스는 모든 부가가치는 노동에 의해 (㉠)된다고 하였다. 그러므로 부가가치 전부를 노동자들이 임금으로 가져
> 가야 하는데 임금은 그보다 낮게 결정되고 그 차이를 기업이 (㉡)으로 가져가는 실상이다. 한편 노동자가 일한 노동
> 시간 중 임금에 (㉢)되는 부분을 필요노동시간이라고 하는데 이는 노동자의 삶을 유지하는 데에 (㉣)한 재화와 용역
> 을 구매하기 위한 임금에 해당된다는 의미이다. 또한 노동자가 일한 노동시간 중 그 나머지는 잉여노동시간이라고 하
> 고, 그에 (㉤)하는 부가가치 부분을 잉여가치라고 한다.

① ㉠ – 소비   ② ㉡ – 손실   ③ ㉢ – 해당
④ ㉣ – 불필요   ⑤ ㉤ – 반응

유형&문제 CHECK

맥락상 적절한 어휘를 선별하는 유형이다. 빈칸의 전후 내용을 고려하여 내용이 매끄럽게 연결되는 단어로 선택한다.
➡ 예제처럼 빈칸에 삽입할 어휘의 적절성을 판단하는 유형이나 여러 개 단어 중 가장 적절한 단어를 선택하는 형식
   으로 출제된다.

정답 찾기

① [×] '소비'가 들어갈 경우 부가가치는 노동에 의해 없어진다는 의미가 된다. 따라서 '생산'이 들어가는 것이 적절
   하다.
② [×] ㉡의 앞에서 부가가치를 전부 노동자들이 임금으로 가져가야 하는데 임금은 그보다 낮게 결정된다고 하였고
   그 차이를 임금이 가져가는 것이므로 '이윤'이 들어가는 것이 문맥상 적절하다.
③ [○] '해당'은 무엇에 관계되는 바로 그것이라는 의미이므로 필요노동시간은 노동시간 중 임금을 의미하는 단어로
   적절하다.
④ [×] '필요'는 반드시 요구되는 바가 있다는 의미로 문맥상 '불필요'보다는 '필요'가 들어가는 것이 적절하다.
⑤ [×] '반응'은 자극에 대응하여 어떤 현상이 일어남을 의미한다. 따라서 '대응'이 들어가는 것이 적절하다.

정답 | ③

유형 4 | 문법적 오류

다음 〈보기〉에서 맞춤법이 잘못 쓰인 문장의 개수는?

┌─ 보기 ┐
- 내 방식이 마음에 들지 않으면 네가 처리하던지.
- 안 그래도 풀이 죽어 있는데 더 건들이면 어떡합니까.
- 큰 소리 내봤자 득 될 것 없으니 웬만하면 참아요.
- 그럼 내일 같은 장소에서 봬요.
- 아무리 바빠도 간간히 휴식을 취해야 합니다.
└─────────────────────────────────────┘

① 1개   ② 2개   ③ 3개
④ 4개   ⑤ 5개

유형&문제 CHECK

맞춤법이나 문법적인 오류 여부를 판단하는 문제이다. 자주 출제되지는 않지만, 문법 지식을 모르면 답을 찾을 수 없는 유형이므로 자주 혼동하는 부분을 위주로 반복적인 학습이 필요하다.

정답 찾기

- 내 방식이 마음에 들지 않으면 네가 처리하던지. [×]
  → '-든지'와 '-던지'의 쓰임새는 다음과 같다.

-든지	나열된 동작이나 상태, 대상들 중에서 어느 것이든 선택될 수 있음을 나타내는 연결 어미
-던지	지난 사실을 돌이켜 서술하여, 문장을 이어 주거나 끝맺을 때 쓰는 연결 어미

이 문장에서는 나와 너 중에서 선택하는 상황에 놓였으므로 '처리하든지'라고 써야 옳다.

- 안 그래도 풀이 죽어 있는데 더 건들이면 어떡합니까. [×]
  → '건들이다'는 '상대를 자극하는 말이나 행동으로 마음을 상하게 하거나 기분을 나쁘게 만들다'를 뜻하는 '건드리다'의 잘못된 표기이다.

- 큰 소리 내봤자 득 될 것 없으니 웬만하면 참아요. [○]
  → '웬만하다'는 '허용되는 범위에서 크게 벗어나지 아니한 상태에 있다'를 뜻한다. '왠만하다'는 틀린 표기이다.

- 그럼 내일 같은 장소에서 봬요. [○]
  → '봬요'는 동사 '뵈다'의 활용형인 '뵈어요'의 준말이다.

- 아무리 바빠도 간간히 휴식을 취해야 합니다. [×]
  → '간간히'는 '아슬아슬하고 위태롭게, 입맛 당기게 약간 짠 듯이' 등을 뜻하는 부사이고, '간간이'는 '시간적인 사이를 두고 가끔씩, 공간적인 거리를 두고 드물게'라는 의미의 부사이다. 맥락상 이 문장에서는 '간간이'가 적합하다.

정답 | ③

연습문제

정답 및 해설 p. 278

[01~03] 다음 밑줄 친 단어를 대체할 수 있는 것을 고르시오.

01

몇 년 전만 해도 결혼을 하고 아이를 갖는다는 것은 <u>요원한</u> 일이라고 생각했었다.

① 까마득한   ② 난망한   ③ 불가능한

④ 생소한   ⑤ 무관한

02

현지시간 8일 유럽 주요국 증시는 미국과 중국이 무역 협상에 대해 <u>상충하는</u> 주장을 내놓자 일제히 하락했다. 전날 중국 정부가 미국과 단계적인 관세 철회를 합의했다고 발표하자 시장에 낙관론이 떠올랐지만, 이날 도널드 트럼프 미 대통령이 합의 사실을 부인하면서 투자 심리가 위축됐다고 CNBC는 분석했다.

① 불하하는   ② 응수하는   ③ 상응하는

④ 불합하는   ⑤ 확충하는

03

K구는 수입물품의 원산지 정보를 표시해 국민건강과 안전 및 국내산업을 보호하고 건전한 유통거래 질서를 확립하는 차원에서 수입 공산품 원산지 표시 이행실태 점검을 실시한다. 주요 점검 내용은 원산지 미표시, 원산지 허위표시 및 오인표시 여부, 원산지 표시손상 및 변경행위 여부, 원산지 표시방법의 적정성 여부 등이며, 지도 · 교육도 병행할 예정이다. 구 관계자는 "원산지표시 지도 · 점검을 통해 원산지 둔갑판매 등을 사전에 예방해 소비자가 <u>안심하고</u> 제품을 구입할 수 있도록 하겠다"고 말했다.

① 방념하고   ② 부각하고   ③ 확립하고

④ 소비하고   ⑤ 감응하고

[04~05] 다음 빈칸에 들어갈 단어로 가장 적절한 것을 고르시오.

04

고무 : 독려 = 알력 : (　　)

① 주목   ② 불화   ③ 반박

④ 평화   ⑤ 정쟁

05

폭등 : 급락 = 낙공 : ( )

① 비화   ② 낙명   ③ 성취
④ 낙상   ⑤ 명공

[06~07] 〈보기〉의 밑줄 친 단어와 동일한 의미로 쓰인 것을 고르시오.

06 ┌보기┐

그는 사람들이 방심하고 있는 사이 틈을 <u>타서</u> 도주하였다.

① 그 식당은 방송을 <u>타고</u> 더욱 유명해졌다.
② 방 안의 짙은 연기가 벽을 <u>타고</u> 천장으로 올라갔다.
③ 그는 이번 대회에서 상패와 상금을 <u>탔다</u>.
④ 그녀는 예술가의 소질을 <u>타고</u> 태어났다.
⑤ 부동산 경기를 <u>타고</u> 건축 붐이 일었다.

07 ┌보기┐

불필요하게 세제를 많이 <u>쓰는</u> 것은 환경오염의 원인이 된다.

① 쓸데없는 것에 시간을 <u>쓰는</u> 것은 무의미하다.
② 그녀는 아이에게 존댓말을 <u>쓰라고</u> 교육했다.
③ 모든 수단을 <u>써</u> 보았지만 도무지 해결방법을 찾을 수 없었다.
④ 그는 억울한 누명을 <u>쓰고도</u> 감옥에 가야만 했다.
⑤ 이런 식으로 억지를 <u>쓰는</u> 것은 옳지 않다.

08 다음 밑줄 친 단어의 의미가 나머지와 다른 하나는?
① 돈을 벌기 위해 수단과 방법을 <u>가리지</u> 않았다.
② 음식을 <u>가리지</u> 말고 골고루 먹어야 한다.
③ 그는 자기 앞도 못 <u>가리는</u> 처지이다.
④ 공정하게 우승팀을 <u>가리는</u> 것이 중요하다.
⑤ 잘못된 부분은 <u>가려서</u> 바르게 수정해야 한다.

09 다음 〈보기〉에서 빈칸에 들어갈 수 없는 단어를 고르면?

┌─보기├─
(가) 세종 대왕은 훈민정음을 널리 (　)시켜 백성을 이롭게 하고자 했다.
(나) 넓은 뜻의 가족법이란 친족법과 상속법을 (　)한다.
(다) 해당 연구는 (　) 10여 명 정도로 팀을 구성하여 프로젝트를 완성한다.
(라) 그는 워낙 한문에 (　)해서 어떤 책을 펴 들어도 막히지 않고 읽어내릴 정도였다.
(마) 이 소설은 우리 시대 아줌마로 (　)되는 모든 아내에게 바치는 일종의 헌사다.
(바) 한자에는 형태는 달라도 같은 뜻으로 (　)되는 것들이 많다.

① 통상　　　　　　② 통용　　　　　　③ 통달
④ 통념　　　　　　⑤ 통칭

10 다음 빈칸 ㉠~㉢에 삽입할 단어가 바르게 짝지어진 것은?

최근 성적 일변도의 평가에서 벗어나 개인의 소질과 적성을 종합적으로 고려하여 선발한다는 제도의 취지에도 불구하고 공정성에 대한 의문이 끊임없이 제기되고 있는 것이 엄연한 현실이다. 또한 입시 당사자인 학생의 역량과 노력보다는 부모의 배경과 능력, 출신고등학교와 같은 외부 요인이 입시 결과에 (㉠) 영향을 미치고 과정마저 투명하지 않아 깜깜이 전형으로 불릴 정도이므로, 입시의 공정성을 위해 (㉡)으로 기울여야 할 노력은 학생부종합전형을 (㉢)으로 개선해 나가야 한다.

	㉠	㉡	㉢
①	긍정적	주도적	자발적
②	절대적	명시적	획일적
③	결정적	우선적	획기적
④	상대적	윤리적	일반적
⑤	긍정적	최종적	선택적

11 다음 밑줄 친 ㉠~㉤을 대체할 수 없는 것은?

팔레스타인 무장정파 하마스와 이스라엘의 전쟁은 2023년 10월 7일, 하마스가 이스라엘을 기습공격하여 약 1천200명의 민간인과 군인, 외국인을 학살하고 253명을 인질로 ㉠삼았던 것을 계기로 일어났다. 이스라엘은 지난 4개월 가자지구 거의 전역을 ㉡장악하며 전쟁을 지속하고 있다. 블룸버그 통신의 ㉢추정에 따르면 2023년 4분기 가자지구의 국내총생산(GDP) 규모는 9천만 달러(약 1천 200억 원)로 직전 3분기 GDP(6억7천만 달러, 약 8천 900억 원)보다 80% 넘게 ㉣급감했다. 이전부터 높았던 빈곤율, 광범위한 규모의 국내 난민, 주택·고정자산·생산역량 파괴 등의 상황과 경제 악화의 결합으로 가자지구는 구호 물품에 의존하여 생계를 ㉤잇고 있다.

① ㉠ 잡았던　　　　② ㉡ 소유　　　　③ ㉢ 추계
④ ㉣ 갑자기 감소　　⑤ ㉤ 유지

12 다음 밑줄 친 ㉠~㉤ 중 가장 적절하게 쓰인 어휘는?

국제 신용평가사 무디스는 현대자동차그룹 계열사의 앱티브(Aptiv Plc)와 자율주행차 합작법인 설립 계획이 현대자동차, 기아자동차 및 현대모비스의 신용도에 ㉠부정적이라고 언급했다. 유○○ 무디스 부사장 겸 수석크레딧오피서는 "앱티브와의 합작 계획은 Level 4 및 Level 5 자율주행 기술에 대한 현대자동차그룹 계열사의 접근성을 ㉡재고하고, 관련 상품의 조기 상용화를 가능하게 할 수 있을 것"이라며 "3사의 우수한 재무 구조를 고려할 때 합작법인에 대한 현금 출자는 감당 가능한 수준"이라고 설명했다.

또한 현대자동차, 기아자동차, 현대모비스는 앱티브와 50 대 50 합작으로 약 40억 달러 규모로 가치 ㉢산정된 자율주행차 법인을 설립할 계획이라고 공시했다. 현대자동차, 기아자동차, 현대모비스는 합작법인 지분을 각각 약 26%, 14%, 10% 보유하게 되며, 이들 3사의 출자 규모는 현금 약 1.9조 원, 지적재산·기타 용역 포함 총 2.4조 원 수준이다. 앱티브는 합작사에 관련 자산과 지적재산을 출자할 예정이고, 합작사는 Level 4와 Level 5 자율주행 기술의 개발 및 상용화에 주력할 계획이다. ㉣기존 거래는 당국의 승인을 요하며 5년 후 거래가 완료될 것으로 예상된다.

앱티브가 자율주행 솔루션 시장에서 우수한 기술을 보유하고 있다는 점을 고려할 때 이번 합작이 자율주행 기술 투자에 관련된 현대자동차그룹의 높은 R&D 비용부담을 ㉤강화하는 데에도 기여할 것으로 보고 있다.

① ㉠   ② ㉡   ③ ㉢

④ ㉣   ⑤ ㉤

13 다음 밑줄 친 ㉠~㉤을 대체할 수 없는 것은?

미국 빅테크 기업 'FAANG'(페이스북 모회사 메타, 애플, 아마존, 넷플릭스, 구글을 ㉠일컬음)의 시가 총액이 3조 달러(약 3789조 원) 이상 줄어들었다. 월스트리트저널(WSJ)은 5개의 빅테크 기업이 2022년 주식 시장에서 어느 때보다 ㉡저조한 성적을 냈다고 보도했다. 메타의 주가는 64% 이상 폭락했고, 넷플릭스는 51% 하락해 주가가 절반 이상 감소했다. 나머지 3개 기업도 주가가 27% 이상 떨어졌다. FAANG의 주가 ㉢부진은 인플레이션을 잡기 위한 미국 중앙은행(Fed)의 고금리 정책이 주요 원인으로 보았다. 빅테크 기업들이 서로의 영역을 ㉣침범하고 있는 것도 원인으로 꼽혔다. 빅테크 기업의 어려움은 2024년에도 지속될 것으로 ㉤짐작한다.

① ㉠ 의미함   ② ㉡ 침체된   ③ ㉢ 하락

④ ㉣ 틈입   ⑤ ㉤ 예견하다

14 다음 밑줄 친 ㉠~㉤ 중 맥락상 적절하지 않은 단어는?

종합 모빌리티 플랫폼 ○○가 수수료 2.8%의 신규 가맹 상품을 출시할 계획이라고 밝혔다. 관계자는 "지난해 12월부터 주요 택시 단체 및 가맹 택시 업계와 간담회 및 개별 실무 회의를 통해 택시 업계 의견을 바탕으로 ㉠개편 방안을 마련해왔다"라며 택시 사업자의 부담을 ㉡완화할 것이라고 전했다. 또한 ○○는 인공지능(AI) 추천과 도착 예정 시간(ETA) 스코어 방식을 동시에 적용하는 방향으로 개편할 예정이며, 기술 테스트를 진행한 후 실제 서비스에 도입한다는 계획이다. 나아가 ○○는 각 지역 택시 사업자들의 자율적 ㉢상생 활동을 지원하는 한편, 정보통신기술 인프라 기반 솔루션 제공과 플랫폼 운영 ㉣기량 강화에 ㉤주력하는 방안을 택시 단체와 지속적으로 논의해 나갈 예정이다.

① ㉠　　　　　　　　② ㉡　　　　　　　　③ ㉢
④ ㉣　　　　　　　　⑤ ㉤

15 다음 밑줄 친 ㉠~㉤을 대체할 수 없는 것은?

9%인 현행 보험료율이 그대로 유지된다면 2030년부턴 국민연금이 그해 지급하는 연금을 그해 거둬들인 보험료로 다 ㉠충당하지 못한다는 분석 보고서가 나왔다. 국회 기획재정위원회 ○○○ 의원실이 국회예산정책처에 의뢰해 받은 '노인 인구 증가와 국민연금 부담 변화 분석' 보고서에 따르면 국민연금 가입자가 전체 인구에서 차지하는 비중은 올해 42.9%에서 2060년 27.3%까지 떨어진다. 반면 국민연금 수급자가 전체 인구에서 차지하는 비중은 올해 9.4%에서 2060년 37.8%까지 올라간다. 가입자와 수급자의 비중이 바뀌는 시기는 2048년으로 전망된다. 가입자와 수급자의 비율이 31%에서 ㉡맞닿아 연금에 돈을 붓는 사람보다 연금을 받는 사람이 많아진다는 의미다. 국민연금 가입자 100명이 부양해야 할 노령연금수급자 수의 비중을 의미하는 '국민연금 제도부양비'는 올해 18.0명에서 2060년 121.7명으로 ㉢급등한다. 보험료 수입만으로 국민연금을 운영할 때 필요한 보험료율을 의미하는 '부과방식 비용률'도 크게 오를 전망이다. 올해는 4.8% 보험료율로도 국민연금이 굴러가지만, 2060년에는 31.8%로 올려야 제도를 ㉣운용할 수 있게 된다. 예정처는 현행 보험료율인 9%를 넘어서는 시기를 2030년(9.4%)으로 전망했는데 이는 지금의 보험료율을 그대로 안고 간다면 2030년부터 그해 들어온 보험료로 그해 지출할 연금액을 충당할 수 없다는 의미다. 지난 8월 ㉤발간한 국민연금 재정 전망 결과를 바탕으로 연간 명목 임금 상승률 3.5%, 물가 상승률 1.8% 등으로 가정해 이러한 전망을 제시했다.

① ㉠ 채우지　　　　② ㉡ 역전되어　　　　③ ㉢ 폭등
④ ㉣ 운영할　　　　⑤ ㉤ 펴낸

16 다음 중 맞춤법이 틀린 문장을 모두 고르면?

> ㉠ 목걸이가 끊어져 구슬이 낱알로 흩어졌다.
> ㉡ 키가 자란 동생의 바지 길이를 늘렸다.
> ㉢ 벌린 일은 어떻게든 끝내는 것이 아버지의 원칙이다.
> ㉣ 길에서 만난 사람에게 돈을 뺐겼다.
> ㉤ 시력검사를 마친 그는 안경의 도수를 돋구었다.

① ㉠, ㉡, ㉣　　　　　　② ㉠, ㉢, ㉤　　　　　　③ ㉠, ㉡, ㉢, ㉣
④ ㉡, ㉢, ㉣, ㉤　　　　⑤ ㉠, ㉡, ㉢, ㉣, ㉤

17 다음 〈보기〉와 같은 성격의 오류를 보이는 문장은?

┤보기├
　　　　그녀는 백화점에 갈 수 없을 만큼 바쁘기 때문에 인터넷 쇼핑몰에서 자주 샀다.

① 방학 동안 열심히 공부했지만, 결과가 기대를 못 미쳐 속상했다.
② 선생님께서 나에게 격려 차원에서 참고서와 펜 두 개를 주셨다.
③ 기재 내용의 정정 또는 기관의 인이 없으면 무효입니다.
④ 지금 나에게 중요한 것은 열심히 공부해야 한다.
⑤ 배가 너무 고파서 아무 식당에 들어가서 먹었다.

1일차 학습 점검표

번호	유형	O/X	번호	유형	O/X
1	유의어		11	유의어	
2	유의어		12	단어 선택	
3	유의어		13	유의어	
4	유의어		14	단어 선택	
5	반의어		15	유의어	
6	다의어		16	문법적 오류	
7	다의어		17	문법적 오류	
8	다의어				
9	단어 선택				
10	단어 선택				

맞힌 문항 수	/ 17
취약 유형	

취약 유형 다시 보기

유형 5 | 내용 일치

다음 중 지문의 내용과 일치하는 것은?

코로나 19 팬데믹으로 전 세계는 디지털 신기술을 활용한 사회 · 경제 · 문화 · 보건 · 의료 등 인간 삶의 모든 국면에 대한 대변혁인 디지털 대전환이 빠른 속도로 이뤄지고 있다. 이러한 디지털 대전환은 4차 산업혁명 시대가 도래했음을 의미한다. 4차 산업혁명 시대에는 로봇이나 네트워크, 자동화, 지능화된 제품과 서비스를 가능하게 하는 인공지능 (AI)의 디지털 기술이 중요하다.

그렇기 때문에 미국, 영국 등을 포함한 세계 주요 국가는 4차 산업혁명 시대를 위한 국가 발전 전략을 마련하는 동시에 디지털 대전환을 주도할 핵심 인력을 양성하기 위해 컴퓨터 과학에 대한 체계적인 교육계획을 수립하고 있다.

우리나라도 4차 산업혁명 시대를 위해 인공지능 국가전략을 수립 · 발표하고 이를 체계적으로 추진하고 있다. 한국판 뉴딜을 디지털 뉴딜로 규정 및 추진해 IT 강국을 넘어 AI 강국으로의 도약을 목표로 잡고 소프트웨어, 인공지능 인력 양성을 위해 초 · 중 · 고등학교부터 대학 · 대학원까지의 교육과정에서 체계적인 계획을 수립하고 있다. 그러나 현재 초 · 중 · 고등학교 교육과정에 포함된 소프트웨어 공교육 시수는 부족한 실정이다. 때문에 교육과정 개편에서 소프트웨어 공교육 시수를 늘리자는 의견이 나오고 있다. 이러한 초 · 중 · 고등학교의 소프트웨어 공교육 확대는 대학의 첨단 교육 시스템으로 연결돼 4차 산업혁명 시대에 큰 공헌을 할 수 있는 전문인력을 양성하는 데 도움을 줄 수 있다.

또한 대학 자체에서도 종전 산업사회의 인력을 양성하는 틀에서 벗어나 4차 산업혁명 시대에 필요한 인재를 양성하기 위한 시스템을 마련하기 위해 노력하고 있다. 디지털 네이티브의 필수 역량인 컴퓨팅적 사고력을 갖도록 양성하기 위해서는 수학, 과학과 마찬가지로 기초 학문으로 소프트웨어 교과를 체계적으로 교육해야 한다. 뿐만 아니라 우리나라가 4차 산업혁명 시대를 잘 맞이하기 위해서는 정부에서도 이러한 국가 발전에 공헌하려는 대학의 의도와 노력을 잘 이해하고 적극적이고 지속적인 지원을 해야 할 것이다.

① 대부분의 나라에서는 4차 산업혁명이 진행되고 있지 않다.
② 우리나라는 4차 산업혁명 시대를 위해 국가 안보전략을 수립 발표하였다.
③ 현재 우리나라 초 · 중 · 고등학교 교육과정에 포함된 소프트웨어 공교육 시수를 늘리면 4차 산업혁명 시대에 맞는 전문인력을 양성하는 데 도움을 줄 수 있다.
④ 대학은 4차 산업혁명 시대에 필요한 인재를 양성하기 위해 정부의 지침을 기다리고만 있다.
⑤ 정부가 국가 발전에 공헌하려는 대학의 의도가 이해되지 않을 때는 지원을 끊어야 한다.

유형&문제 CHECK

① 지문과 선택지의 내용을 비교하여 일치 여부를 판단하는 유형으로, 가장 빈번하게 출제되는 독해 유형이다.
② 문제에서 요구하는 사항을 가장 먼저 확인한다.
　➡ 의외로 문제를 제대로 읽지 않아 틀리는 경우가 종종 있다. 문제에서 요구하는 바가 옳은 정보인지 틀린 정보인지를 우선 체크해야 한다.
③ 긴 지문이 주어지는 경우가 많으므로, 필요한 정보만을 찾아 빠르게 비교해야 한다.
　➡ 먼저 선택지를 살피고, 선택지에 포함된 키보드를 중심으로 관련 내용이 있는 부분을 역으로 찾아 비교한다.

Tip

지문의 내용은 상식과 구분 지어야 한다. 이미 알고 있는 내용이 지문으로 등장하더라도 지문에 주어진 정보만을 바탕으로 답을 찾는다. 또한 NCS 의사소통능력의 내용 일치 관련 문제는 대화문을 적용한 선택지가 주어지는 등 다양한 형식의 문제가 출제되지만, 기본적인 풀이 방법은 같다.

정답 찾기

① [×] 2문단에 따르면 미국, 영국 등을 포함한 세계 주요 국가는 4차 산업혁명 시대를 위한 국가 발전 전략을 마련하는 동시에 디지털 대전환을 주도할 핵심 인력을 양성하기 위해 컴퓨터 과학에 대한 체계적인 교육계획을 수립하고 있다고 나와 있다.

② [×] 3문단에 따르면 우리나라도 4차 산업혁명 시대를 위해 인공지능 국가전략을 수립·발표하고 이를 체계적으로 추진하고 있다고 나와 있다.

③ [○] 3문단에 따르면 현재 우리나라 초·중·고등학교 교육과정에 포함된 소프트웨어 공교육 시수는 부족한 실정이기 때문에 초·중·고등학교의 소프트웨어 공교육 시수를 늘리면 4차 산업혁명 시대에 큰 공헌을 할 수 있는 전문인력을 양성하는 데 도움을 줄 수 있다고 나와 있다.

④ [×] 4문단에 따르면 대학 자체에서도 종전 산업사회의 인력을 양성하는 틀에서 벗어나 4차 산업혁명 시대에 필요한 인재를 양성하기 위한 시스템을 마련하기 위해 노력하고 있다고 나와 있다.

⑤ [×] 4문단에 따르면 우리나라가 4차 산업혁명 시대를 잘 맞이하기 위해서는 정부에서도 이러한 국가 발전에 공헌하려는 대학의 의도와 노력을 잘 이해하고 적극적이고 지속적인 지원을 해야 할 것이라고 나와 있다.

정답 | ③

Plus

추론은 본문의 내용을 바탕으로 내용의 옳고 그름을 판단하는 점에서 내용 일치와 비슷하지만, 숨겨진 정보를 찾아낸다는 점에서 조금 난도 높은 유형에 속한다. 단, 단순한 추측만으로 답을 찾아서는 안 되며, 지문에서 확인할 수 있는 사실을 토대로 논리적으로 유추할 수 있는 사실을 답으로 삼아야 한다.

유형 6 | 실용문 이해

다음은 ○○역 등 10개 역사 정밀안전점검 용역에 대한 과업내용서이다. 내용을 바르게 이해하지 못한 것은?

과업내용서

1. 용역명 : ○○역 등 10개 역사 정밀안전점검 용역
2. 대상 : ○○역 등 10개 역사
3. 목적 : 본 과업은 ○○역 등 10개 역에 대하여 정밀점검을 시행, 건축물에 대한 물리적 · 기능적 결함을 조사하고 구조적 안전성 및 손상 상태를 점검하여, 신속하고 적절한 조치를 취함으로써 재해를 예방하고 시설물의 효용을 증진시켜 공공의 안전을 확보하고자 함
4. 과업 내용
   1) 자료 수집 및 분석 : 준공도면 및 관련 서류 검토, 기존 안전 점검 · 정밀안전진단 실시 결과
   2) 현장조사 및 시험 : 기본 시설물 또는 주요 부재의 외관조사 및 외관조사망도 작성, 현장 재료시험 등
   3) 상태평가 : 외관조사 결과 분석, 현장 재료시험 결과 분석, 대상 시설물(부재)에 대한 상태평가, 시설물 전체의 상태평가 결과에 대한 책임기술자의 소견(안전등급 지정)
   4) 종합평가 및 종합평가 등급 산정, 결론 및 조사보고서 작성
   5) 시설물 역사 환기구 점검 시 우리 본부 시설처의 협조를 받아 안전성 검토 및 관리대책을 별도로 작성 제출(필요 시)
   6) 시설물정보관리종합시스템(FMS) 점검보고서 등록
   7) 보고서 납품(각 건물 CD 5부씩)
5. 과업 기간
   1) 본 과업 기간은 착수일로부터 60일간임
   2) 본 과업은 발주기관의 지시에 의하여 작업이 중단되었을 경우 우리 본부의 승인을 얻어 과업 기간을 연장할 수 있다.

---

① ○○역 등 10개 역사 정밀안전점검 용역은 재해 예방, 시설물 효용 증진을 통한 공공 안전 확보를 목적으로 한다.
② 용역기관은 시설을 종합평가하고 등급을 산정한 후 조사보고서를 작성해야 한다.
③ 필요에 따라 용역기관은 시설물 역사 환기구 안전성 검토 및 관리대책을 별도로 작성 · 제출해야 한다.
④ 용역기관은 FMS에 점검보고서를 등록하고 건물별로 5부씩 보고서 CD를 납품해야 한다.
⑤ 정밀점검수행 과정에서 용역기관은 작업 기간의 연장이 필요하다고 판단할 경우 발주기관의 승인하에 연장할 수 있다.

유형&문제 CHECK

① 일상생활이나 업무상 접하게 되는 실용문이 자료로 주어지는 유형으로, 문제해결능력과 유사하게 간단한 계산이 필요한 문제가 출제되기도 한다.
  ➡ 예제는 과업내용서를 자료로 제시한 내용 일치 문제로, 일반적인 내용 이해 유형의 독해 문제와 비슷한 방식으로 접근하면 된다. 항목별 제목이 있으므로 난이도는 오히려 낮다.
② 약관이나 법조문 등에는 다소 낯선 용어가 등장하기도 하나, 내용 파악이 어려울 정도의 수준으로는 출제되지 않는다.
  ➡ 다만 일상에서는 구별 없이 쓰는 단어라도 법률 용어는 의미상 차별이 있는 경우가 존재하므로, 선택지의 내용을 판단하거나 상황 대입 시 주의한다.

① [○] '3. 목적'을 보면 ○○역 등 10개 역에 대하여 정밀점검하고 신속하고 적절한 조치를 취함으로써 재해를 예
방하고 시설물의 효용을 증진시켜 공공의 안전을 확보하고자 한다고 나와 있다.

② [○] '4. 과업 내용'의 세부항목 4에 종합평가 및 종합평가 등급 산정, 결론 및 조사보고서 작성을 명시하였다.

③ [○] '4. 과업 내용'의 세부항목 5를 보면 필요에 따라 시설물 역사 환기구 점검 시 우리 본부 시설처의 협조를 받
아 안전성 검토 및 관리대책을 별도로 작성 제출해야 한다고 하였다.

④ [○] '4. 과업 내용'의 세부항목 6에 시설물정보관리종합시스템(FMS) 점검보고서 등록을, 세부항목 7에 보고서
납품(각 건물 CD 5부씩)을 명시하였다.

⑤ [×] '5. 과업 기간'의 세부항목 2에 과업 기간의 연장은 발주기관의 지시에 의하여 작업이 중단되었을 때 우리 본
부의 승인하에서만 가능하다고 하였다.

정답 | ⑤

유형 7 | 주제 파악

다음 글의 주제로 가장 적절한 것은?

> 대학에서 교수가 학생들에게 가르칠 수 있는 것과 학생들이 배워야 할 것 사이에는 괴리가 있다. 대학에서 가르치는 수업 내용의 대부분은 교수가 대학과 대학원에서 쌓은 지식이 대부분이다. 정립된 학문 체계 그대로 학생들에게 전달하는 것이다.
>
> 문제는 세상이 빠르게 변한다는 점이다. 세상이 요구하는 지식도, 배우는 학생들의 수준도 크게 변하고 있다. 대학은 더 이상 학자가 되기 위해 입학하는 곳이 아니다. 중요한 이론 지식이지만 실제 활용도는 높지 않은 내용을 학생들이 배워야 할 필요가 있는지 고민할 때다. 지식의 생산자가 아니라 지식을 바탕으로 다른 부가가치를 창출하는 지식의 소비자를 양성하는 것이 교육의 목표가 되어야 한다.
>
> 준비되지 않은 채 낯선 세상과 만나야 하는 학생들의 불안감은 상상을 초월한다. 대학에서 학생들을 준비시켜 줄 수 없다면 직무유기다. 다행히 이공계는 여러 통로로 학생들에게 '쓸모 있는' 지식을 전달하는 방향으로 전환되는 추세다. 그런데 인문사회계의 현실은 다르다. 4차 산업혁명이 도래했다고들 하면서도 대학에서 이들에게 가르치는 내용은 동떨어져 있다.
>
> 인문사회계 학생들에게 코딩을 가르친다고 해결될 문제도 아니다. 코딩 안에는 인문학이 혹은 사회과학이 없기 때문이다. 코딩은 도구일 뿐 인문사회학적 이해와 상상력은 인문사회학적 훈련에서 나오게 된다. 융합교육이 절실한 이유다. 물론 어렵지만 인문사회계에서 융합교육이 불가능한 것은 아니다.

① 인문사회계 전공의 선호도 감소는 현대 사회의 변화와 무관하지 않다.
② 대학 교수는 학생들의 성장을 돕기 위해 끊임없이 고민해야 한다.
③ 4차 산업혁명은 융합교육의 필요성을 각인시키는 계기이다.
④ 대학은 시대적 변화에 걸맞은 교육을 학생들에게 제공해야 한다.
⑤ 현대 사회에서 인문사회학적 이해는 더 이상 필수적이지 않다.

유형&문제 CHECK

독해의 기본 유형 중 하나로 글의 요지를 파악하는 문제이다. 전체적인 내용을 종합할 수 있어야 하며, 논설문의 경우 글쓴이가 궁극적으로 전달하고자 하는 바를 선택해야 한다.
➡ 지문에 포함된 내용일지라도 지엽적인 것은 답이 될 수 없다는 점을 인지하고 접근한다.

정답 찾기

① [×] 인문사회계 전공의 선호도 감소는 현대 사회의 변화와 무관하지 않다.
   ➡ 지문에서 찾을 수 없는 내용이다.
② [×] 대학 교수는 학생들의 성장을 돕기 위해 끊임없이 고민해야 한다.
   ➡ 대학 교수가 시대 변화에 맞는 교육을 제공하기 위해 고민해야 한다는 점은 맞으나 이것을 학생들의 성장을 돕기 위한 행위라고 바꿔 말하기는 어렵다.
③ [×] 4차 산업혁명은 융합교육의 필요성을 각인시키는 계기이다.
   ➡ 4차 산업혁명으로 변화하는 시대에 맞춰 인문사회학계에 융합교육이 필요하다는 내용은 맞지만, 이는 단순한 사실 언급일 뿐 글쓴이가 궁극적으로 말하고자 하는 바를 포괄할 수 없다.
④ [○] 대학은 시대적 변화에 걸맞은 교육을 학생들에게 제공해야 한다.
   ➡ 현재 대학의 교육은 교수가 이미 정립된 학문을 학생들에게 전달하는 상황이지만, 시대적 변화에 맞춰 대학 교육 역시 변화가 필요하다는 것이 이 글의 요지이므로, 글의 주제로 적절하다.
⑤ [×] 현대 사회에서 인문사회학적 이해는 더 이상 필수적이지 않다.
   ➡ 글쓴이가 말하고자 하는 바와 동떨어진 내용이다.

정답 | ④

정답 및 해설 p. 280

01 다음 〈보기〉의 밑줄 친 단어와 동일한 의미로 쓰인 것은?

┤보기├

낯선 사람에게 말을 <u>거는</u> 것은 매우 어려운 일이다.

① 할머니는 항상 대문에 빗장을 <u>걸어</u> 두셨다.
② 내일 당장 계약금을 <u>걸기</u>로 했다.
③ 불합리한 대우에 맞서 소송을 <u>걸기</u>로 했다.
④ 사소한 일로 시비를 <u>걸어</u> 싸움을 일으키곤 했다.
⑤ 그는 차를 구입하고 처음으로 시동을 <u>걸어</u> 보았다.

02 다음 중 밑줄 친 ㉠~㉤의 대체어가 될 수 없는 것은?

이 세계의 돈을 모두 모아서 102층짜리 고층 빌딩을 짓는다고 한다면 이렇게 된다. 우선 건물의 맨 아래층부터 70층까지가 '파생 상품'으로 채워진다. 파생 상품 시장의 전체 규모를 정확히 ㉠<u>산정하기</u>는 어렵지만 약 1,200조 달러로 ㉡<u>추정한다</u>. 그 위로 12개 층은 전 세계 모든 국가들이 짊어지고 있는 '부채'가 차지한다. 약 199조 달러다. 파생 상품에 비하면 작게 느껴지지만 다음 블록과 비교하면 크다. 부채 블록 위로 8개 층은 수표와 어음, 신용카드를 포함한 전 세계 '신용 화폐'로 연간 약 80조 달러다. 그 다음 7개 층이 '주식' 시장인데 정작 세계 언론이 난리를 치는 게 무색할 정도인 약 70조 달러다. 그 위로 3개 층은 현재 유통되고 있는 실물 화폐인 '현금', 즉 지폐와 동전으로 약 29조 달러이며, 이 액수는 신용카드의 사용이 늘어나면서 점차 줄어들고 있다. 앞으로 가상 화폐가 널리 ㉢<u>보급된다면</u> 입지는 더욱 줄어들 것이다. 다음 1개 층은 고대에서부터 현대까지 ㉣<u>제련된</u> 모든 '금'이다. 약 8조 달러이고 전 세계 모든 부동산 가치의 합계인 7조 달러를 약간 ㉤<u>상회하는</u> 정도다. 마지막 1개 층이 빌딩 맨 꼭대기에서 깜박거리고 있는 경고등 '비트코인'이다.

① ㉠ 계산 　　　　② ㉡ 추산 　　　　③ ㉢ 확산
④ ㉣ 제작 　　　　⑤ ㉤ 웃도는

03 다음 〈보기〉에서 수정이 필요한 문장을 모두 고르면?

┤보기├

㉠ 저는 요리를 처음 배우는 와중이라서 맛있게 만들 자신이 없어요.
㉡ 백인과 동양인의 피부색은 다르다.
㉢ 남북의 응원단들은 응원 방법이 틀려서 조금은 어색했다.
㉣ 그가 바쁜 생활 중에도 꾸준히 자격증 시험을 준비하여 합격하였다는 것은 그가 성실하다는 것을 방증한다.

① ㉠, ㉣ 　　　　　　② ㉡, ㉢ 　　　　　　③ ㉠, ㉡, ㉢
④ ㉡, ㉢, ㉣ 　　　　⑤ ㉠, ㉡, ㉢, ㉣

04 다음 중 글의 내용과 일치하지 않는 것은?

> 앞으로 물막이설비 설치 대상 건축물의 범위가 확대된다. 물막이설비 설치 기술기준 제2조 1항에 따르면 '물막이설비'란 침수를 지연시키거나 방지하기 위하여 사용하는 물막이판, 모래주머니, 방지턱, 계단 등을 말한다. 물막이설비는 방재지구나 지하층이 있는 건축물 중 행정안전부 장관이 침수 피해가 우려된다고 인정해 고시하는 지역에 지어지는 건축물의 지하층 및 1층 출입구에 설치해야 한다.
>
> '건축물의 설비기준 등에 관한 규칙'에 따르면 방재지구 등에서 침수 방지를 위한 물막이설비를 설치해야 하는 건축물의 범위가 모든 건축물로 확대된다고 밝혔다. 개정 전에는 물막이 설비 설치 대상 건축물은 '연면적 1만㎡ 이상의 건축물'에 한정돼 있었다. 다만, 해당 건축물의 지하층 및 1층의 출입구를 국토교통부 장관이 정하여 고시하는 예상 침수 높이 이상으로 설치한 경우에는 물막이설비를 설치한 것으로 보았다.
>
> 물막이판은 다음의 성능시험 결과를 모두 만족할 것을 권장한다.
>
> ① KS F 2639에 따른 정수두 누수 시험과 조류 누수 시험 결과 물막이판의 누수율이 40L/(m · h) 이하일 것, ② KS F 2236에 따른 내충격성 시험 결과 육안으로 관찰하여 잔류 변형, 손상 등의 이상이 없을 것, ③ 그 밖에 물막이판과 관련된 사항은 한국산업표준에 적합할 것
>
> 또한, 물막이판은 여닫이식, 미닫이식, 기립식, 하강식, 탈착식 등 작동 방법에 따라 다양한 유형이 있으며 현장 여건에 따라 적절한 유형을 선택하여 설치하여야 한다.

① 건축물의 지하층 및 1층의 출입구에 물막이설비를 설치해야 한다.

② 해당 건축물의 지하층 및 1층의 출입구를 예상 침수 높이 이상으로 설치한 경우에도 물막이설비를 설치해야 한다.

③ 연면적 1만㎡ 이하의 건축물도 물막이설비를 설치해야 한다.

④ KS F 2639에 따른 정수두 누수 시험 결과 물막이 판의 누수율이 40L/(m · h) 이하인 경우 물막이판 성능시험 결과를 한 가지 만족한다.

⑤ KS F 2236에 따른 내충격성 시험 결과 육안으로 관찰하여 잔류 변형, 손상 등의 이상이 있다면 성능시험 결과를 만족하지 않는다.

05 다음 중 글의 내용과 일치하는 것은?

최근 전기자동차 시장의 급성장과 함께 배터리(이차전지) 수요가 빠른 속도로 늘어나면서 배터리에 들어가는 광물이 부족할 수 있다는 우려가 커지고 있다. 또한 세계 3대 광산 기업 중 한 곳은 탄소중립 정책으로 배터리 광물 수요가 2050년까지 최대 4배 증가할 것이라고 예상했다. 이 기업의 사장은 "30년 내 배터리 금속 수요가 급증하는 만큼 지속가능한 방식으로 공급을 확대해야 할 것이며, 향후 30년 동안의 구리 수요 역시 지난 30년에 비해 두 배 가까이 늘어날 것"이라고 예측했다.

뿐만 아니라 최근 미국 지질조사국(USGS)은 미국 내 니켈 생산 광산이 하나밖에 없는 데다 니켈이 스테인리스강 합금에서 전기차 배터리 소재로 용도가 확장되면서 그 중요도가 커졌으므로 니켈이 충분치 않으면 미국만이 아니라 전 세계적으로도 배터리 공급망이 위험에 빠질 수 있어 니켈과 아연을 핵심 광물 목록에 포함할 것을 제안했다.

배터리 광물의 중요성이 커지는 배경에는 빠르게 성장하는 전기자동차 시장이 있다. 한 조사에 따르면 올해 1~9월 세계 80개국에 판매된 순수 전기자동차(EV)는 총 297만 6,000대로 전년 동기 대비 138.3% 증가했다. 따라서 배터리에 필요한 광물 역시 큰 폭으로 늘어날 것으로 보인다.

이 때문에 주요 배터리 제조사는 폐배터리 재활용·재사용 사업에 박차를 가하고 있다. 스웨덴에 한 배터리 제조사는 폐배터리에서 추출한 양극재 소재인 니켈·코발트·망간을 100% 재활용한 배터리를 만드는 데 성공했다. 그 결과 이 배터리 제조사는 업계 후발주자였지만 유럽 주요 배터리사로 떠오르고 있다. 국내 배터리 제조사도 폐배터리 재활용, 광산 기업과의 협약 등으로 광물 확보에 힘 쏟고 있다. L사는 북미 최대 배터리 재활용 기업과 함께 폐배터리 재활용을 추진하고 있으며, S사는 수산화리튬 추출 기술을 세계 최초로 개발하며 파일럿 공정에 돌입했다. 또한 K사도 폐배터리 재활용 협력을 국내에서 해외로 넓힐 예정이다.

① 전기자동차 시장이 급성장하고 있지만 배터리에 들어가는 광물에는 영향이 없다.
② 미국 지질조사국은 구리와 백금을 핵심 광물 목록에 포함할 것을 제안했다.
③ 올해 1~9월 세계 80개국에 판매된 순수전기자동차(EV)는 전년 동기 대비 50% 감소했다.
④ 스웨덴에 한 배터리 제조사는 니켈·코발트·망간을 재활용한 배터리를 만드는 데 성공했다.
⑤ 국내 배터리 제조사 L사는 수산화리튬 추출 기술을 세계 최초로 개발하며 파일럿 공정에 돌입했다.

06 다음 중 글의 내용과 일치하지 않는 것은?

> 가스공사는 2025년부터 15년 동안 연간 158만 t 수준에 이르는 미국산 액화 천연가스 도입을 계약했다. 가격은 기존 계약의 70% 수준으로 알려져 있다. 다른 발전사업자들의 최근 도입 가격 또한 상당히 낮은 수준으로 알려져 구매자 중심 시장의 지속성과 미국발 셰일가스 혁명이 미치는 직간접적인 영향을 확인할 수 있다. 따라서 과거 대비 경제적인 가스의 안정적 확보는 일정 수준 가능해 보인다. 주력 에너지원으로서의 첫 번째 요건은 만족하는 셈이다.
>
> 하지만 전력의 경우 여전히 원자력 또는 석탄발전 대비 비싼 것 또한 사실이다. 이는 곧 상당 수준의 전기요금 인상과 연결될 수밖에 없다. 연료 및 판매사업자 선택권이 없는 우리나라 전기 소비자에 대한 설득과 동의가 필요한 부분이다.
>
> 가스발전 주기기인 가스터빈은 전통적으로 미국, 독일, 일본 등이 주도해 왔다. 따라서 원자력이나 석탄발전과는 달리 가스발전의 국내 산업 생태계가 상당히 미흡했다. 최근 국내 기업의 가스터빈 국산화 추진과 발전공기업을 중심으로 소재 및 부품에 대한 국내기업 육성 등은 그나마 위안이 되지만, 가스터빈 국산화는 본질적으로 상당한 기술적 위험을 가지고 있으므로 장기간 추진해야 한다. 가스발전 관련 소재, 부품의 국산화 정책도 마찬가지이다. 신규 가스발전의 물량을 우리나라 기술개발 로드맵과 일정 수준 호흡을 같이해야 할 이유가 여기에 있다.
>
> 가스발전 확대에 따른 전력 부문의 준비 사항은 더욱 복잡해진다. 과거 가스의 비중이 작을 때 여러 차례 경험한 바 있는, 가스 파동에 대한 철저한 대비가 필요하다. 가스 파동은 다양한 이유로 발생할 수 있는데 가스 확보 문제에서부터 인수기지나 가스망의 물리적 파손까지도 생각해야 한다. 대만의 정전이나 캘리포니아 가스 저장시설 파손과 유사한 상황에서도 안정적 전력 공급을 할 수 있어야 한다. 이는 천연가스 발전기의 이중연료(유류나 LPG) 확보 의무화, 유류발전, 석탄 등과 같은 여분의 대체발전력 확보, 부하반응(DR)의 지속적 확대, 전력망의 해외 연계 등 다양한 형태의 대비책이 필요하다. 우리나라와 같이 고립된 전력망에서 대규모 블랙아웃이 발생할 경우에는 그 피해가 상상을 초월하게 된다.

① 가스공사는 미국산 액화 천연가스를 2025년부터 이전 가격보다 저렴하게 15년간 도입할 예정이다.

② 미국 셰일가스 등의 영향으로 가스를 기존보다 저가로 도입할 수 있지만 석탄발전 등에 비하면 가격이 높아 전기요금 인상 가능성이 발생한다.

③ 가스발전 주기기인 가스터빈은 전통적으로 미국, 독일, 일본, 한국이 주도해 왔다.

④ 가스발전을 확대 시 가스 파동, 정전, 가스 저장시설 파손 상황 등이 발생할 경우의 대비책이 필요하다.

⑤ 우리나라와 해외의 전력망이 연계된다면 블랙아웃 발생 시 피해 규모를 축소할 수 있다.

07 다음 제시문을 읽고 A~E가 나눈 대화 내용을 볼 때 바르게 이해하지 못한 사람은?

1980년대 서울 관악구 신림동의 고시촌을 중심으로 생겨나기 시작했던 고시원은 값싼 주거공간을 찾는 수요와 함께 지하철역을 중심으로 급격하게 늘어났다. 국토교통부의 '2022년 주택 이외 거처 주거실태조사'에 따르면 쪽방, 여관, 판자촌, 고시원 등 주택 이외의 거처(비주택)에 거주하는 사람은 전국에만 44만3126가구다. 이 가운데 고시원 거주자가 13만7256가구로, 전체 취약 거처의 60%를 차지했다. 이는 2017년에 조사했을 때보다 약 20% 가까이 급증한 수치이다. 개발과 빠른 주택 가격 상승에 어려움을 겪는 저소득 가구가 증가하여 일반 저소득층의 유입이 대거 이뤄진 공간이 고시원으로, 임시 거처가 아닌 저임금 도시 노동자들이 장기 투숙하는 주거 공간이 된 것이다.

문제는 방재 시설이 제대로 갖춰지지 않은 고시원이 많다는 점이다. 2008년 7월과 10월 경기도 용인시, 서울시 강남구의 고시원에서 불이 나 각각 7명과 6명이 사망하는 사건이 발생한 후로 2009년에 고시원 등 화재에 취약한 다중이용업소에 간이 스프링클러 설치를 의무화하는 법이 개정되었다. 하지만 이후에도 2018년 종로의 국일 고시원에서 화재로 인해 각각 6명이 사망하는 사건이 발생하여 법만으로 한계가 있음을 보였다.

소방청 국가화재정보센터는 2019년부터 숙박형 다중이용업소에 대한 간이스프링클러 소급 설치지원 사업을 추진해오고 있으며, 고시원에 설치한 간이 스프링클러 설비가 초기소화에 성공한 사례도 있다고 전했다. 현재 고시원 대상 간이스프링클러 소급 설치지원 사업은 전체 대상 1,513개소 가운데 1,368개소(90.4%)에 설치를 완료했으며, 미설치 145개소(9.6%)에 대해서도 설치될 수 있도록 독려할 계획이라고 밝혔다.

A : 고시 준비를 위한 임시 거처가 아니라 저임금 도시 노동자의 장기 투숙하는 주거 공간이 된 지 오래인 건 알았지만 2017년보다 2022년에 20%가 가까이 증가했다니. 주택 가격 급등의 탓도 있을 거야.

B : 그러게. 고시생이 아니라 저소득층이 대거 유입되었으니 고시원 외에도 쪽방, 여관, 판자촌 같은 곳에도 방재 시설이 잘 갖춰져 있는지 확인해봐야 할 것 같아. 방재 시설 여부에 따라 희생 규모가 천차만별이야.

C : 2009년 이후에도 스프링클러 설치가 의무적이었다면 고시원에 화재가 발생하더라도 사상자는 줄었을 텐데.

D : 스프링클러 의무 설치 법안도 사람들이 다치고 죽은 일을 계기로 시행되었구나. 스프링클러 설치나 관리 관련 안내도 중요해 보여.

E : 고시원 대상 간이스프링클러 소급 설치지원 사업은 90% 이상 설치가 완료되었다니. 앞으로 화재로 인한 인명 피해가 줄었으면 좋겠어.

① A   ② B   ③ C
④ D   ⑤ E

08 다음 중 글의 내용과 일치하지 않는 것은?

20세기가 시작될 무렵 일본은 아시아의 첫 번째 산업 국가이자 신흥 군사강국이 되었다. 산업화 과정은 석탄의 수요를 증가시켰고, 1868년 다카시마에서 채굴이 시작됐다. 이 탄광은 사가 지방의 영주였던 나베시마 나오사마와 스코틀랜드 출신 토머스 글로버의 합작 회사였다. 글로버는 미쓰비시 설립을 도운 인물이기도 하다.

미쓰비시는 1870년 해운회사로 설립되어 곧바로 스스로 필요한 분야로 사업을 다각화했다. 배에는 석탄이 필요하므로 탄광에 투자하고 자신들의 배를 스스로 수리하기 위해 조선소를 사들였으며 이에 필요한 원자재를 값싸게 구하기 위해 제철소까지 매입했다.

군함도라고도 불리는 하시마에서 1810년 처음 석탄이 발견됐지만 채굴은 1887년에 시도됐다. 미쓰비시는 이곳이 광상의 노두에 불과했던 1890년에 매입하여 탄광에서 발생한 부산물이 섬 주변에 버려지자 토목기술자들이 몇 번의 제방공사를 시행하면서 적극적으로 확장됐다.

하시마의 채굴사업은 대륙붕의 원유 채굴과 유사했다. 섬 깊숙이 네 개의 수직 갱도를 뚫었는데 깊이가 해저로부터 최대 1km에 달했다. 이곳에는 정교한 채굴용 설비들이 들어갔으며, 이를 이용해 석탄을 캐면 지하에서 이를 분쇄하고 세척한 다음 컨베이어 벨트로 끌어올려 창고시설까지 운반했다. 그러면 대기하던 배들이 이를 선적해 강철정련소까지 수송했다. 하시마에서 생산되는 석탄의 품질은 대단히 우수했다. 석탄은 야하타의 대규모 제철단지로 공급됐으므로 일본의 급속한 산업화를 직접 이끌었다고 할 수 있다. 이러한 과정을 거치는 동안 작업자들은 가족들과 함께 탄광 입구 좁은 곳에 다닥다닥 붙어살아야 했다.

1959년에는 5,259명이 살았는데 이는 1만 제곱미터당 835명의 인구밀도에 해당한다. 전성기에는 제곱킬로미터당 65,737명이었는데, 오늘날 전 세계에서 가장 인구밀도가 높은 필리핀 마닐라(42,857명)보다 약 150% 더 좁게 살았던 것이다.

① 1870년 해운회사로 설립된 미쓰비시는 탄광 투자, 조선소와 제철소를 매입하는 등 사업을 성장시켰다.

② 미쓰비시는 나베시마 나오사마와 토머스 글로버가 세운 합작회사이다.

③ 하시마에서 채굴된 석탄은 야하타의 제철단지로 이동했다.

④ 최대 1km 깊이의 수직 갱도를 통해 채굴된 석탄은 분쇄 · 세척 · 운반 등의 공정을 거쳤다.

⑤ 현재 마닐라의 인구밀도는 1959년 군함도의 인구밀도보다 약 1.5배 낮다.

[09~10] 다음 글을 읽고 이어지는 물음에 답하시오.

우리는 전문가의 의견을 따를 필요가 있지만, 전문가라고 주장하는 모든 사람들이 실제로 전문가인 것은 아니다. 전문가의 의견을 바탕으로 어떤 전문가를 따를지 결정할 경우, 우리는 신뢰할 만한 전문가를 결정하는 목적을 이루기 위해 그에 합당한 전문가를 또 골라야 하는 ⓐ난감한 역설에 빠지게 된다. 결국 전문가에 대한 우리의 선택은 어쩔 수 없이 실제로는 우리 자신의 주관적 판단을 바탕으로 한 것이 된다. 그 판단이 온전한 정보에 입각한 판단이 아님을 알고 있어도 어쩔 수 없다. 요컨대 우리는 누구의 판단이 권위 있는 것인지 결정하기 위해 우리 자신이 내리는 판단의 권위를 받아들여야만 하는 것이다.

이 **악순환**을 빠져나갈 방법은 사실상 없다. 인간 이성의 비밀은 우리가 자신의 판단을 이성적으로 완벽하게 정당화할 수 없는 상태에서도 결국 ⓑ자신의 판단에 의지할 수밖에 없다는 것이다. 그렇지만 체념하라는 의미는 아니다. ⓒ타당한 근거에 주의를 기울이면 자기 혼자만의 통찰이 수행하는 역할을 최소화하고 사실과 증거 그리고 건전한 추론의 역할을 최대화할 수 있다. 사실들의 ⓓ논리성을 확인한 후 이를 따르는 방식은 안이한 접근일 수 있다. 우리 자신의 판단과 다른 전문가들의 증언 사이에서 ⓔ올바른 균형을 찾는 일은 지극히 어렵고, 탈진실의 세계는 무리한 줄타기를 감행하려고 하지 않는다.

오늘날에는 전생애를 바쳐 특정 분야를 연구해온 진정한 전문가들의 식견이 충분한 대접을 받지 못하고 있다. 과거와 다른 이런 세계는 합리적인 세계와 완전히 결별한 다른 세상이 아니라, 여러 가지의 균형이 맞지 않게 되어버린 세상일 뿐이다. 진짜 진실에 관심이 있다면 우리를 진실로 인도하는 듯 보이는 권위자들을 완전히 거부해서도 그렇다고 지나치게 수용해서도 안 된다. 오히려 자신이 권위를 부여하는 인물에 관해, 그리고 어떤 근거에서 그 같은 권위를 부여하는지에 대해 더 많은 주의를 기울여야 한다.

09 ⓐ~ⓔ 중 밑줄 친 '악순환'과 가장 거리가 먼 것은?

① ⓐ   ② ⓑ   ③ ⓒ

④ ⓓ   ⑤ ⓔ

10 다음 중 글의 내용과 일치하지 않는 것은?

① 어떤 전문가의 의견은 다른 전문가의 의견을 지지하는 이유가 된다.

② 자신의 판단을 완벽하게 정당화할 수 없지만 스스로의 판단에 의지할 수밖에 없는 상황에 인간 이성의 비밀이 있다.

③ 우리 자신의 판단과 다른 전문가들의 증언 사이에서 올바른 균형을 찾는 일은 쉽다.

④ 과거에 특정 분야를 꾸준히 연구해온 전문가들은 현재의 경우보다 더욱 존중받았다.

⑤ 어느 전문가의 의견을 따르기로 결정한 경우, 그렇게 결정한 근거를 생각해보아야 한다.

[11~12] 다음은 ○○공단에서 2023년도 국정감사 시정 · 처리 요구사항의 이행결과를 정리한 자료의 일부이다. 이어지는 물음에 답하시오.

시정 · 처리 요구사항	시정 · 처리결과 및 향후 추진계획
건강보험 보장성 강화대책의 (ⓐ)인 수행을 위하여 적정 국고지원금 편성, 의료 과잉 이용 방지, 노인의료비 관리, 건강보험재정 절감방안 마련, 적정부담-적정수가체계로의 전환 등 다양한 방안을 모색할 것	○ 정부의 보장성 강화 추진을 지원하기 위해 1) 국고지원금의 법상 기준을 명확히 하는 합리적인 지원 방안을 마련하여 정부와 지속적으로 협의하고 2) 합리적 의료이용을 위해 의료기관들의 각각의 기능에 맞는 역할을 정립하고, 이러한 기능에 따라 수요자, 공급자가 (ⓑ)인 선택을 할 수 있는 의료전달 체계 개선방안을 복지부와 함께 모색하겠음 3) 노인의료비 관리와 관련하여 금년 1월부터 요양병원에 대해 본인부담상한제 별도 기준*을 적용하고, 노인 외래정액제도도 개선하여 동네의원의 포괄적 만성질환 관리 강화 등 일차의료 이용을 유도하고, 정부와 커뮤니티케어 구축을 추진하면서 재가급여 및 그룹홈 이용 활성화, 요양병원과 요양시설 간 기능정립 및 불필요한 사회적 장기 입원방지 등 (ⓒ) 대책을 협의 · 추진하겠음 4) 보험재정 절감을 위해 지출효율화 방안을 마련하여 (ⓓ)으로 추진하고 5) 이번 보장성 강화대책의 효과적 시행을 위해 적정부담 및 적정수가 보상체계로 전환될 수 있도록 적극 노력하겠음 * 본인부담상한액 인하에 따른 요양병원의 불필요한 장기입원 유인을 차단하기 위하여 요양병원에 120일을 초과하여 입원한 경우에는 종전 상한액을 적용
건강보험 보장성 강화대책을 본격적으로 시행하기 이전에 사회적 입원 및 장기입원 방지, 의료이용량 급증 방지, 만성질환자 관리 방안 마련, 실손보험사로의 반사이익 귀속 방지 등 재정누수를 막기 위한 대책을 (ⓔ)으로 마련할 것	○ 부과재원 발굴 및 부당청구 방지 등 기존의 자구노력을 추진하고 추가로 지출효율화 신규과제 발굴을 위한 제도개선 방안에 대해 정부와 지속적으로 협의해 나가겠음 1) 사회적입원 및 장기입원방지 : 요양병원 급여체계 개편을 통해 불필요한 장기입원 감소를 유도할 수 있도록 검토 중 2) 의료이용량 급증 방지 : 주무부처인 복지부와 함께 의료기관들의 각각의 기능에 맞는 역할을 정립하고, 이러한 기능에 따라 수요자, 공급자가 합리적인 선택을 할 수 있는 개선방안을 마련하도록 하겠음 3) 만성질환자 관리 방안(조치완료) : 동네의원 중심 포괄적 만성질환 관리사업 제도화를 위한 사업 추진 지원단 구성 · 운영 * 동네의원 중심 포괄적 만성질환관리 서비스 제공, 보건소 등 지역 보건의료자원 연계를 통한 지원 확대 ** 한국건강증진개발원 일차의료 만성질환관리추진단 운영

11 다음 중 ⓐ~ⓔ에 삽입할 단어로 적절하지 않은 것은?

① ⓐ 안정적   ② ⓑ 합리적   ③ ⓒ 다각적

④ ⓓ 지속적   ⑤ ⓔ 후속적

12 다음 중 위 자료를 잘못 이해한 것은?

① ○○공단은 건강보험 보장성을 강화하기 위하여 요양병원에 120일 이상 입원하는 데 대하여 본인부담상한제 별도 기준을 적용한다.

② ○○공단은 건강보험 재정누수를 막기 위하여 요양병원 급여체계를 개편하여 불필요한 장기입원을 줄일 수 있는 방안을 검토 중이다.

③ ○○공단은 적정부담 및 적정수가 보상체계 전환을 통해 보장성 강화대책이 효과적으로 시행되도록 노력할 계획이다.

④ ○○공단은 복지부와 의료기관이 각자의 기능에 맞는 역할을 정립하고, 수요자와 공급자 모두를 위한 개선 방안을 마련하여 의료이용량 급증을 방지하고자 한다.

⑤ ○○공단은 건강보험 보장성 강화대책 시행 전 만성질환자 관리를 위한 사업 추진 지원단을 구성 · 운영하며 재정누수 예방을 위해 노력하고 있다.

13 다음은 '○○○원자력 5, 6호기 건설사업 방사선환경영향평가 보고서'의 일부이다. 보고서의 내용을 잘못 이해한 것은?

액체폐기물의 종류별 처리방법

1) 바닥배수

정상 운전 시 바닥배수탱크에는 핵연료취급지역, 보조건물, 복합건물 내 바닥 및 기기 배수와 원자로건물 내 바닥 배수들이 수집된다. 또한 복수탈염기 재생폐액과 증기발생기 취출계통 오염폐액도 바닥배수탱크에 수집된다.

바닥배수탱크가 만수위 또는 예정수위에 이르게 되면, 탱크 내 폐액은 처리되기 시작한다. 바닥배수탱크에 수집된 폐액은 먼저 충분히 재순환시켜 균질하게 섞은 후, 시료채취를 하여 폐액의 화학 및 방사능 특성을 분석한다. 바닥배수탱크에 수집되는 폐액은 대부분 부유물질이 많이 함유되어 있으며, 일반적으로 전기전도도가 높은 폐액이므로, 부유물질을 제거하기 위해 전처리설비로 이송한다.

전처리설비에서 처리된 폐액은 역삼투압설비로 이송되며, 막분리 과정에서 발생된 농축액은 건조처리하여 200L 드럼에 포장한 후 복합건물 내에 있는 폐기물드럼 임시저장구역으로 운반하여 저장한다. 역삼투압설비에서 처리된 폐액은 최종적으로 감시탱크로 이송된다.

감시탱크에서 수집된 폐액은 시료채취 분석을 통해 재처리가 필요한 경우 역삼투압설비 패키지로 재순환시키고, 환경으로 방출할 수 있을 만큼 충분히 낮고 수질요건을 만족할 경우 액체방사성폐기물처리계통, 고체방사성폐기물처리계통 및 화학체적제어계통의 사용처로 이송한다.

2) 기기폐액

정상 운전 중 기기폐액탱크에는 핵연료취급지역, 보조건물 및 복합건물에서 발생되는 전기전도도가 낮은 기기 배수 즉, 기기폐액이 수집된다. 또한 폐수지탱크로부터의 분리수 및 수지 이송수도 기기폐액탱크에 수집된다. 필요시, 기기폐액탱크는 바닥배수탱크의 보조탱크로도 사용될 수 있다.

기기폐액탱크가 만수위 또는 예정수위에 도달하게 되면, 기기폐액탱크 내 방사성폐액을 처리하기 시작한다. 기기폐액탱크에 수집된 폐액은 먼저 충분히 재순환시켜 균질하게 섞은 후 시료채취를 하여 폐액의 화학 및 방사능 특성을 분석한 뒤 바닥배수폐액과 같은 공정으로 처리된다. 기기폐액탱크에 수집된 폐액은 용존고체 함유량이 낮은 폐액이므로 역삼투압설비 패키지 중 일부 구성기기를 우회하여 처리할 수 있다.

3) 화학폐액

화학폐액탱크는 복합건물 내 세탁기기 및 방사화학 실험실로부터 발생된 폐액과 제염시설로부터 발생된 폐액을 수집한다. 또한 화학폐액탱크에는 복수탈염기 재생폐액과 증기발생기 취출계통 오염폐액도 수집될 수 있다.

화학폐액탱크가 만수위 또는 예정 수위에 이를 때 화학폐액탱크 내 폐액을 처리하기 시작한다. 화학폐액탱크에 수집된 화학폐액은 시료채취하여 폐액의 화학 및 방사능 특성을 분석한 뒤 고용존고형물폐액과 같은 공정으로 처리한다.

---

① 정상 운전 시 보조건물과 복합건물 내 바닥 및 기기 배수와 복수탈염기 재생폐액 등이 바닥배수탱크에 수집되고, 바닥배수탱크의 보조탱크가 필요할 경우 기기폐액탱크를 활용할 수 있다.

② 바닥배수탱크에 수집된 배수가 전처리설비, 역삼투압설비, 감시탱크를 거쳐 수질요건을 만족시킨 경우 액체방사성폐기물처리계통 사용처로 이송될 수 있다.

③ 기기폐액탱크에 수집되는 배수는 전기전도도가 낮기 때문에 부유물질 제거를 위한 전처리설비를 거치지 않는다.

④ 기기폐액탱크에는 폐수지탱크로부터의 분리수 및 수지 이송수도 수집되며 폐액의 화학 및 방사능 특성 분석을 위해 시료를 채취할 때는 먼저 균질하게 섞는다.

⑤ 화학폐액탱크는 방사화학 실험실과 제염시설에서 발생한 폐액과 복수탈염기 재생폐액, 증기발생기 취출계통 오염폐액 등을 수집하고 바닥배수와 기기폐액의 경우와 다른 공정으로 처리된다.

[14~15] 다음 글을 읽고 이어지는 질문에 답하시오.

어지럼증만큼 자가진단이 위험한 질환도 드물다. 빈혈일 수도 있고, 뇌병변일 수도 있으며, 소화기관의 문제가 원인일 수도 있다. 하지만 어지럼증의 가장 흔한 원인은 귀에서 비롯된다. 전체의 20~50%가 귀의 이석에서 발생할 정도다. 특히 이석증은 나이가 들면서 증가해 고령화 시대를 맞은 요즘 중년 이후의 성인이 꼭 챙겨야 할 질환으로 꼽힌다.

뇌와 양쪽 귀 등 세 곳에서 균형을 유지해주기 때문에 사람은 균형을 잡을 수 있다. 이때 뇌는 괜찮은데 한쪽 귀의 기능이 망가지거나, 제대로 작동하지 않으면 정보의 차이가 발생하면서 어지러움증을 느끼게 된다.

그렇다면 귀의 기능을 손상시키는 질환에는 어떤 것이 있을까. 첫째는 이석증이다. 신체의 균형을 담당하는 전정기관에 위치해 몸의 흔들림을 감지하는 이석이 제자리에서 떨어져 나가 부유성 석회화 물질이 되는 질환이다. 증상은 주변이 빙글빙글 돌고 한쪽으로 기우는 듯한 느낌이 든다. 마치 지각변동을 일으키는 것 같다.

두 번째는 전정신경염이다. 전정신경에 발생한 염증으로 어지럼증이 발생한다. 심한 어지럼증과 구역, 구토가 자연적으로 발생해 수 시간, 길게는 하루 이상 지속되는 것이 특징이다.

세 번째는 메니에르병이다. 이 질환을 쉽게 표현해 '귀의 고혈압'이라고도 한다. 귀에 물이 찬 듯 먹먹한 느낌이 동반된다. 달팽이관 안에는 내림프액이 순환하는데 이 흐름이 정상적이지 못하면 달팽이관이 풍선처럼 부풀어 올라 여러 증상이 나타난다. 초기에는 귀가 먹먹하고, 점차 청력이 떨어지면서 이명이 생긴다. 그러다 결국 압력이 높아지면서 달팽이관이 터진다. 이때 극심하게 어지럽다.

문제는 어지럼증을 방치하면 청력을 잃을 수도 있다는 것이다. 이석증으로 진단을 받으면 비디오 안진검사를 이용해 어느 곳에 이석이 생겼는지 검사한 뒤 치료한다. 이석증이 어느 위치에 생겼는지 판정해 간단한 약과 운동치료를 통해 개선할 수 있다. 이석치환술을 통해 이석을 제거할 수도 있다. 하지만 대체로 이석습성화 훈련을 통해 이석증을 극복하는 방법을 권한다. 예컨대 고개를 한쪽으로 돌려 옆으로 누운 뒤 귀안의 불순물이 이동할 수 있도록 하고, 또 반대로도 행한다. 이러한 방법을 아침에 한쪽 귀당 2분씩 10번 정도 좌우로 행하면 이석을 제거할 수 있다.

전정신경염은 양성질환이고, 저절로 호전되므로 환자가 증상을 견딜 수 있다면 특별한 치료를 하지 않는다. 전정신경 재활운동을 통해 예방할 수 있다. 재활운동은 눈으로 목표를 주시하는 것을 훈련시키고, 평형기능을 강화시켜 어지러움을 줄여주는 것이다.

메니에르병은 고혈압과 관련이 있다. 따라서 짠 것, 단 것은 물론 국물이나 소금, 설탕 등 인공적인 것을 삼가야 한다. 특히 약물치료를 할 때는 이뇨제를 복용해 염분을 배출해 주는 것이 좋다. 청력이 떨어질 때는 스테로이드제를 복용해 청력을 보존한다.

어지럼증 치료를 받는 사람은 지독하게 어지러운 상황에 대비해 어지럼증 비상약과 안정제를 준비해놓는 것이 좋다. 귀는 청각과 연결되어 있어 내버려 두면 심각한 문제가 발생할 수 있다. 특히 청력이 약해지고 귀에서 소리가 나는 어지럼증, 먹먹한 느낌이 동반되는 어지럼증, 항생제 투여 중에 나타나는 어지럼증은 방치할 때 청력이 손상될 수 있으므로, 바로 전문의를 찾아 진료를 받을 것을 권한다. 청력과 관련이 있는 질환 중에 돌발성 난청도 있다. 돌발성 난청은 2주 이상 방치하면 평생 소리를 듣지 못하는 수가 있으므로 각별히 주의를 기울여야 한다.

14 다음 중 글의 제목으로 가장 적절한 것은?
① 고령화 시대, 중년 세대의 필수 점검 질환
② 청력 이상, 방치하면 위험한 이유
③ 어지럼증의 원인, 귀에서 찾는다.
④ 3대 청력 질환 : 이석증, 전정신경염, 메니에르병
⑤ 다양한 어지럼증, 뇌와 양쪽 귀의 균형을 점검하라.

15 글의 내용을 토대로 할 때 A~E의 의견 중 적절하지 않은 것은?

> A : 요즘 주변이 빙글빙글 도는 것처럼 어지럽곤 해서 빈혈 때문일 거라고 여겼는데 귀의 기능에는 문제가 없는
> 지 살펴봐야겠어. 주변이 돈다는 느낌은 신체의 균형을 정상적으로 유지하는 영역에 문제가 생겼기 때문일
> 수도 있으니까.
>
> B : 잘 생각했어. 주변이 회전하는 것처럼 느껴진다는 건 전정기관의 이상 때문일 수도 있으니 병원에 가봐. 만
> 약 흔들림을 감지하는 이석이 제자리에 있지 않은 경우라면 간단한 약과 운동으로 치료할 수 있다고 하니
> 너무 걱정하지 말고.
>
> C : 정말로 어지럼증의 원인이 이석이라면 비디오 안진검사를 받을 수도 있겠구나. 이석을 제거하는 이석치환술
> 도 있다지만 이석습성화 훈련으로도 극복할 수 있다고 하네. 나는 예전에 가끔 어지러울 때 구토를 하기도
> 했는데 당시 전정신경에 염증이 있었던 걸까?
>
> D : 그게 전정신경염 증상이었다면 몇 시간 동안 혹은 하루 내내 고생했겠구나. 특별한 치료법이 없다고 하지만
> 그 증상이 다시 나타난다면 재활운동을 알아봐도 좋을 것 같아. 혹시 모르니 평소에도 당분이나 염분이 많
> 은 음식은 가까이하지 않는 게 좋겠어.
>
> E : 예전에 할머니가 이명을 호소하시던 게 기억나. 달팽이관에 문제가 생겼었는데 어지럼증 때문에 매우 고통
> 스러워하셨어. 청력이 나빠지기도 했지만 어지럼증이 너무 심해서 안정제를 늘 곁에 두실 정도였어. 그 외에
> 도 이뇨제, 스테로이드제 등 약을 많이 드시는 모습이 안타까웠어.

① A
② B
③ C
④ D
⑤ E

16 다음 중 글을 통해 알 수 없는 것은?

> 중국의 동영상 플랫폼인 '틱톡'에 대해 미국에 사업권을 강제 매각하도록 하는 '틱톡 금지법'이 미국 하원을 통
> 과했다. 틱톡은 15초~15분 길이의 비디오 영상을 제작·공유할 수 있는 중국의 숏폼 동영상 플랫폼으로, 현재
> 150개 이상의 국가에서 서비스를 제공하고 있다. 출시된 지 4년 만에 10억 명의 이용자를 돌파하며 연일 승승
> 장구하였지만 2020년부터 틱톡 사용을 정부 기관 소속 공무원에 한하여 금지하거나, 금지하려는 국가가 점점
> 늘어나고 있다. 개인정보 유출의 위험이 있을 뿐만 아니라 중국 정부의 정치 선전 도구로 사용되고 있다는 것이
> 그 이유이다. 틱톡에 대해 대표적인 제재 행보를 보이는 국가로는 미국이 있다.
> 미국 하원은 '외국의 적이 통제하는 앱으로부터 미국인들을 보호하는 법'이라는 공식 이름을 지닌 틱톡 금지법안
> 을 찬성 352표, 반대 65표로 통과시켰다. 최장 360일의 기한 동안 모기업인 중국 기업을 떠나 비중국 업체에 매
> 각하지 않으면 미국에서 앱스토어 사용을 금지한다는 내용의 사안이었다. 미국에서는 행정부와 정치권을 중심
> 으로 막대한 수의 사용자를 가진 틱톡이 미국 국가 안보에 위협이 된다고 꾸준히 비판해왔다.

① '틱톡 금지법' 법안이 통과된 후 1년 후에 비중국 업체에 매각하면 앱스토어에서 사용할 수 있다.

② 미국은 중국의 플랫폼 '틱톡'을 사용하는 자국민들의 개인정보 유출을 우려하고 있다.

③ 미국 국가 안보에 위협이 될 수 있으므로 틱톡 사용을 제한하려 한다.

④ 여러 나라에서 틱톡은 중국 정부의 정치 선전 도구라는 비판을 받고 있다.

⑤ 미국에서는 행정부와 정치권 대다수가 틱톡 사용 반대에 찬성한다.

[17~18] 다음 글의 주제로 가장 적절한 것을 고르시오.

17

공론장은 사회적 의제에 대해 서로 다른 의견을 조율해 가며, 이 과정에서 형성된 건전한 여론을 국가 정책에 반영하는 곳으로, 민주주의의 실현에 반드시 필요한 곳이다. 최근 사회의 다원화로 인한 갈등 분출이 잦아지면서 공론장의 필요성이 부각되고 있고, 상당수 사람들에게 TV 토론 프로그램이 공론장의 역할을 할 것으로 기대되고 있다. 그런데 이에 대해 비판적인 입장을 견지하는 학자들도 있다. 이들에 따르면 TV 토론 프로그램에서는 공적 문제에 대해 상호 의사소통을 하기보다는 각자 이해관계에 따라 자신의 주장을 일방적으로 전달하고 있을 뿐이며, 이로 인해 오히려 사람들로 하여금 해당 의제에 대한 관심이 멀어지도록 한다는 것이다. 또한 주제, 진행 방법, 참여자 및 사회자의 성향 등을 방송사가 설정함으로써 결론 혹은 논조를 그들의 의도대로 조절하고 일반 시민을 방관자로 전락시키기까지 한다고 주장한다.

① TV 토론 프로그램은 진정한 의미로서의 공론장 역할을 해내지 못하고 있다.
② TV 토론 프로그램과 공론장은 그 사회적 역할이 서로 다르다.
③ TV 토론 프로그램이 공론장의 역할을 해내야 할 때가 올 것이다.
④ TV 토론 프로그램은 시민으로 하여금 사회적 의제에 관심이 멀어지도록 만든다.
⑤ TV 토론 프로그램이 아닌 새로운 형태의 공론장이 필요하다.

18

우리는 물건을 구입할 때 가격의 저렴함을 기준으로 삼는 경향이 있다. 비슷한 양이나 질이라면 그중 최대한 저렴한 것을 구입하는 식이다. 요즈음에는 이를 위해 100g당 가격이 얼마인지 표시하는 매장도 쉽게 찾아볼 수 있다. 그러나 물건을 저렴하게 구입하는 것이 반드시 '합리적인 소비'인지에 대해서는 다시 한 번 생각해 볼 필요가 있다. 물건의 가격과 함께 그 양과 용도, 사용 시기 등과 같은 요인 또한 중요한 기준이 될 수 있기 때문이다. 예를 들어 평소 200mL 1개에 4,000원에 팔리던 샐러드 드레싱이 2개 1세트로 6,000원에 판매된다고 하자. 이 경우 개당 가격은 3,000원으로 기존 대비 25%나 저렴하다. 그런데 샐러드 드레싱의 유통기한이 일주일가량이고 일주일 동안 나의 샐러드 드레싱 소모량이 150mL 정도에 불과하다면, 이 샐러드 드레싱 세트를 사는 것은 과연 합리적일까? 간단한 인터넷 서핑을 위해 180여만 원에 달하는 노트북을 구입한다면 그 노트북이 동 사양 대비 가장 저렴한 모델이라고 해도 이를 합리적인 구매 활동이라고 할지는 모를 일이다.

① 합리적인 소비는 물건의 가격이 아니라 양과 질이 우선이 되는 소비이다.
② 합리적 소비를 위해서는 최종 판매가가 아닌 실제 용량 대비 가격을 기준으로 삼아야 한다.
③ 식품과 가전제품을 구입할 때 합리적인 소비를 하려면 그 기준이 각각 달라야 한다.
④ 가격뿐만이 아니라 그 외의 여러 요인까지 함께 고려하는 소비가 합리적인 소비라고 할 수 있다.
⑤ 합리적인 소비를 위해서는 할인 행사 등을 우선적으로 살펴보는 습관을 길러야 한다.

2일차 학습 점검표

번호	유형	O/X	번호	유형	O/X
1	다의어		11	단어 선택	
2	유의어		12	실용문 이해	
3	문법적 오류		13	실용문 이해	
4	내용 일치		14	주제 파악	
5	내용 일치		15	내용 일치	
6	내용 일치		16	내용 일치	
7	내용 일치		17	주제 파악	
8	내용 일치		18	주제 파악	
9	내용 일치				
10	내용 일치				

맞힌 문항 수	/ 18
취약 유형	

취약 유형 다시 보기

유형 8 | 문서 수정

다음 〈공문서 작성 원칙〉을 참고하여 배포할 보도자료를 수정할 때, 적절하지 않은 것은?

〈공문서 작성 원칙〉

· 내용을 이해하기 쉽도록 우리말로 순화한다.
· 전문용어의 이해를 위해 외국 문자를 쓸 경우 우리말로 쓰고 괄호 안에 표기한다.
· 단위를 나타내는 명사는 앞말과 띄어 쓴다.
· 줄임말을 사용할 때에는 원래의 온전한 용어를 기재한 뒤 괄호 안에 '이하 ○○○'과 같은 형태로 준말을 기재해 사용한다.
· 직접 인용문은 큰따옴표를 쓰며, 완결된 문장이라면 문장 끝에 마침표를 찍어야 하나 생략을 허용한다.

한국수력원자력		
보도자료	배포일 : 2024. 2. 27.(금)	
	문의처 : 한국수력원자력 언론홍보팀장 이○○	

한국수력원자력, 국내 최초 전기차 폐배터리 재활용 에너지저장장치 사업 착수

㉠한수원은 27일 서울 H자동차그룹 본사에서 H자동차그룹과 '전기차 폐배터리 재활용 ㉡에너지저장장치 사업 공동개발 ㉢MOU'를 체결했다.

환경부에 따르면 국내 전기차 누적 보급 대수는 지난해 말 기준으로 ㉣약 5.7만대이며, 2025년까지 43만대 보급을 목표로 하고 있다. 이처럼 전기차 보급이 늘면서 배터리 보급 규모도 커지고 있다. 그러나 아직 국내에는 전기차 폐배터리 성능평가나 재활용 방안에 특별한 기준이 없는 상태다. 이에 전기차 폐배터리의 사회·환경적 문제가 대두되고 있다.

⋮

(중략)

⋮

정○○ 한수원 사장은 ㉤'이번 사업의 성공적인 수행으로 전기차 폐배터리 재활용 분야를 선점해 새로운 부가가치 신산업으로 육성하겠다.'라고 밝혔다.

① ㉠ : 한국수력원자력(이하 한수원)
② ㉡ : ESS(에너지저장장치)
③ ㉢ : 업무협약
④ ㉣ : 약 5.7만 대이며, 2025년까지 43만 대 보급
⑤ ㉤ : "이번 사업의 성공적인 수행으로 전기차 폐배터리 재활용 분야를 선점해 새로운 부가가치 신산업으로 육성하겠다"

유형 & 문제 CHECK

① 작성된 문서의 특정 부분을 바르게 수정하는 문제이다. 예제와 같이 주어진 조건에 맞춰 문법적인 오류나 형식적인 부분을 바로잡는 유형은 조건만 잘 적용하면 풀이에 특별히 어려운 점이 없다.
② 간혹 조건 없이 수정 사항의 옳고 그름을 판단하는 문제가 출제되기도 한다. 이 경우 문법적인 배경 지식이 있어야 풀 수 있으므로 기본적인 띄어쓰기나 맞춤법 등은 익혀두어야 한다.

정답 찾기

㉠ [○] 줄임말을 쓸 때는 본래 명칭을 쓴 뒤 괄호 안에 줄임말을 써야 하므로 옳다.

㉡ [×] 수정 없이 그대로 두어도 문제가 없는 부분이다. 다만 전문용어의 이해를 돕고자 외국어를 쓸 때는 우리말을 먼저 쓰고 괄호 안에 외국 문자를 쓰는 것이 원칙이므로 영어를 병기한다면 '에너지저장장치(ESS)'와 같이 수정해야 한다.

㉢ [○] 외국어인 MOU를 우리말로 순화하여 썼으므로 적절하다.

㉣ [○] 단위를 나타내는 명사는 앞말과 띄어 쓴다는 원칙에 맞게 수정하였다.

㉤ [○] 직접 인용이므로 작은따옴표를 큰따옴표로 바꾸었으며, 완결문이지만 문장 끝에 마침표는 생략할 수 있으므로 적절한 수정이다.

정답 | ②

유형 9 | 배열

문단 (가)~(라)를 문맥에 맞게 나열한 것은?

> (가) 강남은 서울과의 접근성이 좋아 1966년 제3한강교를 건설하기 시작하였고, 1968년 이와 연결되는 경부고속도로 착공에 들어갔다. 또한 강남 개발은 영등포구의 동쪽이라는 의미에서 영동지구 사업이라는 이름으로 시행되었다. 영동지구 사업으로 강남 일대에 도로가 깔리고 아파트 단지와 단독주택이 분양되기 시작했다.
>
> (나) 이뿐만 아니라 서울시는 강남으로 주거 이전을 촉진하기 위해 1972년 '도시개발촉진에 따른 서울특별시세의 과세면제에 대한 특별조례'를 제정하였고, 공공기관이 영동지구 내에 지은 건물에는 취득세를 면제해줬으며, 추가적인 세제혜택도 주었다. 이때부터 강남의 땅값은 엄청난 상승세를 보이기 시작했다.
>
> (다) 불과 몇십 년 전까지만 해도 강남은 보잘 것 없었다. 행정구역상 경기도였던 강남3구(강남 · 서초 · 송파)가 서울시 성동구로 편입된 것도 지금으로부터 몇십 년 지나지 않은 1963년이다.
>
> (라) 서울로 편입되긴 했지만 강남은 여전히 낙후된 동네였다. 그런 강남에 1960년대 개발의 이유가 생겼다. 이는 폭발적인 인구증가와 1.21 사태와 울진삼척무장공비침투사건으로 인해 서울의 인구를 한강 이남으로 분산하고 정부의 주요기관 역시 이전해야 했기 때문이었다.

① (가)-(나)-(다)-(라) ② (가)-(다)-(라)-(나)
③ (나)-(가)-(다)-(라) ④ (다)-(라)-(가)-(나)
⑤ (라)-(나)-(다)-(가)

유형&문제 CHECK

① 순서가 뒤바뀐 문단을 맥락에 맞게 재배열하는 유형이다. 글의 전체적인 흐름은 파악하는 동시에 키워드를 중심으로 전후 관계를 고려한다.
② 접속사와 지시어 등은 좋은 힌트가 된다.
③ 모든 글에 적용되는 것이 아니지만, 글의 주요 전개 방식을 참고하면 풀이에 도움이 된다.
- 시간의 흐름은 과거-현재-미래 순서
- 글의 논제에 관한 질문 후 그에 대한 답변을 서술
- 사건은 발단-전개-결말 순서
- 정의와 같은 일반적이고 포괄적인 진술 후 구체적인 사례 등을 부연

정답 찾기

① 특정 문단을 기준으로 전후 관계를 고려한다.
  ➡ 문단별 중심내용은 (가) 강남의 개발, (나) 강남의 추가 세제 혜택, (다) 강남의 과거, (라) 강남의 개발 이유이다. 이 중에서 (라)는 강남의 개발 이유에 대해 언급하고 있고, (가)는 강남의 개발에 관한 이야기를 하므로 (라) 다음에 (가)가 나오는 것을 알 수 있다. 또한 (나)는 강남 개발에 이어서 추가적인 세제혜택을 주었다고 하였으므로 (가) 이후에 (나)가 나오는 것을 알 수 있다.
② 첫 문단을 찾는다.
  ➡ (다)는 강남의 과거에 대해 이야기 하고 있으므로 첫 문단이 되어야 한다.
③ 남은 문단의 순서를 배열하여 전체 글을 조합한다.
  ➡ 따라서 주어진 문단을 문맥에 맞게 배열하면 (다)-(라)-(가)-(나)이다.

정답 | ④

유형 10 | 내용 삽입

빈칸 (가)~(다)에 들어갈 문장을 〈보기〉에서 골라 바르게 짝지은 것은?

국민의 건강을 위해 정부가 어디까지 개입해야 하는가에 대한 논의는 종종 타인에게 피해를 입히는 행동을 막기 위해 정부가 강압적인 권력을 행사해서는 안 된다는 존 스튜어트 밀의 원칙을 기반으로 삼고 있다. 밀은 담뱃갑에 경고 문구나 손상된 폐의 이미지를 실어야 한다는 주장에 동의하더라도 담배 판매를 전면 금지해야 한다는 주장에는 반대했을 것이다.

(가) 이러한 생각은 오늘날의 상황에서 보자면 순진한 발상에 불과하다. 현재의 광고 기술은 밀의 시대와 우리의 시대를 완전히 갈라놓고 있다. (나) 특히 담배 회사들은 제품의 특성을 악용함으로써 중독성을 극대화하는 기술을 개발하고 있다.

이에 맞서 담배의 유해성을 경고하는 효과적인 방법은 무엇일까. 흡연의 피해를 시각적으로 보여주는 담뱃갑의 이미지는 무의식을 공략하는 유혹의 힘과 균형을 맞춰야 효과를 볼 수 있을 것이다. 그리고 이를 통해 신중한 의사결정을 유도하고 기존의 많은 흡연자가 금연 결심을 지킬 수 있도록 도와줄 것이다. (다) 담뱃갑에 건강에 관한 경고 문구와 시각 이미지를 담아서 판매해야 한다는 요구는 우리의 이성적인 측면에 평등한 기회를 보장하기 위한 법률적 방안인 것이다.

┌─보기├─
ⓐ 우리는 이러한 규제를 표현의 자유에 대한 제약으로 생각할 것이 아니라 개인 소비자, 그리고 인간의 이성에 호소하지 않는 담배 대기업 사이의 경기장을 평평하게 만들기 위한 효과적인 방안으로 받아들여야 한다.
ⓑ 점점 더 많은 기업이 지위와 매력, 사회적 인정을 얻고자 하는 사람의 무의식적 욕망을 자극함으로써 유해한 상품들을 팔아먹는 방법을 깨닫고 있다.
ⓒ 밀은 개인의 자유를 옹호하면서 개인이야말로 최고의 재판관이며 자신의 이익에 대한 최고의 수호자라고 본다.

	(가)	(나)	(다)
①	ⓐ	ⓑ	ⓒ
②	ⓐ	ⓒ	ⓑ
③	ⓑ	ⓐ	ⓒ
④	ⓑ	ⓒ	ⓐ
⑤	ⓒ	ⓑ	ⓐ

유형&문제 CHECK

지문 속 빈칸에 문장 혹은 문단을 끼워 넣는 유형으로, 글의 흐름을 파악한다는 점에서 배열 유형과 비슷한 방식으로 접근한다. 빈칸 전후 맥락을 고려하여 가장 매끄럽게 연결되는 것을 선택한다.

정답 찾기

(가) : 바로 이어지는 문장에서 언급된 '이러한 생각', 곧 (가)는 오늘날의 상황에 부합되지 않음을 알 수 있다. 또한 뒤이어 현재의 광고 기술은 밀과 우리의 시대가 다르다고 언급하였으므로 밀의 생각인 ⓒ을 삽입한다.
(나) : 이어지는 문장은 '특히'라는 단어로 시작하면서 (나)를 부연한다. 부정적인 방식으로 소비자를 끌어들인다는 맥락상 ⓑ이 적절하다.
(다) : 빈칸 전후 문장을 볼 때 (다)에는 담뱃갑에 건강에 관한 경고 문구와 이미지를 삽입하는 의미에 관한 내용이 와야 하므로 ⓐ이 적절하다.

Tip

빈칸 3개 중 2개의 답을 찾았다면, 실전에서는 나머지 하나는 확인하지 않아도 된다. 반드시 순서대로 답을 찾을 필요가 없으므로 확실한 부분부터 찾아 시간을 단축한다.

정답 | ⑤

01 밑줄 친 단어의 의미가 나머지와 다른 하나는?

① 그녀는 올해 처음으로 담임을 <u>맡게</u> 되었다.

② 관할 구청에서 승인을 <u>맡은</u> 자만이 자격을 얻을 수 있다.

③ 중요한 임무를 <u>맡은</u> 만큼 책임감을 가져야 한다.

④ 그는 창립기념일 행사의 사회를 <u>맡았다</u>.

⑤ 돌아가면서 집안일을 <u>맡기로</u> 하였다.

02 다음 중 ⓐ~ⓔ에 해당하는 어휘로 적절하지 않은 것은?

> 요즘에는 인터넷을 정부와 상반된 것으로 보는 <u> ⓐ </u>이 진부해 보인다. 오히려 국가들이 나서서 인터넷에 <u> ⓑ </u>와 영토권을 부과하는 공격적인 움직임을 보이고 있기 때문이다. 정부가 마이크로소프트에게 아일랜드나 미국 국경 밖 외국 서버에 저장돼 있는 고객의 이메일을 제출하도록 강요할 권리가 없다고 판결한 최근 미국 법원의 결정이 그 <u> ⓒ </u>다. 데이터 프라이버시를 <u> ⓓ </u>하는 많은 이들은 이 판결에 환호했다. 하지만 실제로 이 판결은 기이한 선례를 남겼다. 외국 서버의 정보에 정부가 접근할 수 없다는 것은 바꿔 말하면 국경 내 저장된 데이터에 대해서는 데이터 송신자나 수신자의 국적이나 위치에 상관없이 물리적 관할권을 갖는다는 뜻을 내포하기 때문이다. 이는 결국 많은 국가들에게 자국 내 데이터를 통제할 수 있는 힘을 쥐여준 셈이었다. 그중 많은 나라들은 온라인상의 발언과 반대 의견을 근절한 실적을 자랑하는 권위주의 정권으로서 '인터넷 주권', 다시 말해 국가가 자국 국경 내에 있는 인터넷 활동에 통제를 행사해야 한다는 <u> ⓔ </u>을 수용해왔다.

① ⓐ 통념   ② ⓑ 권위   ③ ⓒ 판례

④ ⓓ 옹호   ⑤ ⓔ 관념

03 문단 (가)~(라)를 맥락에 맞게 배열한 것은?

> (가) 1950~1953년 한국전쟁 이후 미국과 중국이 전장에서 직접 맞붙어 싸운 적이 없다는 점을 고려하면 수긍할 만한 설명이다.
>
> (나) 하지만 최근 추세를 보면 핑커를 비롯한 몇몇 학자들이 개진한 폭력 감소 논리는 설득력이 떨어져 보인다. 시리아 내전 때문이다. 지난 수십 년 동안 보지 못했던 규모의 전투 사상자가 발생하고 있다는 점에서 시리아 내전은 중동에서 벌어지는 세계 전쟁이라고 볼 수 있다.
>
> (다) 전쟁이 감소한 원인에 대한 핑커의 설명보다 냉소적인 설명에 따르면 전쟁 감소의 원인이 다른 데 있는 것이 아니라 20세기 내내 엄청나게 발전한 화력, 특히 핵무기 때문에 국가 간 전쟁의 비용이 극도로 높아진 데 있다.
>
> (라) 하버드대학교 심리학자 스티븐 핑커는 2011년 출간된 '우리 본성의 선한 천사'에서 '전쟁 감소 추세는 중세 이후 인간 폭력이 크게 감소하면서 그로 인해 벌어진 현상이며, 20세기에 벌어졌던 양차 대전은 주요 변칙 사례'라고 주장했다.

① (가) – (나) – (라) – (다)   ② (나) – (다) – (가) – (라)

③ (다) – (가) – (나) – (라)   ④ (라) – (나) – (다) – (가)

⑤ (라) – (다) – (가) – (나)

04 문단 (가)~(다)를 맥락에 맞게 배열한 것은?

> (가) 녹색에너지전략연구소는 주민 수용성 해결엔 농가 태양광이 답이 될 수 있다고 제안한다. 부지 확보가 용이한 농민들이 태양광 사업을 할 경우 지역사회 반대가 감소할 수 있고 농업 외 소득을 안정적으로 확보해 농촌 사회 안전망을 강화하는 데 기여할 수 있다는 주장이다.
>
> (나) 일반적으로 태양광은 소음이나 진동이 없음은 물론 지형 훼손이 미미해 주민 수용성이 우수한 재생에너지 설비로 인식되지만, 국내에서는 여전히 주민 수용성 문제가 발생해 사업추진에 어려움이 있다. 과거에는 기술 부족과 제도 미비가 재생에너지 보급의 주된 장애 요인이었으나 기술이 진보하고 보급 제도가 확산된 최근에는 주민 수용성과 금융이 태양광 확보에 더 큰 문제로 대두되고 있다.
>
> (다) 2030년이면 태양광 기술이 상당수 국가에서 가장 저렴한 발전기술이 될 것이라는 예측이 우세하다. 에너지경제연구원은 늦어도 2030년엔 3MW 이상의 대규모 태양광 발전의 균등화 발전비용이 원전 발전비용보다 낮아질 것으로 전망했다. 문제는 부지 확보와 민원 해결, 즉 주민 수용성 문제이다.

① (가) – (나) – (다)
② (가) – (다) – (나)
③ (나) – (다) – (가)
④ (다) – (가) – (나)
⑤ (다) – (나) – (가)

05 문단 (가)~(마)를 맥락에 맞게 배열한 것은?

> (가) 그러자면 짐마차 등을 사용하지 않을 수 없었다. 마차 등으로 이동할 때는 정비되지 않은 비포장도로에서는 고생이 막심하다. 그래서 잘 정비된 포장 도로망이 게르만족의 이동에 이용된 것이다.
>
> (나) 그러나 제국 말기 중앙 권위가 속주에 미치지 못하게 되자 게르만족과 같은 이민족 침략과 이동이 빈번해졌다. 침략이든 이동이든 일거에 수많은 사람들이, 그것도 경무장이 아니라 중병기로 무장한 채 식솔들을 이끌고 가재도구까지 챙겨서 벌이는 이동이었다.
>
> (다) 이런 측면에서 보면 로마 가도는 로마제국의 번영을 가속화한 동시에 쇠망도 가속화시켰다는 양면성을 띠었다.
>
> (라) 15만 킬로미터에 달하는 로마 가도는 신속한 군사 행동과 정보 전달을 가능케 하고, 넓은 영토를 소수의 군단병으로 지켜내는 데 큰 도움이 됐다. 다시 말해 보다 적은 세금으로도 효율적인 영토 방위가 가능했다.
>
> (마) 나아가 교역과 여행도 활발하게 만들었다. 이는 제국 내에 산재된 도시가 중앙의 뜻을 받들어 도로 시스템을 완비한 덕분이다.

① (다) – (나) – (가) – (라) – (마)
② (다) – (라) – (가) – (마) – (나)
③ (라) – (다) – (마) – (가) – (나)
④ (라) – (마) – (나) – (가) – (다)
⑤ (마) – (나) – (가) – (라) – (다)

06 다음 중 (가)~(라)에 들어갈 적절한 문장을 〈보기〉에서 골라 바르게 연결한 것은?

홀든 카노프스키와 엘리 하센펠드는 많은 자선단체와 기부자들이 지원 대상을 선정하는 과정에서 합리적인 의사결정을 내리기 위한 충분한 정보를 갖추지 못하고 있다는 사실을 알고 목표를 세웠다. 정보를 수집해서 대중에 공개하는 것이었다. 이를 위해 두 사람은 기브웰, 그리고 기브웰과 연계된 모금단체인 더클리어펀드를 운영하였다. (가)

아프리카에서 생명을 구하고 환경을 보존하는 사업에 어떤 단체가 가장 많은 영향력을 실천하고 있는지에 대한 첫 번째 보고서는 기브웰 홈페이지에서 확인이 가능하다. 목록에서 1위를 차지한 단체는 PSI로 이들은 HIV 감염 예방을 위해 피임 기구를 보급하고, 말라리아 예방을 위해 모기장을 제공·판매하고 있다. 2위는 가난한 시골 지역에서 의료 서비스를 제공하는 파트너스인 헬스, 3위는 구개열 같은 선천성 기형 치료에 집중하는 인터플래스트가 차지했다.

자선단체에 대한 평가는 투자 결정보다 어렵다. 투자자들은 수익률에만 관심을 갖기 때문에 객관적인 평가에 어려움이 없다. 결국 모든 게 돈 문제인 셈이다. 하지만 안면 기형으로 고통받는 사람들을 치료하는 사업과 빈곤층 아이들의 목숨을 살리는 사업의 중요도를 비교하기는 어렵다. (나)

또한 자선단체에 대한 평가 작업은 종종 많은 시간이 걸리고 비용도 만만치 않게 든다. 이러한 이유로 아프리카에서 빈곤 문제를 해결하기 위해 활동 중인 유명 단체들을 포함한 많은 자선단체가 기브웰의 요청에 응답하지 않았을 수도 있다. 그들은 25,000달러의 후원금을 받기 위해 그만한 노력을 기울일 가치가 없다고 판단했을지도 모른다. (다)

미국의 개인 기부자들은 매년 2,000억 달러를 자선단체에 기부하고 있다. 하지만 그 금액이 그들이 원하는 사업에 얼마나 효과적으로 쓰이고 있는지 아는 사람은 없다. (라)

┌─ **보기** ─
ⓐ 가치를 평가할 객관적인 기준이 없기 때문이다.
ⓑ 이런 상황에서 기브웰은 투명성과 효율성을 높여야 할 이유를 자선단체들에게 부여함으로써 기부금이 예전보다 더 많은 선을 이룩할 수 있도록 격려하고 있다.
ⓒ 둘은 모금한 자원을 각 분야에서 가장 효율적인 곳으로 선정된 자선단체에 기부하면서 사업의 투명성과 평가의 객관성을 강화하고자 했다.
ⓓ 하지만 앞으로 많은 기부자가 기브웰의 추천에 따라 선행을 실천하게 된다면 기브웰이 발표한 순위는 후원금보다 훨씬 더 중요한 동기로 기능하게 될 것이다.

	(가)	(나)	(다)	(라)
①	㉠	㉡	㉢	㉣
②	㉢	㉡	㉠	㉣
③	㉡	㉢	㉠	㉣
④	㉢	㉠	㉣	㉡
⑤	㉣	㉠	㉡	㉢

07 다음 중 〈보기〉 뒤에 이어질 내용을 가장 적절하게 배열한 것은?

┌─ 보기 ├───┐
튀르키예와 그리스는 지중해의 오랜 앙숙이라고 불릴 정도로 양국 간의 사이가 좋지 않았다.
└──┘

┌──┐
(가) 그리스가 400년 가까이 튀르키예의 전신인 오스만제국의 지배를 받았던 것이 가장 큰 이유로, 지난 수십 년
    간 에게해 섬 영유권과 영공 침범, 지중해 자원 탐사, 키프로스 문제 등을 놓고 대립해왔다.
(나) 그리스는 1999년 튀르키예에 대지진이 발생했을 때도 신속하게 도움의 손길을 내밀어 양국 관계가 해빙 분
    위기로 접어든 적이 있다. 그리스는 그때처럼 이번에도 갈등 관계를 접어둔 것이다.
(다) 하지만 2023년 2월 튀르키예 대지진 이후 그리스가 도움의 손길을 내밀며 관계가 나아지기 시작했다. 그리
    스는 피해지역에 구조대원을 급파하고 물적 지원 또한 아끼지 않았다.
(라) 최근에도 동부 지중해의 에너지 자원, 국방, 미국산 F-16 전투기 구매 문제를 놓고 갈등이 발생했고, 그로
    인해 양국 간의 외교적 대화가 단절되기도 했다.
└──┘

① (가)-(나)-(다)-(라) ② (가)-(라)-(다)-(나)
③ (나)-(다)-(가)-(라) ④ (나)-(가)-(라)-(다)
⑤ (다)-(라)-(나)-(가)

4차 산업혁명을 대비하기 위하여 미국은 인공지능 세대를 위한 교육과정을 개발 및 도입하고 있다. 매세추세츠 공과대학(MIT) 미디어랩은 중학생을 위한 인공지능 윤리교육 교재를 개발해왔고 최근 이를 공개해 누구나 활용할 수 있도록 했다. 미래 인공지능 세대에게 어떤 교육이 필요한지를 제시한다는 점에서 참고할 만하다.

교재는 알고리즘 환경에서 살아갈 인공지능 세대를 위하여 알고리즘의 작동 원리와 영향력, 설계 구조에 초점을 맞추어 교육을 진행한다. 인공지능 시스템의 기본적인 작동 구조를 가르치면서 일상생활에서 찾을 수 있는 구체적 사례를 통해 알고리즘의 구조를 교육한다. (가) 두 번째 교육 목표는 모든 기술이 '사회적·기술적 복합시스템'이기 때문에 중립적인 정보란 없으며 정치적 의제로 활용된다는 것을 이해시키는 것이다. 학생들은 일상생활에서 사회적·기술적 구조의 목적을 추론하고 상업적 목적을 식별하는 훈련을 하게 된다. (나) 또 한 가지는 데이터와 알고리즘에 기본적으로 포함되는 편향성과 한계에 대한 교육이다. (다) 교재를 개발한 블라클리 페인은 〈MIT 테크놀로지리뷰〉와 인터뷰를 진행하며 "인공지능 세대가 알고리즘이 어떻게 만들어지고 어떻게 사회에 영향을 끼치는지 이해하게 하여 기술의 비판적 이용자가 되는 법을 교육하는 게 목표"라고 말했다.

┌─보기├

㉠ 예를 들어 학생들에게 코딩이 필요없는 구글의 기계학습 도구를 이용해 개와 고양이의 사진을 분류하도록 한다. 학생들에게 주어진 데이터세트는 골고루 섞여 있지 않아서 고양이만 잘 식별해낼 수 있다. 이럴 때 어떻게 바로잡을 수 있는지를 모색하게 만드는 방식의 교육이다.

㉡ 예를 들어 유튜브의 추천 알고리즘이 이용자 만족을 높이는 것처럼 보이지만 진짜 목적은 유튜브의 수익 증대라는 걸 학습하고, 학생들이 유튜브 알고리즘을 새로 설계한다면 어떻게 할지 직접 만들어보게 한다.

㉢ 예를 들어 빵을 만들거나 토스트를 구우려면 어떻게 알고리즘을 구성해야 하는지를 구상하고, 직접 만들어보게 한다. 어떤 재료를 투입할지, 어떻게 반죽하고 구울지, 어떤 모양으로 만들지를 연속된 절차의 명령어로 만들어보는 방식이다. 이런 실습을 통해 학생들은 재료 선별과 굽는 시간을 어떻게 결정하느냐에 따라 다른 결과가 나온다는 것을 학습하게 된다.

	(가)	(나)	(다)
①	㉠	㉡	㉢
②	㉠	㉢	㉡
③	㉢	㉠	㉡
④	㉡	㉢	㉠
⑤	㉢	㉡	㉠

09 ⟨기안문 작성 원칙⟩을 참고로 기안문을 작성할 때 ㉠~㉣ 중 수정해야 할 곳을 모두 고르면?

⟨기안문 작성 원칙⟩

1. 숫자는 아라비아 숫자를 사용한다.
2. 본문은 왼쪽 처음부터 시작하여 작성한다.
3. 본문 내용을 둘 이상의 항목으로 구분할 필요가 있으면 1., 가., 1), 가), (1), (가) 형태로 표시한다.
4. 하위 항목은 상위 항목의 위치로부터 1자(2타)씩 오른쪽에서 시작한다.
5. 쌍점(:)의 왼쪽은 붙이고 오른쪽은 한 칸을 띄운다.
6. 날짜는 숫자로 표기하되, 연·월·일의 글자는 생략하고 그 자리에 온점(.)을 찍어 표시한다.
7. 요일은 요일 글자는 생략하고 괄호 안에 표시한다.
8. 연도를 약식으로 쓰는 경우 '를 쓰고 뒤의 두 자리만 쓴다.
9. 시·분의 글자는 생략하고 그 사이에 쌍점을 찍는다.
10. 기간을 나타낼 때는 물결표(~)를 쓴다.
11. 본문이 끝나면 1자를 띄우고 '끝.' 표시를 한다. 단, 첨부물(붙임)이 있는 경우, 첨부 표시문 끝에 1자를 띄우고 '끝.' 표시를 한다.
12. 붙임 다음에는 쌍점을 찍지 않고, 붙임 다음에 1자를 띄운다.

한국○○공단

수신 내부결재
제목 문서 업무 및 관리에 관한 교육 협조

---

1. 문서 업무와 관리체계의 효율성을 높이고자 서울지역본부 전 직원 교육을 다음과 같이 실시하고자 합니다. ⋯ ㉠
　가. 대상: 서울지역본부 전 직원
　나. 일시: 2024년 3월 28일 14:00–18:00 ⋯ ㉡
　다. 장소: 본관 대회의실
　라. 교육내용: 효율적인 문서 업무와 관리체계를 위한 실무
2. 부득이하게 참석이 어려운 분은 '24.3.24.(목)까지 행정지원부 김○○ 대리에 연락하여 주시기 바랍니다. ⋯ ㉢

붙임 : 교육 관련 자료 1부. 끝. ⋯ ㉣

한국○○공단 이사장

대리 김○○　　　　　　　　　　　　　행정지원부장 한○○ (전결 2024.3.21.)
협조자
시행 서울지역본부 – 2763(2024.3.21.) 접수
우 01234 서울특별시 서대문구 XX로 10
전화 02 – XXXX – XXXX

---

① ㉠, ㉡　　　　　　　② ㉡, ㉢　　　　　　　③ ㉢, ㉣
④ ㉠, ㉡, ㉣　　　　　⑤ ㉡, ㉢, ㉣

10 밑줄 친 ㉠~㉤ 중 바르게 쓰인 문장은?

프린스턴대학 연구팀이 1만 1천 곳의 쇼핑사이트 텍스트와 코드를 조사한 결과 1,200개가 넘는 사이트들이 다크 패턴을 활용하고 있는 것으로 조사되었다. ㉠이 사이트들에서는 마감 임박을 알리는 근거 없는 정보를 무작위로 생성되고 있었다.

'다크 패턴(Dark Pattern)'이란 쇼핑 사이트 등의 소셜미디어 플랫폼에서 이용자가 정확히 정보를 인식하지 못하게 속이고 원치 않는 행동을 하도록 유도하는 사용자 인터페이스 등을 이르는 말이다.

프린스턴대학 연구진은 15가지의 다크 패턴을 목록화했다. ㉡'남아 있는 상품은 단 한 개'라거나 '이 상품을 232명이 함께 보고 있다' 등이 흔한 다크 패턴이므로 이용자들이 충동을 느낄 만한 정보를 제공한다. ㉢또 고객이 결제할 의사가 없는 물품이 장바구니에 몰래 끼워 넣는 경우도 있다. 예를 들어 여행상품 판매 앱 '톰슨'에서 휴가상품을 예약하면 한 단체에 기부하는 항목이 저절로 추가된다.

다른 사람도 샀다는 가짜 공지를 제공해 거짓 정보로 사용자들을 현혹하는 방법을 쓰기도 한다. ㉣중고 거래사이트 '스레드업'에서는 가짜 정보를 조합해 이용자들의 구매를 유도한다. 거짓 후기를 올려 제품을 홍보하는 것이다.

혼란스러운 디자인으로 구매 버튼을 눈에 띄게 만들고 취소 버튼은 눈에 띄지 않게 디자인하기도 한다. ㉤'라스트미닛'의 여행상품 구매 여부를 묻는 팝업창에 사겠다는 버튼은 굵은 글씨로 눈에 띄게 보이고 선택지는 옅은 글씨로 되어있다.

① ㉠   ② ㉡   ③ ㉢

④ ㉣   ⑤ ㉤

11 다음 중 ㉠에 들어갈 문장으로 적절하지 않은 것은?

요안 테이티오타라는 키리바시 출신의 농장 노동자는 해수면 상승으로 어획고가 감소하고 지하수가 오염되어 살기가 막막해지자 일자리를 찾아 2007년 뉴질랜드로 이주했다. 2011년 그는 비자가 허용되는 기간 이상으로 뉴질랜드에 머무른 탓에 해수면 상승으로 가라앉고 있는 고향 키리바시로 쫓겨날 위기에 처했다. 그의 변호사는 이 사안이 국제법에 영향을 끼칠 기회라고 생각해 테이티오타에게 UN 난민협약의 보호를 받으라고 조언했다. UN 난민협약은 인종, 종교, 국적, 특정 사회집단 소속, 정치적 견해를 이유로 박해를 받은 사람에게 난민 자격을 부여한 협약이다. UN 난민협약을 적용받을 수 있다는 논거는 빈국들이 겪는 기후 변화 역시 부유한 국가들이 초래한 일종의 박해라는 관점이다. 테이티오타는 기후 변화를 근거로 기후 난민 자격을 요구한 최초의 인물이 되었다. 이 사례는 세계 언론의 주목을 받았고 테이티오타는 앞으로 닥칠 기후 재앙의 상징이 되었다.

그러나 결과적으로 그의 난민 자격 요구는 기각됐다. 2014년 5월 뉴질랜드 항소법원은 테이티오타의 사건을 기각하고 그와 가족에게 뉴질랜드를 떠나라는 명령을 내렸다. 법원은 조약의 규정상 국제사회 자체는 박해자가 될 수 없다는 판결을 내놓았다. UNHCR(유엔자유권규약위원회)는 2020년 1월 테이티오타의 난민 지위 신청을 '임박한 위험에 처해 있지 않다'라는 이유로 배척하면서도 기후변화와 자연재해를 피해온 사람이 본질적인 인권을 위협받을 경우 출신 국가로 송환되어서는 안 된다고 결정했다. (㉠)

① 테이티오타의 사례는 기후 변화로 삶의 터전을 떠날 수밖에 없는 사람들이 국제 인도법을 통해 보상받을 수 있다는 희망의 근거로 작용할 수 있을 것이다.

② 테이티오타의 사례는 UN 난민협약에서 규정하는 난민 자격 부여 기준의 편파성을 국제사회에 설득할 근거로 쓰일 수 있을 것이다.

③ 테이티오타의 사례는 해수면 아래로 가라앉고 있는 나라들의 절박한 상황에 대한 국제적 관심을 유지하는 데 활용될 수 있을 것이다.

④ 테이티오타의 사례는 UN 난민협약의 현실적 적용의 한계를 국제적으로 공론화하는 데 기여할 것이다.

⑤ 테이티오타는 기후 재앙의 원인 제공자와 희생자가 동일하지 않음을 보여주며 부국과 빈국의 불평등을 상징하는 인물로 남을 것이다.

12 다음은 ○○○공기업의 일·가정 양립 지원 제도 운영 현황 보고서 중 일부이다. 업무지원팀 A사원이 관련 문의에 대하여 다음과 같이 답변했을 때 적절하지 않은 답변은?

일·가정 양립 지원 제도 운영 현황 (2024년 1/4분기)

1. 육아휴직 제도 운영 현황

구분	기관 현황
육아휴직 근거 규정	취업규칙 제50조
최대 육아휴직 가능 기간	3년
근속연수 산입 기간	육아휴직은 자녀 1명에 대한 총 휴직기간이 1년을 넘는 경우에는 최초 1년까지 근속연수에 산입하고, 둘째 자녀부터는 총 휴직기간이 1년을 넘는 경우에도 그 휴직기간 전부를 근속연수에 산입한다.

2. 육아휴직 사용자 수

(단위 : 명)

구분	2019년	2020년	2021년	2022년	2023년
남성 사용자 수	19	23	42	71	110
여성 사용자 수	128	178	222	290	302
전체 사용자 수	147	201	264	361	412

3. 출산·배우자출산휴가 제도 운영 현황

구분		기관 현황
출산·배우자출산휴가 근거 규정		취업규칙 제29조, 단체협약서 제71조
최대 사용 가능 일수	출산휴가	• 한 명의 자녀를 임신한 경우 : 90일 • 둘 이상의 자녀를 임신한 경우 : 120일
	배우자출산휴가	10일

4. 출산휴가·배우자출산휴가 사용자 수

(단위 : 명)

구분	2019년	2020년	2021년	2022년	2023년
출산휴가 사용자 수	84	111	129	106	100
배우자출산휴가 사용자 수	475	484	521	404	431

5. 유산·사산휴가 제도 운영 현황

구분	기관 현황
유산·사산휴가 근거규정	취업규칙 제29조, 취업관리 시행세칙 제5조
최대 사용 가능 일수	• 임신기간 11주 이내 : 5일 • 임신기간 12~15주 이내 : 10일 • 임신기간 16~21주 이내 : 30일 • 임신기간 22~27주 이내 : 60일 • 임신기간 28주 이상 : 90일

① Q : 아내가 쌍둥이를 출산할 예정이라서 출산 관련 휴가에 대해 알아보려고 합니다. 아내도 이 회사 직원인데 저희는 며칠 동안 휴가를 쓸 수 있나요?

    A : 네. 아내분은 최대 120일, 남편분은 최대 10일의 휴가를 신청하실 수 있습니다.

② Q : 육아휴직을 신청하려니 조금 눈치가 보이는데, 실제로 신청하는 사람들이 많은가요?

    A : 2019년과 비교하여 2023년에 육아휴직 사용자 전체 인원은 2.5배 이상 늘어났고, 특히 남성분들의 신청이 크게 증가했습니다.

③ Q : 다음 달에 배우자출산휴가를 사용하려고 하는데, 우리 회사에서 이 제도를 사용하시는 분들이 어느 정도 되는지 궁금하네요.

A : 매해 400분 이상이 사용하셨고, 4년 전인 2019년부터 현재까지 배우자출산휴가를 사용하신 분의 수가 꾸준히 늘었습니다.

④ Q : 첫째 아이가 곧 태어나는데 육아휴직을 신청해야 할 것 같아요. 신청한다면 제 근속연수에 어떤 영향을 미칠까요?

A : 육아휴직 가능 기간은 최대 3년이며, 휴직기간이 1년이 넘을 경우 최초 1년까지 근속연수에 산입합니다.

⑤ Q : 임신 13주에 유산이 되어 휴식이 필요한데 얼마나 쉴 수 있을까요?

A : 열흘 동안 휴가를 쓰실 수 있습니다.

13 다음 중 글의 내용과 일치하지 않는 것은?

> 헬싱키에서 북서쪽으로 250km 떨어진 에우라요키시는 인구 6,000여 명이 사는 작은 도시다. 에우라요키시 내 올킬루오토 지역에는 세계에서 유일한 사용후핵연료 영구처리시설인 온칼로 건설을 위한 굴착 작업이 한창이다. 이곳에서 불과 수 km 떨어진 해안가엔 올킬루오토원전 1·2호기가 전력을 생산 중이다. 2023년에는 3호기도 정식가동을 시작했다. 올킬루오토는 원시림이 우거진 리클란카리 국립공원 등 4개 자연보존 지역과 인접해 있다.
>
> 사용후핵연료인 고준위 방사성폐기물은 수만 년 동안 방사능을 방출하기 때문에 10만 년 이상 영구 격리해야 한다. 2024년 기준 우리나라를 포함한 33개국이 총 422기의 원전을 운영하고 있지만 아직까지 사용후핵연료 영구처리시설을 보유한 나라는 단 한 곳도 없다. 부지 선정 과정에서 발생하는 지역 갈등과 기술 안전성 논란 등에 해법을 제시하기 어렵기 때문이다.
>
> 1954년 가장 먼저 상업운전을 시작한 러시아, 세계에서 가장 많은 92기의 원전을 운영 중인 미국도 아직 영구처리시설을 갖고 있지 않다. 원전 선진국인 미국·영국뿐 아니라 탈원전을 진행하는 독일도 아직 영구처리시설은 갖추지 못했다. 현재 운영 중인 원전이 4기에 불과한 핀란드가 다른 원전 선진국보다 먼저 영구처리시설을 갖게 된 이유는 정부와 기업이 일찍부터 사용후핵연료 처리의 중요성을 인식했기 때문이다.
>
> 핀란드 정부는 이 프로젝트에 100년간 35억 유로(약 4조 5,500억 원)를 투입할 계획이다. 핀란드어로 '동굴'이라는 뜻의 온칼로는 말 그대로 깊고 거대한 동굴과 같은 형태다. 2억 년 이상 된 화성암층 437m 깊이에 지하 터널을 만들고, 터널 바닥에서 5.2m 깊이 구덩이를 파 폐연료봉이 담긴 밀봉용기를 묻는다. 완공은 2025년경이며, 시설이 완성되면 약 100년치의 사용후핵연료를 저장할 수 있으며, 이를 10만 년간 보관할 예정이다.

① 핀란드 올킬루오토 지역에서는 사용후핵연료 영구처리시설 온칼로 건설을 위하여 지하 437m 깊이에 터널을 만드는 굴착 작업이 진행 중이다.

② 헬싱키에서는 기존에 정식가동 중이었던 올킬루오토원전 1·2호기와 더불어 3호기 또한 2023년 정식가동을 시작했다.

③ 러시아는 원전 상업운전을 가장 먼저 시작했고, 독일은 탈원전을 준비 중이다.

④ 2024년 기준 미국은 전 세계 원전 중 약 50%에 해당하는 원전을 운영하고 있다.

⑤ 핀란드 정부는 2025년경 완공 예정인 온칼로 관련 프로젝트에 35억 유로를 투자할 계획이다.

14 다음 상사의 말을 참고하여 보도자료를 수정할 때, 밑줄 친 ㉠~㉤ 중 수정해야 할 곳을 모두 고르면?

상사 : 보도자료는 여러 사람이 널리 보는 자료이니, 내용을 이해하기 쉽도록 써야 해요. 외국어는 우리말로 순화하고, 외국 문자는 한국어로 쓰거나 우리말로 다듬으세요. 외국어를 쓸 때 이해하기 더 쉬운 경우 우리말을 먼저 쓰고 괄호 안에 표기하시고요. 그리고 공적인 문서이므로 띄어쓰기나 맞춤법 등 문법이 틀리지 않도록 주의하세요.

보건○○부		보도자료	
배포일	2024. 4. 15.(금)	담당	정책통계담당관 과장 김○○

한국 보건의료의 질 전반적으로 향상
– 「국가별 보건의료 질 수준」 결과 분석 –

▫ 보건복지부(㉠조○○ 장관)는 ㉡경제협력개발기구(OECD)에서 발표한 보건의료 성과(2023년 기준)에 대한 우리나라 및 각 국가의 수준·현황 등을 분석하였다고 밝혔다.
　○ OECD는 "보건의료의 질과 성과(Health Care Quality and Outcome)" ㉢프로젝트를 통해 회원국으로부터 핵심 지표를 수집·분석하고 있다.
▫ OECD가 발표한 「2024 ㉣한눈에 보는 보건(Health at a Glance)」의 자료* 중 보건의료의 질과 성과를 분석한 결과는 다음과 같다.
　＊ 이 자료는 경제협력개발기구(OECD)에서 ㉤2024년4월7일(프랑스 현지시각) 발표

이하 생략

① ㉢, ㉤　　　　　② ㉠, ㉡, ㉣　　　　　③ ㉠, ㉢, ㉤
④ ㉡, ㉢, ㉣　　　　　⑤ ㉠, ㉢, ㉣, ㉤

15 다음은 ○○연구원 연구개발실의 업무분장표이다. 자료를 바르게 이해한 것은?

부서		업무분장
연구 개발실	안전 연구처	1. 자동차 충돌 · 충격 · 충돌모의 관련 제작결함조사 업무 2. 자동차 안전도평가(NCAP) 관련 연구개발, 사업계획, 홍보 업무 총괄 3. 자동차 안전도평가 관련 정부 협업과제 수행 4. 도로안전시설(충격흡수, 방호울타리 등) 성능평가에 대한 업무 5. 자동차 안전도 향상 관련 정부 R&D 연구개발 업무 6. 자동차 충돌 · 충격 · 충돌모의 관련 연용용역 수탁에 관한 업무 7. 자동차 충돌 · 충격 · 충돌모의 시험시설 관련 업무 8. 자동차 안전도 관련 기술전파, 정보제공 및 대정부 기술지원에 관한 업무
	친환경 연구처	1. 자동차 엔진, 전기모터, 배터리, 연료전지, 배기, 매연여과장치 환경 분야 등 (이하 "자동차 에너지 · 환경 분야"로 한다) 관련 제작결함조사 업무 2. 자동차 에너지 · 환경 분야 안전기준 연구개발 및 시행세칙 제 · 개정 검토 등에 관한 업무 3. 자동차 에너지 · 환경 분야 정부연구개발 및 연구용역 수탁에 관한 업무 4. 자동차 에너지 · 환경 분야 기술전파, 정보제공 및 대정부 기술지원 관련 업무 5. 교통부문 온실가스 배출계수 개발, 배출량 산정 및 관리업무 6. 교통부문 온실가스관리시스템(KOTEMS) 운영 및 고도화 관리 7. 도로교통 에너지, 온실가스 대기오염물질 저감기술 개발 8. 교통부문 저탄소 녹색성장 추진전략 수립 및 시행 9. 법령 제 · 개정 지원 등 녹색교통 대외협력 업무 10. 자동차 신차 실내공기질 조사 및 연구 업무 11. 자동차 및 건설기계 배출가스에 관한 업무 12. 자동차 에너지 · 환경분야 시험시설 관련 업무 13. 친환경자동차(하이브리드, 수소연료전지, 전기자동차 등) 관련 안전기준 및 연구개발 업무 14. 전기차 안전성 확인 검토 관련 업무
	부품 연구처	1. 자동차 등화장치, 창유리, 시계범위, 난연성, 타이어, 항공장애등, 전자파, 소음 등 안전도 향상 및 제작결함조사업무 2. 부품의 제원관리, 전산망 및 인증시험에 관한 업무 3. 부품자기인증적합조사 총괄 관리 업무 4. 튜닝부품 및 대체부품에 대한 사후관리 등에 관한 업무 5. 자동차 등화장치, 창유리, 시계범위, 난연성, 타이어, 항공장애 등, 전자파, 소음 등 안전도 관련 기술전파 및 대정부 기술지원에 관한 업무 6. 자동차 및 부품 안전기준 및 정책 · 제도 관련 업무 7. 자동차 및 부품 안전도 관련 홍보 업무 8. 자동차 안전기준 연구개발 및 시행세칙 제 · 개정 검토 등에 관한 업무 9. 자동차 등화장치, 창유리, 시계 범위, 난연성, 타이어, 항공장애등, 전자파, 소음 등 시험시설 관련 업무 10. 부품 관련 전자제어, 보안 등에 관한 업무 11. 운행기록계 시험 등 관련 업무 12. 건설기계 소음도 검사 관련 업무 13. 택시미터 제작검정에 관한 업무

① 안전연구처에서는 자동차 안전기준 연구개발과 안전도평가 관련 정부 협업과제를 수행한다.

② 자동차의 에너지 · 환경분야 시험시설과 운행기록계 시험 관련 업무는 부품연구처에서 수행한다.

③ 부품연구처에서는 부품 관련 전자제어, 보안과 부품자기인증적합조사 총괄 관리 업무를 수행한다.

④ 친환경연구처에서는 자동차 및 건설기계 배출가스와 건설기계 소음도 검사 관련 업무를 수행한다.

⑤ 친환경연구처에서는 도로교통 에너지, 온실가스 대기오염물질 저감기술 개발과 도로안전시설 성능평가에 대한 업무를 수행한다.

16 다음 중 '도로변 차량정차 작업 시 안전조치' 안내를 잘못 이해한 것은?

> **도로변 차량정차 작업 시 안전조치**
>
> 1) 작업차량은 차량통행 방향과 일치하게 정차하고 차량의 전조등, 후미등, 비상등 등을 점등하여 작업 중임을 알려야 한다.
> 2) 작업장 안전을 확보하기 위하여 작업장 주변에 안전삼각대(경광등), 작업안내 표지 및 라바콘 등 교통안전표지물을 〈표〉의 간격으로 설치하고 작업하여야 한다.
> 3) 차량통행이 많은 도로에서는 원활한 작업을 위하여 교통신호수 배치 등 작업인력 보강하여 작업하여야 한다.
> 4) 야간작업시 음주, 졸음운전 가해사고 등 제3자에 의한 안전사고 예방을 위하여 작업구간을 식별할 수 있는 교통안전 표지물을 〈표〉의 간격으로 반드시 설치하고 작업하여야 한다(경광등, 점멸등).
> 5) 차량 통행이 많은 대도시 및 도심지역에서 도로변 정차하여 작업할 경우 인근 파출소(지구대) 및 경찰서에 교통통제 협조 요청하여 작업하여야 한다.

〈표〉 도로유형 및 제한속도에 대한 교통안전 표지물 설치 간격

도로 유형	제한속도(km/h)	간격(m)
자동차 전용도로 및 고속국도	110	300
	100	
	90	
	80	
도시 고속국도	80	300
	70	200
지방지역 일반도로	80	300
	70	200
	60 이하	150
도시지역 일반도로	70	150
	60	100
	50	
	40 이하	50

① 작업차량을 정차하고 작업해야 할 경우 도로의 차량통행 방향과 같도록 정차하고, 작업 중임을 표시하기 위하여 전조등, 후미등, 비상등을 점등해야 한다.

② 제한속도 70km/h인 도시 고속국도에서 작업할 경우 작업장 주변에 경광등, 작업안내 표지 등을 150m 간격으로 설치해야 한다.

③ 차량 통행이 많은 도로에서는 작업인력을 보강하여야 하고 대도시 및 도심지역 도로변인 경우 먼저 파출소 등에 교통통제 협조를 요청한 후 작업해야 한다.

④ 작업장의 안전을 위하여 안전삼각대, 라바콘 등을 규정된 간격을 지켜 설치해야 하고 작업이 야간에 진행될 경우 점멸등 등을 반드시 설치하여 운전자들이 작업구간을 식별할 수 있도록 해야 한다.

⑤ 제한속도 80km/h인 지방지역 일반도로와 제한속도 100km/h인 자동차 전용도로에서 교통안전 표지물은 300m 간격으로 설치해야 한다.

로마 시대에는 번개에 맞는 것을 신성시했다. 가끔 모래가 번개에 맞아 유리가 된 흔적이 발견되었는데 그러면 그곳에 울타리를 쳐 신성한 장소로 보호하기도 했다. 번개에 맞아 사망한 사람은 공동묘지보다는 번개 맞은 곳에 묻고 신성한 장소로 봉헌하기도 했다. 아프리카 문화에서는 신화에 나오는 거대한 천둥새가 천둥과 번개를 일으킨다고 한다.

고대 그리스 시대는 과학과 관찰의 시대였다. 구약성서가 집필되던 시절에도 시각적·청각적으로 충격적인 천둥·번개 현상에 대해 비종교적 접근이 있었다. 가장 처음 이러한 사고를 한 것은 그리스 사상가 탈레스(기원전 620~546)와 그의 제자 아낙시만드로스(기원전 611~547) 그리고 아낙시메네스(기원전 565~528)였다. 이 세 사람은 결국 잘못된 결론에 이르긴 했지만 제우스가 번개창을 던진다는 식의 신화적 접근법에서 벗어나 새로운 시각에서 이 현상을 바라보려고 시도했다. 그들에 따르면 바람이 구름을 강타하여 천둥소리가 발생하고 이 과정에서 번개를 일으키는 불꽃이 튄다. 천둥이 먼저 발생한다는 결론은 이후 2,000년 동안 지속됐다. 물론 그사이에 다른 생각을 가진 사람이 없었던 것은 아니다. 아낙사고라스(기원전 499~427)는 먼저 발생하는 것은 번개지만 구름 속 비에 의해 꺼진다고 생각했다. 그의 주장에 따르면 천둥은 번개가 급히 꺼지는 과정에서 나는 소리였다.

아리스토텔레스는 머릿속이 온통 삼라만상에 대한 복잡한 생각으로 가득했던 사람이었다. 그는 기원전 334년 본인의 생각들을 모아 산문집 〈기상학〉을 발표했다. 그는 그 산문집에 천둥과 번개에 대한 생각을 담으면서 논쟁 속으로 뛰어들었다. 아리스토텔레스는 탈레스의 생각을 지지했다. 그는 천둥은 구름이 다른 구름과 강하게 부딪히는 과정에서 공기가 갇히며 내는 소리라고 생각했다. 번개는 구름과 구름이 부딪히는 충격 때문에 발생하므로 천둥보다 늦게 일어나는 현상이지만, 우리에게 그 순서가 바뀐 것처럼 보이는 까닭은 천둥소리를 듣는 것보다 번개가 번쩍이는 것이 먼저 보이기 때문이라고 주장했다. 이런 생각은 그 당시로써는 그야말로 획기적인 개념이었다. (㉠   )

17 다음 중 윗글을 통해 알 수 없는 내용은?

① 로마 시대에는 사람이 번개에 맞은 경우 사망 장소가 무덤이 되기도 했다.

② 기원전 620년경 그리스에서는 번개를 제우스가 던지는 창이라고 인식하는 사람들이 있었다.

③ 탈레스는 바람이 구름을 강타할 때 발생하는 소리가 천둥이라고 주장했고, 아낙사고라스는 구름 속 비 때문에 번개가 꺼지면서 내는 소리가 천둥이라고 주장하였다.

④ 아낙시만드로스와 아리스토텔레스는 천둥이 번개보다 먼저 발생한다고 여겼다.

⑤ 아낙시메네스는 바람이 구름을 강타하며 번개를 일으키는 불꽃이 튄다고 여겼고, 아리스토텔레스는 구름과 구름이 강하게 부딪힐 때 공기가 갇히면서 번개를 발생시킨다고 여겼다.

18 다음 중 ㉠에 들어갈 문장으로 가장 적절한 것은?

① 천둥과 번개 현상에 대한 최초의 과학적 해석이었기 때문이다.

② 소리가 빛보다 느리게 움직인다는 것을 표현한 최초의 주장이었기 때문이다.

③ 자연 현상을 통해 소리와 빛의 빠르기 차이를 입증하려 했던 최초의 시도였기 때문이다.

④ 천둥이 번개가 꺼지는 과정에서 발생한다는 기존 학설의 권위를 뒤엎었기 때문이다.

⑤ 구름과 구름의 충돌로 인한 자연 현상에 대한 수많은 가설들을 평정했기 때문이다.

3일차 학습 점검표

번호	유형	O/X	번호	유형	O/X
1	다의어		11	내용 삽입	
2	단어 선택		12	실용문 이해	
3	배열		13	내용 일치	
4	배열		14	문서 수정	
5	배열		15	실용문 이해	
6	내용 삽입		16	실용문 이해	
7	배열		17	내용 일치	
8	내용 삽입		18	내용 삽입	
9	문서 수정				
10	문법적 오류				

맞힌 문항 수	/ 18
취약 유형	

P / A / R / T

02

수리능력

4일차 >> 응용수리

유형 1 | 거리 · 속력 · 시간

가족들과 여행길에 오른 다영이는 집에서 출발하여 시속 50km로 운전하던 중 잠시 졸음을 깨고자 휴게소에 들렸다. 30분 동안 잠시 눈을 붙인 후 다시 시속 80km로 운전하여 도착지까지 3시간 30분이 걸렸다. 움직인 총 거리가 180km라 할 때, 휴게소에서 도착지까지의 거리는?

① 60km   ② 65km   ③ 70km
④ 75km   ⑤ 80km

문제 CHECK

① 거리, 속력, 시간과의 관계식(거리＝속력×시간)을 잘 정리하여 식을 바로 적용할 수 있도록 한다.
　➡ 총 거리가 180km임을 나타내는 식(거리 관련)과 총 3시간 30분이 걸렸음을 나타내는 식(시간 관련)을 세운다.
② 단위에 주의하며 비교 단위가 다를 경우 단위를 통일 후 계산해야 한다. 일반적으로 1시간당 이동할 수 있는 km를 나타내는 km/h, 1초당 이동할 수 있는 m를 나타내는 m/s를 많이 사용한다.
　➡ 시속 80km, 시속 50km, 30분, 3시간 30분, 총 거리 180km(단위)가 쓰였다.
③ 속력이 바뀌는 경우, 시간차가 발생하는 경우, 마주 보고 출발하여 중간에 만난 경우, 호수(트랙)를 반대 또는 같은 방향으로 도는 경우 등의 유형이 출제된다.
　➡ 휴게소에서 도착지까지 오는 동안 중간에 휴게소를 들려 잠시 쉬고(유형) 출발했다.
④ 구해야 하는 값이 무엇인지 파악한다.
　➡ 휴게소에서 도착지까지의 거리(구해야 하는 값)를 구하는 문제이다.

정답 찾기

집으로부터 휴게소까지의 거리를 x, 휴게소에서 도착지까지의 거리는 $(180-x)$이다. 집에서 도착지까지의 소요 시간이 3시간 30분이므로,

$$\frac{x}{50} + \frac{1}{2} + \frac{(180-x)}{80} = \frac{7}{2}$$

$\Rightarrow 8x + 5(180-x) = 1,200 \qquad \therefore x = 100\text{km}$

따라서 집에서 휴게소까지의 거리는 100km이고, 휴게소에서 도착지까지의 거리는 80km이다.

빠른 정답 찾기

해당 유형의 문제는 주어진 속도 값을 이용하여 거꾸로 대입해서 푸는 것이 더 빠를 수 있다. 선지의 거리 중 시간으로 쉽게 나타낼 수 있는 것부터 대입한다면, 휴게소에서 도착지까지의 속력이 80km이므로, 80km(⑤)이고, 집에서 휴게소까지의 거리는 100km이다. 시속 50km로 집에서 휴게소까지 걸린 시간은 2시간이고, 휴게소에서 도착지까지의 걸린 시간은 1시간, 휴게소에 들려 걸린 시간은 30분이므로, 총 3시간 30분이 걸린 조건을 만족한다. 따라서 ⑤가 답임을 알 수 있다.

정답 | ⑤

PART 02 수리능력 ▼

4일차

5일차

6일차

7일차

8일차

Plus

유형별 접근법

• 속력이 바뀌는 경우 : 시속 $a$km로 가다가 시속 $b$km로 갈 때

(시속 $a$km로 가는 데 걸린 시간) + (시속 $b$km로 가는 데 걸린 시간) = 총 걸린 시간

• 시간차가 발생하는 경우 : P가 출발한 지 a분 후 Q가 출발하여 x분 후에 만났을 때

오래 걸린 시간 동안 간 거리 = 짧게 걸린 시간 동안 간 거리
P가 $(a+x)$분 동안 간 거리 = Q가 x분 동안 간 거리

• 마주 보고 출발하여 중간에 만난 경우 : P, Q 두 사람이 x분 후에 만날 때

P, Q 두 사람이 x분 동안 걸은 거리의 합 = P, Q 두 사람이 있던 지점 사이의 거리

• 호수를 도는 경우 : P, Q 두 사람이 x분 후에 만날 때
  – 반대 방향으로 돌 때

P, Q 두 사람이 x분 동안 걸은 거리의 합 = 호수 둘레의 길이

  – 같은 방향으로 돌 때

P, Q 두 사람이 x분 동안 걸은 거리의 차 = 호수 둘레의 길이

유형 2 | 일의 양

어떤 일을 A, B, C 세 사람이 함께 하면 10일이 걸리고, A와 C 두 사람이 함께 하면 15일이 걸리며, B와 C 두 사람이 함께 하면 20일이 걸린다. A와 B가 함께 하여 어떤 일을 끝낸다고 하면 얼마나 걸리는가?

① 12일   ② 13일   ③ 14일
④ 15일   ⑤ 16일

문제 CHECK

① 보통 두 사람 또는 세 사람이 함께 일하는 상황이 많이 출제된다.
➡ A, B, C 세 사람이 함께 하면 10일, A와 C 두 사람이 함께 하면 15일, B와 C 두 사람이 함께 하면 20일에 끝내는 경우를 고려해야 한다.

② 전체 해야 할 일의 양을 1로 두었을 때 각 사람이 단위 시간동안 할 수 있는 일의 양을 구하여 식을 세운다.
➡ A가 하루에 할 수 있는 일의 양을 a, B가 하루에 할 수 있는 일의 양을 b, C가 하루에 할 수 있는 일의 양을 c라 한다.

③ 계산하여 구해야 하는 값이 무엇인지 파악한다.
➡ A와 B가 함께 일할 경우의 소요 기간을 묻는 문제이다.

정답 찾기

A, B, C 한 사람당 하루에 가능한 일의 양을 각각 a, b, c라 하면

• 셋이 함께 하여 10일이 걸린 경우 : $a+b+c=\dfrac{1}{10}$

• A와 C가 함께 하여 15일이 걸린 경우 : $a+c=\dfrac{1}{15}$

• B와 C가 함께 하여 20일이 걸린 경우 : $b+c=\dfrac{1}{20}$

세 식을 연립하여 풀면 $a=\dfrac{1}{20}$, $b=\dfrac{1}{30}$, $c=\dfrac{1}{60}$이다.

따라서 A와 B가 함께 할 경우 하루에 할 수 있는 일의 양은 $\dfrac{1}{20}+\dfrac{1}{30}=\dfrac{5}{60}=\dfrac{1}{12}$이므로 어떤 일을 끝내려면 총 12일이 걸린다.

정답 | ①

Plus

• 전체 일의 양이 주어지지 않으면 전체 일의 양을 1로 놓는다.
• 작업량, 시간, 시간당 작업량과의 관계식은 다음과 같다.

$$\text{작업량} = \text{시간당 작업량} \times \text{시간}, \quad \text{시간} = \frac{\text{작업량}}{\text{시간당 작업량}}, \quad \text{시간당 작업량} = \frac{\text{작업량}}{\text{시간}}$$

• 두 사람 P, Q가 혼자서 일을 마칠 때 각각 x일, y일이 걸리는 경우
- 하루 동안 P가 혼자서 한 일의 양 = $\dfrac{1}{x}$
- 하루 동안 Q가 혼자서 한 일의 양 = $\dfrac{1}{y}$
- 하루 동안 P와 Q가 한 일의 양 = $\dfrac{1}{x}+\dfrac{1}{y}=\dfrac{x+y}{xy}$

유형 3 | 금액(원가/정가)

어떤 상품 원가에 20%의 이익을 붙여 정가로 팔다가 세일기간을 맞이해서 정가의 10% 할인을 하여 팔았더니 2,500원의 이익을 보았다. 이 상품의 원가는?

① 30,750원 ② 31,250원 ③ 32,300원
④ 33,200원 ⑤ 34,150원

문제 CHECK

① 정가, 판매가, 이익금 등의 용어와 관련 공식을 평소에 숙지하도록 한다.
  ➡ '정가＝원가＋이익금'인 점과 '판매가＝정가－할인액'이다.

② 이익률과 할인율이 나오는 경우 원가에 a%의 이익을 붙인 정가는 원가$(1+\dfrac{a}{100})$이고, 정가에서 b% 할인한 판매가는 정가$(1-\dfrac{b}{100})$이다. 해당 관계식에 반영하여 풀도록 한다.
  ➡ 원가에 20%의 이익을 붙여 정가로 판매, 정가의 10%를 할인하여 2,500원의 이익을 보았다.

③ 계산하여 구해야 하는 값이 무엇인지 파악한다.
  ➡ 어떤 상품의 원가(구해야 하는 값)를 구하는 문제이다.

정답 찾기

원가를 x라 하면, 정가는 원가＋이익금＝$x(1+0.2)＝1.2x$이고,
판매가는 정가－할인액＝$1.2x\times(1-0.1)＝1.08x$이다.
판매가에서 원가를 제외하여 2,500원의 이익을 본 것이므로,
$1.08x-x＝2,500$ ∴ $x＝31,250$원
따라서 상품의 원가는 31,250원이다.

정답 | ②

Plus

• 원가 : 원래의 가격
• 정가 : 원래의 가격 ＋ 이익금액

> 원가＋(원가×이익률)＝원가(1＋이익률)

※ 이익금액 ＝ 원가×이익률

• 판매가 : 정가 － 할인금액
• 할인가 : 원래의 가격 － 할인금액

> 원가－(원가×할인율)＝원가(1－할인율)

※ 할인금액 ＝ 원가×할인율

PART 02 수리능력 ▼

4일차

5일차

6일차

7일차

8일차

유형 4 | 방정식과 부등식

어느 체험관의 하루 동안 벌어들인 입장료 판매액은 총 445,200원이었다. 이날 방문한 **성인 수는 청소년 수의 절반**이었고, **청소년 수와 어린이 수는 같았다.** 청소년 수가 영유아 수의 7배라면, 해당일에 **방문한 사람은 총 몇 명인가?**

〈표〉 어느 체험관의 입장료

구분	성인	청소년	어린이	영유아
일반 (개인/단체)	9,000원	7,000원	4,000원	2,800원

① 72명   ② 74명   ③ 76명
④ 78명   ⑤ 80명

문제&제시자료 CHECK

① 구하고자 하는 것을 미지수로 둔다.
  ➡ 성인, 청소년, 어린이, 영유아 수를 a, b, c, d(미지수)로 둔다.
② 제시된 조건을 파악한다.
  ➡ 하루 동안의 입장료 판매액, 성인, 청소년, 어린이, 영유아 수의 관계가(조건) 언급되어 있다.
③ 계산하여 구해야 하는 값이 무엇인지 파악한다.
  ➡ 하루 동안 방문한 사람 수(구해야 하는 값)를 구하는 문제이다.
④ 수, 나이, 도형, 총합, 과부족 등의 문제가 출제된다. 연속하는 수 또는 자리의 숫자, 특정인의 나이 또는 몇 년 후의 나이, 도형의 둘레/길이/넓이/부피 등에 관한 문제가 나온다.

정답 찾기

성인, 청소년, 어린이, 영유아 수를 각각 a, b, c, d라 하면,

- 입장료 판매액 445,200원 : $9,000a + 7,000b + 4,000c + 2,800d = 445,200 \cdots \text{㉠}$

- 성인 수 = 청소년 수 ÷ 2 : $a = \dfrac{b}{2} \cdots \text{㉡}$

- 어린이 수 = 청소년 수 : $c = b \cdots \text{㉢}$

- 청소년 수 = 영유아 수 × 7 : $b = 7d \Rightarrow d = \dfrac{b}{7} \cdots \text{㉣}$

㉡, ㉢, ㉣을 ㉠에 대입하면 $159b = 4,452$ ∴ $b = 28$

청소년 수가 28명이므로, 성인은 14명, 어린이는 28명, 영유아는 4명이다. 따라서 해당일에 체험관을 방문한 사람은 총 74명이다.

정답 | ②

유형별 연립일차방정식의 활용

- 수에 관한 활용
  - (연속한 수) 연속하는 세 정수 : $x-1, x, x+1$
  - (자리의 수) 십의 자리의 숫자가 x, 일의 자리의 숫자가 y인 두 자리의 자연수에 대하여

  > 원래의 수 : $10x+y$
  > 십의 자리의 숫자와 일의 자리의 숫자를 바꾼 수 : $10y+x$

  - (자리의 수) 백의 자리의 숫자가 x, 십의 자리의 숫자가 y, 일의 자리의 숫자가 z인 세 자리 자연수에 대하여

  > 원래의 수 : $100x+10y+z$
  > 십의 자리의 숫자와 일의 자리의 숫자를 바꾼 수 : $100x+10z+y$

- 나이에 관한 활용

  > 올해 x살인 사람의 a년 전의 나이 : $(x-a)$살
  > 올해 x살인 사람의 b년 후의 나이 : $(x+b)$살

- 개수에 관한 문제 : 다리의 개수가 a개인 동물이 x마리, b개인 동물이 y마리 있는 경우

  > $x+y=$ 전체 동물의 수
  > $ax+by=$ 전체 동물의 다리의 수

- 득점/감점에 관한 문제 : 맞히면 a점을 얻고, 틀리면 b점을 잃는 시험에서 x문제를 맞히고, y문제를 틀렸을 때 받는 점수

  > $(ax-by)$점

- 계단에 관한 문제 : A, B 두 사람이 가위바위보를 할 때(비기는 경우가 없는 경우)

  > A가 이긴(진) 횟수 = B가 진(이긴) 횟수

- 증가/감소에 관한 문제

  > x에서 $a\%$ 증가한 경우 : $(1+\dfrac{a}{100})x$
  >
  > x에서 $b\%$ 감소한 경우 : $(1-\dfrac{b}{100})x$

- 과부족에 관한 문제

  > x명에게 p개씩 나누어 주면 r개가 남는 경우 : $xp+r$
  > x명에게 q개씩 나누어 주면 r개가 모자르는 경우 : $xq-r$
  > $xp+r=xq-r$

PART 02 수리능력 ▼

4일차

5일차

6일차

7일차

8일차

유형 5 | 경우의 수와 확률

01 A사의 직원 7명은 출장을 가려고 한다. 2대의 차에 나눠 타고 가려 하는데 작은 차에 3명, 큰 차에 6명까지 탑승할 수 있다. 2대의 차에 7명이 나누어 타는 경우의 수는 모두 몇 가지인가?

① 63가지   ② 70가지   ③ 77가지

④ 84가지   ⑤ 91가지

문제 CHECK

① 순서대로 나열하는 문제, 뽑는 문제 등이 출제되므로 순열, 조합 등의 개념을 숙지하도록 한다.
   ➡ 3명이 탈 수 있는 작은 차와 6명이 탈 수 있는 큰 차에 7명이 나누어 타는 문제이다.
② 두 사건 또는 그 이상의 사건의 관계에서 동시에 일어나는 것인지를 주의하여 합 · 곱의 법칙을 적용하도록 한다.
   ➡ 7명 중 작은 차에 1명, 2명, 3명이 나누어 타는 경우이다.
③ 계산하여 구해야 하는 값이 무엇인지 파악한다.
   ➡ 작은 차에 1명, 2명, 3명이 나누어 타는 경우의 수를 구해서 모두 더해준다.

정답 찾기

서로 다른 n개에서 순서를 고려하지 않고 r개를 택하는 경우의 수는 $n! \div \{r! \times (n-r)!\}$이다. 큰 차와 작은 차 총 2대의 차에 7명이 나누어 타는 경우의 수는 작은 차에 1명, 2명, 3명 탑승하는 경우로 나누어 계산한다. 따라서 1명이 탑승할 경우의 수는 $7! \div (1! \times 6!) = 7$가지, 2명이 탑승할 경우의 수는 $7! \div (2! \times 5!) = 21$가지, 3명이 탑승할 경우의 수는 $7! \div (3! \times 4!) = 35$가지가 된다. 이를 모두 더하면 $7 + 21 + 35 = 63$가지가 된다.

정답 | ①

02 1부터 7까지의 자연수가 적힌 7개의 카드가 숫자가 보이지 않게 뒤집혀 있다. 임의로 3장의 카드를 동시에 선택할 때, 꺼낸 카드에 적힌 세 수의 합이 홀수일 확률은?

① $\dfrac{2}{7}$ ② $\dfrac{16}{35}$ ③ $\dfrac{21}{35}$

④ $\dfrac{5}{7}$ ⑤ $\dfrac{6}{7}$

문제 CHECK

① 1부터 7까지 적힌 7개의 카드 중 3장의 카드를 동시에 선택하는 경우를 구해야 한다.
② 동시에 선택한 3장의 카드에 적힌 숫자의 합이 홀수인 경우를 구해야 한다.

정답 찾기

7장의 카드 중 3장의 카드를 선택하는 경우의 수는 $_7C_3 = \dfrac{7 \times 6 \times 5}{3 \times 2 \times 1} = 35$가지이다. 3장의 카드에 적힌 세 수의 합이 홀수이려면

- (홀)＋(홀)＋(홀)인 경우 : 1, 3, 5, 7 총 4장의 홀수가 적힌 카드 중 3장의 카드를 뽑는 경우의 수는 $_4C_3 = {_4C_1} = 4$가지

- (홀)＋(짝)＋(짝)인 경우 : 홀수가 적힌 4장의 카드에서 한 장을 선택하고, 짝수가 적힌 3장의 카드에서 2장을 선택하면 $_4C_1 \times {_3C_2} = 4 \times 3 = 12$가지

위의 두 경우를 고려하여 구한 세 수의 합이 홀수일 확률은 $\dfrac{4+12}{35} = \dfrac{16}{35}$이다.

정답 | ②

PART 02 수리능력 ▼

4일차

5일차

6일차

7일차

8일차

Plus

- 경우의 수 : 사건 A가 일어나는 경우의 수를 m, 사건 B가 일어나는 경우의 수를 n이라 하면,
  - 사건 A 또는 B가 일어나는 경우의 수 : $m + n$
  - 사건 A, B가 동시에 일어나는 경우의 수 : $m \times n$
- 순열
  - 서로 다른 n개에서 r개를 택하여 순서 있게 늘어놓은 것

$$_nP_r = n \times (n-1) \times (n-2) \times \cdots \times (n-r+1) = \frac{n!}{(n-r)!} \text{(단, } 0 \leq r \leq n\text{)}$$

  - 성질 : $_nP_n = n! = n \times (n-1) \times (n-2) \times \cdots \times 2 \times 1$, $_nP_0 = 1$, $0! = 1$
  - 종류

    [중복순열] 중복을 허락하여 만든 순열로, 서로 다른 n개 중 중복을 허락하여 r개를 택하는 경우는

$$_n\Pi_r = \underbrace{n \times n \times \cdots \times n}_{r\text{개}} = n^r$$

    [원순열] 서로 다른 것을 원형으로 배열하는 순열로, 서로 다른 n개를 원형으로 배열하는 경우는

$$\frac{_nP_n}{n} = \frac{n!}{n} = (n-1)!$$

- 조합
  - 서로 다른 n개에서 r개를 뽑는 것(순서 상관없이 나열)

$$_nC_r = \frac{n!}{r!(n-r)!} = \frac{_nP_r}{r!} \text{(단, } 0 \leq r \leq n\text{)}$$

  - 성질 : $_nC_0 = 1$, $_nC_n = 1$, $_nC_1 = n$, $_nC_r = _nC_{n-r}$
- 확률
  - 사건 A가 일어날 확률 $P(A) = \dfrac{\text{사건 A가 일어날 경우의 수}}{\text{모든 경우의 수}}$
  - 사건 A 또는 B가 일어날 확률 또는 A, B 중 적어도 하나가 일어날 확률 : $P(A \cup B) = P(A) + P(B) - P(A \cap B)$
  - 사건 A가 일어날 확률을 p라 하면, 사건 A가 일어나지 않을 확률은 $(1-p)$이다.
  - '적어도 …'의 확률 : $1 - (\text{반대 사건의 확률})$
  - 조건부 확률 : 두 사건 A, B에 대하여 사건 A가 일어났다고 가정했을 때 사건 B가 일어날 확률은

    $P(B \mid A) = \dfrac{P(A \cap B)}{P(A)}$이다.

유형 6 | 통계

다음 제시된 숫자 중 중앙값과 최빈값의 평균은?

11, 15, 23, 26, 20, 26, 20, 10, 12, 15, 26

① 20   ② 21   ③ 22

④ 23   ⑤ 24

문제 CHECK

① 기초 통계 용어와 관련 공식을 숙지하도록 한다.

➡ 이상, 이하, 초과, 미만

➡ 산술평균 : 구성원별로 가진 특정값을 합하여 구성원 수로 나눈 것

가중평균 : 각 항의 수치에 그 중요도에 비례하는 계수를 곱한 다음 산출한 평균, 원래의 수치가 동등하지 않을 때 주로 사용

➡ 분산{편차^2(= 통곗값 − 평균값)를 통해 얻은 값들의 산술평균}

➡ 표준편차(= $\sqrt{분산}$)

➡ 중앙값 : 전체 항을 이등분한 위치에 있는 값

최빈값 : 최대의 도수를 가지는 변량의 수치

최댓값 : 값 자체가 가장 큰 것

최솟값 : 값 자체가 가장 작은 것

➡ 중앙값, 최빈값, 평균(용어)을 구하는 문제이다.

② 계산하여 구해야 하는 값이 무엇인지 파악한다.

➡ 중앙값과 최빈값의 평균(구해야 하는 값)을 구하는 문제이다.

정답 찾기

오름차순으로 정리하면 10, 11, 12, 15, 15, 20, 20, 23, 26, 26, 26이다. 중앙값은 제일 가운데에 있는 값이므로 20이며, 최빈값은 같은 숫자가 반복된 것 중 가장 많이 나온 것이므로 26이다. 따라서 $\frac{20 + 26}{2} = 23$이다.

정답 | ④

- 평균 : 전체 변량의 총합을 변량의 개수로 나눈 값($\dfrac{변량의 총합}{변량의 개수}$)

    - 산술평균 : 전체 변량값을 모두 더한 후 변량의 개수로 나눈 값

    - 가중평균 : 각 변량에 자료의 상대적 중요도(가중치)를 곱해 모두 더한 값을 가중치의 합계로 나눈 값
- 중앙값 : 각 변량을 크기순으로 나열했을 때 중앙에 오는 값

    - 자료의 개수(n)가 홀수인 경우 : $\dfrac{n+1}{2}$번째 자료의 값

    - 자료의 개수(n)가 짝수인 경우 : $\dfrac{n}{2}$번째와 $\dfrac{n+1}{2}$번째 자료의 값의 평균
- 최빈값 : 변량 중에서 가장 많이(자주) 나타난 값으로, 한 개 이상 존재 가능
- 계급값 : 각 계급 양 끝 값의 평균
- 분산과 표준편차
    - 편차 : 자료값 또는 변량과 평균의 차이를 나타내는 수치(변량 – 평균)

    - 분산 : $\dfrac{(편차)^2의 총합}{변량의 개수}$

    - 표준편차 : $\sqrt{분산}$
    - 도수분포표에서의 평균, 분산, 표준편차

$$평균 = \dfrac{(계급값 \times 도수)의 총합}{(도수)의 총합}$$

$$분산 = \dfrac{\{(편차)^2 \times 도수\}의 총합}{(도수)의 총합}$$

$$표준편차 = \sqrt{분산}$$

PART 02 수리능력 ▼

4일차

5일차

6일차

7일차

8일차

유형 7 │ 수열

다음 제시된 숫자들의 규칙을 찾아 빈칸에 들어갈 알맞은 숫자는?

20 3 17 7 14 11 11 ( ) 8 19

① 13 ② 15 ③ 17
④ 19 ⑤ 21

문제&제시자료 CHECK

① 숫자 사이의 규칙을 통해 빈칸에 해당하는 숫자를 찾는 유형으로, 일반적으로 일정한 수를 더하거나, 빼거나, 곱하거나, 나눠서 얻어지는 수열이 있다. 등차수열, 등비수열, 피보나치 수열은 반드시 알아둬야 하며 최근 시험에서 생소하고, 규칙이 복잡한 수열에 관한 출제 빈도가 높아지고 있다.

➡ 홀수 번째 항들의 수는 3씩 빼는, 짝수 번째 항들의 수는 4씩 더하는 수열(등차수열)을 이루고 있다.

② 한 번에 규칙성이 파악되지 않는 수열의 경우 수열 속 새로운 수열이 숨어있지는 않은지 확인한다.

③ 계산하여 구해야 하는 값이 무엇인지 파악한다.

➡ 빈칸에 들어갈 알맞은 숫자(구해야 하는 값)를 구하는 문제이다.

정답 찾기

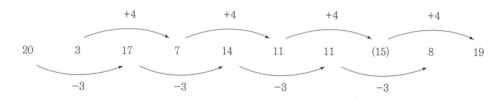

정답 │ ②

Plus

- 등차수열 : 같은 수를 더하거나 빼서 반복되는 수열
- 등비수열 : 같은 수를 곱하거나 나눠서 반복되는 수열
- 두 항의 차를 비교해서 규칙이 발견되지 않을 경우 : 앞뒤 두 항의 차의 수열에서 규칙성을 찾는 수열
- 피보나치 수열은 앞의 두 수의 합이 바로 뒤의 수가 되는 수의 배열

정답 및 해설 p. 286

PART 02 수리능력 ▼

4일차

5일차

6일차

7일차

8일차

01 집에서 회사까지 출근할 때 시속 60km로 가면 예정보다 10분 빨리 도착하고, 시속 40km로 가면 예정보다 5분 늦게 도착한다. 이때 시속 40km로 주행 시 출근 소요시간은?

① 45분　　　　　　　　② 50분　　　　　　　　③ 55분
④ 60분　　　　　　　　⑤ 1시간 5분

02 A와 B 두 사람이 함께 일하면 4일 걸리는 일을 A가 2일 일한 후 나머지를 B가 8일 걸려서 끝마쳤다. B가 혼자 일을 끝마치려면 최소 며칠이 걸리는가?

① 8일　　　　　　　　② 9일　　　　　　　　③ 10일
④ 11일　　　　　　　　⑤ 12일

03 어떤 물건의 원가에 15%의 이익을 붙여 정가를 정하고, 해당 정가에서 1,000원을 할인하여 팔았더니 원가에 대해 10%의 이익이 생겼다. 이때 이 물건의 원가는 얼마인가?

① 1만 원　　　　　　　② 1만 5천 원　　　　　③ 2만 원
④ 2만 5천 원　　　　　⑤ 3만 원

04 현재 A회사의 사원은 총 180명이고 이 중 남자사원은 30%이다. 올해 하반기에 추가채용을 진행하여 160명을 더 뽑으려고 한다. 이때 최종적으로 남자사원의 비율이 전체의 60%가 되기 위해서는 여자사원의 몇 배수를 뽑아야 하는가?

① 7배　　　　　　　　② 9배　　　　　　　　③ 12배
④ 15배　　　　　　　　⑤ 18배

05 주머니에 100원짜리 동전, 500원짜리 동전, 1,000원짜리 지폐를 합쳐서 총 18개가 있다. 동전과 지폐를 다 합친 금액은 7,800원이고, 100원짜리 동전과 1,000원짜리 지폐 개수의 비가 2:1일 때 100원짜리 동전은 몇 개인가?

① 2개 　　　　　　　　　② 4개 　　　　　　　　　③ 6개
④ 8개 　　　　　　　　　⑤ 10개

06 어떤 박물관 입장료는 5,000원인데 30명 이상이면 단체로 4할을 할인해준다고 한다. 30명 미만의 인원이 입장하는 경우 몇 명 이상일 때 30명의 단체 요금을 내고 입장하는 것이 개인별로 입장하는 것보다 유리한가?

① 18명 　　　　　　　　　② 19명 　　　　　　　　　③ 20명
④ 21명 　　　　　　　　　⑤ 22명

07 어느 회사 인사팀 5명은 주말 워크샵을 위해 KTX 일반실 5개의 좌석을 예매했다. 여행 날 KTX 일반실에 올라앉았을 때, 인사팀원 5명 중 2명은 자신이 예매했던 좌석 번호에 맞춰 앉고, 나머지 3명은 자신이 예매했던 좌석 번호와 다른 팀원의 자리에 앉을 경우는?

① 12가지 　　　　　　　　② 14가지 　　　　　　　　③ 16가지
④ 18가지 　　　　　　　　⑤ 20가지

08 남자직원 3명, 여자직원 5명 중 회의 발표자 2명을 정하려고 한다. 적어도 1명이 남자직원일 확률은?

① $\dfrac{1}{7}$ 　　　　　　　　② $\dfrac{3}{7}$ 　　　　　　　　③ $\dfrac{1}{2}$

④ $\dfrac{9}{14}$ 　　　　　　　　⑤ $\dfrac{13}{14}$

PART 02 수리능력 ▼

4일차

5일차

6일차

7일차

8일차

09 다음은 한 회사의 소득 금액에 대한 도수분포표이다. 이에 대한 설명으로 옳지 않은 것은?(단, 소득 구간은 주어진 자료 범위만 고려한다.)

소득 금액	인원수
100만 원 이상 200만 원 미만	5
200만 원 이상 300만 원 미만	30
300만 원 이상 400만 원 미만	10
400만 원 이상 500만 원 미만	5
합계	50

※ 계급값 $= \dfrac{\text{계급의 양 끝 값의 합}}{2}$

※ 분산 $= \dfrac{\{(\text{편차})^2 \times \text{도수}\}\text{의 총합}}{(\text{도수})\text{의 총합}}$ (단, 편차 = 주어진 값 − 평균값)

① 중앙값은 250만 원이다.

② 최빈값은 250만 원이다.

③ 소득 금액이 300만 원 이상 500만 원 미만인 인원은 15명이다.

④ 소득 금액의 평균은 300만 원 미만이다.

⑤ 소득 금액의 분산은 6,000만 원 미만이다.

10 다음 제시된 숫자들의 규칙을 찾아 빈칸에 들어갈 숫자들의 합은?

	1	1	2	3	( )	8	( )	21	34	55	

① 15   ② 16   ③ 17

④ 18   ⑤ 19

11 김 사원은 출근길에 총 10km를 이동하였다. 0~8km 구간은 60km/h로 이동하였고, 8~9km 구간의 이동시간은 0~8km 구간보다 10% 증가, 9~10km 구간의 이동시간은 8~9km 구간보다 10% 증가하였다고 한다. 이때 총 이동시간은 얼마인가?

① 약 20분 29초   ② 약 22분 29초   ③ 약 24분 29초

④ 약 26분 29초   ⑤ 약 28분 29초

12 어떤 물통에 물을 가득 채우는 데 A호스를 사용하면 4시간, B호스를 사용하면 6시간이 걸린다고 한다. A호스로 2시간 동안 물을 받다가 A, B 두 호스를 동시에 사용하여 물을 가득 채웠다고 한다. A, B 두 호스를 동시에 사용하여 물을 채운 시간은?

① 1시간   ② 1.2시간   ③ 1.4시간
④ 1.6시간   ⑤ 1.8시간

13 A는 어떤 상품을 정가로 판매하면 20개를 팔 때마다 15,000원의 이익을 얻는다. 정가의 25%를 할인하여 60개를 판매했을 때 거둬들인 이익금과 정가에서 3,000원씩 할인하여 30개를 판매했을 때 거둬들인 이익금이 같다고 한다. 이 상품의 정가는 얼마인가?

① 6,570원   ② 6,800원   ③ 7,150원
④ 7,500원   ⑤ 7,750원

14 어느 A대학교에서는 건물 한 층에 있는 a, b, c 총 3개의 강의실에서 신입생 OT를 진행했다. a강의실에 들어가고 남은 신입생은 200명이었고, 그중 일부가 b강의실에 들어갔으며, 나머지 100명이 마지막 c강의실에 모두 들어갔다. a강의실에 들어간 신입생 수가 b강의실에 들어간 신입생보다 60명 더 많다면, 신입생 OT에 참여한 신입생 수는 총 몇 명인가?

① 360명   ② 380명   ③ 400명
④ 420명   ⑤ 440명

15 J는 1개에 2,500원인 마카롱 a와 1개에 2,000원인 마카롱 b를 합하여 총 14개를 30,000원 이상 40,000원 이하로 사려고 한다. 마카롱 b의 최대 구매 가능 개수는?

① 4개   ② 6개   ③ 8개
④ 10개   ⑤ 12개

PART 02 수리능력 ▼

4일차

5일차

6일차

7일차

8일차

16 총 9개의 팀이 각각 4개 팀, 5개 팀으로 조를 나누어 경기를 치른다고 한다. 일단 구성된 두 개의 조는 예선 경기에서 각 팀이 같은 조에 속한 나머지 팀과 모두 한 번씩 경기를 치른 다음, 각 조에서 1위와 2위를 한 팀이 모인 총 4개의 팀이 다시 토너먼트 방식으로 순위를 가려 본선 경기를 치른다. 예선 경기 관람료는 경기당 1만 5천 원이고, 3·4위전을 포함한 본선 경기 관람료는 경기당 2만 5천 원인 경우 모든 경기를 관람했을 때 지불해야 하는 총 관람료는 얼마인가?

① 34만 원   ② 36만 원   ③ 38만 원

④ 40만 원   ⑤ 42만 원

17 기획팀은 P팀장, Q대리, R주임, S주임으로 총 4명이었으나 신입사원 2명이 입사하여 회식을 하려고 한다. 다음과 같은 원형테이블로 예약하고자 할 때 신입사원 2명이 함께 이웃하도록 앉는 경우는 몇 가지인가?

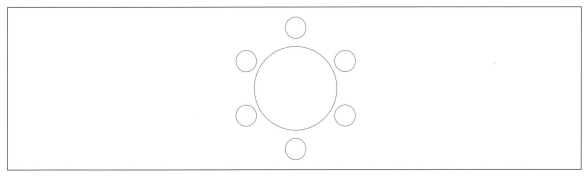

① 48가지   ② 100가지   ③ 120가지

④ 240가지   ⑤ 720가지

18 2024년에는 5만 가구에 대한 사업 승인을 계획 중이며, 승인이 완료될 확률은 80%이다. 2025년에는 5만 5천 가구에 대한 사업 승인을 계획 중인데, 기존에 계획한 대로 승인이 완료되지 못하면 사업 승인 가구 수의 10%가 증가될 것이고, 기존에 계획한 대로 승인이 완료되면 사업 승인 가구 수의 10%가 감소될 것이다. 2025년 사업 승인 가구 수의 기댓값은?

① 5만 1,700가구   ② 5만 1,900가구   ③ 5만 2,100가구

④ 5만 2,300가구   ⑤ 5만 2,500가구

19 다음은 A반 학생들의 중간고사 수학 점수를 정리한 자료이다. 70점 이상인 학생은 전체의 몇 %인가?

시험점수(점)	도수(명)	상대도수	누적도수(명)
50 이상 60 미만	4		
60 이상 70 미만			20
70 이상 80 미만		0.2	
80 이상 90 미만			38
90 이상 100 미만	2		
합계		1	

※ 상대도수 $= \dfrac{\text{해당 계급의 도수}}{\text{도수의 총합}}$

※ 누적도수 = 전 계급의 누적도수 + 해당 계급의 도수

① 30%   ② 40%   ③ 50%

④ 60%   ⑤ 70%

20 연구원 K는 세포를 배양하면서 세포 수가 8배 늘어나는데 t일이 걸린다는 사실을 발견했다. 1개의 세포가 512개가 되는데 6일이 걸렸다면, 1개의 세포가 2^{36}개의 세포로 만들어지기 위해서는 며칠이 걸리겠는가?

① 24일   ② 48일   ③ 60일

④ 66일   ⑤ 72일

4일차 학습 점검표

번호	유형	O / X	번호	유형	O / X
1	거리 · 속력 · 시간		11	거리 · 속력 · 시간	
2	일의 양		12	일의 양	
3	금액(원가/정가)		13	금액(원가/정가)	
4	방정식		14	방정식	
5	방정식		15	부등식	
6	부등식		16	경우의 수	
7	경우의 수		17	경우의 수	
8	확률		18	통계	
9	통계		19	통계	
10	수열		20	수열	

맞힌 문항 수	/ 20
취약 유형	

취약 유형 다시 보기

유형 8 | 환율

A회사의 **팀장, 대리, 주임**은 환율표를 확인하여 총 3차례에 걸쳐 환전했다고 한다. 세 명이 **외화 환전**을 통해 얻는 이익은 총 얼마인가?(단, 이익 계산 시 손해분은 포함하지 않으며, 제시된 것 외에 다른 사항은 고려하지 않는다.)

〈표〉 고시 환율표

구분	미국 달러화	유럽 유로화	일본 엔화	중국 위안화
7월 1일	1,160원	1,320원	1,075원	170원
8월 14일	1,220원	1,360원	1,145원	172원
10월 17일	1,180원	1,310원	1,085원	168원

|보기|
- 팀장 : 7월 1일에 원화를 400유로로 환전했으나 8월 14일에 절반을, 10월 17일에 나머지 절반을 원화로 재환전했다.
- 대리 : 7월 1일에 원화를 600달러로 환전했으나 8월 14일에 25%를, 10월 17일에 나머지 75%를 원화로 재환전했다.
- 주임 : 7월 1일에 원화를 2,000위안으로 환전했으나 8월 14일에 500위안을, 10월 17일에 나머지 1,500위안을 원화로 재환전했다.

① 22,000원 ② 24,000원 ③ 26,000원
④ 28,000원 ⑤ 30,000원

문제 CHECK

① 주어진 환율 자료에서 어떤 국가의 기축통화(미국 달러, EU의 유로화, 일본의 엔화, 영국의 파운드, 중국의 위안화 등) 정보가 나왔는지, 타국 통화 간의 교환을 파악한다.
➡ 3개국(유럽, 미국, 중국)의 기축통화 정보만을 추출해 접근한다.
② 환율 자료를 이용해 출제 유형이 무엇인지 확인한다.
➡ 환율의 변동(상승/하락)에 따른 원화 가치 계산, 환전을 통해 얻는(잃는) 금액, 환전수수료(우대이율 유무) 등을 묻는 문제가 출제된다.
➡ 총 3명이 외화 환전을 통해 얻는 이익이 총 얼마(구할 값)인지를 구한다.

제시자료&선지 CHECK

① 제목, 표 : 환율 자료(환전고시 환율, 국제시장 환율, 주간 고시 환율, 환율 추이 등)가 다양하므로, 담긴 내용을 파악한다.
➡ 미국, 유럽, 일본, 중국 총 4개국의 고시 환율표(자료 내용)가 제시되었다.
② 보기 : 특정 인물의 실행 시기와 상황을 고려한다.
➡ 팀장, 대리, 주임(특정 인물)은 7월 1일, 8월 14일, 10월 17일(실행 시기) 총 3차례에 걸쳐 각자 400유로, 600달러, 2,000위안을 환전 또는 재환전(상황)했다.

PART 02 수리능력 ▼

4일차

5일차

6일차

7일차

8일차

정답 찾기

팀장, 대리, 주임이 각각 환전을 통해 얻는 이익은 다음과 같다.

- 팀장(→ 유로화) : 7월 1일 환전에 사용한 원화는 $400 \times 1,320$원 $= 528,000$원이고, 재환전을 통해 받은 원화는 8월 14일 $200 \times 1,360 = 272,000$원, 10월 17일 $200 \times 1,310 = 262,000$원으로, 총 $534,000$원이다. 따라서 외화 환전으로 얻은 이익은 $6,000$원이다.
- 대리(→ 달러화) : 7월 1일 환전에 사용한 원화는 $600 \times 1,160 = 696,000$원이고, 재환전을 통해 받은 원화는 8월 14일 $150 \times 1,220 = 183,000$원, 10월 17일 $450 \times 1,180 = 531,000$원으로 총 $714,000$원이다. 따라서 외화 환전으로 얻은 이익은 $18,000$원이다.
- 주임(→ 위안화) : 7월 1일 환전에 사용한 원화는 $2,000 \times 170 = 340,000$원이고, 재환전을 통해 받은 원화는 8월 14일 $500 \times 172 = 86,000$원, 10월 17일 $1,500 \times 168 = 252,000$원으로 총 $338,000$원이다. 따라서 외화 환전으로 발생한 손해는 $2,000$원이다.

정리하면, 세 명이 외화 환전을 통해 얻는 이익은 $6,000 + 18,000 = 24,000$원이다.

> **Tip**
>
> 환전 후 재환전한 총액이 같으므로 환전으로 인한 이익은 기준 금액에서 증감분만 계산하면 더 빠르다.
> - 팀장 : 유로화는 7월 1일과 비교하여 8월 14일에는 40원이 올랐고, 10월 17일에는 10원 떨어졌다.
>   → $40 \times 200 - 10 \times 200 = 6,000$ → 6,000원 이익
> - 대리 : 달러화는 7월 1일과 비교하여 8월 14일에는 60원이 올랐고, 10월 17일에는 20원이 올랐다.
>   → $60 \times 150 + 20 \times 450 = 18,000$ → 18,000원 이익
> - 주임 : 위안화는 7월 1일과 비교하여 8월 14일에는 2원이 올랐고, 10월 17일에는 2원 떨어졌다.
>   → $2 \times 500 - 2 \times 1,500 = -2,000$ → 2,000원 손해
> 따라서 세 사람이 환전을 통해 얻은 이익은 총 24,000원이다.

정답 | ②

유형 9 | 실용계산

다음은 주택용 전력(저압) 누진세 적용 단계별 **기본요금**과 **전력량요금**을 정리한 것이다. **10살 딸과 7살 딸, 3살 아들**을 둔 **P씨**가 **9월** 한 달간 **400kWh** 전기를 사용했다면, 가구 구성원이 동일한 **A씨** 가정에서 **8월** 한 달간 P씨 가정의 전력량과 동일하게 **사용 후 청구 받는 금액**은 얼마나 **차이** 나는가?

〈하계(7월 1일~8월 31일)〉

구간		기본요금(원/호)	전력량요금(원/kWh)
1단계	300kWh 이하 사용	910	93.3
2단계	301~450kWh 사용	1,600	187.9
3단계	450kWh 초과 사용	7,300	280.6

〈기타계절(1월 1일~6월 30일, 9월 1일~12월 31일)〉

구간		기본요금(원/호)	전력량요금(원/kWh)
1단계	200kWh 이하 사용	910	93.3
2단계	201~400kWh 사용	1,600	187.9
3단계	400kWh 초과 사용	7,300	280.6

〈전기요금 청구액 계산법〉

① 기본요금(원 단위 미만 절사)
② 전력량요금(원 단위 미만 절사)
  ※ 전력량요금은 전력 사용량에 따라 구간별로 금액이 다르게 작용됨
③ 전기요금계 = ① + ② − 복지할인
  ※ 복지할인 요금제 : 사회적 배려계층에 대한 에너지복지 확대와 출산 가구 지원을 위해 시행하는 제도
    – 5인 이상 가구, 출산 가구, 3자녀 이상 가구, 생명유지장치 사용 고객은 기본요금과 전력량요금의 총합에 30% 할인 적용
    – 할인 한도 : 50인 이상 가구/출산 가구/3자녀 이상 가구(16,000원), 생명유지장치(없음)
④ 부가가치세(원 단위 미만 4사 5입) = ③×10%
⑤ 전력산업기반기금(10원 미만 절사) = ③×4%
⑥ 청구요금 합계(10원 미만 절사) = ③ + ④ + ⑤
  ※ 계산상의 편의로 실제 부과되는 비율과 다를 수 있음

① 7,090원 ② 8,090원 ③ 9,090원
④ 10,070원 ⑤ 11,070원

문제 CHECK

① 구해야 하는 키워드와 구성 요소를 파악한다.
  ➡ 전기요금(구해야 하는 키워드)을 구하는 문제이며, 기본요금과 전력량요금(구성 요소)으로 구분된다.
② 특정 상황에 포함된 경우 그에 맞는 조건일 때 적용되는 사항을 찾는다.
  ➡ P씨는 10살 딸과 7살 딸, 3살 아들로 세 자녀(특정 상황)를 두었다.
③ 계산하여 구해야 하는 값이 무엇인지 파악한다.
  ➡ P씨의 9월 한 달간의 전기요금과 A씨의 8월 한 달간의 전기요금을 계산하여 그 요금 차이를 구해야 한다.

PART 02 수리능력 ▼

4일차

5일차

6일차

7일차

8일차

① 제목, 기준 : 제시된 표가 2개 이상인 경우 어떤 차이인지를 확인한다.

➡ 하계와 기타계절로 구분되었으며, 요금이 전력 사용 구간에 따라 다르게 적용된다.

② 계산법 : 주어진 자료를 바탕으로 특정 상황에 놓였을 때 해당 금액을 계산하라는 문제가 출제되므로, 정리된 공식들은 모두 참고한다.

➡ 전기요금 청구액 계산법을 ①~⑥으로 나열했다.

- P씨 가정(기타계절)
  - 기본요금 : 1,600원
  - 전력량요금 : $200 \times 93.3 + 200 \times 187.9 = 200 \times (93.3 + 187.9) = 56,240$원
  - 복지할인 : $(1,600 + 56,240) \times 0.3 = 17,352$원(단, 16,000원 한도) → 16,000원
  - 전기요금계 : $1,600 + 56,240 - 16,000 = 41,840$원
  - 부가가치세 : $41,840 \times 0.1 = 4,184$원(원 단위 미만 4사 5입)
  - 전력산업기반기금 : $41,840 \times 0.04 = 1,670$원(10원 미만 절사)
  - ∴ 청구금액 : $41,840 + 4,184 + 1,670 = 47,690$원(10원 미만 절사)
- A씨 가정(하계)
  - 기본요금 : 1,600원
  - 전력량요금 : $300 \times 93.3 + 100 \times 187.9 = 27,990 + 18,790 = 46,780$원
  - 복지할인 : $(1,600 + 46,780) \times 0.3 = 14,514$원
  - 전기요금계 : $1,600 + 46,780 - 14,514 = 33,866$원
  - 부가가치세 : $33,866 \times 0.1 = 3,387$원(원 단위 미만 4사 5입)
  - 전력산업기반기금 : $33,866 \times 0.04 = 1,350$원(10원 미만 절사)
  - ∴ 청구금액 : $33,866 + 3,387 + 1,350 = 38,600$원(10원 미만 절사)

따라서 P씨와 A씨 가정의 청구금액은 9,090원 차이 난다.

정답 | ③

01 은비네 집에서 출발하여 휴게소에 들려 가평까지 가는 데 거리는 220km라고 한다. 자동차로 집에서 휴게소까지 시속 80km로 가는 중에 잠시 쉬느라 휴게소에서 30분을 보냈다. 다시 출발하여 가평까지 시속 60km로 가서 총 3시간 30분이 걸렸다고 한다. 집에서 휴게소까지의 거리는 몇 km인가?

① 120km   ② 130km   ③ 140km
④ 150km   ⑤ 160km

02 어떤 일을 A가 혼자 2일 동안 한 후 남은 일을 A, B 두 사람이 함께 하면 3일 만에 끝낸다고 한다. 같은 일을 B가 혼자 4일 동안 한 후 남은 일을 A, B 두 사람이 함께 하여 2일 만에 끝낸다면, A가 혼자 일할 경우 며칠이 걸리는가?

① 8일   ② 9일   ③ 10일
④ 11일   ⑤ 12일

03 A는 구리와 주석을 4:1의 비율로 포함한 합금이고, B는 구리와 주석을 2:3의 비율로 포함한 합금이다. 두 종류의 합금을 녹여 구리와 주석을 2:1의 비율로 포함한 합금 360g을 만들려고 한다. 이때, 필요한 합금 B의 양은?

① 100g   ② 120g   ③ 140g
④ 160g   ⑤ 180g

04 서로 다른 9권의 책을 순서에 상관없이 세 개의 책꽂이에 꽂을 때 한 책꽂이만 비어 있는 경우는 몇 가지인가?

① 510가지   ② 762가지   ③ 768가지
④ 1,530가지   ⑤ 1,536가지

PART 02 수리능력 ▼

4일차

5일차

6일차

7일차

8일차

05 팀장 2명과 사원 4명 중에서 우수한 실적을 거둔 팀장 1명, 사원 2명을 뽑아 해외연수를 보내주고자 한다. 가능한 경우의 수는?

① 12가지
② 14가지
③ 18가지
④ 20가지
⑤ 24가지

06 J씨는 최근 미국으로 출장을 다녀왔다. 다음 출장지인 중국에 갈 것을 대비해 남은 화폐를 위안화로 환전하려고 한다. J씨가 200달러를 남겨왔다면, 환전 후 보유하게 되는 위안화는 얼마인가?(단, 일의 자리에서 반올림한다.)

환율 정보	
• 1달러 = 1,070원	• 1위안 = 165원

① 1,100위안
② 1,200위안
③ 1,300위안
④ 1,400위안
⑤ 1,500위안

07 사원 A는 미국으로 해외여행을 다녀올 계획이다. 다음의 환전고시 환율표를 참고할 때, 1,000달러 환전 시 환전수수료는 얼마인가?(단, 사원 A는 환전 시 별도의 할인을 받지 못했다.)

〈표〉 환전고시 환율표

통화명	매매기준율	현찰		송금		미화 환산율
		살 때	팔 때	보낼 때	받을 때	
미국 USD	1,076.50	1,095.33	1,057.67	1,087.00	1,066.00	1.000
유럽연합 EUR	1,258.54	1,283.58	1,233.50	1,271.12	1,245.96	1.169
일본 JPY(100엔)	990.89	1,008.23	973.55	1,000.60	981.18	0.921
중국 CNY	168.30	176.71	159.89	169.98	166.62	0.156
홍콩 HKD	137.17	139.87	134.47	138.54	135.80	0.127

※ 환전수수료 = 현찰 살 때 환율 – 매매기준율 = 매매기준율 – 현찰 팔 때 환율

① 17,340원
② 18,830원
③ 18,980원
④ 20,830원
⑤ 25,040원

08 다음은 주간 고시 환율 자료이다. P납품업체는 전기차용 콘덴서 개발에 성공하여 9월 첫째 주에 유럽 전기차 생산업체로 관련 제품 10,000개를 단가 92유로에 납품했다. 같은 수량으로 제품을 9월의 마지막 주에 납품했다면, 원화로 얼마를 손해 보았겠는가?

〈표〉 9월 주간 고시 환율표

구분	미국 달러화	유럽 유로화	일본 엔화	영국 파운드화	중국 위안화
첫째 주(9월 2~8일)	1,212.50	1,329.63	1,139.62	1,463.67	168.97
둘째 주(9월 9~15일)	1,193.00	1,315.16	107.15	1,476.22	167.52
셋째 주(9월 16~22일)	1,184.00	1,307.49	108.01	1,474.26	167.65
넷째 주(9월 23~29일)	1,197.50	1,315.93	107.35	1,490.29	168.18

① 705만 6천 원 ② 776만 5천 원 ③ 1,260만 4천 원
④ 1,331만 2천 원 ⑤ 2,036만 9천 원

09 지방자치단체장 A가 수도요금을 납부하려고 한다. 1개월간 2,400m³을 사용했고, 계약량 계산과 관련된 정보가 다음과 같다면, 요금 계산 시 얼마를 내야 하는가?(단, 해당월의 일수는 31일이며, 원수 사용을 기준으로 한다.)

장기계약(2~5년)

■ 수도사업자인 지방자치단체 고객만 신청 가능
■ 계약량 : 전년도 일평균사용량과 전년도 최대사용월의 일평균사용량을 평균한 물량

구분		내용
계약기간		2~5년, 매년 계약량 재산정
요금		기본요금 + 사용요금
계산방법	기본요금	계약량 × 기본요금단가
	사용요금	사용량 × 사용요금단가

〈표〉 광역상수도 요금단가

(단위 : 원/m³)

구분	계	기본요금	사용요금
원수	233.7	70.0	163.7
정수	432.8	130.0	302.8
침존수	328.0	98.0	230.0

〈상황〉

• 전년도 일평균사용량 : 75m³
• 전년도 최대사용월의 사용량 : 2,635m³

① 546,540원 ② 548,180원 ③ 558,540원
④ 566,480원 ⑤ 570,540원

10 국가장학금을 신청해야 하는 대학생 1학년 K씨는 알바 및 교내 근로를 통한 소득이 월급 130만 원이고, 학자금 대출금이 1,600만 원 있다. K씨 아버지는 국민연금 월 40만 원에 시가표준액 기준 1억 원의 아파트와 1,000만 원의 자동차를 소유하고 있으며, 어머니는 일용근로소득으로 월 120만 원, 저축액으로 3,000만 원이 있다면, 소득인정액은 얼마인가?(단, 주어진 조건 외에 다른 것은 고려하지 않는다.)

PART 02 수리능력 ▼

4일차

5일차

6일차

7일차

8일차

국가장학금 소득산정방식

소득인정액 = 월 소득평가액(①) + 재산의 월 소득환산액(②)
① : 가구의 근로 · 사업 · 재산 · 연금소득 등을 공제금액을 제외하고 월 기준으로 합산
② : {(일반재산 − 기본공제액) + 금융재산 − 부채)}×재산별 월 소득환산율 + 자동차×자동차 월 소득환산율
※ 단, ②의 결과가 음수로 나올 경우, 0으로 처리함

- 소득 유형
  - 근로소득 : 상시근로소득, 일용근로소득 등
  - 사업소득 : 농업, 임업, 어업소득, 기타 사업소득 등
  - 재산소득 : 임대소득, 연금소득 등
  - 기타소득 : 공적이전소득 등
- 재산 유형
  - 일반재산 : 토지, 건축물(주택), 전월세보증금(임차보증금) 등
  - 금융재산 : 예금, 적금, 주식, 보험 등
  - 자동차 : 승용차, 승합차, 화물차, 특수자동차 등
- 기본공제액
  - 기본공제 : 5,400만 원
  - 소득공제 : 신청인의 근로 · 사업소득은 130만 원 정액공제, 신청인 및 가구원의 일용근로소득은 50% 정률공제[단, 신청인은 MAX(정액공제금액, 정률공제금액) 적용]
- 부채 : 한국장학재단 학자금 대출, 전 · 월세 임대보증금 등
  ※ 일반재산에서 차감 후 잔여액은 금융재산에서 차감
- 월 소득환산율 : 일반재산(4.17%/3), 금융재산(6.26%/3), 자동차(4.17%/3)

① 188.2만 원 ② 194.6만 원 ③ 206.3만 원
④ 218.2만 원 ⑤ 223.4만 원

11 다음은 어느 대학 입학처에서 진행하는 정시전형에 따른 성적 반영 계산법이다. 입학처에서 반영점수 총점이 가장 높은 지원자부터 합격 전화를 줄 예정이라면, 전화 순서가 바르게 나열된 것은?(단, 수능 반영비율은 100%이며, 환산점수 산출 시 소수점 첫째 자리에서 반올림한다.)

대학수학능력시험 성적 반영 방식

- 반영 영역 및 반영 비율(%)

계열	국어	수학	영어	탐구
인문	30	20	30	20
자연	20	30	30	20
예체능	40	–	30	30

※ 탐구는 사회 탐구 2과목 중 상위 1과목, 과학 탐구 2과목 중 상위 1과목을 반영함

- 수능 성적 반영 방법
  - 국어/수학/탐구 : 성적표에 기재된 표준 점수
  - 영어 : 등급별 부여 점수

등급	1	2	3	4	5	6	7	8	9
점수	100	97	94	91	88	85	82	79	76

- 영역별 산출 방법
  - 국어/수학/탐구 : $\dfrac{영역별\ 취득\ 백분위}{100}$×반영 총점(900점)×영역별 반영 비율
  - 영어 : $\dfrac{등급별\ 부여점수}{100}$×반영 총점(900점)×영역별 반영 비율

- 해당 대학 지원자의 대학수학능력시험 백분위 성적

지원자	지원 계열	국어	수학	영어	탐구
갑	인문	99	88	1등급	88, 85(사회)
을	자연	85	90	2등급	90, 95(과학)
병	예체능	75	70	3등급	75, 90(사회)

① 갑–을–병   ② 갑–병–을   ③ 을–갑–병

④ 을–병–갑   ⑤ 병–갑–을

12 다음은 직장가입자의 건강보험료율과 장기요양보험료율 자료이다. 직장가입자 A씨의 월평균 보수가 400만 원이고, 연간 연금소득이 3,000만 원, 이자소득이 1,000만 원인 경우 납부해야 할 총 건강보험료는?(단, 십 원 미만은 절사한다.)

직장가입자 건강보험료

보수월액보험료(월) = 보수월액 × 건강보험료율(6.46%)

※ 보수월액 상·하한액 : 상한액(636만 5,520원), 하한액(1만 8,020원)

소득월액보험료(월) = 소득월액 × 건강보험료율(6.46%)

※ 소득월액 : 보수월액에 포함된 보수를 제외한 보수 외 소득(이자, 배당, 사업, 근로, 연금, 기타소득)에서 3,400만 원을 공제한 나머지 금액을 12로 나누어 소득 종류에 따른 금액 비율로 곱해 산정함

- 월 보수 외 소득($= \dfrac{연간\ 보수\ 외\ 소득 - 3,400만\ 원}{12개월}$) × 소득평가율

- 소득평가율 : 사업·이자·배당·기타소득은 100%, 연금·근로소득은 30%이며 소득평가율이 다른 경우 소득월액보험료는 월 보수 외 소득을 구한 후 소득 비율대로 계산함

  예 근로소득 2,000만 원, 사업소득 2,000만 원인 경우 월 보수 외 소득은 50만 원이므로, 월 보수 외 근로소득은 50만 원 × $\dfrac{2,000}{(2,000 + 2,000)}$ = 25만 원

※ 소득월액 상한액·하한액 : 상한액(318만 2,760원), 하한액(없음)

---

① 256,830원　　　　② 262,370원　　　　③ 273,740원

④ 288,620원　　　　⑤ 297,020원

PART 02 수리능력 ▼

4일차
5일차
6일차
7일차
8일차

13 2023년부터 소득 재분배 및 과세형평 차원에서 고소득층에 대한 과세를 강화함으로써 종합소득세 최고세율이 세분화되었다. 과세표준금액 1억 5천만 원 초과 5억 원 이하에 대해 일부 개정되었으며, 제시된 종합소득 과세표순을 참고했을 때 현행법과 개정법을 각각 적용 시 소득금액이 3억 5천만 원인 사람에게 부과될 세액의 차액은 얼마인가?

〈표〉 종합소득세율

과세표준	현행		개정	
	종소세율	누진공제액	종소세율	누진공제액
1,200만 원 이하	6%	–	6%	–
1,200만 원 초과 4,600만 원 이하	15%	108만 원	15%	108만 원
4,600만 원 초과 8,800만 원 이하	24%	522만 원	24%	522만 원
8,800만 원 초과 1억 5,000만 원 이하	35%	1,490만 원	35%	1,490만 원
1억 5,000만 원 초과 3억 원 이하	38%	1,940만 원	38%	1,940만 원
3억 원 초과 5억 원 이하			40%	2,540만 원
5억 원 초과	40%	2,940만 원	42%	3,540만 원

※ 소득세 = 산출세액 + 지방소득세
※ 산출세액 = 과세표준금액×세율(%) − 누진공제액
※ 지방소득세 = 산출세액×10%

① 110만 원   ② 660만 원   ③ 770만 원

④ 1,036만 원   ⑤ 2,182만 원

14 대학교 입학 전 상경해야 하는 우진이는 원룸을 구입하기 위해 담보대출하는 조건으로 2024년 5월 1일 은행에서 3,000만 원을 대출받아 2027년 4월 30일에 갚기로 했다. 그러나 1년 후 목돈이 생겨 1,500만 원을 상환하려고 한다. 중도상환해약금으로 얼마를 내야 하는가?

중도상환해약금

중도상환대출금×해약금 요율×(잔존기간/대출기간)

※ 해약금 요율
 − 신용담보(신용대출) : 0.7%
 − 부동산담보(담보대출) : 1.4%

① 13만 2천 원   ② 13만 4천 원   ③ 13만 6천 원

④ 13만 8천 원   ⑤ 14만 원

PART 02 수리능력 ▼

4일차

5일차

6일차

7일차

8일차

15 영등포에 위치한 한 꽃가게에서 꽃 1송이씩을 조합할 경우의 가격과 주요 서울지역 퀵 배송료가 다음과 같다. 이를 근거로 리시안서스 4송이, 안개꽃 1송이, 수국 8송이를 중구에 위치한 한 사무실로 배송한다면 총 금액은 얼마인가?(단, 꽃 가격과 퀵 배송료 외에 추가 금액은 없다.)

■ 조합별 가격

조합	가격
수국, 리시안서스	10,000원
안개꽃, 장미	6,000원
작약, 리시안서스	9,000원
수국, 안개꽃	9,500원
장미, 작약	7,500원

■ 주요 서울지역 퀵 배송료

출발지 도착지	강남	중구	영등포	강서	노원
영등포(꽃가게)	12,000원	13,000원	9,000원	11,000원	15,000원

① 75,500원   ② 78,000원   ③ 80,500원
④ 82,500원   ⑤ 85,000원

16 S기업에서는 특수합금소재 기술을 국산화하는데 성공하여 제품 P와 Q를 생산하고 있다. 현재까지 보유 중이던 구리 500kg, 철 50kg, 주석 60kg, 아연 150kg 중 일부를 사용해 제품 P를 300kg 생산한 상황이며, 〈조건〉을 참고하여 남은 금속 성분을 사용하여 제품 Q를 최대한으로 생산하고자 한다. 이때 생산한 제품 P와 Q의 총 판매액은 얼마인가?

〈조건〉
• 제품 P는 10kg 단위로 만들며, 1kg당 4,000원에 판매된다.
• 제품 Q는 4kg 단위로 만들며, 1kg당 800원에 판매된다.
• 제품 P와 Q의 재료 배합 비율은 다음과 같다.

제품	구리	철	주석	아연
P	50%	10%	15%	25%
Q	70%	10%	20%	0%

① 1,257,600원   ② 1,357,600원   ③ 1,457,600원
④ 1,557,600원   ⑤ 1,657,600원

5일차 학습 점검표

번호	유형	O/X	번호	유형	O/X
1	거리 · 속력 · 시간		11	실용계산	
2	일의 양		12	실용계산	
3	방정식		13	실용계산	
4	경우의 수		14	실용계산	
5	경우의 수		15	실용계산	
6	환율		16	실용계산	
7	환율				
8	환율				
9	실용계산				
10	실용계산				

맞힌 문항 수	/ 16
취약 유형	

취약 유형 다시 보기

유형 10 | 단일형 자료해석

다음은 2020~2023년 연구수행주체별 연구개발비 현황이다. 이에 대한 설명으로 옳지 않은 것은?

〈표〉 2020~2023년 연구수행주체별 연구개발비 현황

(단위 : 백만 원)

구분		2020년	2021년	2022년	2023년
공공연구기관	국·공립 연구기관	758,513	815,646	826,001	853,496
	비영리법인	8,354,658	8,727,571	9,017,867	9,315,270
대학	국·공립 대학	2,874,488	2,957,916	3,088,493	3,274,570
	사립대학	3,465,400	3,724,608	3,961,922	4,097,079
기업체	민간기업체	53,147,044	61,673,312	67,925,985	70,637,773
	정부투자기관	805,427	890,135	908,447	868,889

① 2023년 공공연구기관, 대학, 기업체 중 연구개발비가 가장 많은 기관은 공공연구기관이다.
② 비영리법인 연구개발비는 2022년에 처음으로 9,000,000백만 원을 넘었다.
③ 2022년 정부투자기관 연구개발비는 전년 대비 5% 이상 증가했다.
④ 2020년 기업체 연구개발비는 대학 연구개발비보다 적다.
⑤ 민간기업체 연구개발비는 매년 증가했다.

문제 CHECK

① 어떤 자료가 소개되었는지 확인한다.
  ➡ 연구수행주체별 연구개발비 현황 자료가 주어졌다.
② 객관식 시험의 주된 유형으로 옳은 것 또는 옳지 않은 것을 묻는다.
  ➡ 자료에 대한 설명으로 옳지 않은 것을 고르는 문제이다.

제시자료 & 선지 CHECK

① 보통 자료 읽기 → 기본 해결 → 응용 해결로 구성 : 문제 → 제목 → 표를 순서대로 살펴본 후 표 상단과 좌단을 읽어준다.
  ➡ 제목 : '연도별, 유형별, 지역별, 국가별, 기관별 등'으로 범위를 구분한다. 해당 자료는 2020~2023년(자료 조사 기간) 연구수행주체별 연구개발비 현황에 관한 것이다.
  ➡ 표(상단/좌단) : 상단에는 연도(2020~2023년)로 구분했고, 좌단에는 공공연구기관(국·공립 연구기관, 비영리법인), 대학(국·공립 대학, 사립대학), 기업체(민간기업체, 정부투자기관)로 구분했다.
  ➡ 단위 : 선지에서 구하거나 비교하는 값이 제시된 자료 속의 단위를 변환하여 확인하는 경우가 많으므로, 주의한다.
  ➡ 연구개발비는 '백만 원' 단위를 쓴다.
② 자료 유형 : 자료 분석(①~⑤형, ㉠~㉣ 선택형), 조건 매칭, 그래프 작성, 실용계산 등이 있다.
  ➡ 자료 분석형으로 대부분의 문제가 이 유형에 해당한다.

③ 접근 : 선지를 읽고 증감 추이, 순위, 가장 등 직관적이고 계산이 덜 걸리는 문제부터 진위를 확인한 다음 전년 대비 증감률 또는 증감량 등 자세한 값을 구하는 문제를 나중에 해결한다.

➡ 선지 ①, ②, ⑤를 우선 해결 후 ③, ④로 접근한다.

➡ 제시된 자료에서 빈칸이 주어지거나 자료를 통해 새로운 값을 도출해야 하는 경우 주석(핵심적인 공식)을 적극적으로 활용한다.

정답 찾기

① [○] 2023년 공공연구기관, 대학, 기업체 연구개발비는 다음과 같다.

(단위 : 백만 원)

공공연구기관	대학	기업체
10,168,766	7,371,649	71,506,662

따라서 2022년 공공기관, 대학, 기업체 중 연구개발비가 가장 많은 기관은 공공연구기관이다.

② [○] 2020~2023년 비영리법인 연구개발비는 $8,354,658 \rightarrow 8,727,571 \rightarrow 9,017,867 \rightarrow 9,315,270$백만 원으로 2022년에 처음으로 9,000,000백만 원을 넘었다.

③ [×] 2022년 정부투자기관 연구개발비는 전년 대비 $\dfrac{908,447-890,135}{890,135} \times 100 = \dfrac{18,312}{890,135} \times 100 = 2.1\%$ 증가했다.

Tip

2022년 정부투자기관 연구개발비가 전년 대비 5% 이상 증가하려면 $890,135 \times 1.05 = 934,642$백만 원 이상이어야 한다.

④ [○] 2020년 기업체 연구개발비는 $53,147,044+805,427=53,952,471$백만 원으로 대학 연구개발비 $2,874,488+3,465,400=6,339,888$백만 원보다 적다.

⑤ [○] 2020~2023년 민간기업체 연구개발비는 $53,147,044 \rightarrow 61,673,312 \rightarrow 67,925,985 \rightarrow 70,637,773$백만 원으로 매년 증가했다.

정답 | ③

정답 및 해설 p. 290

01 둘레가 1.5km인 사옥을 사원 A와 B가 똑같은 입구에서 동시에 출발하여 같은 방향으로 돌면 30분 후에 처음 다시 만나고, 반대 방향으로 돌면 10분 후에 만난다고 한다. 사원 A의 속력이 사원 B보다 빠르다면 사원 B의 속력은?

① 3km/h   ② 4km/h   ③ 5km/h
④ 6km/h   ⑤ 7km/h

02 연말 행사를 위해 240개의 기념품을 포장해야 한다. 2대의 포장기계를 사용하여 포장하였더니 이틀 동안 80개의 기념품 포장을 끝냈으나 앞당겨진 행사 일정으로 인해 2일 만에 나머지 기념품을 포장해야 한다. 포장기계가 최소 몇 대 더 필요한가?

① 1대   ② 2대   ③ 3대
④ 4대   ⑤ 5대

03 A는 재사용할 물을 만들어 1분에 xmL씩 물통을 채우고 있다. 2L 물통을 10분 안에 채우려면 1분에 얼마만큼씩 물이 채워져야 하는가?

① 100mL   ② 200mL   ③ 300mL
④ 400mL   ⑤ 500mL

04 A사는 작년 고졸 신입사원과 대졸 신입사원을 합하여 총 200명을 뽑았다. 올해 고졸 신입사원은 12% 증가, 대졸 신입사원은 8% 감소하여 총 196명이 되었다. 작년 고졸 신입사원 대 작년 대졸 신입사원의 비율은?

① 3:2   ② 3:4   ③ 3:7
④ 2:5   ⑤ 4:7

05 부품 P, Q의 원자재 비용은 각각 1만 원, 2만 원이었으나 물가 상승으로 각각 10%, 20% 증가했다. 원래의 예산으로 부품 P, Q의 원자재를 구매했을 때 120개씩 구매할 수 있었다면, 동일 예산으로 각각의 부품을 최대 몇 개까지 구매할 수 있는가?

① 100개   ② 101개   ③ 102개
④ 103개   ⑤ 104개

PART 02 수리능력 ▼

4일차

5일차

6일차

7일차

8일차

06 다음은 A~D국 화폐 대비 원화 환율 및 판매단위별 음식가격에 대한 자료이다. 다음 〈보기〉 중 옳은 것만을 모두 고르면?(단, 소수점 첫째 자리에서 반올림한다.)

〈표 1〉 A~D국 화폐 대비 원화 환율

국가	A	B	C	D
화폐 단위	a	b	c	d
환율(원/국가별 화폐 단위)	600원	800원	1,600원	400원

〈표 2〉 A~D국 판매단위별 음식가격

국가 \ 음식 판매단위	피자 1판	떡볶이 1인분	치킨 1마리	햄버거 1개
A	12a	5a	16a	4a
B	20b	3b	25b	3b
C	8c	2c	12c	6c
D	40c	15d	60d	10d

┤보기├

㉠ D국에서 치킨 1마리 가격은 떡볶이 4인분 가격과 동일하다.
㉡ A국의 피자 2판과 B국의 햄버거 6개는 동일한 액수의 원화로 구매 가능하다.
㉢ C국 화폐 대비 원화 환율이 1,200원/c로 하락 시 해당 국가에서 원화 115,200원으로 구매 가능한 햄버거는 3개 이상 증가한다.
㉣ 원화 288,000만 원으로 가장 적은 마릿수의 치킨을 구매할 수 있는 국가는 B국이다.

① ㉠   ② ㉠, ㉡   ③ ㉠, ㉡, ㉢
④ ㉡, ㉢, ㉣   ⑤ ㉠, ㉡, ㉢, ㉣

07 다음은 2024년 말에 미국, 중국, 일본기업이 J씨에게 제시한 2025~2027년 연봉과 해당 기간의 예상환율을 나타낸 자료이다. 이에 대한 설명으로 가장 적절하지 않은 것은?

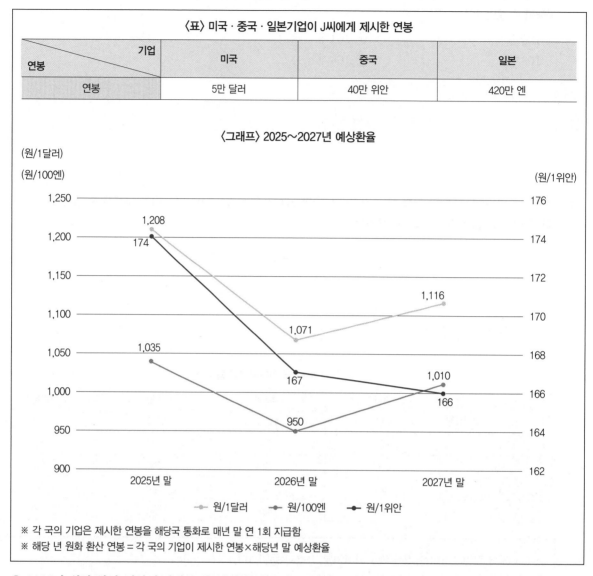

〈표〉 미국 · 중국 · 일본기업이 J씨에게 제시한 연봉

연봉＼기업	미국	중국	일본
연봉	5만 달러	40만 위안	420만 엔

〈그래프〉 2025~2027년 예상환율

※ 각 국의 기업은 제시한 연봉을 해당국 통화로 매년 말 연 1회 지급함
※ 해당 년 원화 환산 연봉 = 각 국의 기업이 제시한 연봉×해당년 말 예상환율

① 2026년 원화 환산 연봉이 가장 높은 기업과 가장 낮은 기업의 연봉은 3,000만 원 이상 차이 난다.
② 2025~2027년 원화 환산 연봉이 매년 감소한 기업은 중국기업이다.
③ 2025년 원화 환산 연봉은 중국기업이 유일하게 6천5백만 원 이상이다.
④ 2026년 대비 2027년 일본기업의 원화 환산 연봉 증가율은 미국기업보다 높다.
⑤ 2027년 원화 환산 연봉은 일본기업이 가장 적다.

08 다음은 2014~2023년 소비자 물가지수 현황이다. 이에 대한 설명으로 〈보기〉에서 옳은 것만을 모두 고르면?(단, 소비자물가지수는 2020년＝100을 기준으로 한다.)

〈그래프〉 2014~2023년 소비자물가지수

┤보기├

㉠ 2014~2017년은 2018년에 비해 매년 소비자물가지수가 높았다.
㉡ 2023년과 2017년의 소비자물가지수 차이는 10 이상이다.
㉢ 소비자물가지수가 110를 넘는 해는 2023년이 유일하다.
㉣ 2024년 소비자물가지수가 전년 대비 10% 증가했다면 125 이상이다.

① ㉠
② ㉠, ㉡
③ ㉠, ㉢, ㉣
④ ㉡, ㉢
⑤ ㉡, ㉢, ㉣

PART 02 수리능력 ▼

4일차

5일차

6일차

7일차

8일차

09 경찰과 도로교통공단은 음주운전 단속 및 조사에 사용하는 혈중 알코올농도 기준은 〈위드마크 공식〉을 따른다. 이에 따라 산정한 운전자 중 음주운전 판정을 받아 면허가 정지된 사람은 몇 명인가?(단, 면허 정지 기준은 0.03%이다.)

위드마크 공식

- 최고 혈중알코올 농도(%)

$$\frac{음주량(mL) \times 술의\ 농도(\%) \times 0.08(g/mL)}{체중(kg) \times 성별계수}$$

※ 단, 성별계수는 남자 0.7, 여자 0.6
※ 최고 혈중알코올 농도는 음주 후 30분이 경과한 시점에서의 혈중알코올 농도 최고치를 의미하며, 경과 시간을 고려해 수치를 조절해야 한다.

$$음주운전\ 당시\ 혈중알코올\ 농도(\%) = 최고\ 혈중알코올\ 농도 - 음주\ 후\ 경과시간 \times 0.015$$

- 음주운전자 측정 결과

운전자	음주량(mL)	술의 농도(%)	체중(kg)	성별	음주 후 경과시간(H)
A	150	15	60	여	2
B	240	12	50	여	3
C	180	14	60	남	1.5
D	350	15	75	남	2
E	360	21	80	남	5

① 1명 ② 2명 ③ 3명
④ 4명 ⑤ 5명

10 P사의 관리부서에서 전 사원 50명에게 제공할 간식을 다음과 같이 사무실로 배달 주문하려 한다. 최대한으로 할인을 받는다면 다음 주문을 위해 지불해야 할 비용은 총 얼마인가?

메뉴판

• 샌드위치

– 오리지널햄 샌드위치	2,000원
– 치즈 샌드위치	2,300원
– 햄치즈 샌드위치	2,500원
– 베이컨 샌드위치	4,000원

• 빵

– 카야 토스트	2,500원
– 베이글(플레인/어니언)	3,000원
– 카라멜 탑 브레드	5,000원
– 크로크무슈	4,000원

• 음료

- 아메리카노
  HOT 2,000원 / ICE 2,500원
- 카페라떼
  HOT 2,500원 / ICE 3,000원
- 블랙 밀크티
  HOT 2,800원 / ICE 3,300원
- 카페모카
  HOT 3,500원 / ICE 4,000원
- 바닐라라떼
  HOT 3,500원 / ICE 4,000원
- 에이드(라임/레몬)   3,500원
- 아이스티   3,000원
- 생과일주스   3,700원

• 할인

- P사 직원 할인 20%(배달비 제외 전체 구매 금액에 적용되며, 세트 메뉴 할인 후 적용)
- 배달료 4,000원 지불 시 사무실 배달 가능
- (세트 메뉴) 샌드위치와 함께 에이드, 아이스티, 생과일주스 중 하나를 구매 시 세트당 800원 할인 적용
- 블랙 밀크티 2잔 구매 시 1잔 무료 증정(HOT / ICE 무관)

〈주문 내역〉

- 사원(10명) : 햄치즈 샌드위치, 레몬에이드
- 사원(10명) : 플레인 베이글, 카페라떼(HOT)
- 사원(10명) : 베이컨 샌드위치, 아메리카노(ICE)
- 사원(15명) : 카야 토스트, 블랙 밀크티(ICE)
- 사원(5명) : 치즈 샌드위치, 생과일주스

① 218,800원
② 224,400원
③ 227,100원
④ 235,200원
⑤ 240,400원

PART 02 수리능력 ▼

4일차

5일차

6일차

7일차

8일차

11 다음은 주택보급률 및 주택수 현황에 대한 자료이다. 이에 대한 설명으로 옳지 않은 것은?

〈표〉 2019~2023년 수도권의 주택보급률 및 주택수 현황

(단위 : 천 가구, %, 호/천 명)

구분	서울			인천			경기		
	가구 수	주택 보급률	천 명당 주택 수	가구 수	주택 보급률	천 명당 주택 수	가구 수	주택 보급률	천 명당 주택 수
2019년	3,728	95.1	355.0	999	101.7	359.4	4,199	98.1	339.7
2020년	3,756	96	361.7	1,022	101.3	361.6	4,290	98.3	343.5
2021년	3,785	96	366.8	1,045	101	365.1	4,385	98.7	346.9
2022년	3,786	96.3	371.6	1,063	100.9	368.3	4,484	99.1	350.7
2023년	3,813	96.3	376.5	1,080	100.4	370.5	4,603	99.5	356.4

※ 수도권은 서울, 인천, 경기 지역임

※ 주택보급률(%) = $\dfrac{주택\ 수}{가구\ 수} \times 100$(단, 100% 초과 시 가구 수에 비해 주택수가 많음을 의미)

※ 인구 천 명당 주택 수 = $\dfrac{주택\ 수}{총인구수} \times 1,000$

① 2019년 대비 2023년 가구 수가 가장 큰 폭으로 증가한 지역은 수도권 3개 지역 중 경기이다.

② 2021년 서울 지역의 주택 수는 2020년보다 27,840호 늘어났다.

③ 2023년 인천 지역의 총인구수는 300만 이상이다.

④ 수도권 중 2019~2023년 가구 수 대비 주택 수가 많은 지역은 인천뿐이다.

⑤ 인천 지역의 천 명당 주택 수가 서울 지역보다 유일하게 앞섰던 연도는 2019년이다.

PART 02 수리능력 ▼

4일차

5일차

6일차

7일차

8일차

12 다음은 관광종사원 자격별 등록 현황 자료이다. 이에 대한 설명으로 옳지 않은 것은?

〈표〉 관광종사원 자격별 등록 현황

(단위 : 명)

자격 구분		2021년	2022년	2023년
호텔경영사		345	345	345
호텔관리사		3,453	3,464	3,472
관광통역안내사		26,784	28,929	30,539
	영어	6,159	6,623	7,152
	일어	10,330	10,483	10,669
	중국어	9,613	11,031	11,770
	불어	178	184	191
	독어	115	118	119
	스페인어	103	106	110
	러시아어	116	122	130
	말레이 · 인도네시아어	64	130	213
	베트남어	25	30	52
	태국어	79	94	122
	아랍어	2	6	9
	이태리어	0	2	2
호텔서비스사		98,932	99,079	99,185
국내여행안내사		85,144	85,878	86,698
계		214,658	217,695	220,239

※ 관광통역안내사 자격증 시험 응시 가능 외국어는 총 12개이다.
※ 특수어는 말레이 · 인도네시아어, 베트남어, 아랍어, 태국어가 해당된다.

① 2023년 관광종사원 등록자 증가율은 2022년보다 감소했다.

② 2021년 관광통역안내사 등록자 중 일어와 중국어의 비중은 70% 이상이다.

③ 2022년 아랍어 관광통역안내사 등록자의 전년 대비 증가율은 관광통역안내사 시험 응시 가능 외국어 중 가장 크다.

④ 특수어 관광통역안내사는 매년 100명 이상 증가하고 있다.

⑤ 2021~2023년 관광종사원 자격별 등록자 중 호텔서비스사가 가장 많고, 호텔경영사가 가장 적다.

[13~14] 다음은 2023년 전문의자격시험 최종 합격자 현황 자료이다. 이어지는 물음에 답하시오.

〈표〉2023년 전문의자격시험 최종 합격자 현황

(단위 : 명)

전문과목	응시자	1차 합격자	2차 응시자	2차 합격자
내과	518	505	505	505
외과	127	126	126	126
소아청소년과	216	216	216	216
산부인과	137	137	137	137
정신건강의학과	151	146	147	144
정형외과	239	230	237	234
신경외과	85	85	85	85
흉부외과	22	22	22	22
성형외과	83	82	82	82
안과	104	104	104	102
이비인후과	117	115	116	111
피부과	78	78	78	78
비뇨의학과	33	33	33	33
영상의학과	147	145	145	144
방사선종양학과	15	15	15	15
마취통증의학과	247	245	245	240
신경과	79	78	77	77
재활의학과	116	111	111	111
진단검사의학과	32	31	31	31
병리과	34	32	32	32
예방의학과	11	11	11	11
가정의학과	351	330	341	332
직업환경의학과	34	34	34	34
핵의학과	10	10	10	10
응급의학과	163	161	162	157
계	3,149	3,080	3,102	3,069

출처 : 대한의사협회

※ 최종 불합격자 = 응시자 – 2차 합격자
※ 2차 응시자 = 1차 합격자 + 1차 면제자
※ 2차 합격자 = 2차 응시자 – 2차 결시자 – 결시자 제외 2차 불합격자

13 다음 중 자료에 대한 설명으로 옳지 않은 것은?(단, 소수점 둘째 자리에서 반올림한다.)

① 전체 응시자 중 1차 합격자 비율은 2차 응시자 중 최종 합격자 비율보다 낮다.
② 1차 면제자가 발생한 전문과목은 5개과이다.
③ 응시자 중 최종 불합격자가 가장 많은 전문과목은 내과이다.
④ 2차 결시자와 결시자 제외 2차 불합격자가 없는 전문과목은 17개과이다.
⑤ 최종합격률이 100%인 전문과목은 10개과이다.

14 응시자 수가 두 번째로 많았던 전문과목의 1차 면제자는 전문의자격시험 총 1차 면제자 중 몇 %인가?

① 20%
② 30%
③ 40%
④ 50%
⑤ 60%

PART 02 수리능력 ▼

4일차

5일차

6일차

7일차

8일차

15 다음은 2023년 등록된 요양기관 중 증가가 두드러졌던 한방병원과 요양병원의 전년 대비 증가율을 나타낸 자료이다. 이에 대한 설명으로 옳지 않은 것은?

〈그래프〉 2023년 등록 요양기관 수의 전년 대비 증가율

(단위 : %)

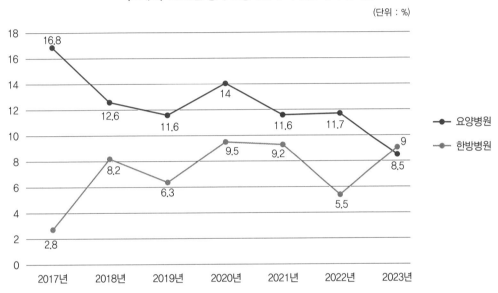

① 전년 대비 요양병원 수 증가율이 한방병원 수 증가율보다 낮았던 해는 2023년이 유일하다.
② 요양병원과 한방병원 수 차이가 가장 큰 연도는 알 수 없다.
③ 2017~2023년 중 한방병원 수는 2023년에 가장 많다.
④ 전년 대비 증가한 요양병원 수는 2021년이 2019년보다 많다.
⑤ 전년 대비 2023년 한방병원 수는 증가했고, 요양병원 수는 감소했다.

16 다음은 전력수급 동향을 조사한 자료이다. 이에 대한 설명으로 옳지 않은 것은?(단, 소수점 둘째 자리에서 반올림한다.)

〈표〉 전력수급

(단위 : 만 kW)

구분	2015년	2016년	2017년	2018년	2019년	2020년	2021년	2022년	2023년
최대전력수요	6,680	7,131	7,314	7,599	7,652	8,015	7,879	8,518	8,513
설비용량	7,331	7,608	7,613	8,181	8,230	9,322	9,410	10,018	11,666
공급능력	7,207	7,575	7,718	7,997	8,071	8,936	8,793	9,240	9,610

※ 공급예비율(%) $= \dfrac{\text{공급예비력}}{\text{최대전력수요}} \times 100$

  – 공급예비력 = 공급능력 – 최대전력수요
  – 공급예비율이 높을수록 전기 수급이 안정적임을 의미한다.

※ 설비예비율(%) $= \dfrac{\text{설비용량} - \text{최대전력수요}}{\text{최대전력수요}} \times 100$

① 최대전력수요가 가장 높았던 연도에 공급예비율은 약 8.5%이다.
② 설비용량이 처음 9,000만 kW를 넘은 연도에 설비예비율은 15% 이상이다.
③ 2023년 공급예비력은 2015년 공급예비력의 약 2배이다.
④ 2015년부터 2023년까지 최대전력수요, 설비용량, 공급능력 모두 증가했다.
⑤ 2019년 전기 수급은 2018년에 비해 안정적이다.

17 다음 암 발생 관련 자료에 대한 설명으로 가장 적절하지 않은 것은?(단, 소수점 둘째 자리에서 반올림한다.)

PART 02 수리능력 ▼

4일차

5일차

6일차

7일차

8일차

〈표〉 암 발생자 수 및 암 발생률

(단위 : 명, 명/10만 명)

구분		2019년	2020년	2021년	2022년	2023년
모든 암	발생자 수	227,831	228,435	219,705	216,542	229,180
	조발생률	452.4	451.9	432.8	425.1	448.4
위암	발생자 수	31,133	30,428	30,093	29,337	30,504
	조발생률	61.8	60.2	59.3	57.6	59.7
폐암	발생자 수	22,526	23,536	24,354	24,502	25,780
	조발생률	44.7	46.6	48.0	48.1	50.4
간암	발생자 수	16,130	15,996	15,899	15,874	15,771
	조발생률	32.0	31.6	31.3	31.2	30.9
대장암	발생자 수	29,497	28,070	27,305	27,043	28,127
	조발생률	58.6	55.5	53.8	53.1	55.0
유방암	발생자 수	16,784	17,478	18,495	19,301	21,839
	조발생률	33.3	34.6	36.4	37.9	42.7
자궁경부암	발생자 수	3,664	3,688	3,564	3,616	3,566
	조발생률	7.3	7.3	7.0	7.1	( )
기타 암	발생자 수	108,097	109,239	99,995	96,869	103,593
	조발생률	214.7	216.1	197.0	190.1	202.7

출처 : 보건복지부

※ 조발생률(암 발생률) : 인구 10만 명당 발생하는 암환자 수
※ 2023년 인구수는 5,175만 명임
※ 5대 암 : 위암, 자궁경부암, 유방암, 간암, 대장암

① 기타 암을 제외하고, 2023년 암 발생률은 위, 대장, 폐, 유방, 간, 자궁경부 순으로 높다.
② 5년간 위암 발생자 수는 평균 3만 명 이상이다.
③ 기타 암을 제외하고, 조사 기간 동안 발생자 수가 매년 증가한 암은 3가지이다.
④ 2023년 자궁경부암 발생률은 2021년과 동일하다.
⑤ 5대 암 중 매년 암 발생률이 증가한 경우는 유방암뿐이다.

18 다음은 2024년 6월 신고 기준 전국 주택종합 전월세전환율을 나타낸 자료이다. 이에 대한 설명으로 옳지 않은 것은?

〈그림〉 전국 주택종합 전월세전환율

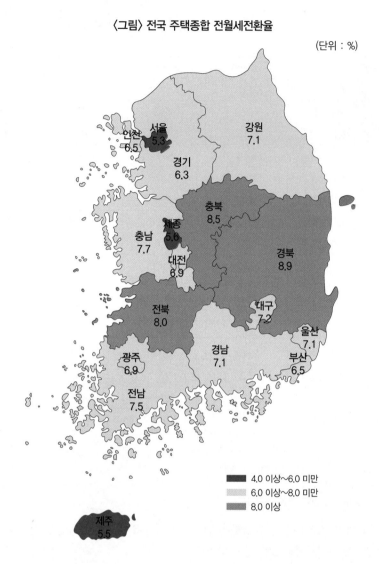

(단위 : %)

출처 : 한국감정원

※ 광역지역
  – 수도권 : 서울, 경기, 인천
  – 지방 : 수도권을 제외한 전 지역
  – 6대 광역시 : 부산, 대구, 광주, 대전, 울산, 인천
  – 5대 광역시 : 부산, 대구, 광주, 대전, 울산

※ 전월세전환율 = $\dfrac{월세 \times 12개월}{(전세금 - 월세보증금)} \times 100$(단, 전세금을 월세로 전환할 때 적용되는 비율로, 비율이 높으면 전세보다 월세 부담이 상대적으로 높고, 비율이 낮으면 전세보다 월세 부담이 상대적으로 낮음을 의미)

① 수도권 중 전월세전환율이 가장 낮은 지역은 서울이다.

② 전월세전환율이 4% 이상 6% 미만인 지역은 3곳이다.

③ 5대 광역시의 전월세전환율 평균은 6대 광역시보다 0.07%p 더 높다.

④ 전월세전환율이 6% 이상 8% 미만인 지역 중 전세보다 월세 부담이 상대적으로 가장 높은 지역은 경기이다.

⑤ 전월세전환율이 가장 높은 지역에서 전세금이 1억 5천만 원인 주택을 월세보증금 3천만 원에 계약할 때 월세는 89만 원이다.

6일차 학습 점검표

번호	유형	O/x	번호	유형	O/x
1	거리 · 속력 · 시간		11	단일형 자료해석	
2	일의 양		12	단일형 자료해석	
3	방정식		13	단일형 자료해석	
4	방정식		14	단일형 자료해석	
5	방정식		15	단일형 자료해석	
6	환율		16	단일형 자료해석	
7	환율		17	단일형 자료해석	
8	단일형 자료해석		18	단일형 자료해석	
9	실용계산				
10	실용계산				

맞힌 문항 수	/ 18
취약 유형	

취약 유형 다시 보기

유형 11 | 연계형 자료해석

[01~02] 다음은 아동학대 사례 분석을 통해 얻은 2020~2023년 **피해아동 가족 유형**과 2022년 **피해아동 가족 유형별 비중**에 관한 자료이다. 이어지는 물음에 답하시오.

〈표〉 2020~2023년 피해아동 가족 유형

(단위 : 건)

구분		2020년	2021년	2022년	2023년
친부모가족		4,458	5,779	9,931	12,489
친부모 가족 외		4,919	5,177	7,681	8,078
	부자가정	1,887	1,855	2,623	2,732
	모자가정	1,414	1,483	2,203	2,632
	미혼 부·모 가정	208	240	347	361
	재혼가정	750	869	1,366	1,318
	친인척 보호	297	320	444	487
	동거(사실혼 포함)	353	403	688	532
	소년소녀가정	10	7	10	16
대리 양육		271	220	334	311
	가정위탁	24	31	28	38
	입양가정	39	34	79	56
	시설보호	208	155	227	217
파악 안 됨		336	481	668	1,352
기타		43	58	86	140
소계		10,027	( )	18,700	( )

〈그래프〉 2022년 피해아동 가족 유형 비중

(단위 : %)

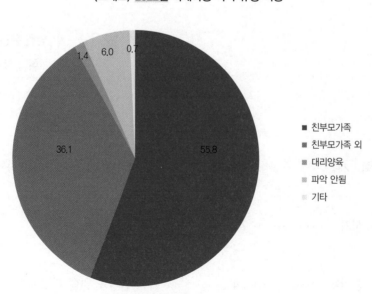

- 친부모가족
- 친부모가족 외
- 대리양육
- 파악 안됨
- 기타

PART 02 수리능력 ▼

4일차

5일차

6일차

7일차

8일차

01 다음 중 자료에 대한 설명으로 옳지 않은 것은?

① 2022년 친부모가족에서 발생한 아동학대 사례는 전년에 비해 4천 건 이상으로 가장 크게 증가했다.

② 2022년 재혼가정에서 발생한 아동학대 사례는 미혼 부·모 가정의 5배 이상이다.

③ 2023년 친부모가족에서 발생한 아동학대 사례가 전체에서 차지하는 비중은 2021년보다 크다.

④ 대리양육에 해당하는 가족 유형 중 2020년 대비 2023년 아동학대 발생 사례 증가율이 50% 이상인 경우는 가정위탁만이다.

⑤ 2023년 아동학대 발생 사례는 총 2만 건 이상이다.

02 대리양육에 의한 아동학대 발생 사례가 가장 많았던 연도의 피해아동 연령별 분포가 다음과 같을 때, 초등학생 피해 건수는 몇 건인가?

〈표〉 피해아동 연령별 분포

(단위 : %)

1세 미만	1~3세	4~6세	7~9세	10~12세	13~15세	16~17세
2.2	10.6	13.6	19.2	20.8	22.5	11.1

※ 초등학교 저학년(만 7~9세), 초등학교 고학년(만 10~12세), 중학생(만 13~15세)

① 3,590건   ② 3,852건   ③ 4,208건

④ 6,171건   ⑤ 7,480건

문제 CHECK

표와 표, 표와 그래프, 그래프와 그래프가 주어진 문제로 출제된다.

➡ 표 1개와 그래프 1개가 제시된 문제(표와 그래프)로, 특정 기간의 피해아동 가족 유형과 특정 연도의 제한된 자료를 연결한 문제이다.

제시자료&선지 CHECK

① 축의 의미 또는 비교대상을 정확히 파악하여 해당 수치를 찾아내고 계산하도록 한다.

➡ 2020년부터 2023년까지 친부모가족, 친부모가족 외, 대리양육, 기타, 파악 안 됨으로 총 5가지의 피해아동 가족 유형을 구분(축의 의미, 비교대상)을 구분했다.

② 비중, 증감률 또는 변화율을 구하거나 이용하는 문제가 고정적으로 출제되므로, 기본적인 풀이 방법을 반드시 알아야 한다.

➡ 문제 1번에서 선지 3번은 전체 발생 사례에서 친부모가족에 해당하는 비중을, 선지 4번은 피해아동 가족 유형을 세부적으로 분석하여 발생 사례 증가율이 50% 이상인 경우를 찾아야 한다.

➡ 문제 2번에서 피해아동의 연령별 비중에 대한 자료가 제시되었다.

정답 찾기

01

① [○] 친부모가족에서 발생한 아동학대 사례는 전년에 비해 2021년 1,321건, 2022년 4,152건, 2023년 2,558건 증가했다. 따라서 2022년의 경우 4,000건 이상으로 가장 크게 증가했다.

② [×] 2022년 친부모가족 외에 해당하는 재혼가정에서 발생한 사례는 1,366건이고, 미혼 부·모 가정에서 발생한 사례는 347건이다. 따라서 재혼가정에서의 발생 사례는 미혼 부·모 가정의 $\frac{1,366}{347}$ ≒ 4배이다.

③ [○] 2021년 아동학대 발생 사례는 총 11,715건이므로, 친부모가족에서 발생한 아동학대 사례가 전체에서 차지하는 비중은 $\frac{5,779}{11,715} \times 100 ≒ 49.3\%$이다. 반면, 2023년의 경우 〈그래프〉를 참고하면, 친부모가족에서 발생한 아동학대 사례가 전체에서 차지하는 비중은 55.8%이므로, 2023년의 비중이 더 크다.

Tip

2021년 친부모가족에서 발생한 아동학대 사례가 전체에서 차지하는 비중은 분모의 값(11,715)이 분자의 값(5,779)의 2배 이상이므로, 50% 미만임을 알 수 있다.

④ [○] 대리양육에 해당하는 피해아동 가족 유형 중 가정위탁의 2023년 아동학대 발생 사례는 2020년 대비 $\frac{38-24}{24} \times 100 ≒ 58\%$ 증가했다.

Tip

대리양육에 해당하는 피해아동 가족 유형 중 가정위탁의 2020년 대비 2023년 아동학대 발생 사례 증가율이 50% 이상이려면, '2020년 발생 사례×(1 + 0.5) ≤ 2021년 발생 사례'여야 한다.
- 가정위탁 : 24×1.5 = 36 < 38
- 입양가정 : 39×1.5 = 58.5 > 56
- 시설보호 : 208×1.5 = 312 > 217

⑤ [○] 2023년 피해아동 가족 유형별 아동학대 발생 사례를 모두 합하면 12,489 + 8,078 + 311 + 1,352 + 140 = 22,370건으로 20,000건 이상이다.

Tip

2023년 아동학대 발생 사례 중 대리양육에 해당하는 비중이 1.4%임을 〈그래프〉에서 언급했으므로, $\frac{311}{0.014} = \frac{311}{14} \times 1,000 \times 100 ≒ 22,214$건 > 20,000건이다(가족 유형 중 어느 하나를 선택해서 같은 방법으로 접근해도 20,000명 이상임을 알 수 있다.).

정답 | ②

02

2022년 대리양육에 해당하는 아동학대 발생 사례가 334건으로 가장 높으며, 해당 연도에서 접수된 아동학대 사례는 총 18,700건이다. 따라서 초등학생의 피해 건수는 (0.192 + 0.208)×18,700 = 7,480건이다.

정답 | ⑤

PART 02 수리능력 ▼

4일차

5일차

6일차

7일차

8일차

연습문제

정답 및 해설 p. 293

01 다음은 농가부채 및 농가자산 관련 자료이다. 이에 대한 설명으로 옳지 않은 것은?

〈표〉 농가부채 및 농가자산

(단위 : 천 원, %)

구분		2020년	2021년	2022년	2023년
농가부채		19,898	26,619	26,892	27,210
	농업용	11,642	17,455	16,961	16,315
	비농업용	8,256	9,164	9,931	10,895
농가자산		170,465	204,527	243,665	298,178
	당좌자산	37,103	33,942	43,995	54,354
농가소득		24,475	26,878	29,001	30,503
당좌자산 대비 부채비율		54	78	61	( )
자산 대비 부채비율		12	13	11	( )

※ 장단기상환능력 수치가 모두 하락할수록 부채상환능력이 향상됨을 의미함

- 단기상환능력 $= \dfrac{부채}{당좌자산} \times 100$

- 장기상환능력 $= \dfrac{부채}{자산} \times 100$

① 농가부채는 매년 증가했다.

② 2021년 농가자산에서 당좌자산이 차지하는 비중은 15% 이상이다.

③ 농업용 농가부채와 비농업용 농가부채의 증감 추이는 반대이다.

④ 2023년 농가소득은 2020년 대비 약 25% 증가했다.

⑤ 2023년 부채상환능력은 전년보다 향상되었다.

02 다음은 2019~2023년 제조업 현황이다. 이에 대한 설명으로 옳지 않은 것은?

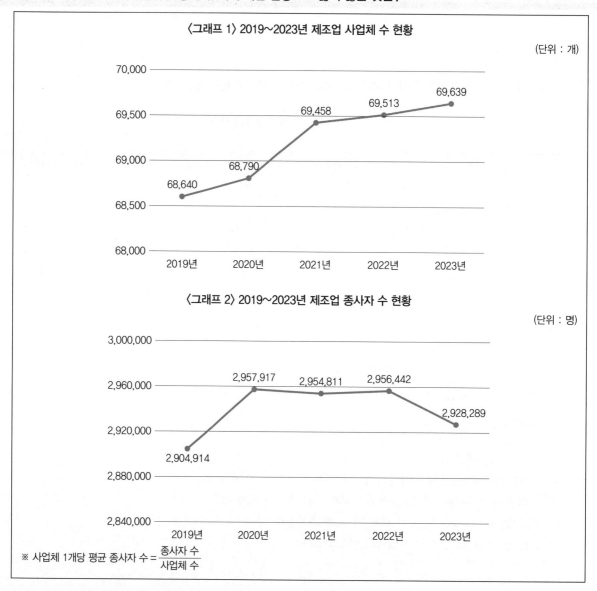

〈그래프 1〉 2019~2023년 제조업 사업체 수 현황

(단위 : 개)

〈그래프 2〉 2019~2023년 제조업 종사자 수 현황

(단위 : 명)

$$\text{※ 사업체 1개당 평균 종사자 수} = \frac{\text{종사자 수}}{\text{사업체 수}}$$

① 2023년 제조업 사업체 수는 전년 대비 약 0.2% 증가했다.
② 2020년 제조업 사업체 1개당 평균 종사자 수는 40명 이상이다.
③ 제조업 종사자 수는 매년 증가했다.
④ 2023년과 2019년 제조업 사업체 수 차이는 900개 이상이다.
⑤ 2019~2023년 평균 제조업 종사자 수는 294만 명 이상이다.

PART 02 수리능력 ▼

4일차

5일차

6일차

7일차

8일차

03 다음은 사업자 유형별(법인, 일반, 간이, 면세) 가동사업자 수와 신규 및 폐업자 수 현황을 조사한 자료이다. 이에 대한 설명으로 옳은 것은?

〈표〉 사업자 유형별 현황

(단위 : 천 명)

구분		2021년	2022년	2023년
총 사업자	총계	5,232	5,417	( )
	신규	1,085	1,041	1,070
	폐업	842	840	858
법인 사업자	총계	504	529	557
	신규	75	80	83
	폐업	50	55	54
일반 사업자	총계	2,532	2,663	2,832
	신규	503	495	534
	폐업	398	398	411
간이 사업자	총계	1,676	1,687	1,661
	신규	402	361	352
	폐업	316	307	311
면세 사업자	총계	520	538	551
	신규	105	105	101
	폐업	78	80	82

※ 총계 · 신규 · 폐업
  – 총계 : 현재 사업을 계속하고 있는 사업자 수
  – 신규 : 해당연도 중 신규 등록한 사업자 수
  – 폐업 : 해당연도 중 실제 폐업한 사업자 수
※ 법인사업자 : 개인사업자가 아닌 사업자
※ 개인사업자 : 일반사업자, 간이사업자, 면세사업자로 구분되며, 일반사업자 및 간이사업자는 부가세가 과세됨

① 사업을 계속하고 있는 개인사업자는 2023년에 처음으로 500만 명을 넘었다.
② 2022년 개인사업자 중 부가세가 과세되는 사업자였으나 폐업한 경우는 15% 이상이다.
③ 매년 신규 등록한 일반사업자는 신규 등록한 간이사업자와 면세사업자의 합보다 많다.
④ 2021~2023년 신규 등록한 면세사업자와 폐업한 면세사업자 차이는 갈수록 좁혀졌다.
⑤ 사업을 계속하고 있는 총 사업자는 매년 전년보다 20만 명 이상 증가했다.

[04~05] 다음은 세계의 밀 재배면적 및 생산량에 대한 자료이다. 이어지는 물음에 답하시오.

〈표〉 2023년 세계의 밀 재배면적 및 생산량

대륙	주요국	재배면적(천 ha)	수량성(kg/ha)	생산량(천 M/T)
총계		192,527	3,043	585,845
아프리카		8,063	2,333	18,809
	알제리	1,800	1,278	2,300
	이집트	1,227	6,501	7,977
	모로코	2,858	1,319	3,769
	남아프리카공화국	753	3,054	2,300
	에티오피아	1,425	1,728	2,463
북아메리카		34,110	2,951	100,656
	미국	22,540	( )	68,026
	캐나다	10,768	( )	28,611
	멕시코	802	( )	4,019
남아메리카		6,021	2,377	14,314
	아르헨티나	4,600	1,832	8,428
	브라질	1,421	4,142	5,886
아시아		86,833	2,977	258,459
	인도	28,041	2,802	78,570
	터키	7,583	2,345	17,782
	파키스탄	8,551	2,451	20,959
	이란	4,751	2,105	10,000
	카자흐스탄	12,913	971	12,538
	우즈베키스탄	1,377	4,464	6,147
	중국	23,617	4,762	112,463
유럽		43,908	3,914	171,867
	러시아	26,069	2,446	63,765
	프랑스	5,492	7,101	39,001
	독일	3,214	8,086	25,989
	영국	2,080	8,282	17,227
	우크라이나	7,053	3,670	25,885
오세아니아		13,592	1,599	21,740
	오스트레일리아	13,550	1,579	21,397
	뉴질랜드	42	8,167	343

※ 해당 자료는 대륙별로 일부 주요국만을 고려함
※ 수량성은 단위면적당 생산 가능한 수량을 의미함
※ M/T : 1,000kg을 1톤으로 하는 중량 단위를 의미함

04 다음 중 자료에 대한 설명으로 옳지 않은 것은?

① 밀 재배면적이 가장 넓은 대륙의 생산량이 가장 많다.

② 밀 생산량이 두 번째로 많은 대륙의 재배면적은 가장 적은 대륙의 재배면적의 8배 이상이다.

③ 아시아와 재배면적이 가장 좁은 대륙의 수량성 차이는 1ha당 500kg 이상이다.

④ 유럽에 속한 주요국 중 재배면적이 5,000천 ha 미만인 국가의 생산량에 대한 산술평균은 21,608천 M/T이다.

⑤ 수량성이 세계 기준보다 높은 대륙의 주요국 중 생산량이 가장 적은 국가는 세계의 3% 수준이다.

05 북아메리카에 속하는 주요국 중 재배면적이 두 번째로 넓은 국가의 수량성은 1ha당 몇 kg인가?(단, 소수점 첫째 자리에서 반올림한다.)

① 2,657kg   ② 3,018kg   ③ 5,011kg

④ 7,346kg   ⑤ 8,312kg

06 다음은 2022~2023년 월별 이사 건수 추이 자료이다. 이에 대한 설명으로 옳지 않은 것은?

<그래프> 2022~2023년 월별 이사 건수 추이

(단위 : 천 건)

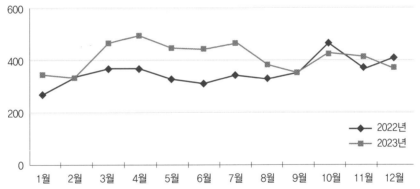

출처 : 한국감정원 부동산통계정보

┌보기┐

㉠ 2023년 이사 건수는 2022년에 비해 전체적으로 증가했다.

㉡ 2022년 6월과 2023년 6월의 이사 건수 차이가 가장 크며, 20만 건 이상 차이 난다.

㉢ 1~12월 중 이사 건수가 2023년보다 2022년에 더 많았던 시기는 2차례이다.

㉣ 2023년 월별로 이사 건수가 40만 건 이상이었던 달은 한 해 중 50% 미만이다.

① ㉠, ㉡   ② ㉡, ㉢   ③ ㉠, ㉣

④ ㉡, ㉣   ⑤ ㉢, ㉣

[07~08] 다음은 국세 수입 실적에 관한 자료이다. 이어지는 물음에 답하시오.

〈표〉 국세 수입 실적

(단위 : 조 원)

구분	2022년					2023년				
	예산액	실적		예산·실적 대비		예산액	실적		예산·실적 대비	
		금액	전년 대비 증감률 (%)	오차 금액	오차율 (%)		금액	전년 대비 증감률 (%)	오차 금액	오차율 (%)
총 국세	( )	242.6	11.3	9.9	4	251.1	265.4	9.4	( )	( )
일반회계	225.8	235.7	11.8	9.9	4	244.0	258.5	9.7	14.5	6
소득세	63.3	68.5	12.8	5.2	8	69.6	75.1	9.6	5.5	8
법인세	51.4	52.1	15.7	0.7	1	57.3	59.2	13.6	1.9	3
부가가치세	59.8	61.8	14.2	2.0	3	62.6	67.1	8.6	4.5	7
특별회계	6.9	6.9	−2.9	0	−1	7.1	6.9	0.0	−0.2	−2

※ 총 국세는 크게 일반회계와 특별회계로 구분하며, 총 14개 세목 중 일부만을 제시함

※ 오차율 = $\dfrac{\text{오차 금액}}{\text{예산액}}$ ×100(단, 오차 금액 = 실적 금액 − 예산액)

07 다음 중 자료에 대한 설명으로 옳지 않은 것은?

① 2022년 총 국세 예산액은 232조 7천억 원이다.

② 2023년 총 국세액의 예산·실적 대비 오차율은 약 5.7%이다.

③ 2023년 일반회계액과 특별회계액은 모두 전년과 비교해서 증가했다.

④ 2021년 부가가치세액은 약 54조 원이다.

⑤ 2023년 소득세, 법인세, 부가가치세의 실적 금액과 예산액의 차이는 전년 대비 모두 확대되었다.

08 2023년 총 국세액 중 소득세액, 법인세액, 부가가치세액이 차지하는 비중은 약 몇 %인가?(단, 소수점 첫째 자리에서 반올림한다.)

① 76%　　　　② 80%　　　　③ 84%

④ 88%　　　　⑤ 92%

PART 02 수리능력 ▼

4일차

5일차

6일차

7일차

8일차

[09~10] 다음은 조세부담률 관련 자료이다. 이어지는 물음에 답하시오.

〈표 1〉 2018~2023년 경상GDP 및 조세액

(단위 : 조 원)

구분		2018년	2019년	2020년	2021년	2022년	2023년
경상GDP		1,440.10	1,500.80	1,562.90	1,658.00	1,740.80	1,835.70
조세	계	257	255.7	267.2	288.9	318.1	345.8
	조세부담률(%)	17.8	17	17.1	17.4	( )	18.8
	국세	203	201.9	205.5	217.9	242.6	265.4
	지방세	54	53.8	61.7	71	75.5	80.4

출처 : 국세청, 관세청

〈표 2〉 2022년 OECD 주요국의 조세부담률 및 국민부담률 비교

(단위 : %)

구분	한국	미국	스웨덴	프랑스	독일	이탈리아	영국	OECD 평균
조세부담률	( )	19.7	34.1	28.8	23.4	29.8	26.5	24.9
국민부담률	24.7	25.9	44.0	45.5	37.4	42.6	32.7	34.0

출처 : OECD Revenue Statistics

※ OECD 평균 조세부담률과 국민부담률은 회원국 36개국을 대상으로 산출한 값임
※ 국민부담률 = 경상GDP에서 조세와 사회보장기여금이 차지하는 비중
※ 국민부담률 = 조세부담률 + 사회보장부담률
  – 조세부담률 : 경상GDP에서 조세(국세 + 지방세)가 차지하는 비중
  – 사회보장부담률 : 경상GDP에서 사회보장기여금이 차지하는 비중

09 다음 중 자료에 대한 설명으로 옳지 않은 것은?(단, 소수점 둘째 자리에서 반올림한다.)

① 2018~2023년 조세부담률은 한 차례를 제외하고 매년 증가했다.
② 2022년 한국의 조세부담률과 국민부담률은 OECD 평균에 비해 낮은 수준이다.
③ 2022년 OECD 주요국 중 사회보장부담률이 가장 높은 국가의 사회보장부담률은 한국과 10%p 이상 차이 난다.
④ 조세액은 매년 국세가 지방세보다 3배 이상 많다.
⑤ 2018년 대비 2023년 조세액 증가율은 국세가 지방세보다 높다.

10 2022년 한국의 사회보장기여금은 약 얼마인가?(단, 소수점 첫째 자리에서 반올림한다.)

① 106조 원　　　　　② 108조 원　　　　　③ 111조 원
④ 117조 원　　　　　⑤ 123조 원

[11~12] 다음은 신재생에너지 공급 현황 자료이다. 이어지는 물음에 답하시오.

〈표 1〉 국내 신재생에너지 공급 현황

(단위 : 천 toe, %)

구분	2017년	2018년	2019년	2020년	2021년	2022년	2023년
태양열	29.3	27.4	26.3	27.8	28.5	28.5	28.5
태양광	166.2	197.2	237.5	344.5	547.4	849.4	1,092.8
바이오	754.6	963.4	1,334.7	1,558.5	2,822.0	2,765.7	2,765.5
폐기물	4,862.3	5,121.5	5,998.5	6,502.4	6,904.7	8,436.2	8,742.7
수력	792.3	965.4	814.9	892.2	581.2	453.8	603.2
풍력	175.6	185.5	192.7	242.4	241.8	283.5	355.3
지열	33.4	47.8	65.3	87.0	108.5	135.0	162.0
수소·연료전지	42.3	63.3	82.5	122.4	199.4	230.2	( )
해양	0.2	11.2	98.3	102.1	103.8	104.7	104.6
IGCC	–	–	–	–	–	1.3	( )
공급량	6,856.2	7,582.7	8,850.7	9,879.3	11,537.3	13,288.3	14,172.3
공급 비중	2.6	2.8	3.2	3.5	4.1	4.6	4.8

※ 공급 비중(%) = $\dfrac{신재생에너지}{1차에너지}$ ×100(단, 1차에너지는 자연 그대로의 가공하지 않은 에너지를 칭함)

※ 신재생에너지 = 신에너지 + 재생에너지
 – 신에너지는 수소·연료전지, IGCC 에너지를 칭함
 – 재생에너지는 태양열, 태양광, 바이오, 폐기물, 수력, 풍력, 지열, 해양 8개 분야의 에너지를 칭함

〈표 2〉 2017년 선진 5개국의 신재생에너지 공급 비중

구분	프랑스	독일	일본	영국	미국
신재생에너지 공급량(천 toe)	22,424	31,471	20,310	7,176	130,397
공급 비중(%)	8.6	9.6	4.1	3.5	5.9

11 다음 중 자료에 대한 설명으로 옳지 않은 것은?

① 2023년 신재생에너지의 공급 비중은 2017년 대비 2.2%p 증가했다.

② IGCC에너지 공급이 처음으로 이루어진 연도의 재생에너지 공급량은 1,300만 toe 이상이다.

③ 2021년 재생에너지 공급량은 폐기물, 바이오, 수력, 태양광, 풍력, 지열, 해양, 태양열 순으로 많다.

④ 2017년 신재생에너지 공급 비중이 가장 높은 선진국의 가공하지 않은 에너지 공급량은 한국과 6,400만 toe 이상 차이 난다.

⑤ 2017년 선진 5개국의 신재생에너지 공급 비중은 미국, 독일, 프랑스, 일본, 영국 순으로 높다.

12 2023년 재생에너지는 신재생에너지의 97.75%를 차지하며, 수소 · 연료전지 : IGCC = 19 : 6이라면, 수소 · 연료전지에너지 공급량은 약 몇 만 toe인가?(단, 공급량은 일의 자리에서 반올림하여 계산한다.)

① 24만 toe
② 26만 toe
③ 28만 toe
④ 30만 toe
⑤ 32만 toe

[13~14] 다음은 2019~2023년 건강보험 대상포진 진료인원과 2023년 기준 연령대별 · 성별 대상포진 진료인원 현황에 관한 자료이다. 이어지는 물음에 답하시오.

〈표 1〉 연도별 건강보험 대상포진 진료인원 현황

(단위 : 명)

구분	2019년	2020년	2021년	2022년	2023년	2019년 대비 2023년 증감 인원
전체	645,624	663,150	688,767	705,024	725,511	79,887
남성	251,891	260,600	269,549	275,624	284,359	( )
여성	393,733	402,550	419,218	429,400	441,152	( )
성비	1.6	( )	1.6	1.6	1.6	–

※ 성비 : 남성 대비 여성의 수

〈표 2〉 2023년 연령대별 · 성별 대상포진 진료인원 현황

(단위 : 명)

구분	9세 이하	10대	20대	30대	40대	50대	60대	70대	80대 이상
전체	3,685	19,950	43,622	84,451	113,983	177,571	153,265	90,857	38,127
남성	1,976	10,761	19,561	36,372	46,370	62,033	58,225	36,384	12,677
여성	1,709	9,189	24,061	48,079	67,613	115,538	95,040	54,473	25,450

※ 청년층(10~20대), 중년층(30~40대), 장년층(50대~)

13 다음 중 자료에 대한 설명으로 옳지 않은 것은?(단, 소수점 둘째 자리에서 반올림한다.)

① 5년간 한 차례를 제외하고는 여성 진료인원이 남성보다 1.6배 많았다.
② 2019년 대비 2023년 진료인원 증감 인원은 여성이 남성보다 14,000명 이상 많다.
③ 2023년 50대 이상 진료인원은 전체의 60% 미만이다.
④ 2023년 10대 이하 진료인원은 남성이 여성보다 많다.
⑤ 2023년 남녀 진료인원 상위 1~3위에 해당하는 연령대는 동일하다.

14 2023년 진료인원 중 중년층이 차지하는 비중은 청년층과 몇 %p 차이 나는가?(단, 소수점 첫째 자리에서 반올림한다.)

① 16%p
② 18%p
③ 20%p
④ 22%p
⑤ 24%p

15 다음은 한국과 OECD 국가별 20~24세 청년대와 45~49세 중년대의 평균 신장을 비교한 자료이다. 다음 〈보기〉 중 옳은 것만을 모두 고르면?(단, 소수점 첫째 자리에서 반올림한다.)

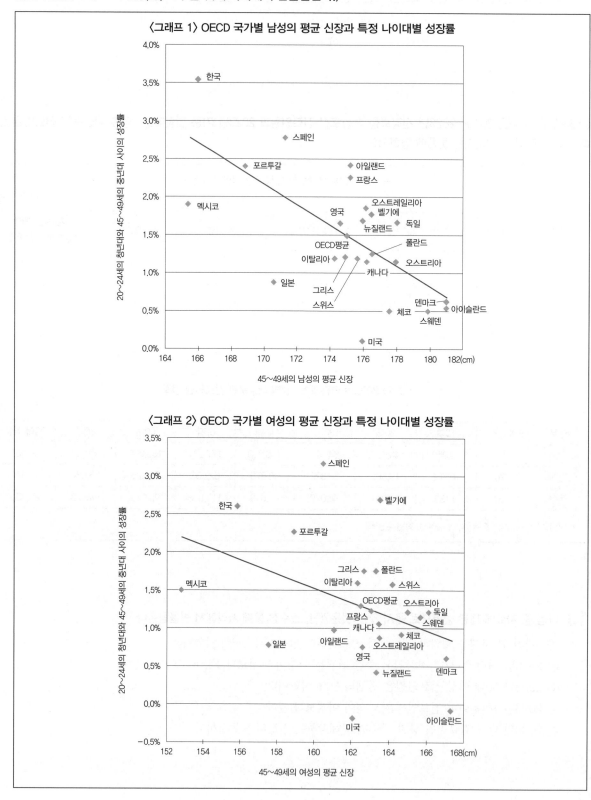

〈그래프 1〉 OECD 국가별 남성의 평균 신장과 특정 나이대별 성장률

〈그래프 2〉 OECD 국가별 여성의 평균 신장과 특정 나이대별 성장률

┌─ 보기 ┐

㉠ 한국의 경우 45~49세 중년대의 평균 신장과 비교하여 20~24세 청년대 남성과 여성의 평균 신장은 각각 6cm, 4cm 정도 더 컸다.

㉡ 45~49세 중년대 남성의 평균 신장이 OECD 평균보다 큰 국가 수는 여성보다 많다.

㉢ 남성과 여성 모두 20~24세 청년대와 45~49세 중년대의 성장률이 OECD 평균 이상인 국가 수는 5개국 미만이다.

㉣ 45~49세 중년대의 평균 신장과 비교하여 20~24세 남성의 평균 신장은 더 컸으나 여성의 평균 신장은 더 줄어든 국가는 2개국이다.

① ㉠, ㉡   ② ㉠, ㉢   ③ ㉠, ㉣

④ ㉡, ㉣   ⑤ ㉢, ㉣

16 다음은 K공사와 A사의 에너지원별 발전량 현황이다. 이에 대한 설명으로 옳은 것은?

<표 1> K공사의 에너지원별 발전량 현황

(단위 : MWh)

에너지원	2019년	2020년	2021년	2022년	2023년
수력	4,834,818	5,262,507	5,187,234	4,476,640	4,501,624
복합화력	43,688,294	33,955,125	43,133,972	36,669,948	38,033,491
신재생	1,098,064	2,693,481	3,663,802	5,427,962	7,016,146
기타	2,789,084	3,001,433	3,645,872	2,378,737	3,412,958

<표 2> A사의 에너지원별 발전량 현황

(단위 : MWh)

에너지원	2019년	2020년	2021년	2022년	2023년
수력	1,798,767	1,732,666	2,083,219	1,770,424	2,646,625
복합화력	53,233,975	65,663,865	73,701,635	73,618,864	73,725,754
신재생	17,837,596	21,451,881	23,512,872	25,098,295	24,040,363
기타	29,748,060	33,193,031	43,387,051	43,679,358	42,154,306

① 2019~2023년 K공사 평균 수력 에너지 발전량은 5,000,000MWh 이상이다.
② 2022년 발전량이 가장 많은 에너지원은 K공사와 A사 모두 신재생 에너지이다.
③ K공사 에너지 발전량 총합은 2021년보다 2020년이 더 많다.
④ 신재생 에너지 발전량은 매년 K공사보다 A사가 많다.
⑤ 2021년 A사 수력 에너지 발전량은 전년 대비 25% 이상 증가했다.

7일차 학습 점검표

번호	유형	O/X	번호	유형	O/X
1	단일형 자료해석		11	연계형 자료해석	
2	연계형 자료해석		12	연계형 자료해석	
3	단일형 자료해석		13	연계형 자료해석	
4	단일형 자료해석		14	연계형 자료해석	
5	단일형 자료해석		15	연계형 자료해석	
6	단일형 자료해석		16	연계형 자료해석	
7	단일형 자료해석				
8	단일형 자료해석				
9	연계형 자료해석				
10	연계형 자료해석				

맞힌 문항 수	/ 16
취약 유형	

취약 유형 다시 보기

유형 12 | 매칭

다음은 2020~2023년 어느 나라 5개 프로 스포츠 종목의 연간 경기장 수용 규모 및 관중수용률을 나타낸 것이다. 〈보기〉의 설명을 참고하여 A~E에 해당하는 프로 스포츠를 바르게 나열한 것은?

〈표〉 프로 스포츠 종목의 연간 경기장 수용 규모 및 관중수용률

(단위 : 천 명, %)

종목	구분	2020년	2021년	2022년	2023년
A	수용 규모	40,574	37,865	36,952	33,314
	관중수용률	26.7	29.0	29.4	34.9
B	수용 규모	20,429	20,429	19,675	19,450
	관중수용률	53.3	56.6	58.0	65.7
C	수용 규모	6,347	6,354	6,354	6,653
	관중수용률	62.8	65.2	60.9	59.5
D	수용 규모	5,129	4,843	4,409	4,598
	관중수용률	27.3	30.4	33.4	38.6
E	수용 규모	2,756	2,756	2,066	2,732
	관중수용률	23.5	43.8	34.1	52.9

┌ 보기 ┐
- 관중수용률이 매년 상승한 종목은 야구, 축구, 배구이다.
- 연간 경기장 수용 규모의 전년 대비 증감 변화가 없었던 프로 스포츠 종목은 야구, 농구, 핸드볼이다.
- 2020년 축구와 핸드볼의 관중수용률은 프로 스포츠 5종 중 하위 2개 종목이다.

	A	B	C	D	E
①	축구	야구	농구	배구	핸드볼
②	축구	농구	야구	핸드볼	배구
③	축구	농구	야구	배구	핸드볼
④	핸드볼	야구	농구	축구	축구
⑤	핸드볼	농구	야구	배구	축구

문제 CHECK

단순 계산이 아닌 경우의 수를 고려한 문제풀이가 이뤄지는 유형으로 조건에 맞는 항목을 연결하는 문제이다.
➡ A~E에 해당하는 프로 스포츠를 바르게 나열해야 한다.

PART 02 수리능력 ▼

4일차

5일차

6일차

7일차

8일차

제시자료&선지 CHECK

① 단 하나의 항목 또는 두 가지 정도로 압축할 수 있는 정보가 있다면 그것을 먼저 확인한다. 즉, 조건의 선택을 통해 범위를 최대한 줄여야 한다.

➡ 보기 세 번째에서 2018년(특정 연도) 축구와 핸드볼(특정 종목)의 관중수용률(특정 확인 값) 하위 2개 종목을 찾는다.

② 보기에 주어진 것을 대입하여, 조건 성립 여부를 확인 후 정답을 찾도록 한다.

정답 찾기

• 조건 1 : 2020년부터 2023년까지 매년 관중수용률이 증가한 프로 스포츠 종목은 A, B, D이다. ⇒ A 또는 B 또는 D=야구 또는 축구 또는 배구

  – A : 26.7 → 29.0 → 29.4 → 34.9%

  – B : 53.3 → 56.6 → 58.0 → 65.7%

  – D : 27.3 → 30.4 → 33.4 → 38.6%

• 조건 2 : 2020년부터 2023년까지 연간 경기장 수용 규모의 전년 대비 증감 방향을 정리하면 다음과 같다.

  – A : 감소, 감소, 감소

  – B : 유지, 감소, 감소

  – C : 증가, 유지, 증가

  – D : 감소, 감소, 증가

  – E : 유지, 감소, 증가

따라서 수용 규모 증감 변화가 없었던 프로 스포츠 종목은 B, C, E이다. ⇒ B 또는 C 또는 E=야구 또는 농구 또는 핸드볼

조건 1과 2를 정리하면, B=야구, A 또는 D=축구 또는 배구, C 또는 E=농구 또는 핸드볼이다.

• 조건 3 : 2020년 프로 스포츠 중 관중수용률 하위 2개 종목은 E(23.5%)와 A(26.7%)이다. ⇒ A 또는 E=축구 또는 핸드볼

따라서 A=축구, B=야구, C=농구, D=배구, E=핸드볼이다.

A	B	C	D	E
축구	야구	농구	배구	핸드볼

Tip

조건 3을 우선 해결하면, 2020년 5개 프로 스포츠 중 관중수용률 하위 2개 종목은 E와 A이므로, A 또는 E=축구 또는 핸드볼이다. 선지 1~5번 중 E=배구로 적힌 2번은 제외한다.

그 다음 조건 2를 보면, 경기장 수용 규모가 유지된 프로 스포츠는 B, C, E이므로, B 또는 C 또는 E=야구 또는 농구 또는 핸드볼이다. 조건 3과 겹치는 종목은 E=핸드볼이므로, A=축구, B 또는 C=야구 또는 농구이다. A=핸드볼이라 적힌 선지 4번과 5번을 제외하며, D=배구임을 알 수 있다.

마지막 조건 1을 보면, B와 C 중 관중수용률이 매년 증가한 경우는 B이므로, B=야구, C=농구이다.

정답 | ①

다음은 최근 3개년도 **로봇산업 생산 변화**와 2023년 **제조업용 로봇** 분야에 관한 것이다. 이에 대한 설명으로 **옳지 않은** 것은?

〈표〉 최근 3개년도 로봇산업 생산 변화

(단위 : 백만 원, %)

로봇 \ 연도	2021년	구성비	2022년	구성비	2023년	구성비	'22년 대비 '23년 증감률
제조업용	2,445,345	61.7	2,668,683	59.6	3,018,149	60.4	13.1
전문서비스용	262,918	6.6	375,184	8.4	249,732	5.0	△33.4
개인서비스용	320,640	8.1	332,234	7.4	357,566	7.2	7.6
로봇 부품 및 부분품	934,713	23.6	1,098,922	24.6	1,369,557	27.4	24.6
총계	3,963,616	100.0	4,475,023	100.0	4,995,004	100.0	11.6

※ △ : (−) 의미

〈그래프〉 2023년 제조업용 로봇 생산 현황

(단위 : %)

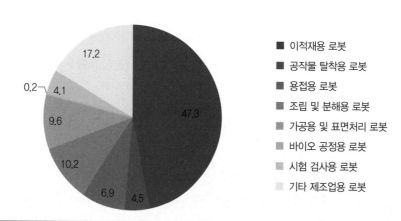

- ■ 이적재용 로봇
- ■ 공작물 탈착용 로봇
- ■ 용접용 로봇
- ▨ 조립 및 분해용 로봇
- ▨ 가공용 및 표면처리 로봇
- ▨ 바이오 공정용 로봇
- ▨ 시험 검사용 로봇
- □ 기타 제조업용 로봇

〈보고서〉

로봇산업은 신성장 동력의 핵심산업으로, 20년 이내에 모든 사업이 로봇화될 것으로 전망하며, 로봇산업에서 우위를 점하는 국가만이 미래 기술경쟁시대에 살아남을 만큼 하나의 산업이 아닌 국가경쟁력의 핵심으로 보고 있다.
㉠로봇산업은 개인서비스용 로봇, 제조업용 로봇, 전문서비스용 로봇, 로봇 부품 및 부분품 등 주요 4대 분야를 중심으로, 최근 3년 동안 1조 원 이상의 생산액 증가를 이뤄냈다. ㉡최근 3년 동안 전문서비스용 로봇을 제외한 나머지 3대 분야의 로봇 생산액은 꾸준히 증가했으며, 2023년 로봇산업 전체 생산액은 전년도 약 4조 4,750억 원 대비 11.6% 증가했다. ㉢분야별로 살펴보면, 2023년을 기준으로 전년도 대비 로봇 생산액 증가율이 가장 큰 분야는 24.6% 증가한 로봇 부품 및 부분품이었고, 유일하게 감소한 분야는 전문서비스용 로봇으로 30% 이상 감소했다. ㉣주요 4대 분야의 로봇산업 생산액 구성 비율은 매년 제조업용 로봇, 로봇 부품 및 부분품, 개인서비스용 로봇, 전문서비스용 로봇 순으로 차지했으며, ㉤특히 2023년 제조업용 로봇의 생산액을 세부적으로 살펴봤을 때 이적재용 로봇이 1조 4,000억 원 이상으로 가장 컸고, 그다음으로 기타 제조업용 로봇, 조립 및 분해용 로봇, 가공용 및 표면처리 로봇 등의 순으로 나타났다.

① ㉠   ② ㉡   ③ ㉢

④ ㉣   ⑤ ㉤

PART 02 수리능력 ▼

4일차

5일차

6일차

7일차

8일차

문제&제시자료 CHECK

최근 3개년도(2021~2023년) 로봇산업 생산 변화 추이와 2023년 제조업용 로봇 생산 현황 자료를 분석한 보고서 내용이 옳은지의 여부를 확인하는 문제이다.

정답 찾기

㉠ [○] 〈표〉를 살펴보면, 로봇산업 생산 현황을 크게 제조업용 로봇, 전문서비스용 로봇, 개인서비스용 로봇, 로봇 부품 및 부분품 등 4개 분야로 구분했고, 로봇산업 생산액은 2021년 약 3조 9,636억 원에서 2023년 약 4조 9,950억 원으로, 2021년 대비 2023년 약 1조 314억 원 증가했음을 알 수 있다.

㉡ [○] 2021년부터 2023년까지 전문서비스용 로봇 분야(2022년 증가 → 2023년 감소)를 제외한 제조업용 로봇, 개인서비스용 로봇, 로봇 부품 및 부분품에서의 로봇산업 생산액은 매년 증가했으며, 2023년 로봇산업 전체 생산액은 약 4조 9,950억 원으로 2022년 로봇산업 전체 생산액인 약 4조 4,750억 원 대비 $\frac{49,950-44,750}{44,750}\times$ 100≒11.6% 증가했다.

> **Tip**
>
> 〈표〉에 2022년 대비 2023년 로봇산업 생산액 증감률이 제시되어 있다.

㉢ [○] 〈표〉에서 2023년 로봇산업 생산액이 전년 대비 33.4% 감소로 유일했던 분야는 전문서비스용 로봇이고, 전년 대비 2023년 로봇산업 생산액 증가율이 24.6%로 가장 컸던 분야는 나머지 3개 분야 중 로봇 부품 및 부분품 분야이다.

㉣ [×] 2022년을 제외한 2021년과 2023년의 로봇산업 주요 4대 분야의 생산액 구성 비율은 개인서비스용 로봇이 전문서비스용 로봇보다 크다.

㉤ [○] 〈표〉를 살펴보면, 2023년 제조업용 로봇 생산액은 3조 181억 4,900만 원이고, 〈그래프〉에서 이적재용 로봇의 비중이 47.3%이므로 3,018,149×0.473 ≒ 1,427,600백만 원 = 1조 4,276억 원이다. 그다음으로는 기타 제조업용 로봇(17.2%), 조립 및 분해용 로봇(10.2%), 가공용 및 표면처리 로봇(9.6%) 등의 순으로 컸다.

> **Tip**
>
> 제조업용 로봇 중 이적재용 로봇에 대한 생산액이 1조 4,000억 원이라 하면, 제조업용 로봇 생산액은 약 3조 180억 원이라 했을 때 $\frac{14,000}{30,180}\times100$ ≒ 46%이다. 차지 비중이 47.3%이므로, 1조 4,000억 원 이상임을 알 수 있다.

정답 | ④

유형 14 | 그래프 작성형

다음은 2019~2023년 OECD 주요국의 자동차 수출·수입량 현황이다. 자료를 이용하여 작성한 그래프 중 옳지 않은 것은?

〈표 1〉 2019~2023년 OECD 주요국의 자동차 수출량 현황

(단위 : 대)

구분	2019년	2020년	2021년	2022년	2023년
한국	2,974,114	2,621,715	2,530,194	2,449,651	2,401,382
일본	4,578,078	4,634,033	4,705,848	4,817,470	4,818,132
미국	2,694,292	2,653,688	2,839,461	2,880,151	3,192,248
독일	4,762,751	4,746,652	4,696,833	4,322,724	3,820,400
이탈리아	682,955	716,346	742,418	699,320	604,541
스페인	2,273,732	2,432,401	2,435,306	2,304,418	2,310,070

〈표 2〉 2019~2023년 OECD 주요국의 자동차 수입량 현황

(단위 : 대)

구분	2019년	2020년	2021년	2022년	2023년
한국	331,862	304,378	297,237	323,607	324,598
일본	336,988	349,313	357,713	385,693	361,675
미국	8,355,173	8,484,786	8,626,961	8,964,482	8,940,954
독일	2,048,000	2,254,000	2,461,000	2,538,362	2,851,216
이탈리아	1,498,265	1,951,679	2,019,044	1,995,406	1,921,183
스페인	759,900	894,000	1,049,235	1,048,349	973,208

① 연도별 한국과 일본의 자동차 수출량 현황

(단위 : 대)

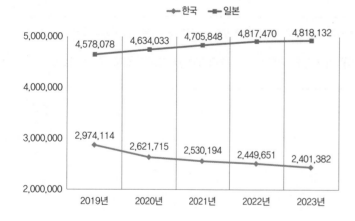

② 2020년 OECD 주요국 자동차 수입량의 국가별 구성비

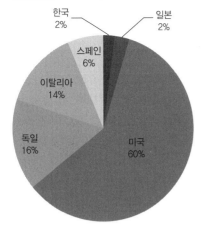

③ 2020~2023년 스페인의 자동차 수입량의 전년 대비 증가율

(단위 : %)

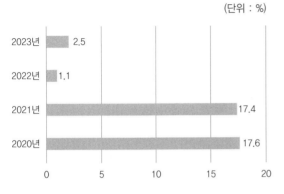

④ 연도별 미국의 자동차 수입량 현황

(단위 : 대)

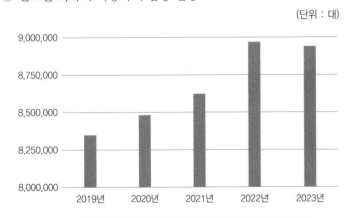

⑤ 2019~2023년 한국, 일본, 미국의 평균 자동차 수출량

(단위 : 대)

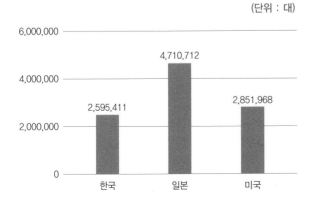

PART 02 수리능력 ▼

4일차

5일차

6일차

7일차

8일차

2019~2023년 OECD 주요국의 자동차 수출·수입량 현황 자료로, 작성한 그래프의 옳고 그름을 판단하는 문제이다.

제시자료&선지 CHECK

① 작성한 그래프의 옳고 그름을 판단하기 전에 가장 먼저 자료의 제목을 확인한다. 제목은 '연도별, 유형별, 지역별, 국가별 등'으로 포괄적 또는 한정적 범위를 구분한다.

② 그 다음으로 자료에 제시된 값이 그대로 옮겨졌는지를 먼저 확인하고, 제시된 주석을 통해 별도로 구해야 하거나 주석이 아니어도 2차 가공이 필요한 그래프로 나왔을 경우 나중에 계산한다.

③ 선지별로 작성된 그래프에 표시된 단위가 제시된 자료 속의 단위를 변환하여 혼동을 주는 경우가 많으므로, 주의한다.

➡ 제시된 자료의 수출·수입량 단위는 대이며, 수출·수입량의 현황과 평균 수출량을 나타낸 선지 ①, ④, ⑤의 단위는 대로 동일하다.

정답 찾기

① [○] 연도별 OECD 주요국의 자동차 수출량 현황 자료 중 한국과 일본의 자동차 수출량 자료만을 비교한다.

② [○] 2020년이라는 특정 연도에서의 국가별 구성비를 나타낸 자료이므로, 구성비를 계산하여 비교한다.

③ [×] 2020~2023년 스페인의 자동차 수입량의 전년 대비 증가율을 구하면 다음과 같다.

(단위 : %)

2020년	2021년	2022년	2023년
17.6	17.4	−0.1	−7.2

따라서 해당 그래프는 옳지 않다. 또한 2022년과 2023년 스페인의 자동차 수입량은 감소했으나 해당 그래프에서는 양의 증가율을 보이므로 적절하지 않다.

Tip

전년 대비 증가율을 확인하는 경우 증가, 감소 여부만으로도 정답을 판단할 수 있는 문제가 출제되기도 하며, $(n-1)$년 대비 n년의 증감률을 구할 때는 $\dfrac{n\text{년의 해당 값}-(n-1)\text{년의 해당 값}}{(n-1)\text{년의 해당 값}}\times100(\%)$으로 구하거나, x% 이상 증가(또는 감소)했음을 확인하고자 할 때는 $(n-1)$년의 해당 값$\times(1\pm\dfrac{x}{100})$으로 확인할 수 있다.

④ [○] 연도별 OECD 주요국의 자동차 수입량 현황 자료 중 미국의 자동차 수출량 자료만을 비교한다.

⑤ [○] 2019~2023년 한국, 일본, 미국의 평균 자동차 수출량을 구하면 다음과 같다.
- 한국 : $(2,974,114+2,621,715+2,530,194+2,449,651+2,401,382)\div5\fallingdotseq2,595,411$대
- 일본 : $(4,578,078+4,634,033+4,705,848+4,817,470+4,818,132)\div5\fallingdotseq4,710,712$대
- 미국 : $(2,694,292+2,653,688+2,839,461+2,880,151+3,192,248)\div5=2,851,968$대

정답 | ③

[01~02] 다음 부양인구비 자료에 대한 자료이다. 이어지는 물음에 답하시오.

〈표 1〉 2020~2023년 인구수

(단위 : 천 명)

구분	2020년	2021년	2022년	2023년
유소년인구(0~14세)	7,030	6,865	6,724	( )
생산가능연령인구(15~64세)	37,444	37,596	37,572	37,645
노인인구(65세 이상)	6,541	6,757	7,066	7,372

〈표 2〉 부양인구비

(단위 : %)

구분	2015년	2016년	2017년	2018년	2019년	2020년	2021년	2022년	2023년
부양인구비	36.8	36.2	36.2	36.3	36.2	36.3	36.3	36.7	37.1
소년부양인구비	22.0	21.2	20.6	20.0	19.4	18.8	18.3	( )	17.5
노년부양인구비	14.8	15.0	15.6	16.3	16.8	17.5	18.0	( )	19.6

※ 부양인구비 = 소년부양인구비 + 노년부양인구비

- 소년부양인구비 $= \dfrac{15세 \ 미만 \ 인구}{15{\sim}64세 \ 인구} \times 100$

- 노년부양인구비 $= \dfrac{65세 \ 이상 \ 인구}{15{\sim}64세 \ 인구} \times 100$

※ 고령화지수 $= \dfrac{65세 \ 이상 \ 인구}{15세 \ 미만 \ 인구} \times 100$

01 다음 중 자료에 대한 설명으로 옳지 않은 것은?(단, 소수점 둘째 자리에서 반올림한다.)

① 유소년인구수와 노인인구수 증감 추이는 반대이다.

② 전년 대비 부양인구비가 가장 크게 감소한 연도는 2019년이다.

③ 15~64세 인구는 4년간 20만 명 이상 증가했다.

④ 2023년 유소년인구는 670만 명 미만이다.

⑤ 2022년 노년부양인구비는 20% 미만이다.

02 2022년 고령화지수는 얼마인가?(단, 소수점 첫째 자리에서 반올림한다.)

① 93 ② 98 ③ 105

④ 122 ⑤ 127

[03~04] 다음은 연도별 건강보험 재정 지출 및 당기·누적수지 현황 자료와 2023년 분기별 건강보험 재정 현황을 정리한 자료이다. 이어지는 물음에 답하시오.

〈표 1〉 연도별 건강보험 재정 지출 및 당기·누적수지 현황

(단위 : 억 원)

구분		2017년	2018년	2019년	2020년	2021년	2022년	2023년
지출		348,599	373,766	388,035	415,287	439,155	482,281	526,339
	보험급여비	336,835	361,890	376,318	402,723	424,939	465,009	510,541
	(증가율)	11.7%	7.4%	4.0%	7.0%	5.5%	9.4%	9.8%
	관리운영비 (기타지출 포함)	11,764	11,876	11,717	12,564	14,216	17,272	15,798
당기수지		△12,994	6,008	30,157	36,446	45,869	41,728	30,856
누적수지		9,592	15,600	45,757	82,203	128,072	169,800	( )

※ 지출액은 보험급여비와 관리운영비로 구분한다.
※ △ : (−) 의미
※ 전년도 누적수지 + 당해연도 당기수지 = 당해연도 누적수지

〈표 2〉 2023년 분기별 건강보험 재정 현황

(단위 : 억 원)

구분	전체	1/4분기	2/4분기	3/4분기	4/4분기
총수입(A)	557,195	134,526	156,944	132,981	132,744
총지출(B)	( )	126,902	130,424	134,805	134,208
누적수지	( )	177,424	203,944	202,120	200,656

출처 : 건보공단

※ 통합재정수지 = 총수입 − 총지출

03 다음 중 자료에 대한 설명으로 옳지 않은 것은?

① 총지출액은 매년 증가했다.
② 보험급여비가 전년에 비해 10% 이상 증가한 연도는 2017년이 유일하다.
③ 2017년을 제외하고 당기수지는 매년 흑자를 기록했다.
④ 2023년 분기별 건강보험의 통합재정수지는 3분기에만 적자를 기록했다.
⑤ 2023년 누적수지는 전년보다 3조 원 이상 증가했다.

04 2023년 분기 중 누적수지가 가장 큰 분기의 지출액이 총지출액에서 차지하는 비중은 몇 %인가?

① 20%   ② 25%   ③ 30%
④ 35%   ⑤ 40%

PART 02 수리능력 ▼

4일차

5일차

6일차

7일차

8일차

[05~06] 다음은 국내인구 이동 추이를 조사한 자료이다. 이어지는 물음에 답하시오.

〈표 1〉 총 이동 인구

(단위 : 천 명, %, 천 건)

구분	2019년	2020년	2021년	2022년	2023년
이동자 수	7,629	7,755	7,378	7,154	7,297
이동률(%)	15.0	15.2	14.4	14.0	( )
전입신고 건수	4,657	4,761	4,636	4,570	4,728
이동자 성비	102.9	103.2	103.9	104.5	104.1

※ 이동자 성비 : 여자 이동자 100명당 남자 이동자 수

※ 이동률(%) = $\dfrac{\text{해당연도 이동자 수}}{\text{전국 인구수}} \times 100$

※ 평균 이동규모(명) = $\dfrac{\text{이동자 수}}{\text{전입신고 건수}}$

〈표 2〉 권역별 순이동자 수

(단위 : 천 명)

구분	2019년	2020년	2021년	2022년	2023년
수도권	−21	−33	−1	16	60
중부권	39	49	41	42	28
호남권	−6	−8	−16	−18	−28
영남권	−23	−22	−40	−54	−69

※ 순이동 = 전입 − 전출
 − 순유입 : 전출 < 전입
 − 순유출 : 전입 < 전출

05 다음 중 자료에 대한 설명으로 옳지 않은 것은?(단, 2023년 전국 인구수는 5,161만 명이다.)

① 2022년 여자 이동자 100명당 남자 이동자 수는 2019년에 비해 1.6명 증가했다.

② 2021년 평균 이동규모는 2023년에 비해 크다.

③ 2019~2023년 이동자 수와 전입신고 건수 증감 추이는 동일하다.

④ 매년 중부권은 순유출 권역에 속했고, 호남권과 영남권은 순유입 권역에 속했다.

⑤ 순유출과 순유입이 가장 많이 발생한 연도는 같다.

06 2023년 전국 인구수가 5,161만 명이라면 인구 100명당 이동자 수는 전년 대비 얼마나 증가했는가?(단, 소수점 둘째 자리에서 반올림한다.)

① 0.1%p ② 0.2%p ③ 0.4%p

④ 0.6%p ⑤ 0.8%p

[07~08] 다음은 2023년 제약산업 통계에 따른 국가별 의약품 수출과 수입 현황이다. 이어지는 물음에 답하시오.

〈표 1〉 국가별 의약품 수출 현황

(단위 : 천 달러)

순위	국가	원료	완제	합계
1	일본	304,626	158,180	462,806
2	크로아티아	28	397,830	397,858
3	아일랜드	228,835	2,771	231,606
4	중국	95,938	112,084	208,022
5	베트남	23,472	158,980	182,452
6	헝가리	374	134,660	135,034
7	미국	86,215	30,065	116,280
8	브라질	18,386	94,873	113,259
9	독일	60,804	20,167	80,971
10	인도	54,769	22,073	76,842
11	파키스탄	4,068	56,333	60,401
12	핀란드	311	53,018	53,329
13	홍콩	21,212	28,833	50,045
14	필리핀	13,066	32,517	45,583
15	이탈리아	39,126	4,722	43,848
16	터키	28,034	12,456	40,490
17	태국	13,936	26,405	40,341
18	캐나다	37,949	371	38,320
19	포르투갈	33,182	3,295	36,477
20	대만	15,773	20,328	36,101
	기타	328,967	341,365	670,332
	합계	1,409,071	1,711,326	3,120,397

〈표 2〉 국가별 의약품 수입 현황

(단위 : 천 달러)

순위	국가	원료	완제	의약외품	한약재	합계
1	영국	13,250	837,699	3,695	0	854,644
2	미국	125,399	633,600	41,614	19	800,632
3	중국	507,973	66,091	48,946	60,777	683,787
4	독일	123,717	451,619	6,073	0	581,409
5	일본	281,872	203,129	25,701	0	510,702
6	스위스	30,121	429,625	1,796	0	461,542
7	프랑스	102,767	139,948	1,213	0	243,928
8	네덜란드	18,355	185,803	4	0	204,162
9	이탈리아	134,445	64,005	794	0	199,244
10	인도	166,023	4,359	6,074	2,065	178,521
11	벨기에	9,278	101,660	494	0	111,432
12	호주	3,369	101,392	381	466	105,608

PART 02 수리능력 ▼

4일차

5일차

6일차

7일차

8일차

13	덴마크	6,701	93,919	620	0	101,240
14	아일랜드	13,779	77,663	5,375	0	96,817
15	스웨덴	16,940	76,048	1,108	0	94,096
16	오스트리아	21,261	56,017	0	0	77,278
17	스페인	42,012	18,645	1,384	0	62,041
18	캐나다	6,766	45,387	54	0	52,207
19	태국	1,029	3,197	45,569	841	50,636
20	기타 69개국	133,795	154,352	16,757	69,145	374,049
	합계	1,758,852	3,744,158	207,652	133,313	5,843,975

※ 기타 69개국은 각 나라별로 한약재를 최소 1천 달러 이상 수입함

07 다음 중 자료에 대한 설명으로 옳지 않은 것은?

① 한국 제약사들의 원료 및 완제약 최대 수출 국가는 일본, 최대 수입 국가는 영국이다.

② 의약품 수출국 상위 10개국 중 수입국 상위 10개국에도 포함된 국가는 5개국이다.

③ 기타 69개국 국가를 제외한 완제약 수출액 상위 5위인 국가의 원료약 수입액은 중국이 가장 크다.

④ 수입 의약품 중 한약재만 제외하고 수입한 국가는 전체의 20% 이상이다.

⑤ 기타 69개국 국가를 제외하고, 원료약, 완제약, 의약외품 중 의약외품 수입액이 가장 큰 국가는 태국뿐이다.

08 의약품 수출 20개국 중 원료약과 완제약 수출액 차이가 가장 적은 국가의 총 수출액이 전체 수출액에서 차지하는 비중은 약 몇 %인가?(단, 소수점 둘째 자리에서 반올림한다.)

① 1.2%　　　　　　② 1.8%　　　　　　③ 2.4%

④ 3.0%　　　　　　⑤ 3.6%

09 다음은 논벼(쌀) 생산비에 대한 조사 자료이다. 이에 대한 〈보기〉의 설명 중 옳은 것을 모두 고르면?

〈표 1〉 논벼(쌀) 생산비

(단위 : 원, kg, %)

구분		2022년	2023년	전년 대비	
				증감	증감률
10a당 논벼 생산비		675,000	692,000	17,000	2.5
	직접 생산비	441,000	448,000	7,000	( )
	간접 생산비	234,000	244,000	10,000	( )
20kg당 쌀 생산비		24,000	25,300	1,300	5.4
10a당 쌀 생산량		540	530	−10	−1.9

〈표 2〉 10a당 논벼 수익성

(단위 : 원, %)

구분	2022년	2023년	전년 대비	
			증감	증감률
총수입(A)	856,000	975,000	119,000	13.9
생산비(B)	( )	( )	( )	( )
경영비(C)	427,000	433,000	6,000	1.4
순수익(A − B)	( )	283,000	102,000	56.4
소득(A − C)	429,000	( )	( )	26.3

※ 순수익률 $= \dfrac{\text{순수익}}{\text{총수입}} \times 100$

┤보기├

㉠ 2023년 10a당 쌀 생산량은 전년에 비해 생산성이 나빠졌다.
㉡ 2023년 10a당 논벼 소득은 작년과 비교해서 10만 원 이상 벌었다.
㉢ 2022년 순수익률은 2023년에 비해 크다.
㉣ 2023년 10a당 논벼 직접 생산비는 간접 생산비보다 크지만, 전년 대비 증감률은 작다.

① ㉠
④ ㉠, ㉡
③ ㉠, ㉡, ㉢
④ ㉠, ㉡, ㉣
⑤ ㉡, ㉢, ㉣

10 다음은 봄, 여름, 가을, 겨울의 2020년 대비 2023년 가정 내 에너지별 사용량의 증감 규모를 나타낸 자료이다. 〈조건〉을 참고하여 A~E에 해당하는 부문을 바르게 나열한 것은?

〈그래프〉 2020년 대비 2023년 가정 내 에너지별 사용량 증감 규모

(단위 : 천 TOE)

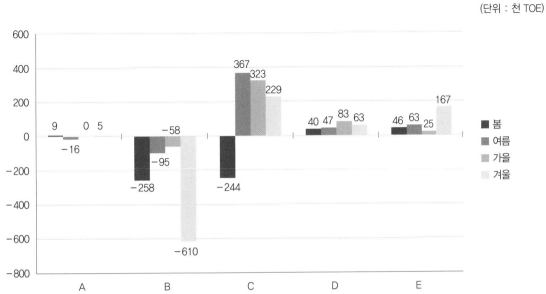

※ 석유류, 가스류, 연탄, 전력, 기타 총 5개 부문 이외 사용량의 증감은 없음

〈조건〉
· 2020년 대비 2023년 계절별 사용량이 모두 감소한 에너지는 석유류이다.
· 2020년 대비 2023년 가을의 에너지 사용량 증가 규모가 해당 계절 전체 에너지 사용량 증가 규모의 50% 이상인 부문은 가스류이다.
· 2020년 대비 2023년 여름에 가정 내 에너지 사용량이 증가한 부문은 가스류, 전력, 기타 부문이다.
· 봄 기준으로, 2020년 대비 2023년 전력 부문의 에너지 사용량 증가 규모는 연탄류의 5배 미만이다.

	A	B	C	D	E
①	석유류	가스류	연탄류	전력	기타
②	석유류	연탄류	가스류	전력	기타
③	연탄류	석유류	가스류	전력	기타
④	연탄류	가스류	석유류	기타	전력
⑤	연탄류	석유류	가스류	기타	전력

PART 02 수리능력 ▲

4일차

5일차

6일차

7일차

8일차

[11~12] 다음은 최근 5년간 자전거 교통사고를 분석한 자료이다. 이어지는 물음에 답하시오.

〈표〉 2019~2023년 자전거 교통사고 현황

(단위 : 건, 명)

구분	발생건수	사망자 수	부상자 수
합계	28,739	( )	30,357
2019년	4,249	101	4,472
2020년	5,975	93	6,328
2021년	6,920	107	7,333
2022년	5,936	113	6,292
2023년	5,659	126	5,932

〈그래프〉 2019~2023년 월별 자전거 교통사고 현황

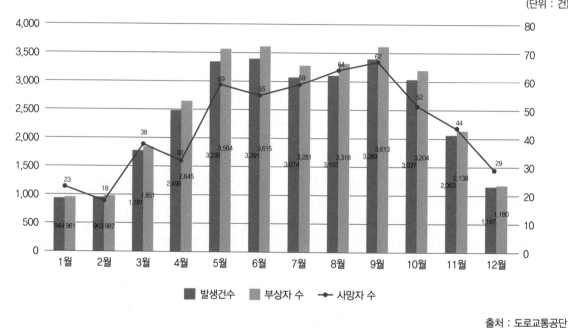

(단위 : 건)

출처 : 도로교통공단

11 다음 중 자료에 대한 설명으로 옳지 않은 것은?(단, 소수점 첫째 자리에서 반올림한다.)

① 최근 5년간 총 28,739건의 자전거 교통사고가 발생해 540명이 사망하고 30,357명이 부상을 당했다.

② 최근 5년간 월별 자전거 교통사고는 6월과 9월 각각 전체 교통사고의 약 12%를 차지한다.

③ 최근 5년간 월별 자전거 교통사고 사망자 수는 9월에 가장 많았고, 그 다음으로 8월, 5월과 7월에 많이 발생했다.

④ 2019~2023년 자전거 교통사고는 2021년을 기점으로 꾸준히 증가하다가 감소했다.

⑤ 자전거 교통사고로 인한 사망자 수가 전월 대비 가장 크게 증가한 달은 3월로, 해당 월의 부상자 수 또한 전월 대비 가장 크게 증가했다.

PART 02 수리능력 ▼

4일차

5일차

6일차

7일차

8일차

12 2019~2023년 자전거 교통사고 피해자 연령대 현황이 다음과 같다면, 사망자 수가 가장 많은 연령대의 치사율은 자전거 평균치사율보다 약 몇 배 높은가?(단, 소수점 둘째 자리에서 반올림한다.)

구분	합계	12세 이하	13~19세	20대	30대	40대	50대	60~64세	65세 이상	불명
발생	( )	2,415	5,728	3,438	2,091	2,651	4,129	1,888	5,872	527
사망	( )	10	27	28	13	47	73	57	285	0

※ 치사율 = 교통사고 100건당 사망자 수

① 2.2배　　　　　　　② 2.6배　　　　　　　③ 3.1배
④ 3.8배　　　　　　　⑤ 4.4배

13 다음은 침엽수 구조용재(1등급) 기준 허용 응력에 대한 자료이다. 〈조건〉을 이용하여 A~D에 해당하는 수종군을 바르게 나열한 것은?

〈표〉 침엽수 1등급 기준 허용 응력

수종군	휨강도	종인장강도	종압축강도	횡압축강도	전단강도
A	8	5.5	9	3.5	0.65
B	7.5	5	7.5	3	0.5
C	6	5	7	2.5	0.45
D	5	4	6	2.5	0.4

출처 : 국립산림과학원

※ 침엽수 구조용재의 수종 구분은 낙엽송류, 소나무류, 잣나무류, 삼나무류로 구분함

〈조건〉
• 횡압축강도 대비 종압축강도 비가 큰 상위 2개 수종군은 잣나무류와 낙엽송류이다.
• 휨강도와 전단강도가 가장 작은 하위 2개 수종군은 잣나무류와 삼나무류이다.
• 종인장강도와 종압축강도의 차가 가장 큰 수종군은 낙엽송류이다.

	A	B	C	D
①	잣나무류	낙엽송류	소나무류	삼나무류
②	잣나무류	소나무류	낙엽송류	삼나무류
③	낙엽송류	소나무류	잣나무류	삼나무류
④	낙엽송류	삼나무류	잣나무류	소나무류
⑤	낙엽송류	소나무류	삼나무류	잣나무류

14 다음은 2021~2023년 국가기술표준원 리콜 상위 10대 품목에 대한 자료이다. 〈조건〉을 이용하여 〈표〉의 A~D에 해당하는 상품을 바르게 나열한 것은?

〈표〉 2021~2023년 리콜 상위 10대 품목

연도 순위	2021년	2022년	2023년
1	A	A	D
2	B	가구	A
3	우 · 양산	B	C
4	유아용섬유제품	C	B
5	전기방석	어린이용장신구	음식물처리기
6	전기찜질기	학용품	폴리염화비닐관
7	어린이용카시트	가죽제품	형광등용안정기
8	C	우 · 양산	가죽제품
9	D	D	형광등기구
10	기타 제품	기타 제품	기타 제품

※ 순위의 숫자가 클수록 순위가 낮음을 의미함

〈조건〉
• 아동용섬유제품과 LED등기구는 각각 2021년과 2022년 사이에 순위 변동이 없었다.
• 완구와 직류전원장치는 순위가 매년 하락 또는 상승했다.
• 완구는 아동용섬유제품보다 매년 순위가 낮았다.

	A	B	C	D
①	완구	LED등기구	직류전원장치	아동용섬유제품
②	아동용섬유제품	완구	직류전원장치	LED등기구
③	아동용섬유제품	완구	LED등기구	직류전원장치
④	LED등기구	완구	직류전원장치	아동용섬유제품
⑤	LED등기구	직류전원장치	완구	아동용섬유제품

15 다음은 2023년 4대궁 현황에 관한 자료이다. 〈표〉와 〈조건〉에 근거하여 A∼D에 들어갈 궁을 바르게 나열한 것은?

PART 02 수리능력 ▼

4일차

5일차

6일차

7일차

8일차

〈표 1〉 2023년 4대궁 외국어 해설사 현황

(단위 : 명)

구분	A	B	C	D
해설사	12	16	11	7

〈표 2〉 2023년 4대궁 외국인 관람객 현황

(단위 : 명)

구분	A	B	C	D
영어권	166,157	276,329	53,364	22,195
일어권	93,828	52,492	21,266	4,574
중국어권	2,437,746	78,209	149,531	14,305
기타	200,204	125,698	53,972	49,749
합계	2,897,935	532,728	278,133	90,823

〈표 3〉 2023년 4대궁 입장료 현황

(단위 : 원)

구분		A	B	C	D
대인		3,000	3,000	1,000	1,000
아동, 청소년, 어르신		무료	무료	무료	무료
외국인	소인	1,500	1,500	500	500
	대인	3,000	3,000	1,000	1,000

〈조건〉

• 궁별로 외국어 해설사 대비 외국인 관람객 수가 가장 적은 곳은 창경궁이다.
• 외국인 관람객 중 영어권이 일어권의 2배 이상인 곳은 창덕궁, 덕수궁, 창경궁이다.
• 경복궁 입장료는 덕수궁 입장료의 3배이다.

	A	B	C	D
①	창덕궁	경복궁	덕수궁	창경궁
②	경복궁	덕수궁	창덕궁	창경궁
③	경복궁	창덕궁	덕수궁	창경궁
④	덕수궁	창덕궁	경복궁	창경궁
⑤	경복궁	창경궁	창덕궁	덕수궁

16 다음은 국내 의약외품 생산 및 수입에 관한 자료이다. 이를 바탕으로 작성된 〈보고서〉의 내용 중 옳지 않은 것은?(단, 소수점 첫째 자리에서 반올림한다.)

〈표 1〉 국내 의약외품 생산 및 수입 현황

(단위 : 억 원)

구분	2021년	2022년	2023년
생산액	18,562	19,456	14,703
수입액	2,043	2,410	2,087

〈표 2〉 국내 의약외품 품목군별 생산 실적 현황

(단위 : 억 원, %)

구분	2021년		2022년		2023년	
	금액	비중	금액	비중	금액	비중
치약제	5,545	29.87	5,727	29.44	4,957	33.71
생리용품	2,739	14.76	2,979	15.31	2,608	17.74
내복용제제	2,729	14.70	2,977	15.30	2,963	20.15
위생용품 및 기타 유사물품	1,225	6.60	1,156	5.94	1,255	8.54
가정용 살충제	645	3.47	874	4.49	933	6.35
구중청량제	618	3.33	597	3.07	510	3.47
인체에 직접 사용하는 외용소독제	339	1.83	200	1.03	236	1.61
콘택트렌즈관리용품	259	1.40	55	0.28	125	0.85
방역용제제	206	1.11	245	1.26	240	1.63
마스크	190	1.02	187	0.96	381	2.59
연고제, 카타플라스마제, 스프레이파스	156	0.84	177	0.91	193	1.31
구강 위생 등에 사용하는 제제	39	0.21	35	0.18	85	0.58
감염병 예방용 살균소독제	20	0.11	31	0.16	35	0.24
구강청결용 물휴지	10	0.05	11	0.06	10	0.07
금연보조제	9	0.05	6	0.03	29	0.20
땀띠, 짓무름용제	4	0.02	6	0.03	22	0.15
액취방지제	1	0.01	2	0.01	3	0.02
기타	3,828	20.62	4,191	21.54	118	0.79
합계	18,562	100.0	19,456	100.0	14,703	100.0

※ 기타 품목 : 기존에 의약외품으로 분류된 염모제, 탈모방지제, 욕용제, 제모제 등 4종의 제품군이 2021년에 화장품으로 전환되어 생산 실적에서 제외됨

〈표 3〉 국내 마스크 생산 실적 중 보건용 마스크 실적 현황

(단위 : 억 원)

구분 \ 연도	2021년	2022년	2023년
생산 실적	157	152	337

출처 : 식품의약품안전처

<보고서>

㉠2021년부터 2023년까지 국내 의약외품 생산과 수입 실적은 2022년에 증가했다가 감소하였다. ㉡2023년 국내 의약외품 생산 실적이 지난해에 비해 24% 정도 감소한 것은 의약외품 분야에서 약 20%를 차지해 온 염모제, 탈모방지제, 욕용제, 제모제 등 4종의 제품군이 화장품으로 전환되었기 때문이다. ㉢국내 의약외품 생산 실적 상위 5개 품목군은 치약제, 생리용품, 내복용제제, 위생용품 및 기타 유사물품, 가정용 살충제였으며, 총 생산 실적 중 상위 5개 품목군 비중의 합은 매년 증가했다. ㉣2023년 국내 의약외품 품목 중 마스크와 콘택트렌즈관리용품은 각각 381억 원, 125억 원으로, 전년과 비교해서 100% 이상 증가했는데, 이는 미세먼지 발생 빈도 증가로 호흡기, 눈 등의 보호를 위한 관련 제품 수요가 커짐으로써 생산 실적 증가에 영향을 준 것으로 보인다. 특히 ㉤국내 마스크 생산 실적 중 80% 이상이 보건용 마스크였으며, 매년 비중이 커지고 있어 내년에도 높아질 것으로 전망된다.

① ㉠   ② ㉡   ③ ㉢

④ ㉣   ⑤ ㉤

17 다음은 세계 건강기능식품 시장 트렌드에 관한 자료이다. 이를 바탕으로 작성한 〈보고서〉의 내용 중 옳지 않은 것은?

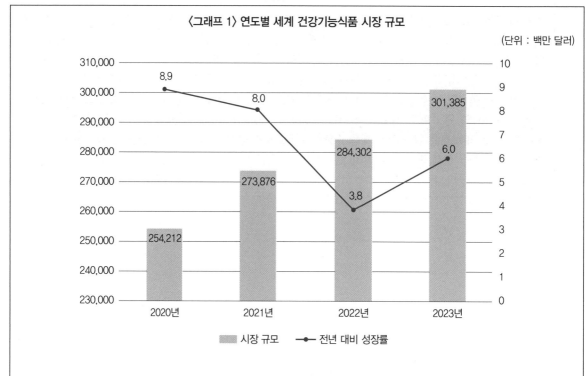

〈그래프 1〉 연도별 세계 건강기능식품 시장 규모

(단위 : 백만 달러)

〈표〉 세계 건강기능식품 품목별 시장 규모

(단위 : 백만 달러)

구분	2020년	2021년	2022년	2023년
보조제품	72,797	76,491	80,185	84,500
유기식품	67,337	75,432	78,397	84,064
유기상품	24,309	27,009	28,515	30,985
기능성식품	89,769	94,944	97,205	101,836
총계	254,212	273,876	284,302	301,385

〈그래프 2〉 2023년 국가별 보조제품 시장 점유율

(단위 : %)

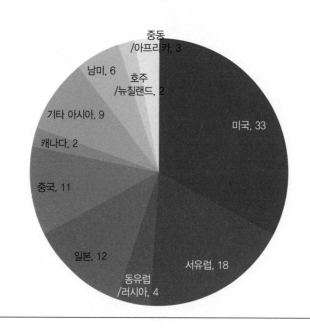

〈보고서〉

삶의 질이 향상됨에 따라 건강의 유지 및 증진을 중시한다는 사회적 트렌드가 확산되면서 국내외 건강기능식품 시장은 빠르게 성장하고 있다.

㉠세계 건강기능식품 시장 규모는 2020년에 전년 대비 8.9%의 성장률을 보이면서 약 2,542억 달러에 이르렀으며, ㉡이후 2022년 성장률이 3.8%로 둔화되었으나 계속 성장하여 2023년에는 3,000억 달러 이상을 기록할 것으로 전망된다. 미국 간행물인 NBJ의 발표에 따르면, ㉢세계 건강기능식품은 보조제품, 유기식품, 유기상품, 기능성식품 총 4가지로 크게 분류되며, 품목별 시장 규모 모두 2020년부터 2023년까지 매년 성장하였다. 특히 ㉣국내 건강기능식품과 가장 유사한 보조제품 시장은 2023년 기준으로 전체 건강식품 시장에서 약 30% 이상 차지할 것으로 전망된다. ㉤세계 보조제품 시장에서는 미국이 278억 8,500만 달러로 가장 큰 시장을 형성하고 있으며, 이어서 서유럽 18%, 일본 12% 순으로 시장을 형성하여 3개국이 전체 시장점유율 63%를 차지하고 있다. 즉, 기능성 소재 산업이 활성화 된 선진국 위주로 시장이 발달하고 있는 것으로 보인다.

① ㉠
② ㉡
③ ㉢
④ ㉣
⑤ ㉤

18 다음은 2013년과 2023년 전체근로자의 근로시간 및 임금 현황에 대한 〈보고서〉이다. 〈보고서〉의 내용과 부합하지 않는 자료는?

〈보고서〉

- 전체근로자의 월급여액 중 정액급여 비중이 큰 산업을 순서대로 나열하면, 2013년에는 보건업 및 사회복지 서비스업(98.5%), 광업(98.2%), 출판·영상·방송통신 및 정보서비스업(97.8%)의 순이지만, 2023년에는 보건업 및 사회복지서비스업(98.5%), 전문, 과학 및 기술서비스업(97.8%), 사업시설관리 및 사원지원서비스업(97.4%)의 순으로 변동되었다.
- 2013년과 2023년 모두 한국표준직업분류에 따른 총 근로시간은 장치·기계 조작 및 조립종사자가 가장 많고, 월 임금총액은 관리자가 가장 많다.
- 남성 근로자의 월 임금총액은 2013년 286만 9천 원에서 2023년 356만 9천 원으로 증가하였고, 여성 근로자의 월 임금총액은 2013년 171만 4천 원에서 2023년 225만 9천 원으로 증가하였다.
- 전체근로자의 총 근로시간은 2013년 180.8시간에서 2023년 156.4시간으로 매년 감소하였다.
- 5인 미만 사업체의 총 근로시간은 2013년 172.9시간에서 2023년 140.4시간으로 가장 많이 감소하였고, 300인 이상 사업체의 총 근로시간은 2013년 182.1시간에서 2023년 162.7시간으로 가장 적게 감소하였다.

① 성별 전체근로자의 월 임금총액 현황

(단위 : 천 원)

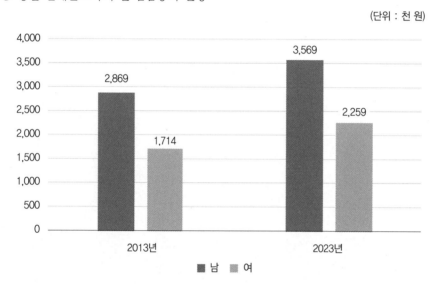

② 직종별 전체근로자의 근로시간 및 월 임금총액 현황

(단위 : 시간, 천 원)

한국표준직업분류	2013년		2023년	
	총 근로시간	월 임금총액	총 근로시간	월 임금총액
관리자	176.7	5,778	161.7	8,804
전문가 및 관련 종사자	171.5	2,944	154.7	3,634
사무 종사자	179.1	2,857	159.5	3,587
서비스 종사자	172.6	1,298	136.2	1,530
판매 종사자	178.2	2,123	151.1	2,424
농림어업 숙련 종사자	169.5	1,867	145.0	2,015
기능원 및 관련 기능 종사자	178.8	2,258	152.5	2,785
장치·기계 조작 및 조립종사자	205.9	2,496	180.8	3,142
단순노무 종사자	176.6	1,330	144.9	1,749

③ 산업별 전체근로자의 임금총액 현황

(단위 : 천 원, %)

구분	2013년			2023년		
	월 급여액	정액 급여	정액급여 비중	월 급여액	정액 급여	정액급여 비중
농업, 임업 및 어업	2,102	1,970	93.7	2,702	2,542	94.1
광업	2,055	2,017	98.2	2,528	2,455	97.1
하수 · 폐기물 처리, 원료 재생 및 환경복원업	3,663	3,382	92.3	4,570	4,218	92.3
건설업	2,201	2,014	91.5	3,124	2,833	90.7
도매 및 소매업	2,148	2,093	97.4	2,611	2,528	96.8
운수업	1,873	1,817	97.0	2,528	2,459	97.3
숙박 및 음식점업	2,098	1,918	91.4	2,736	2,476	90.5
출판 · 영상 · 방송통신 및 정보서비스업	1,129	1,104	97.8	1,443	1,395	96.7
금융 및 보험업	2,941	2,872	97.7	3,638	3,479	95.6
부동산업 및 임대업	3,204	3,130	97.7	4,074	3,956	97.1
전문, 과학 및 기술서비스업	1,667	1,628	97.7	2,306	2,255	97.8
사업시설관리 및 사업지원서비스업	2,897	2,822	97.4	3,654	3,559	97.4
교육서비스업	1,923	1,801	93.7	2,505	2,368	94.5
보건업 및 사회복지서비스업	2,289	2,254	98.5	2,790	2,749	98.5

④ 사업체규모별 전체근로자의 근로시간 현황

(단위 : 시간)

규모	2013년			2023년		
	총 근로시간	소정 실근로시간	초과 근로시간	총 근로시간	소정 실근로시간	초과 근로시간
5인 미만	172.9	171.9	1.1	140.4	139.4	1.0
5~29인	180.3	172.8	7.5	156.7	150.3	6.4
30~299인	187.7	167.2	20.5	167.6	151.9	15.7
300인 미만	180.6	170.6	10.0	155.3	147.5	7.8
300인 이상	182.1	163.0	19.1	162.7	150.0	12.7

⑤ 연도별 전체근로자의 총 근로시간 현황

(단위 : 시간)

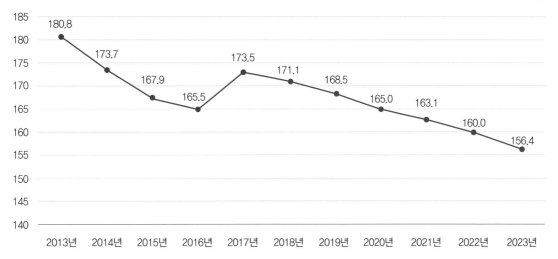

PART 02 수리능력 ▼

4일차

5일차

6일차

7일차

8일차

19 다음은 기관사칭형 보이스피싱 피해금액을 조사한 자료이다. 이를 바탕으로 2017~2023년까지의 단순이동평균을 나타낸 그래프로 옳은 것은?(단, 소수점 첫째 자리에서 반올림한다.)

〈표〉 기관사칭형 보이스피싱 피해금액

(단위 : 억 원)

구분	피해금액	단순이동평균
2012년	621	–
2013년	553	–
2014년	1,019	–
2015년	595	–
2016년	927	–
2017년	1,503	743
2018년	2,610	( )
2019년	3,892	( )
2020년	4,856	( )
2021년	6,003	( )
2022년	3,361	( )
2023년	2,108	( )

출처 : 경찰청

※ 단순이동평균은 해당 연도 직전 5년간 피해금액의 평균을 말함

① (단위 : 억 원)

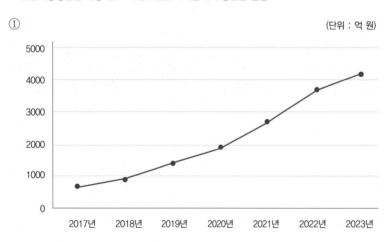

② (단위 : 억 원)

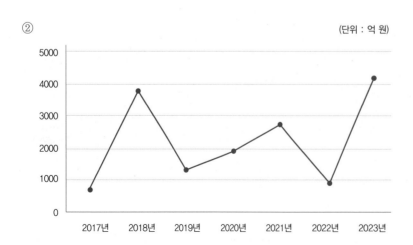

③

(단위 : 억 원)

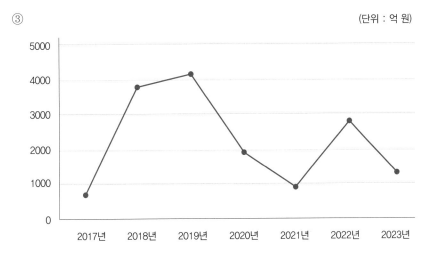

④

(단위 : 억 원)

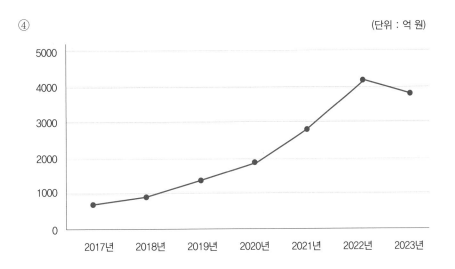

⑤

(단위 : 억 원)

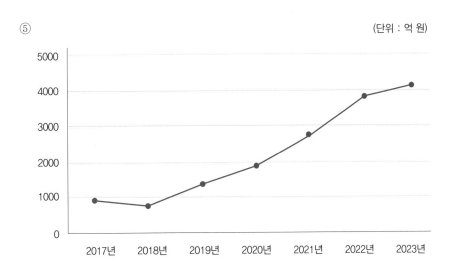

PART 02 수리능력 ▼

4일차

5일차

6일차

7일차

8일차

20 다음은 수능 과목별 응시자 수 현황에 대한 자료이다. 이를 바탕으로 만든 그래프 중 옳지 않은 것은?

〈표〉 2019~2023년 수능 과목별 응시자 수 현황

(단위 : 천 명)

구분	2019년	2020년	2021년	2022년	2023년
국어	483	419	446	446	443
수학	465	406	429	428	426
영어	481	419	445	444	442
한국사	484	421	448	447	444
사회 · 과학탐구	463	406	432	433	429
직업탐구	4	4	4	4	3
제2외국어	65	54	33	40	39

※2019년, 2020년 수학 과목 응시자 수는 수학 가, 수학 나 응시자 수를 합한 것임
※사회 · 과학탐구는 사회탐구 응시자 수와 과학탐구 응시자 수를 합한 것임

① 2019~2023년 국어 과목 응시자 수 현황

(단위 : 천 명)

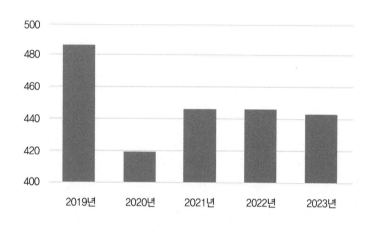

② 2019~2023년 국어, 영어, 수학 과목 응시자 수 현황

(단위 : 천 명)

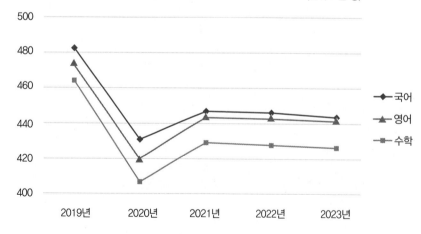

③ 2019~2023년 한국사 과목 응시자 수 현황

(단위 : 천 명)

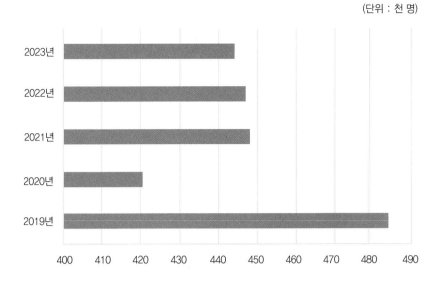

④ 2019~2023년 사회 · 과학탐구, 직업탐구 과목 평균 응시자 수 현황

(단위 : 천 명)

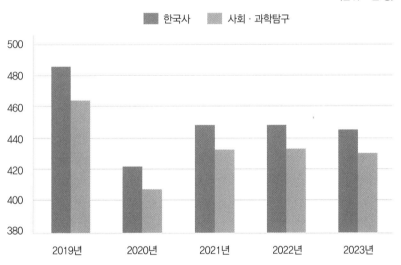

⑤ 2021~2023년 영어 과목 응시자 수 현황

(단위 : 천 명)

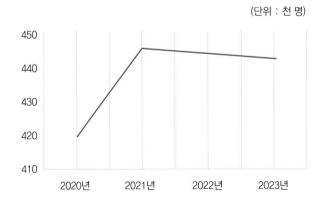

PART 02 수리능력 ▼

4일차

5일차

6일차

7일차

8일차

21 다음은 5대 도시의 이산화질소, 미세먼지의 연평균 농도 현황 자료이다. 〈표〉와 〈조건〉을 이용하여 A~E에 해당하는 지역을 바르게 나열한 것은?

〈표〉 주요 도시 대기오염도 현황

(단위 : ppm, μg/m³)

구분	A		B		C		D		E	
	이산화질소	미세먼지	이산화질소	미세먼지	이산화질소	미세먼지	이산화질소	미세먼지	이산화질소	미세먼지
2019년	0.033	45	0.021	49	0.028	49	0.020	42	0.023	45
2020년	0.033	46	0.020	48	0.028	49	0.019	41	0.024	45
2021년	0.032	45	0.020	46	0.026	53	0.019	43	0.021	46
2022년	0.031	48	0.021	44	0.025	49	0.018	40	0.020	43
2023년	0.030	44	0.030	44	0.024	46	0.019	40	0.020	42

〈조건〉
• 서울과 인천의 이산화질소 오염도는 매년 유지 또는 개선되었다.
• 미세먼지 오염도가 전반적으로 매년 개선된 지역은 부산이다.
• 연도별로 5대 도시 중 미세먼지 오염도가 가장 낮은 지역은 광주이다.
• 대구의 2020년 미세먼지 오염도는 전년도와 같은 수준으로 유지되었다.

	A	B	C	D	E
①	서울	부산	인천	광주	대구
②	인천	부산	대구	광주	인천
③	서울	부산	인천	대구	광주
④	인천	광주	서울	대구	인천
⑤	서울	인천	부산	광주	대구

8일차 학습 점검표

번호	유형	O/X	번호	유형	O/X
1	연계형 자료해석		12	연계형 자료해석	
2	연계형 자료해석		13	매칭	
3	연계형 자료해석		14	매칭	
4	연계형 자료해석		15	매칭	
5	연계형 자료해석		16	보고서 분석형	
6	연계형 자료해석		17	보고서 분석형	
7	연계형 자료해석		18	보고서 분석형	
8	연계형 자료해석		19	그래프 작성형	
9	연계형 자료해석		20	그래프 작성형	
10	매칭		21	매칭	
11	연계형 자료해석				

맞힌 문항 수	/ 21
취약 유형	

취약 유형 다시 보기

P / A / R / T

03

문제해결 · 자원관리능력

유형 1 | 명제

다음 명제가 참일 때 반드시 참인 것은?

- 의사소통능력이 우수한 사람은 수리능력이 부족하다.
- 정보능력이 부족한 사람은 조직이해능력이 우수하다.
- 문제해결능력이 우수한 사람은 수리능력도 우수하다.
- 자원관리능력이 부족한 사람은 정보능력도 부족하다.
- 조직이해능력이 우수한 사람은 의사소통능력도 우수하다.

① 정보능력이 우수한 사람은 문제해결능력도 우수하다.
② 자원관리능력이 부족한 사람은 의사소통능력도 부족하다.
③ 수리능력이 우수한 사람은 조직이해능력이 부족하다.
④ 의사소통능력이 우수한 사람은 정보능력이 부족하다.
⑤ 자원관리능력이 우수한 사람은 수리능력도 우수하다.

유형 CHECK

① 명제는 추리에서 가장 기초적인 유형이다. 기본적으로 'p는 q이다'와 'p는 q가 아니다'의 형태로 압축되며, 이는 기호로 변환하여 정리할 수 있다.

p는 q이다	아니다
$p \rightarrow q$	$\sim$

② 다음으로 명제 $p \rightarrow q$와 역, 이, 대우의 관계를 이해해야 명제의 참·거짓을 판별할 수 있다.

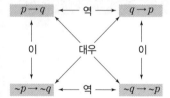

이때 중요한 것은 명제가 참이라면 그 대우는 항상 참이지만, 역과 이의 참·거짓 여부는 확정할 수 없다는 점이다.

문제 CHECK

① 주어진 명제를 기호로 정리하면 다음과 같다.
- 의사소통능력 → ~수리능력
- ~정보능력 → 조직이해능력
- 문제해결능력 → 수리능력
- ~자원관리능력 → ~정보능력
- 조직이해능력 → 의사소통능력

② 명제의 대우 역시 참이며, 다음과 같이 정리할 수 있다.
- 수리능력 → ~의사소통능력
- ~조직이해능력 → 정보능력
- ~수리능력 → ~문제해결능력

- 정보능력 → 자원관리능력
- ~의사소통능력 → ~조직이해능력

정답 찾기

참인 명제와 그 대우를 정리하면 이를 전체적으로 연결할 수 있다.

- ~자원관리능력 → ~정보능력 → 조직이해능력 → 의사소통능력 → ~수리능력 → ~문제해결능력
- 문제해결능력 → 수리능력 → ~의사소통능력 → ~조직이해능력 → 정보능력 → 자원관리능력

위 도식에 의하면 '수리능력이 우수한 사람은 조직이해능력이 부족하다.'는 반드시 참이다.

또한 ①, ④, ⑤는 참ㆍ거짓 여부를 판단할 수 없고, ②는 거짓이다.

정답 | ③

Plus

두 개의 명제가 합쳐진 명제를 합성명제라 하며, '그리고'와 '또는'으로 연결할 수 있다. 이를 기호로 표현하면 다음과 같다.

- p 그리고 q : $p \wedge q$
- p 또는 q : $p \vee q$

아울러 다음의 경우는 항상 성립한다.

- $\sim(p \wedge q) = \sim p \vee \sim q$
- $\sim(p \vee q) = \sim p \wedge \sim q$
- $\sim(p \vee \sim q) = \sim p \wedge q$
- $\sim(\sim p \wedge q) = p \vee \sim q$
- $\sim(p \vee q) = \sim p \wedge \sim q$

PART 03 문제해결ㆍ자원관리능력 ▼

9일차

10일차

11일차

12일차

13일차

유형 2 | 참 · 거짓

홍보팀 직원 5명 중 1명이 서류를 분실했다. 다음 중 1명만 진실을 말할 때 서류를 분실한 사람은?

> - A : 저는 서류를 분실하지 않았습니다.
> - B : C가 분실했습니다.
> - C : B는 거짓말을 하고 있습니다.
> - D : E가 분실한 사람입니다.
> - E : B가 서류를 분실했습니다.

① A   ② B   ③ C
④ D   ⑤ E

유형&문제 CHECK

① 참 · 거짓은 특정 진술을 참 혹은 거짓으로 가정하고 다른 진술의 참 · 거짓을 판별함으로써 문제 조건에 부합하는 케이스를 찾는 유형이다.
② 범인과 진실(거짓)을 말하는 인원을 확인한다.
  ➡ 이 문제에서 범인은 1명, 진실을 말하는 사람도 1명이다.

정답 찾기

두 가지 방법 중 어느 것을 선택해도 무방하다.
① 풀이법 1
  ➡ 모순되는 진술을 기준으로 경우의 수를 고려한다. B와 C의 진술이 모순이므로 둘 중 하나가 참인 진술이며, 이 문제에서 진실을 말한 사람은 한 명이므로 둘 중 한 명을 제외한 나머지 진술은 전부 거짓이다.
  - B가 참인 경우 : 범인은 C이다. 그런데 이때 C, D, E의 진술은 거짓이지만 A의 진술은 참이 되므로 조건에 부합하지 않는다.
  - C가 참인 경우 : C를 제외한 나머지 진술이 거짓이어도 문제가 없다. 이때 A의 진술도 거짓이므로 분실한 사람은 A이다.
② 풀이법 2
  ➡ 각 인물을 분실한 사람으로 가정할 때 참인 진술이 한 명인 경우가 답이다.

진술＼범인	A	B	C	D	E
A	거짓	참	참	참	참
B	거짓	거짓	참	거짓	거짓
C	참	참	거짓	참	참
D	거짓	거짓	거짓	거짓	참
E	거짓	참	거짓	거짓	거짓

참인 진술이 한 명뿐인 경우는 A가 분실했을 때이다.

정답 | ①

유형 3 | 대응

영업팀 S, L, K사원은 지역을 나눠 담당하고 있다. 이들이 맡는 지역은 서울, 인천, 대전, 대구, 광주, 부산, 울산, 강원 8개 지역이다. 다음 〈조건〉이 모두 참일 때 **항상 거짓인 것은?**

PART 03 문제해결 · 자원관리능력 ▼

9일차

10일차

11일차

12일차

13일차

〈조건〉
- 서울 담당자는 서울 포함 2개 지역만 담당하고, 나머지는 각각 3개 지역을 맡는다.
- 인천 담당자는 광주도 담당한다.
- S사원은 대구, 울산 그리고 다른 한 지역을 담당한다.
- 서울 담당자는 대전을 담당하지 않는다.
- L사원은 강원을 담당한다.

① S는 부산을 담당하지 않는다.
② 대전 담당자는 2곳을 담당한다.
③ L은 광주를 담당한다.
④ 서울 담당자는 부산도 담당한다.
⑤ K는 인천을 담당한다.

유형 CHECK

대응은 주어진 조건을 바탕으로 숨겨진 정보를 찾는 유형이다. 주어진 정보로 전부 매칭 가능한 문제와 여러 경우의 수가 도출되는 문제가 있다.
➡ 이 문제는 경우의 수가 여러 개인 문제로, 항상 거짓인 경우를 찾아야 한다.

문제 조건 정리

① 기본 조건
➡ S, L, K사원 3명이 8개 지역(서울, 인천, 대전, 대구, 광주, 부산, 울산, 강원)을 나누어 담당하고 있다.
② 확정 내용
➡ S는 대구＋울산＋1지역, L은 강원, 인천 → 광주, 서울 → ~대전
③ 미확정 내용으로 3가지 경우의 수를 도출한다.

경우 1			경우 2			경우 3		
S	L	K	S	L	K	S	L	K
대구, 부산, 울산	강원, 서울	광주, 대전, 인천	대구, 대전, 울산	강원, 서울	광주, 부산, 인천	대구, 대전, 울산	강원, 광주, 인천	부산, 서울

정답 찾기

정리한 내용과 경우의 수를 바탕으로 항상 거짓인 것을 찾는다. 즉, 참인 경우와 거짓인 경우가 공존한다면 답이 아니다.

① S는 부산을 담당하지 않는다. ➡ 경우 2와 3에 의하면 S는 부산을 담당하지 않는다.
② 대전 담당자는 2곳을 담당한다. ➡ 모든 경우를 통틀어 대전 담당자는 3곳을 담당한다.
③ L은 광주를 담당한다. ➡ 경우 3에 의하면 L은 광주를 담당한다.
④ 서울 담당자는 부산도 담당한다. ➡ 경우 3에 의하면 K는 서울과 부산을 담당한다.
⑤ K는 인천을 담당한다. ➡ 경우 1과 2에 의하면 K는 인천을 담당한다.

정답 | ②

유형 4 | 위치 배정

다음과 같은 **소, 말, 돼지, 토끼, 개, 고양이, 닭, 쥐**의 자리를 새롭게 배치하고자 한다. 〈조건〉을 적용한 새로운 자리배치에 대한 설명으로 옳은 것은?

	A	B	C	D
1라인	소	말	돼지	토끼
	E	F	G	H
2라인	개	고양이	닭	쥐

〈조건〉

- 모든 동물들의 자리는 바뀐다.
- 토끼, 말, 닭, 고양이만 이전과 같은 라인에 위치한다.
- 닭과 토끼의 위치는 가장 멀리 떨어져 있고 닭과 돼지는 바로 옆 자리이다.
- 돼지와 고양이의 자리에서 개의 자리까지의 거리는 동일하다.

---

① 소와 개는 바로 옆 자리에 위치한다.
② 닭 건너편 자리에는 말이 위치한다.
③ 말과 개의 위치는 가장 멀리 떨어져 있다.
④ 토끼의 건너편 자리에는 고양이가 위치한다.
⑤ 고양이와 닭은 바로 옆자리에 위치한다.

유형 CHECK

주어진 조건으로 자리를 배치하는 유형이다.
➡ 그림을 그린 후 조건을 적용하는 방식으로 답을 찾는다.

조건 확인

조건을 그림에 적용하면 다음과 같은 경우를 도출할 수 있다.

	A	B	C	D
1라인	토끼	개	말 or 쥐	쥐 or 말
	E	F	G	H
2라인	고양이	소	돼지	닭

정답 찾기

① 소와 개는 바로 옆 자리에 위치한다. → 소 건너편 자리에 개가 위치한다.
② 닭 건너편 자리에는 소가 위치한다. → 닭 건너편 자리에는 쥐나 말이 위치한다.
③ 말과 개의 위치는 가장 멀리 떨어져 있다. → 토끼와 닭, 쥐(or 말)와 고양이는 가장 멀리 떨어져 있다.
④ 토끼의 건너편 자리에는 고양이가 위치한다. → 옳은 설명이다.
⑤ 고양이와 닭은 바로 옆자리에 위치한다. → 고양이와 닭은 2라인 끝과 끝에 위치한다.

정답 | ④

정답 및 해설 p. 301

PART 03 문제해결 · 자원관리능력 ▼

9일차

10일차

11일차

12일차

13일차

01 다음 명제가 참일 때, 반드시 참인 것은?

- 튀니지에 가 본 사람은 멕시코에 가 본 적이 없다.
- 이집트에 가 본 사람은 캐나다도 가 본 적이 있다.
- 칠레에 가 본 적 없는 사람은 이집트에 가 본 적이 있다.
- 스위스에 가 본 사람은 캐나다에 가 본 적이 없다.
- 튀니지에 가 본 적 없는 사람은 칠레에도 가 본 적이 없다.

① 캐나다에 가 본 적 없는 사람은 튀니지에도 가 본 적이 없다.
② 멕시코에 가 본 적 없는 사람은 이집트에도 가 본 적이 없다.
③ 스위스에 가 본 적 있는 사람은 칠레도 가 본 적이 있다.
④ 튀니지에 가 본 적 있는 사람은 스위스도 가 본 적이 있다.
⑤ 칠레에 가 본 적 있는 사람은 캐나다에 가 본 적이 없다.

02 생산팀 소속 사원 6명의 근무 혹은 휴무 조건이 다음과 같다. 유 사원이 휴무일 때, 근무인 직원을 모두 고르면?

- 최 사원이 근무이면, 이 사원은 휴무이다.
- 박 사원이 휴무이면, 이 사원은 근무이다.
- 정 사원이 휴무이면, 김 사원도 휴무이다.
- 정 사원이 근무이면, 최 사원도 근무이다.
- 김 사원이 휴무이면, 유 사원은 근무이다.

① 김 사원, 정 사원
② 김 사원, 박 사원, 최 사원
③ 박 사원, 이 사원, 정 사원
④ 김 사원, 정 사원, 최 사원, 박 사원
⑤ 박 사원, 이 사원, 정 사원, 최 사원

03 범죄 발생 후 용의자 A~E의 진술이 다음과 같다. 5명 중 3명의 진술만 참이며, 범인은 1명일 때, 거짓말 한 사람과 범인을 바르게 짝지은 것은?

> • A : D가 범인이다.
> • B : 나는 죄가 없다.
> • C : E는 안 그랬다.
> • D : A는 거짓말을 하고 있다.
> • E : B의 말은 사실이다.

	거짓말 한 사람	범인
①	A, C	E
②	A, D	B
③	B, E	D
④	C, D	E
⑤	D, E	D

04 아랑, 태주, 조안, 기현 네 명은 혈액형이 전부 다르다. 각 정보에 속하는 내용 중 하나는 참이고 하나는 거짓일 때, A형과 B형인 사람을 바르게 짝지은 것은?

> • 정보 1 : 아랑의 혈액형은 O형이고, 태주의 혈액형은 B형이다.
> • 정보 2 : 조안의 혈액형은 O형이고, 기현의 혈액형은 AB형이다.
> • 정보 3 : 기현의 혈액형은 O형이고, 태주의 혈액형은 A형이다.

	A형	B형
①	아랑	조안
②	조안	기현
③	태주	기현
④	아랑	태주
⑤	태주	조안

05 A, B, C 세 사람은 작년에 여행 갔던 날짜를 서로 다르게 기억하고 있다. 세 사람 중 한 사람의 기억은 전부 틀렸고, 한 사람의 기억은 하나만 맞으며, 한 사람의 기억은 하나만 틀렸다. 이들이 언급한 월, 일, 요일 중 하루 여행을 갔으며, 세 사람의 기억이 다음과 같을 때 〈보기〉에서 참인 것을 모두 고르면?

- A : 2월 6일이었고, 그날은 일요일이었어.
- B : 2월 9일이었고, 그날은 토요일이었어.
- C : 3월 6일이었고, 그날은 금요일이었어.

┤보기├
㉠ 여행 간 월과 일 모두 정확히 기억하는 사람은 없다.
㉡ 여행은 토요일 혹은 일요일에 갔다.
㉢ 토요일에 여행을 갔다면 C의 기억은 하나만 맞는다.

① ㉠   ② ㉡   ③ ㉠, ㉡
④ ㉠, ㉢   ⑤ ㉡, ㉢

06 해외 봉사에 참여하는 인원이 다음 〈조건〉과 같을 때, 참여하는 인원수는?

〈조건〉
- A가 참여하면 D도 참여하고 E도 참여한다.
- B가 참여하지 않으면 C와 D는 참여한다.
- C가 참여하면 D는 참여하지 않는다.
- A는 해외 봉사에 참여한다.

① 1명   ② 2명   ③ 3명
④ 4명   ⑤ 5명

PART 03 문제해결 · 자원관리능력 ▼

9일차

10일차

11일차

12일차

13일차

07 K공사 직원 A~G 7명 중 3명은 본사 소속이고, 나머지 4명 중 각 2명은 경기와 강원지사 소속이다. 다음 〈조건〉이 참일 때, D와 F의 소속을 바르게 짝지은 것은?

〈조건〉
- A는 강원지사 소속이 아니다.
- B는 본사 소속이 아니며, E와 소속이 같다.
- C는 강원지사 소속이다.
- D는 C와 소속이 다르다.
- G는 본사 소속이다.

	D	F
①	본사	본사
②	본사	경기지사
③	본사	강원지사
④	경기지사	본사
⑤	경기지사	강원지사

08 한 회사에 근무하는 A~G 7명은 2분 간격으로 출근했다. 가장 늦게 온 사람의 출근 시간이 8시 50분이고, 출근 순서가 다음 〈조건〉을 따를 때 먼저 출근한 순서대로 나열한 것은?

〈조건〉
- ㉠ A는 6번째로 출근했다.
- ㉡ B는 30분대에 출근했다.
- ㉢ C는 E보다는 빨리, D보다는 늦게 출근했다.
- ㉣ F는 42분에 왔다.
- ㉤ G는 F가 온 직후에 출근했다.

① A-B-F-G-D-C-E   ② B-A-F-G-D-C-E
③ B-D-F-G-C-A-E   ④ B-F-G-D-A-C-E
⑤ D-B-C-F-G-E-A

09 A, B, C, D 4명이 빨강, 파랑, 노랑, 초록색의 기둥에 고리를 던져 거는 게임을 하고 있다. 다음 내용을 참고할 때, 참이 될 수 없는 것은?(단, 고리는 무조건 어느 한 기둥에 걸린다.)

- 4명은 각각 3개의 고리를 가지고 있으며, 고리 1개당 1번만 던진다.
- 한 기둥에 여러 개의 고리를 걸 수 있다.
- 기둥의 색깔에 따라 점수를 획득하며, 만약 기둥과 같은 색의 고리를 걸면 원래 점수보다 2점을 더 받는다.
- 초록 고리를 빨간 기둥에 걸면 총점에서 2점을 감점하고, 노란 고리를 파란 기둥에 걸면 총점에서 1점 감점한다.
- 기둥은 다음과 같이 배치되어 있다.

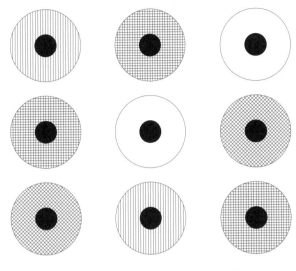

   빨강 파랑 노랑 초록

- 기둥 색깔별 점수는 다음과 같다.

빨강	파랑	노랑	초록
1점	3점	5점	7점

- 4명이 보유한 고리는 다음과 같다.

A	B	C	D
빨강 2개, 초록 1개	파랑 2개, 노랑 1개	빨강 1개, 노랑 2개	파랑 1개, 노랑 1개, 초록 1개

① A가 보유한 고리를 같은 색의 기둥에 걸었다면 15점을 획득한다.
② B와 C가 받을 수 있는 최고점은 21점으로 같다.
③ 전부 파랑 기둥에만 고리를 걸었다면 1등은 B이다.
④ A와 C가 모두 빨간 기둥에 고리를 걸면 두 사람의 점수는 다르다.
⑤ D가 세로방향으로 가운데 기둥에 고리를 하나씩 걸었다면 최저점은 11점이다.

PART 03 문제해결 · 자원관리능력 ▼

9일차

10일차

11일차

12일차

13일차

10 다음은 같은 5층 건물에 사는 A~E 5명에 대한 내용이다. 다음 진술이 모두 참일 때 언제나 참이 되는 것은 무엇인가?

> • A와 B가 살고 있는 층의 차이는 C와 D가 살고 있는 층의 차이와 같다.
> • A는 5층에 산다.
> • E는 D보다 더 높은 층에 산다.
> • 건물 각 층에는 한 명만 살 수 있다.

① E는 2층보다 높은 층에 산다.

② A는 E와 인접 층에 산다.

③ B와 C는 인접 층에 산다.

④ D와 E는 인접 층에 산다.

⑤ C는 1층에 산다.

11 그림과 같이 6명이 앉을 수 있는 원탁에 5명이 앉아 음료를 마시고 있다. 〈조건〉이 모두 참일 때 항상 거짓인 것은?

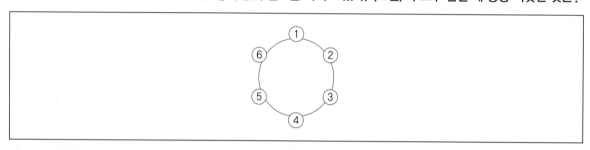

〈조건〉

㉠ 커피와 콜라를 마시는 사람은 각각 2명, 녹차를 마시는 사람은 1명이다.

㉡ 1에 앉은 사람은 커피를 마신다.

㉢ A는 콜라를 마신다.

㉣ B는 5에 앉아 있다.

㉤ C 맞은편에는 F가 앉아 있다.

㉥ D는 3에 앉아 있고, D 오른쪽에 앉은 사람은 콜라를 마신다.

㉦ 같은 음료를 마시는 사람끼리 서로 마주 앉아 있다.

① A는 F와 D 사이에 앉아 있다.
② B는 녹차를 마신다.

③ D의 왼쪽에는 C가 앉는다.
④ 6은 빈자리이다.

⑤ F의 오른쪽은 비어 있다.

PART 03 문제해결 · 자원관리능력 ▼

9일차

10일차

11일차

12일차

13일차

12 다음은 한 카페에서 고용한 아르바이트생 5명의 근무기록표이며, 일부만 기재된 상태이다. 〈조건〉을 참고하여 근무 기록표를 채울 때 ㉠~㉤ 중 근무에 해당하는 것을 모두 고르면?

구분	월	화	수	목	금
A		㉠			
B		휴무		㉡	
C					㉢
D	㉣				
E		㉤			근무

〈조건〉

- 모든 아르바이트생은 2일 혹은 3일간 근무한다.
- 3일간 근무하는 사람은 A, B뿐이다.
- 3명이 근무하는 날은 화요일과 목요일이다.
- A는 월요일에 근무하지 않는다.
- C는 A와 근무일이 하루도 겹치지 않으며, B와는 목요일을 제외하고 모두 겹친다.
- 수요일에는 B와 C가 근무한다.
- D는 3명이 근무하는 날에만 근무한다.

① ㉠, ㉡, ㉤
② ㉠, ㉢, ㉣
③ ㉡, ㉢, ㉤
④ ㉢, ㉣, ㉤
⑤ ㉠, ㉡, ㉣, ㉤

13 A, B, C, D 4명은 모두 형제가 있다. 이들의 형제는 모두 남동생 1명, 여동생 2명, 누나(언니) 2명이다. 다음 진술이 모두 참일 때, 형제가 2명인 사람과 A의 형제를 바르게 짝지은 것은?

- A : 나는 형제가 1명이야.
- B : 나는 여동생만 있어.
- C : 나는 남동생이 있어.
- D : 나는 누나가 없어.

	형제가 2명인 사람	A의 형제
①	B	누나
②	C	누나
③	B	여동생
④	C	여동생
⑤	D	여동생

14 A시에 사는 남자는 참말만 하고, 여자는 거짓말만 한다. 반대로 B시에 사는 남자는 거짓말만 하고 여자는 참말만 한다. A시 사람 2명과 B시 사람 2명이 다음과 같이 대화했을 때, B시에 사는 사람을 바르게 짝지은 것은?

> • 갑 : 나는 B시에 살아
> • 을 : 나는 B시에 살아. 갑은 남자야.
> • 병 : 을은 B시에 살아. 을은 남자야.
> • 정 : 을은 A시에 살고, 병도 A시에 살아.

① 갑, 을   ② 갑, 정   ③ 을, 병
④ 을, 정   ⑤ 병, 정

15 한 상가건물 1층의 배치도가 다음 〈그림〉과 같다. 〈조건〉을 참고할 때 항상 거짓인 것은?(단, 복도를 기준으로 다른 라인으로 본다.)

〈그림〉			
101호	102호	103호	104호
복도			
105호	106호	107호	108호

> 〈조건〉
> • 상가 1층에는 꽃가게, 문구점, 베이커리, 약국, 옷가게, 카페, 편의점이 입점해 있고, 한 곳은 비어있다.
> • 꽃가게와 편의점은 가장 멀리 떨어져 있다.
> • 문구점은 104호이다.
> • 옷가게는 편의점과는 같은 라인에, 문구점과는 다른 라인에 있다.
> • 카페는 꽃가게 바로 옆이며, 맞은편에는 베이커리가 있다.

① 꽃가게 맞은편은 옷가게이다.
② 약국은 카페와 문구점 사이에 있다.
③ 옷가게는 약국과 같은 라인이다.
④ 베이커리 옆은 비어 있다.
⑤ 편의점은 카페와 같은 라인이다.

9일차 학습 점검표

번호	유형	O/×	번호	유형	O/×
1	명제		11	위치 배정	
2	명제		12	대응	
3	참·거짓		13	대응	
4	참·거짓		14	대응	
5	참·거짓		15	위치 배정	
6	명제				
7	대응				
8	대응				
9	대응				
10	대응				

맞힌 문항 수	/ 15
취약 유형	

취약 유형 다시 보기

유형 5 | 평가

노래경연 프로그램의 최종 후보 A~E 5명 중 1명은 가수로 데뷔하게 된다. 심사위원 점수와 현장심사단의 투표 결과를 합쳐 가장 높은 점수로 가수 데뷔 자격을 얻게 될 사람은?(단, 소수점 이하는 버린다.)

■ 최종 후보 평가 결과

구분	A	B	C	D	E
심사위원 평가	78	81	90	84	87
현장심사단 득표수	235	245	222	209	204

■ 점수 변환 조건
  • 심사위원 평가

순위	1위	2위	3위	4위	5위
변환 점수	50점	45점	40점	35점	30점

  • 현장심사단 득표수

득표율	90% 이상	80% 이상 90% 미만	70% 이상 80% 미만	60% 이상 70% 미만	60% 미만
변환 점수	50점	40점	30점	20점	10점

※ 현장심사단은 총 300명이며, 1인당 1표만 투표한다.

① A   ② B   ③ C
④ D   ⑤ E

유형&문제 CHECK

① 평가는 NCS 문제해결능력과 자원관리능력의 가장 기본적인 유형이다. 평가 대상과 점수 등이 주어지고, 조건에 따라 문제에서 원하는 경우를 선별한다.
② 평가 대상 5명 중 1명을 선정한다.
  ➡ 심사위원 평가와 현장심사단 득표수를 변환하여 최종 점수가 가장 높은 1명을 선정한다.

정답 찾기

① 심사위원 평가 순위를 토대로 점수를 변환한다.

구분	A	B	C	D	E
순위	5위	4위	1위	3위	2위
변환 점수	30점	35점	50점	40점	45점

② 현장심사단 득표율을 토대로 점수를 변환한다.

구분	A	B	C	D	E
득표율	78%	81%	74%	69%	68%
변환 점수	30점	40점	30점	20점	20점

PART 03 문제해결 · 자원관리능력 ▼

9일차

10일차

11일차

12일차

13일차

Tip

현장심사단 득표수를 일일이 %로 변환하는 것보다 등급별 득표율에 해당하는 득표수가 얼마인지를 놓고 비교하는 편이 더 빠르다.

90%	80%	70%	60%
270표	240표	210표	180표

③ 점수 합산

➡ 변환 점수를 합산하면 A는 60점, B는 75점, C는 80점, D는 60점, E는 65점이다. 따라서 가수로 데뷔하게 될 사람은 C이다.

정답 | ③

유형 6 | 경비 계산

A사원은 회사 공용 차량을 이용하여 출장을 다녀오려고 한다. 다음을 참고하였을 때, 가장 비용이 적게 드는 차량과 가장 비용이 많이 드는 차량을 고르면?

- 서울 본사에서 출발하여 과천 지사를 들른 후 대구 지사로 간다. 돌아올 때는 서울 본사로 즉시 되돌아온다.
- 서울 본사에서 대전 지사까지는 162km, 대전 지사에서 부산 지사까지는 260km, 부산 지사에서 서울 본사까지는 396km이다.
- 서울에서 대전으로 가는 고속도로 통행료는 10,500원, 대전에서 부산까지의 고속도로 통행료는 13,900원, 부산에서 서울까지의 고속도로 통행료는 22,200원이다.
- 전기차, 수소차, 경차의 경우 고속도로 통행료의 50%를 할인받는다.
- ※ 단, 고속도로 통행료가 1,000원 이상일 경우에 한한다.
- ※ 출장을 다녀오는 데 드는 비용은 고속도로 통행료와 유류비(전기차 충전비)만 드는 것으로 가정한다.

〈회사 공용 차량별 연비 및 전비〉

구분	A(경차)	B(전기차)	C	D
사용연료	휘발유	전기	경유	LPG
연비(km/l) 및 전비(km/kWh)	12	6	10	8

〈연료 및 전기차 충전 요금 정보〉

구분	휘발유	경유	LPG	전기차 충전
가격(l당, kWh당)	1,800원	1,600원	1,100원	180원

	최소 비용	최대 비용
①	A	B
②	A	D
③	B	A
④	B	C
⑤	C	D

유형&문제 CHECK

① 조건을 적용하여, 상황별 경비를 계산하는 유형이다. 수리능력과도 유관하며, 평가·선정 등 타 유형과 연결 문제로 나오는 경우도 많다. 특히, 출장비나 수당, 대관비 등의 소재가 자주 출제된다.

② 차량별 출장을 다녀오는 데 드는 비용은 고속도로 통행료+유류비(전기차 충전비)이므로 이를 계산한다.

➡ 차량별로 연비 및 전비가 다르고 연료 및 전기차 충전 요금도 다르다는 점에 유의한다.

정답 찾기

출장 이동거리는 162+260+396=818km이고, 통행료는 10,500+13,900+22,200=46,600원이다. 차량별 출장을 다녀오는데 드는 비용을 계산하면 다음과 같다.

① A : 사용연료는 휘발유이며, 연비는 12km/l, 경차이므로 통행료는 50% 할인받는다.

➡ $\frac{818 \times 1,800}{12} + (46,600 \times 0.5) = 122,700 + 23,300 = 146,000원$

② B : 전기차이며, 연비는 6km/kWh, 전기차이므로 통행료는 50% 할인받는다.

➡ $\frac{818 \times 180}{6} + (46,600 \times 0.5) = 24,540 + 23,300 = 47,840원$

③ C : 사용연료는 경유이며, 연비는 10km/l이다.

➡ $\dfrac{818 \times 1,600}{10} + 46,600 = 130,880 + 46,600 = 177,480$원

④ D : 사용연료는 LPG이며, 연비는 9km/l이다.

➡ $\dfrac{818 \times 1,100}{8} + 46,600 = 112,475 + 46,600 = 159,075$원

따라서 가장 비용이 적게 드는 차량은 B, 가장 비용이 많이 드는 차량은 C이다.

정답 | ④

PART 03 문제해결 · 자원관리능력 ▼

9일차

10일차

11일차

12일차

13일차

01 오늘은 A~E 5명 중 한 명의 생일이다. 이들 중 1명만 진실을 말하고 있을 때, 오늘 생일인 사람은?

> • A : 오늘은 내 생일이 아니다.
> • B : 오늘은 C의 생일이다.
> • C : 오늘은 B의 생일이다.
> • D : C의 말은 사실이 아니다.
> • E : 오늘은 D의 생일이다.

① A　　　　　　　　② B　　　　　　　　③ C
④ D　　　　　　　　⑤ E

02 화장품 생산기업인 K사에서 신규 출시한 제품 가~마를 테스트했다. 그런데 제품을 테스트한 A, B, C, D에게서 트러블 반응이 일어났다. 제품 효능을 확실히 파악하기 위해 특정 제품을 사용하는 동안에는 다른 제품을 전혀 사용하지 않았으며, 트러블이 발생한 경우 제품 사용을 중단하면 트러블도 즉시 가라앉았다. 또한 A, B, C, D는 각각 한 가지 원료에 대해서만 트러블 반응이 일어나는 것으로 밝혀졌다. 제품별로 트러블의 원인으로 추정되는 주요 원료가 다음과 같을 때, A와 D가 트러블 반응을 보인 원료를 바르게 짝지은 것은?

제품	원료	트러블 발생자
가	미네랄오일, 벤조페논-3, DHT	A, B
나	벤조페논-3, 소르빈산	A, C
다	미네랄오일, DHT	B
라	미네랄오일, 벤조페논-3, 페녹시에탄올, DHT	A, B, D
마	미네랄오일, (　　　　)	A

	A	D
①	미네랄오일	페녹시에탄올
②	벤조페논-3	미네랄오일
③	DHT	벤조페논-3
④	미네랄오일	벤조페논-3
⑤	벤조페논-3	페녹시에탄올

PART 03 문제해결 · 자원관리능력 ▶

9일차

10일차

11일차

12일차

13일차

[03~04] Q대학은 교수 선임을 위한 공채를 진행한다. 전형은 전공적부와 연구업적, 공개 세미나 심사로 진행된다. 다음 심사기준과 지원자 A~E의 평가 점수표를 바탕으로 이어지는 물음에 답하시오.

공채 심사기준

1. 전공적부 심사기준표(100점)

구분	배점	심사기준	
㉠ 대학 (학사)	20	• 공채분야와 일치(20점) • 기타(10점)	• 공채분야와 유사(15점)
㉡ 대학원 (석사)	30	• 공채분야와 일치하는 학위 논문(30점) • 공채분야와 관련 없는 학위 논문(10점)	• 공채분야와 관련된 학위 논문(20점)
㉢ 대학원 (박사)	50	• 공채분야와 일치하는 학위 논문(50점) • 기타 학위 논문(0점)	• 공채분야와 관련된 학위 논문(25점)

2. 연구업적 심사기준표(70점)

항목	배점	심사기준
㉠ 최종학위 논문의 질적 수준	10	논문의 창의성, 형식의 부합성, 논리성, 인용의 적합성, 학문 기여도 등을 종합하여 매우 우수 10점, 우수 8점, 양호 6점, 보통 4점, 미흡 2점
㉡ 최근 3년 이내 연구실적의 양적 수준	30	모집 전공분야와 관련된 연구실적물로서(대표논문, 학위 논문 제외) 600% 이상 30점, 500% 이상 27점, 400% 이상 24점, 300% 이상 21점, 300% 미만 18점 - 공동연구 환산율 표 아래 - 논문 가중치 : SCI급 1.5, 한국연구재단 등재 논문 1, 한국연구재단 등재 논문 후보지 0.7
㉢ 최근 3년 이내 대표논문 2편의 질적 수준	30	지원자의 논문(박사학위 논문 제외) 중 공채분야와 일치하는 논문 2편에 한하여 논문의 창의성, 형식의 부합성, 논리성, 인용의 적합성, 학문 기여도 등을 종합 평가하여 1편당 최우수 15점, 우수 12점, 양호 9점, 보통 6점, 미흡 3점

공동연구 환산율 표:

구분	1인	2인	3인	4인 이상
논문	100%	70%	50%	30%
저역서	200%	140%	100%	60%

• 논리적 표현능력
• 발표의 체계성과 완성도
• 발표 방법 및 태도의 적절성
• 질문에 대한 응답능력
※ 공개 세미나 점수 = 신사위원 점수의 합÷3

지원자 평가 점수표

1. 전공적부 심사

구분	A	B	C	D	E
㉠	유사	기타	일치	일치	유사
㉡	관련	관련	일치	관련	일치
㉢	일치	일치	관련	관련	일치

2. 연구업적 심사

구분	A	B	C	D	E
㉠	8	4	10	6	6
㉡	( )	( )	( )	( )	( )
㉢	21	24	21	27	15

03 연구업적 심사 중 최근 3년 이내 연구실적의 양적 수준에 해당하는 내역이 다음과 같다. 전공적부 심사와 연구업적 심사만 볼 때 총점이 가장 높은 사람은?

A	저서(1인 1건), SCI급 논문(2인 1건), 한국연구재단 등재 논문(1인 1건, 2인 1건)
B	역서(2인 1건), 한국연구재단 등재 논문(1인 3건, 3인 1건)
C	저서(2인 2건), 한국연구재단 등재 논문(1인 1건), 한국연구재단 등재 논문 후보지(1인 1건)
D	저서(2인 1건), 역서(2인 1건), SCI급 논문(1인 2건), 한국연구재단 등재 논문(3인 1건)
E	역서(3인 2건), 한국연구재단 등재 논문(2인 1건, 4인 1건)

① A   ② B   ③ C
④ D   ⑤ E

04 공개 세미나 심사위원 3명의 점수를 합친 평가 점수표가 다음과 같다. 공개 세미나 점수는 '심사위원 점수의 합÷3'으로 적용하며, 전공적부 심사 및 연구업적 심사 점수를 합산한 점수가 가장 높은 사람을 임용한다. 심사위원의 대화를 참고할 때, Q대학 교수로 선임될 사람은?(단, 계산 시 소수점 이하는 버리며, 동점자가 발생할 경우 전공적부 심사 총점이 더 높은 사람을 선임한다.)

구분	A	B	C	D	E
논리적 표현능력	ⓐ	20	18	22	19
발표의 체계성과 완성도	19	20	ⓑ	19	20
발표 방법 및 태도의 적절성	17	ⓒ	18	20	17
질문에 대한 응답능력	16	17	19	18	ⓓ
합계	ⓐ+52	ⓒ+57	ⓑ+55	79	ⓓ+56

심사위원 1 : A지원자의 논리적 표현능력은 조금 아쉽네요.
심사위원 2 : 그러게요. 다른 지원자들과 비교해서 점수가 가장 낮은데, 발표 방법 및 태도의 적절성 점수와 같네요.
심사위원 3 : A지원자와 공개 세미나 총점이 같은 C지원자는 발표의 체계성과 완성도가 많이 부족하군요.
심사위원 1 : 네, 맞습니다. 반면 B지원자의 점수는 D지원자 다음으로 높네요. 발표 방법 및 태도의 적절성에서도 전체 지원자 중 두 번째로 점수가 높군요.
심사위원 2 : 그러게요. E지원자의 질문에 대한 응답 능력 점수는 B지원자보다는 높고 C지원자보다는 낮네요.

① A   ② B   ③ C
④ D   ⑤ E

PART 03 문제해결 · 자원관리능력 ▼

9일차

10일차

11일차

12일차

13일차

05 L대리는 상사의 지시를 받아 회식 장소를 알아보고 있다. 다음 평가 기준과 후보 장소 A~E의 평가 결과를 참고할 때, 회식 장소로 선정될 곳은?

■ 평가 기준
- 항목별 합산 점수가 가장 높은 곳을 회식 장소로 선정한다.
- 직원들의 선호도를 고려하여 한식은 5점, 일식은 3점, 중식은 1점을 부여한다.
- 맛은 별 개수가 많은 순서대로 5점부터 1점까지 부여한다.
- 가격은 1인 기준 15,000원을 초과하지 않는 선에서 가장 높은 곳을 5점, 나머지는 순서대로 1점씩 낮은 점수를 부여한다. 단, 15,000원 이상인 곳은 1점을 준다.
- 별도의 룸을 예약 가능한 곳은 2점을 가산한다.

■ 평가 결과

후보 장소	종류	맛	가격(1인)	룸 예약 가능
A	일식	★★★	12,500원	○
B	중식	★★★★	13,500원	×
C	한식	★★★☆	14,000원	○
D	일식	★★★★★	15,000원	○
E	한식	★★★★☆	13,000원	×

※ ☆은 ★의 반 개를 의미

① A ② B ③ C
④ D ⑤ E

06 S시는 2024년 수행 사업 평가를 토대로 해당 사업의 2025년 예산을 편성하려 한다. 다음 편성 기준 및 평가를 참고할 때 A~E 5개 사업의 2025년 예산 총액은 얼마인가?

편성 기준 및 평가

집행 사업 평가 기준은 사업 목적성, 집행관리의 적절성, 성과목표 달성도 3가지로 각 기준 점수는 다음과 같다.

사업 목적성	집행관리의 적절성	성과목표 달성도
90점	80점	85점

기준 점수를 모두 통과한 사업은 전년 예산의 5%를 증액하고, 2개 항목을 통과한 사업은 전년 예산의 10% 감액, 1개 항목만 통과된 정책은 전년 예산의 15%를 감액한다. 단, 집행관리의 적절성 항목이 미통과인 경우 개수와 상관없이 전년 예산의 15%를 감액한다.

평가 기준	A사업	B사업	C사업	D사업	E사업
사업 목적성	92점	87점	93점	92점	91점
집행관리의 적절성	85점	81점	78점	79점	86점
성과목표 달성도	88점	86점	83점	86점	84점

2024년 사업별 예산은 다음과 같다.

A사업	B사업	C사업	D사업	E사업
15억 원	20억 원	30억 원	25억 원	40억 원

① 116억 5,000만 원 ② 119억 2,500만 원 ③ 121억 2,500만 원
④ 125억 5,000만 원 ⑤ 128억 7,500만 원

[07~08] 다음은 K공단에 채용된 신입사원 A~H의 입사 성적, 전공, 희망 부서 정보이다. 자료를 바탕으로 이어지는 물음에 답하시오.

신입사원 입사 성적, 전공, 희망 부서

신입사원	필기시험 점수	면접 점수	전공	희망 부서
A	85	90	법학	기획조정실
B	81	91	법학	법무지원실
C	89	86	경영학	경영지원실
D	82	91	행정학	기획조정실
E	86	92	법학	법무지원실
F	90	89	경영학	기획조정실
G	84	90	행정학	경영지원실
H	87	88	행정학	법무지원실

07 부서별 충원 인원은 다음과 같다. 입사 성적이 높은 순서대로 희망 부서에 배치할 때, 희망 부서가 아닌 부서에 배치되는 사람은?

기획조정실	법무지원실	경영지원실
2명	2명	4명

① A, C ② B, D ③ E, G
④ D, H ⑤ F, H

08 업무 효율을 높이기 위해 지원자의 전공과 부서 적합도를 추가하여 배치하기로 했다. 지원자의 희망 부서 기준으로 변환한 전공 적합 점수와 입사 성적을 합산한 총점이 높은 순서대로 희망 부서에 우선 배치할 때 옳지 않은 것은?

〈전공 적합 점수 변환표〉

구분	경영	법학	행정
기획조정실	95	90	100
법무지원실	90	100	95
경영지원실	100	95	90

① 기획조정실에 2명이 배치된다면 A는 타 부서에 배치된다.
② 법무지원실의 충원 요청 인원이 2명이라면 B는 타 부서에 배치된다.
③ 전공 적합 점수와 입사 성적을 합산한 총점이 가장 높은 신입사원은 E이다.
④ 경영지원실 희망자 중 C는 같은 부서를 희망한 다른 지원자에 비해 우선 배치된다.
⑤ 전공 적합 점수가 만점인 사람은 총 4명이다.

PART 03 문제해결 · 자원관리능력 ▼

9일차

10일차

11일차

12일차

13일차

[09~10] Q학원은 강의 수준과 수강생들의 만족도를 높이기 위해 강의 평가 후 다음 학기 수업에 강사들의 시급을 조정하고 있다. 2024년 1학기 강사별 시급과 2024년 강의 평가 내용이 다음과 같을 때 이어지는 물음에 답하시오.

- 2024년 1학기 강의 시급

A	B	C	D	E
110,000원	130,000원	140,000원	150,000원	120,000원

- 2024년 강의 평가(10점 만점 기준)

구분	A	B	C	D	E
1학기	9.2	7.8	7.2	8.1	8.6
2학기	8.9	8.4	8.7	7.6	9.0

- 시급 조정률

9.0점 이상	8.5점 이상 9.0점 미만	8.0점 이상 8.5점 미만	7.5점 이상 8.0점 미만	7.5점 미만
10% 인상	5% 인상	동결	5% 삭감	10% 삭감

09 강사 A~E의 시급과 강의 평가 결과를 볼 때 2025년 1학기 시급이 높은 강사부터 순서대로 나열한 것은?

① B − D − E − A − C
② D − C − E − B − A
③ D − E − C − A − B
④ E − C − D − B − A
⑤ E − D − A − C − B

10 2025년 1학기 강사별 월간 수업시수와 수강생이 다음과 같다. '월급 = 시급×수업시수'이며, 수강생이 50명 이상인 경우 기본 월급의 10% 가산하여 지급한다. 다음 중 월급이 가장 많은 강사는?

구분	A	B	C	D	E
수업시수	34	33	32	33	35
수강생	44	42	52	46	43

① A
② B
③ C
④ D
⑤ E

사회보험료 지원 사업

근로자 수가 10명 미만인 사업에 고용된 근로자 중 월평균보수가 210만 원 미만인 근로자와 그 사업주에게 사회보험료(고용보험 · 국민연금)를 최대 90%까지 각각 지원해 드립니다.

• 지원 비율

5명 미만 사업	5명 이상 10명 미만 사업
90%	80%

• 사회보험료율

구분		근로자 부담분	사업주 부담분
국민연금		4.5%	4.5%
고용보험	실업급여	0.65%	0.65%
	고용안정	–	0.25%

※ 각각의 수치는 월평균보수액에서 차지하는 비율임

---

11 5명 미만 사업에 고용된 A씨의 월평균보수액은 190만 원이다. A씨가 매월 실제 부담하게 되는 국민연금과 고용보험 금액을 바르게 짝지은 것은?(단, 10원 미만 자리에서 반올림한다.)

	국민연금	고용보험
①	8,550원	1,240원
②	8,550원	2,470원
③	11,110원	3,650원
④	11,110원	1,240원
⑤	17,100원	2,470원

12 5명 이상 10명 미만의 B사업에 사업주를 제외한 근로자의 월평균보수액이 다음과 같다. 다음 중 사업주가 사회보험료 지원 사업으로 매월 지원받는 금액은 총 얼마인가?

김○○	이○○	박○○	선○○	한○○	장○○
180만 원	190만 원	180만 원	210만 원	200만 원	220만 원

① 324,000원   ② 345,600원   ③ 367,720원
④ 399,600원   ⑤ 414,720원

[13~14] 회사원인 A씨는 법정공휴일을 제외하고 월요일부터 금요일까지 근무하며, 집에서 직장까지의 거리는 지하철로 58km이다. 또한 A씨는 1월 25일에 지하철로 90km 이동하여 본가에 갔다가 26일에 돌아왔다. 다음 지하철 운임과 1월 달력을 참고하여 이어지는 물음에 답하시오.(단, 문제에서 언급된 상황 외에 A씨는 지하철을 이용하지 않았다.)

PART 03 문제해결 · 자원관리능력 ▼

9일차

10일차

11일차

12일차

13일차

- 지하철 운임
  - 기본운임(10km 이내) : 1,250원
  - 추가운임
    - 10~50km 이내 : 5km까지 마다 100원 추가
    - 50km 초과 : 8km까지 마다 100원 추가
    - ※ 지하철 운임은 전 구간을 일원화하여 거리 비례제로 적용됨

- 1월 달력

일	월	화	수	목	금	토
			1	2	3	4
5	6	7	8	9	10	11
12	13	14	15	16	17	18
19	20	21	22	23	24	25
26	27	28	29	30	31	

※ 1일과 24일은 법정공휴일임

13 A씨가 이번 달 이용한 지하철 운임의 합계는?

① 81,900원 ② 87,100원 ③ 95,400원
④ 99,600원 ⑤ 104,000원

14 지하철 이용객은 정기권카드를 구입하여 원하는 종류의 정기권 운임을 충전하여 사용할 수 있다. 정기권은 충전일부터 30일 이내 60회까지 사용 가능하다. 다음 정기권 운임을 참고할 때 A씨가 1월 첫 출근길부터 정기권을 구입하여 사용한다면 1월 한 달간 기존 운임 대비 얼마를 절약할 수 있는가?

		정기권 단계별 운임			
종별	정기권 운임	적용거리	종별	정기권 운임	적용거리
1단계	55,000원	20km	8단계	80,400원	58km
2단계	58,000원	25km	9단계	84,200원	66km
3단계	61,700원	30km	10단계	87,900원	74km
4단계	65,500원	35km	11단계	91,600원	82km
5단계	69,200원	40km	12단계	95,400원	90km
6단계	72,900원	45km	13단계	99,100원	98km
7단계	76,700원	50km	14단계	102,900원	98km 초과

※ 정기권카드 판매가격은 2,500원임
※ 지정된 사용구간 초과 시 잔여횟수에서 추가 차감됨(단계별 운임 적용거리까지 마다 1회)

① 10,600원 ② 12,500원 ③ 15,000원
④ 19,200원 ⑤ 21,100원

15 다음은 A사의 국외 출장경비 사용 지침이다. A사 해외사업부 5명이 독일로 3박 4일 출장을 갈 경우 출장경비는 총 얼마인가?

〈국외 출장경비 사용 지침〉

• 국외 경비 총액은 특별한 사정이 없는 한 최소화하는 것을 원칙으로 하되, 대표이사의 승인을 받은 경우에는 예외로 할 수 있다.
• 항공료, 교통비, 숙박비 지급 규정은 1인을 기준으로 한다.
• 항공료 지급 규정(왕복)

미국	영국	독일	중국	일본
2,100,000원	2,750,000원	2,350,000원	800,000원	900,000원

• 교통비 지급 규정(1일)

미국	영국	독일	중국	일본
100,000원	110,000원	110,000원	70,000원	90,000원

• 숙박비 지급 규정(1박)

미국	영국	독일	중국	일본
300,000원	250,000원	270,000원	200,000원	300,000원

① 1,700만 원
② 1,800만 원
③ 1,900만 원
④ 2,000만 원
⑤ 2,100만 원

10일차 학습 점검표

번호	유형	O/x	번호	유형	O/x
1	참 · 거짓		11	경비 계산	
2	대응		12	경비 계산	
3	평가		13	경비 계산	
4	평가		14	경비 계산	
5	평가		15	경비 계산	
6	경비 계산				
7	평가				
8	평가				
9	평가				
10	경비 계산				

맞힌 문항 수	/ 15
취약 유형	

취약 유형 다시 보기

유형 7 | 상황 적용

다음은 한 공연회관의 대관 신청에 관한 안내사항과 대관현황이다. 납부할 대관료에 대한 설명으로 옳지 않은 것을 모두 고르면?

〈○○공연회관 대관 신청 안내〉

■ 대관 신청 시기 및 방법
- 정기대관 : 분기별 연 4회 대관 신청 접수 기간에 신청 가능
- 수시대관 : 정기대관 후 유휴일정 발생 시 대관 가능일 공지 후 신청 가능
  ※ 정기대관 및 수시대관 모두 온라인 접수만 가능합니다.
- 제출 서류 : 시설대관 신청서, 행사계획서, 대관신청자 프로필, 공연 프로그램 개요 등

■ 사용료
- 기본 대관료 : 1,100,000원(기본 3시간 초과 시 추가 금액)
- 철수 비용 : 회차별 550,000원(1회 9~12시/2회 13~17시/3회 18~22시)
  ※ 철야시간대(23~8시) 대관료의 경우 23~2시 대관은 기본 대관료의 150%, 2~5시와 5~8시 대관은 기본 대관료의 200%를 적용하며, 철야시간대 철수 비용은 기본 대관료의 100% 적용
  ※ 공연 후 1시간 이내에 철수 작업을 완료할 경우 별도의 비용 청구 없음
- 기본 대관료 포함 사항 : 해당 극장 기본 조명, 냉난방, 출연자 분장실 및 공동시설, 공연장 안내 서비스, 기본 기술스태프

■ 부대시설 사용료

시설	비용	기타
그랜드피아노	7만 원	조율비 별도
현장 중계 및 녹화	15만 원	카메라 2대 이상 반입 시, 회당 적용
특수 조명	5천 원	1대 기준
무선마이크	2만 원	1대 기준
유선마이크	5천 원	1대 기준(2대까지 무료)
빔 프로젝트	20만 원	

■ 총 대관료

기본 대관료+철수 비용+부대시설 사용료

■ 5월 대관현황

기관	날짜 및 시간	비고
A회사	5월 25일 13:00~15:00	• 무선마이크 2대 사용 • 빔 프로젝트 사용
B회사	5월 12일 05:00~06:00	• 무선마이크 2대 사용
C회사	5월 6일 09:00~10:00	• 특수 조명 3대 사용 • 현장 중계 및 녹화 이용
D회사	5월 19일 18:00~20:00	• 빔 프로젝트 사용 • 유선마이크 2대 사용

PART 03 문제해결 · 자원관리능력 ▼

9일차

10일차

11일차

12일차

13일차

ㄱ A회사의 총 대관료는 189만 원이다.

ㄴ B회사의 총 대관료는 354만 원이다.

ㄷ C회사의 총 대관료는 170만 원이다.

ㄹ D회사의 총 대관료는 185만 원이다.

① ㄱ, ㄴ   ② ㄱ, ㄷ   ③ ㄱ, ㄹ

④ ㄴ, ㄷ   ⑤ ㄴ, ㄷ, ㄹ

유형&문제 CHECK

① 상황 적용 자료에 주어진 조건을 특정 상황에 적용하는 유형이다. 평가나 경비 계산처럼 특정 상황에 조건을 적용하는 점은 유사하지만, 계산보다는 상황자체를 판단하는 문제에 해당한다.

② 규정이나 법조문처럼 다소 낯선 용어와 내용이 주어지는 경우가 있지만, 자료에 제시된 조건만 그대로 적용하면 된다. 이 과정에서 상식이나 추측을 개입하지 않도록 주의한다.

정답 찾기

총 대관료는 기본 대관료+철수 비용+부대시설 사용료이다.

ㄱ [○] A회사의 총 대관료는 189만 원이다.

➡ A회사의 대관시간은 13:00~15:00이므로 기본 대관료는 1,100,000원, 철수 비용은 550,000원이다. 또한 부대시설 사용료는 $(20,000 \times 2) + 200,000 = 240,000$원이다.

따라서 총 대관료는 $1,100,000 + 550,000 + 240,000 = 1,890,000$원이다.

ㄴ [×] B회사의 총 대관료는 354만 원이다.

➡ B회사의 대관시간은 05:00~06:00이므로 기본 대관료는 $1,100,000 \times 2 = 2,200,000$원, 철수 비용은 1,100,000원이다. 또한 부대시설 사용료는 $20,000 \times 2 = 40,000$원이다.

따라서 총 대관료는 $2,200,000 + 1,100,000 + 40,000 = 3,340,000$원이다.

ㄷ [×] C회사의 총 대관료는 170만 원이다.

➡ C회사의 대관시간은 09:00~10:00이므로 기본 대관료는 1,100,000원, 철수 비용은 550,000원이다. 또한 부대시설 사용료는 $(5,000 \times 3) + 150,000 = 165,000$원이다.

따라서 총 대관료는 $1,100,000 + 550,000 + 165,000 = 1,815,000$원이다.

ㄹ [○] D회사의 총 대관료는 185만 원이다.

➡ D회사의 대관시간은 18:00~20:00이므로 기본 대관료는 1,100,000원, 철수 비용은 550,000원이다. 또한 부대시설 사용료는 200,000원이다.

따라서 총 대관료는 $1,100,000 + 550,000 + 200,000 = 1,850,000$원이다.

따라서 옳지 않은 것은 ㄴ, ㄷ이다.

정답 | ④

01 수박, 사과, 딸기, 귤, 참외 5종류의 간식이 있다. 다음 〈조건〉이 모두 참일 때 옳지 않은 것은?(단, 과일별 수량은 최소 1개 이상이다.)

〈조건〉
- 사과의 개수는 딸기보다 적고, 수박보다 많다.
- 귤의 개수는 참외보다 많다.
- 딸기의 개수는 귤보다 많다.
- 참외의 개수는 두 번째로 적다.
- 과일별 수량은 모두 각각 다르다.

① 딸기는 최소 5개이다.
② 사과가 4개일 때 참외는 2개 또는 3개이다.
③ 귤이 7개라면 총 개수는 최소 21개이다.
④ 사과가 5개라면 수박은 최대 4개이다.
⑤ 수박이 1개, 딸기가 5개라면 귤은 3개 또는 4개이다.

02 가은, 나정, 다미, 라연, 마희, 5명은 나이가 모두 다르다. 이들의 나이가 다음 〈조건〉을 따를 때, 다미와 마희의 나이는?

〈조건〉
- 이들은 모두 20대이며, 가장 어린 사람은 22살이다.
- 라연은 마희보다 6살 많다.
- 가은은 다미보다 5살 어리다.
- 나정은 가은보다는 나이가 많고, 라연보다는 어리다.
- 다미는 라연보다 나이가 많다.
- 나정은 26살이다.

	다미	마희
①	27살	22살
②	28살	23살
③	28살	24살
④	29살	22살
⑤	29살	23살

PART 03 문제해결 · 자원관리능력 ▼

9일차

10일차

11일차

12일차

13일차

[03~04] 2023년과 2024년 최저시급이 다음과 같을 때, 이어지는 물음에 답하시오.

연도	최저시급
2023년	9,620원
2024년	9,860원

03 다음 대화 속 빈칸 ㉠과 ㉡에 들어갈 내용이 바르게 연결된 것은?(단, 1달은 4주로 가정한다.)

> A : 2024년에는 최저시급이 올해보다 오른다죠?
> B : 네, 최근에 불황 때문에 손님도 줄어들어서 아르바이트 급여 부담이 좀 커질 것 같더라고요.
> A : 맞아요. 주당 근무시간이 20시간일 때 월 급여 769,600원에서 (㉠)으로 올랐어요.
> B : 지금 근무한 지 1달 된 아르바이트생 2명은 최저시급 적용 중인데, 이 2명 급여분만 해도 월 (㉡) 증가하겠네요.

	㉠	㉡
①	742,000원	18,200원
②	788,800원	19,200원
③	794,000원	20,200원
④	842,800원	22,200원
⑤	868,800원	24,200원

04 한 카페에서 근무하는 아르바이트생의 정보이다. 이들의 근무시간과 2023년 시급이 다음과 같을 때, 2023년 대비 2024년 주급이 가장 많이 늘어난 사람은?(단, 2023년 시급이 2024년 최저시급보다 높은 사람은 해당 시급을 500원 인상한다.)

성명	2023년 근무 스케줄	2024년 근무 스케줄	2023년 시급
김도영	월, 수, 금 09:00~12:00	월, 수, 금 10:00~12:00	최저시급 적용
이주나	화, 목 09:00~12:00	월, 수 16:00~18:00	9,650원
정은솔	금, 토 16:00~18:00	금, 토 16:00~18:00	최저시급 적용
박희찬	월, 수, 금 16:00~18:00	화, 목 16:00~18:00	9,900원
한민규	화, 수, 목 15:00~18:00	화, 수, 목 15:00~18:00	9,700원

① 김도영　　　　　② 이주나　　　　　③ 정은솔
④ 박희찬　　　　　⑤ 한민규

A대학 교양과목 이수 기준

교양과목은 4개 영역 중 소속계열 영역을 제외한 3개 영역에서 1과목씩 총 3과목을 이수해야 한다. 단, 3과목 중 최소한 1개 이상의 필수과목을 반드시 이수해야 한다.

- **소속계열별 제외 영역**

소속계열	학과	제외 영역
공과대	기계공학, 전자공학, 화학공학, 생명공학, 신소재공학	자연과 과학
자연과학대	수학, 물리학, 화학, 생명과학	
경영대	경영학, e비즈니스학	인간과 사회
인문대	국어국문학, 영어영문학, 중어중문학, 사학*, 철학, 법학	문학과 예술
사회과학대	경제학, 행정학, 심리학, 정치외교학, 사회학	인간과 사회

※ 단, 사학과는 역사와 철학 영역을 제외함

- **영역별 교양과목 시간표**

영역	과목명	시간
역사와 철학	고대 문명사	화, 목 12:00~13:15
	과학과 철학	월, 수 09:00~10:15
	역사란 무엇인가*	월, 수 10:30~11:45
	현대사회의 윤리	화, 목 13:30~14:45
	논리란 무엇인가*	월, 수 15:00~16:15
문학과 예술	동양고전의 이해	월, 수 10:30~11:45
	미술의 세계	화, 목 09:00~10:15
	예술이란 무엇인가*	월, 수 12:00~13:15
	영상문학기행	화, 목 12:00~13:15
	언어란 무엇인가*	월, 수 13:30~14:45
인간과 사회	인권과 헌법*	월, 수 09:00~10:15
	현대의 시민생활과 법	월, 수 10:30~11:45
	현대인의 정신건강	화, 목 15:00~16:15
	교육이란 무엇인가*	화, 목 10:30~11:45
	한국사회의 현실과 쟁점	월, 수 12:00~13:15
자연과 과학	과학사	화, 목 13:30~14:45
	생물학이란 무엇인가*	화, 목 09:00~10:15
	현대 물리의 이해	월, 수 15:00~16:15
	현실세계와 통계	화, 목 10:30~11:45
	컴퓨터란 무엇인가*	화, 목 15:00~16:15

※필수과목

05 A대학 행정 조교로 근무하는 K씨는 교양과목 시간표를 바탕으로 5개 강의실에 수업을 배정하려 한다. 다음 중 조정이 필요한 강의실은?

	강의실	배정 과목
①	2906	과학과 철학, 논리란 무엇인가, 미술의 세계, 현대인의 정신건강
②	2724	고대 문명사, 언어란 무엇인가, 한국사회의 현실과 쟁점, 현실세계와 통계
③	2317	예술이란 무엇인가, 인권과 헌법, 생물학이란 무엇인가, 현대 물리의 이해
④	2408	역사란 무엇인가, 현대의 시민생활과 법, 교육이란 무엇인가, 과학사
⑤	2513	동양고전의 이해, 현대사회의 윤리, 영상문학기행, 컴퓨터란 무엇인가

06 A대학에 입학한 신입생 5명의 학과가 다음과 같다. 수강 신청한 과목이 교양과목 이수 조건을 충족하는 경우는?

성명	김하윤	정민아	이진수	강은석	유혜미
학과	경영학	철학	생명공학	사학	심리학

① 김하윤 : 고대 문명사, 과학사, 생물학이란 무엇인가
② 정민아 : 과학과 철학, 언어란 무엇인가, 현실세계와 통계
③ 이진수 : 현대사회의 윤리, 동양고전의 이해, 한국사회의 현실과 쟁점
④ 강은석 : 논리란 무엇인가, 미술의 세계, 인권과 헌법
⑤ 유혜미 : 역사란 무엇인가, 영상문학기행, 현대 물리의 이해

[07~08] T에이전시는 소속 작가의 작품을 모아 전시회를 개최하려 한다. 전시회 장소는 A회관으로 결정하였다. A회관의 대관료 안내와 전시실 예약 현황을 바탕으로 이어지는 물음에 답하시오.

A회관 대관료

■ 전시실 기본 사용료

구분	면적	대관료	추가 요금(1시간당)
제1전시실	400m^2	350,000원	50,000원
제2전시실	250m^2	250,000원	40,000원
제3전시실	120m^2	150,000원	20,000원

※ 사용료는 전시장 운영시간 오전 11시부터 오후 6시까지 7시간을 기준으로 합니다.
※ 전시 준비 또는 작품 철수 등을 위해 기준시간(09:00~18:00) 외 추가로 전시실을 사용해야 하는 경우, 추가 사용료는 1시간을 기본 단위로 합니다.

■ 부대설비 사용료(1일 사용 기준)

품명		사용료	비고
외벽 현수막 게시	4.5×5m	20,000원	1면당 사용료
	6×6m	45,000원	
항온항습 설비	6~9월	80,000원	각실 개별 가동
	10~5월	50,000원	

⟨11월 1~2주 전시실 예약 현황⟩

□ 대관 가능 ☑ 대관 완료

일	월	화	수	목	금	토
1 제1전시실□ 제2전시실☑ 제3전시실☑	2 제1전시실☑ 제2전시실☑ 제3전시실□	3 제1전시실□ 제2전시실□ 제3전시실☑	4 제1전시실☑ 제2전시실□ 제3전시실☑	5 제1전시실□ 제2전시실☑ 제3전시실☑	6 제1전시실☑ 제2전시실□ 제3전시실□	7 제1전시실□ 제2전시실☑ 제3전시실□
8 제1전시실☑ 제2전시실□ 제3전시실☑	9 제1전시실☑ 제2전시실□ 제3전시실□	10 제1전시실☑ 제2전시실☑ 제3전시실□	11 제1전시실☑ 제2전시실☑ 제3전시실☑	12 제1전시실☑ 제2전시실□ 제3전시실☑	13 제1전시실□ 제2전시실☑ 제3전시실☑	14 제1전시실□ 제2전시실☑ 제3전시실□

07 T에이전시는 전시회를 이틀간 개최할 예정이며, 이틀 중 하루는 반드시 주말이 포함되어야 한다. 전시 규모가 크지 않아 면적은 작아도 무방하다. 비용 측면을 고려할 때 대관할 날짜와 장소로 가장 적절한 것은?

	대관 날짜	장소
①	3~4일	제2전시실
②	6~7일	제3전시실
③	8~9일	제2전시실
④	9~10일	제3전시실
⑤	13~14일	제1전시실

08 T에이전시는 앞서 계획한 일정에 따라 전시회 첫날 오전 7시부터 준비하고, 전시회가 끝난 다음에는 오후 6시부터 9시까지 철수 작업을 할 계획이다. 아울러 외벽에 6×6m 크기의 현수막을 게시하고, 항온항습 설비도 가동하려 한다. T에이전시가 전시회를 개최하며 A회관에 지불해야 할 금액은 총 얼마인가?

① 590,000원   ② 630,000원   ③ 690,000원

④ 730,000원   ⑤ 770,000원

09 다음은 직장 내 예절 교육 자료 중 인사 예절 관련 내용을 정리한 것이다. 교육 자료 내용에 비추어 볼 때 적절한 행동을 취했다고 볼 수 없는 것은?

- ■ 다양한 상황에서의 인사 예절
  - • 복도, 계단에서 인사하기
    - − 상사나 손님을 만났을 때 걸음을 멈출 필요는 없으며, 한쪽 옆으로 비키면서 가볍게 목례
    - − 상사나 손님이 계단 아래쪽에서 올라올 때 3~4계단 위에서 인사를 함
  - • 통화 중일 때 인사하기
    - − 중요한 통화 중에 눈을 마주쳤을 경우 미소와 함께 가볍게 목례
    - − 통화 중인 상대방에게 잠시 양해를 구하고 인사를 함
  - • 엘리베이터 안에서 인사하기
    - − 가벼운 목례와 함께 사람들에게 방해되지 않을 정도의 목소리로 간단한 인사말을 건넴
    - − 상사가 먼저 엘리베이터를 타고 있는 경우에는 간단히 목례만 하고 탐
- ■ 인사 종류와 방법

가벼운 인사	보통의 인사	정중한 인사
상체를 15도 정도 숙임	상체를 30도 정도 숙임	상체를 45도 정도 숙임
− 자주 만날 때 − 물건을 주고받을 때	− 고객 맞이 − 배웅 시	− 감사 또는 사죄 − 첫 만남

① 엘리베이터에 타고 있던 A사원은 다음 층에서 상사인 B과장이 타자 작은 목소리로 "안녕하세요, B과장님." 하고 인사하였다.

② 출장비 정산 건으로 담당자와 통화 중이던 C대리는 옆을 지나가는 D과장과 눈이 마주치자 웃으며 가볍게 고개를 숙여 인사하였다.

③ 신규계약 체결 건으로 거래처 직원과의 첫 미팅 자리에서 E대리는 거래처 직원 F대리에게 "안녕하세요. ○○사 E대리입니다."라고 말하며 정중하게 인사하였다.

④ 계단을 내려가던 G주임은 아래쪽에서 올라오던 H부장을 발견하고 바로 걸음을 멈춘 뒤 인사하였다.

⑤ J사원은 K과장이 출력을 요청한 문서를 전달하면서 가볍게 몸을 숙여 인사하였다.

PART 03 문제해결 · 자원관리능력 ▼

9일차

10일차

11일차

12일차

13일차

[10~11] 다음은 건강검진 일부 항목의 정상범위 기준이다. 내용을 바탕으로 이어지는 물음에 답하시오.(단, 정상 A와 B 범위를 초과하는 값은 질환 의심으로 판정하며, 이 경우 재검이 필요하다.)

목표 질환	검진 항목	정상 A(양호)	정상 B(경계)
비만	허리둘레	남 90cm 미만 / 여 85cm 미만	–
	체질량지수	18.5~24.9kg/m²	18.5kg/m² 미만 / 25~29.9kg/m²
고혈압	이완기	80mmHg 미만	80~94mmHg
	수축기	120mmHg 미만	120~144mmHg
당뇨병	식전혈당	100mg/dL 미만	100~125mg/dL
간장질환*	AST	40U/L 이하	41~50U/L
	ALT	35U/L 이하	36~45U/L
	γ–GTP	남 11~63U/L 여 8~35U/L	남 64~77U/L 여 36~45U/L
이상지질혈증 동맥경화	총콜레스테롤	200mg/dL 미만	200~239mg/dL
	HDL–콜레스테롤	60mg/dL 이상	40~59mg/dL
	LDL–콜레스테롤	130mg/dL 미만	130~159mg/dL
	중성지방	100~150mg/dL	151~199mg/dL

※ AST와 ALT는 간염, γ–GTP(감마지티피)는 알코올성 간 질환 여부를 나타냄

10 35세 남성 K씨는 키 178cm, 몸무게 85kg이며, 허리둘레는 90cm이다. K씨의 비만 항목 검진결과로 옳은 것은?(단, 체질량지수는 체중을 신장의 제곱으로 나눈 값이며, 계산 시 소수점 둘째 자리 이하는 버린다.)

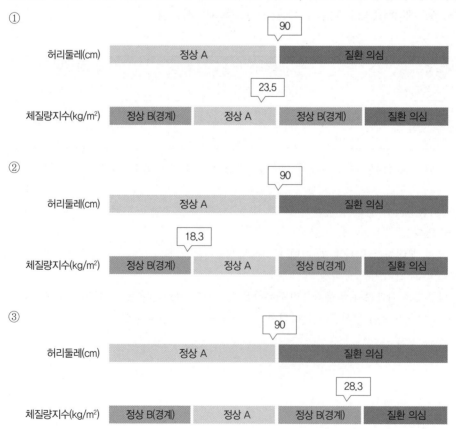

PART 03 문제해결 · 자원관리능력 ▼

9일차

10일차

11일차

12일차

13일차

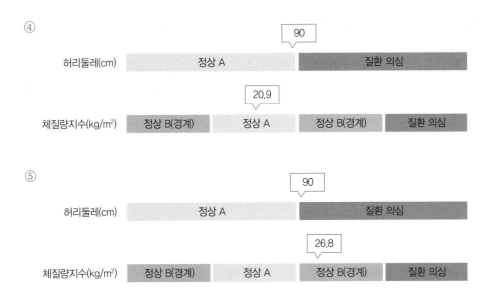

11 다음은 남성 L씨의 건강검진 일부 항목의 결과이다. 이를 바탕으로 작성된 의사의 소견 중 적절한 것을 모두 고르면?

검진 항목	결과
이완기	82mmHg
수축기	125mmHg
식전혈당	100mg/dL
AST	40U/L
ALT	32U/L
γ-GTP	68U/L
총콜레스테롤	216mg/dL
HDL-콜레스테롤	48mg/dL
LDL-콜레스테롤	173mg/dL
중성지방	115mg/dL

ⓐ 경계치 혈압이므로 지속적인 혈압 측정과 함께 혈압 관리를 위한 생활습관을 유지하시기 바랍니다.
ⓑ 식전혈당 수치는 양호한 편이나 경계 범위에 근접하므로 당뇨병 예방에 관심을 기울이십시오.
ⓒ 간염 경계 수치이므로 생활습관 교정과 더불어 주기적인 검진을 통한 관리가 필요합니다.
ⓓ 콜레스테롤 수치가 전반적으로 경계 범위에 속하며 특정 수치의 경우 정상 범위를 훨씬 웃도는 수준이므로 재검을 통해 관련 질환 유무를 확인하시기 바랍니다.

① ㉠, ㉣
② ㉡, ㉢
③ ㉠, ㉡, ㉣
④ ㉠, ㉢, ㉣
⑤ ㉡, ㉢, ㉣

[12~13] 다음은 K씨가 사용하는 A신용카드 결제 관련 정보이다. 내용을 바탕으로 이어지는 물음에 답하시오.

- A신용카드 결제일별 이용 기간

결제일	이용 기간
1일	전전월 20일~전월 19일
5일	전전월 24일~전월 23일
12일	전월 1일~전월 말일
20일	전월 9일~당월 8일
25일	전월 14일~당월 13일

- 포인트 적립률
  - 업종별 기본 적립률

극장(영화), 서점	카페, 베이커리	편의점, 외식, 통신	그 외
3%	2%	1%	0.5%

- 총 결제금액별 적립률

30만 원 이상	50만 원 이상	80만 원 이상
기본 적립	기본×1.5배 적립	기본×2배 적립

예 극장에서 10,000원을 결제한 경우 기간별 총 결제액에 따라 300/450/600포인트가 적립됨

〈K씨의 A신용카드 이용 내역〉

결제처	사용 일자	결제액
카페	2023년 3월 20일	15,000원
마트	2023년 3월 22일	40,000원
2월 통신비	2023년 3월 25일	80,000원
패스트푸드점	2023년 3월 29일	8,000원
호텔	2023년 4월 1일	200,000원
서점	2023년 4월 8일	65,000원
극장	2023년 4월 10일	20,000원
온라인 쇼핑	2023년 4월 16일	40,000원
편의점	2023년 4월 20일	6,000원
비행기 티켓	2023년 4월 24일	300,000원
3월 통신비	2023년 4월 25일	80,000원
주유	2023년 4월 28일	100,000원
마트	2023년 5월 2일	50,000원
카페	2023년 5월 5일	20,000원
뮤지컬 티켓	2023년 5월 7일	150,000원
백화점	2023년 5월 10일	90,000원
베이커리	2023년 5월 13일	22,000원

12 다음 중 가장 적은 금액이 청구되는 결제일은?

① 5월 1일   ② 5월 5일   ③ 5월 12일
④ 5월 20일   ⑤ 5월 25일

13 다음 중 가장 많은 포인트가 적립되는 결제일과 그 적립 포인트를 바르게 연결한 것은?

	가장 많은 포인트가 적립되는 결제일	적립 포인트
①	12일	11,670
②	12일	13,220
③	20일	11,670
④	25일	10,700
⑤	25일	13,220

14 H씨는 A백화점에 5시간 20분간 주차한 후 요금을 정산하려고 한다. H씨는 A백화점에서 80,000원의 상품을 구매하였고, 2시간 무료 주차이용권을 가지고 있다. 다음 주차 요금 안내를 참고할 때 지불할 주차 요금은 얼마인가?

주차 요금 안내

· 최초 30분 2,000원(추가 10분당 1,000원)
· 상품 구매금액별 무료 주차 안내

50,000원 이상	100,000원 이상	150,000원 이상
1시간	2시간	3시간

① 7,000원   ② 9,000원   ③ 13,000원
④ 15,000원   ⑤ 19,000원

[15~16] 다음은 전자상거래법의 일부이다. 내용을 바탕으로 이어지는 물음에 답하시오.

제00조(신원 및 거래조건에 대한 정보의 제공) ① 통신판매업자는 소비자가 계약체결 전에 재화 등에 대한 거래조건을 정확하게 이해하고 실수나 착오 없이 거래할 수 있도록 다음 각 호의 사항을 적절한 방법으로 표시 · 광고하거나 고지하여야 하며, 계약이 체결되면 계약자에게 다음 각 호의 사항이 기재된 계약 내용에 관한 서면을 재화 등을 공급할 때까지 교부하여야 한다.

1. 재화 등의 공급자 및 판매자의 상호, 대표자의 성명 · 주소 및 전화번호 등
2. 재화 등의 명칭 · 종류 및 내용
2의 2. 재화 등의 정보에 관한 사항
3. 재화 등의 가격과 그 지급 방법 및 지급 시기
4. 재화 등의 공급 방법 및 공급 시기
5. 청약의 철회 및 계약의 해제(이하 "청약철회 등"이라 함)의 기한 · 행사 방법 및 효과에 관한 사항
6. 재화 등의 교환 · 반품 · 보증과 그 대금 환불 및 환불의 지연에 따른 배상금 지급의 조건 · 절차

제00조(청약철회 등) ① 통신판매업자와 재화 등의 구매에 관한 계약을 체결한 소비자는 다음 각 호의 기간(거래당사자가 다음 각 호의 기간보다 긴 기간으로 약정한 경우에는 그 기간을 말함) 이내에 해당 계약에 관한 청약철회 등을 할 수 있다.

1. 계약 내용에 관한 서면을 받은 날부터 7일. 다만, 그 서면을 받은 때보다 재화 등의 공급이 늦게 이루어진 경우에는 재화 등을 공급받거나 재화 등의 공급이 시작된 날부터 7일
2. 거짓 또는 과장된 사실을 알리거나 기만적 방법을 사용하여 청약철회 등에 대한 방해 행위가 있는 경우에는 그 방해 행위가 종료한 날부터 7일
② 소비자는 다음 각 호의 어느 하나에 해당하는 경우에는 통신판매업자의 의사에 반하여 제1항에 따른 청약철회 등을 할 수 없다.
1. 소비자에게 책임이 있는 사유로 재화 등이 멸실되거나 훼손된 경우. 다만, 재화 등의 내용을 확인하기 위하여 포장 등을 훼손한 경우는 제외한다.
2. 소비자의 사용 또는 일부 소비로 재화 등의 가치가 현저히 감소한 경우
3. 시간이 지나 다시 판매하기 곤란할 정도로 재화 등의 가치가 현저히 감소한 경우
4. 복제가 가능한 재화 등의 포장을 훼손한 경우
5. 소비자의 주문에 따라 개별적으로 생산되는 재화로서 청약철회 시 통신판매업자에게 중대한 피해가 발생하는 경우
③ 소비자는 제1항 및 제2항에도 불구하고 재화 등의 내용이 표시 · 광고의 내용과 다르거나 계약 내용과 다르게 이행된 경우에는 그 재화 등을 공급받은 날부터 3개월 이내, 그 사실을 안 날 또는 알 수 있었던 날부터 30일 이내에 청약철회 등을 할 수 있다.

15 공정거래위원회는 인터넷쇼핑몰의 공지사항 또는 반품 · 환불 안내, 게시판 등에서 구매자에게 불리한 내용을 고지한 경우 사업자의 위법 · 부당행위에 해당한다고 해석하고 있다. 법률 내용에 비추어 볼 때 다음의 반품 · 환불 불가 사유 중 청약철회 방해 문구에 해당하는 것을 모두 고르면?

반품 · 환불 불가 사유
㉠ 단순 변심에 의한 반품 및 환불은 불가합니다.
㉡ 상품에 이상이 있는 경우 상품 수령 후 5일 이내에 교환 가능합니다.
㉢ 상품의 포장 훼손 시 반품 혹은 환불이 불가합니다.
㉣ 주문제작 상품의 경우 제작이 진행된 즉시 주문 취소가 불가합니다.

① ㉠, ㉡　　　　　　② ㉡, ㉣　　　　　　③ ㉠, ㉡, ㉢
④ ㉠, ㉢, ㉣　　　　　⑤ ㉠, ㉡, ㉢, ㉣

16 법조문에 비추어 볼 때 다음 사례의 청약철회 가능 여부가 바르게 짝지어진 것은?

- 사례 1 : A씨는 2023년 10월 20일 B씨가 운영하는 온라인쇼핑몰에서 자전거를 구매하였다. 10월 23일 배송된 물품을 조립한 결과 크기가 너무 작아 사용할 수 없다고 판단, 10월 24일 반품 신청하였다. 해당 사이트에는 자전거의 크기 등을 확인할 수 있는 정보가 구체적으로 기재되어 있지 않았고 반품 불가 사유도 명시되지 않았으나, B씨는 자전거를 조립하였다는 이유로 반품을 거절하였다.
- 사례 2 : C씨는 2023년 11월 1일 온라인 서점에서 문제집 1권을 구입하였고, 당일에 수령하였다. 수령 당시 래핑 처리된 문제집의 포장을 제거하고 살펴봤으나 마음에 들지 않아 바로 반품 접수하였다. 그러나 도서를 확인한 서점 측은 C씨에게 도서 래핑이 제거되어 반품이 불가하다고 통보하였다.
- 사례 3 : D씨는 2023년 11월 5일 E씨의 온라인쇼핑몰에서 셔츠 하나를 구매하였고, 11월 9일 상품을 받았다. 세탁 후 11월 12일 셔츠를 입은 D씨는 사이즈가 다르다고 느꼈고, 온라인쇼핑몰의 상세페이지의 사이즈가 잘못 기재된 사실을 확인하였다. D씨는 이를 이유로 11월 16일 E씨에게 환불을 요구하였으나 E씨는 사이즈 오류는 인정하나 이미 셔츠를 세탁하여 재판매할 수 없는 상태이므로 환불해 줄 수 없다고 하였다.

	사례 1	사례 2	사례 3
①	가능	가능	가능
②	불가능	가능	가능
③	가능	불가능	가능
④	불가능	불가능	불가능
⑤	가능	불가능	불가능

PART 03 문제해결 · 자원관리능력 ▼

9일차

10일차

11일차

12일차

13일차

11일차 학습 점검표

번호	유형	O/×	번호	유형	O/×
1	명제		11	상황 적용	
2	대응		12	경비 계산	
3	경비 계산		13	경비 계산	
4	경비 계산		14	경비 계산	
5	상황 적용		15	상황 적용	
6	상황 적용		16	상황 적용	
7	상황 적용				
8	경비 계산				
9	상황 적용				
10	상황 적용				

맞힌 문항 수	/ 16
취약 유형	

취약 유형 다시 보기

12일차 >> 시간 관리

유형 8 | 일정 조정

강 팀장, 윤 대리, 서 주임, 임 사원, 안 사원 5명으로 구성된 홍보팀은 8월 휴가 일정을 조정하고 있다. 다음 〈조건〉을 따를 때 **강 팀장이 휴가를 쓸 날로 가장 적절한 날짜는?**

〈조건〉

- 8월 1일은 목요일이며, 8월은 31일까지 있다.
- 8월 15일 광복절은 공휴일이다.
- 휴가는 3일간 연이어 쓰며, 토요일, 일요일, 공휴일과 연결하거나 이를 포함할 수 있다.
- 8월 21~22일에는 대외행사 일정이 잡혀 있어, 팀 전원이 휴가를 쓸 수 없다.
- 매월 첫째 주 월요일은 팀장급 회의가 있으며, 팀장은 반드시 참석해야 한다.
- 매월 마지막 주 월요일은 월간회의로 팀 전원이 참석해야 한다.
- 강 팀장은 8월 7일, 윤 대리는 8월 28일 출장이 예정되어 있다.
- 조직 관리를 위해 팀장과 대리는 휴가 및 외부 일정이 겹쳐서는 안 된다.
- 강 팀장을 제외한 나머지 팀원의 휴가일은 다음과 같다.

윤 대리	서 주임	임 사원	안 사원
14일, 16일, 19일	2일, 5일, 6일	9일, 12일, 13일	27일, 28일, 29일

---

① 1일, 2일, 5일
② 8일, 9일, 12일
③ 19일, 20일, 21일
④ 23일, 26일, 27일
⑤ 28일, 29일, 30일

유형 CHECK

① 일정 조정은 주어진 조건을 고려하여 일정을 안배하는 유형이다. 스케줄 조정뿐 아니라 장소 예약과 같은 문제로도 출제된다.
② 달력상에 조건을 적용하며, 범위를 줄이는 방식으로 답을 찾는다.

조건 적용&정답 찾기

〈조건〉을 달력에 직접 표시하면 다음과 같이 정리할 수 있다.

일	월	화	수	목	금	토
				1	2 서休	3
4	5 서休 팀장급 회의	6 서休	7 강 팀장 출장	8	9 임休	10
11	12 임休	13 임休	14 윤休	15 광복절	16 윤休	17

18	19 윤休	20	21 대외행사	22 대외행사	23	24
25	26 월간회의	27 안休	28 안休 윤 대리 출장	29 안休	30	31

따라서 강 팀장은 8일, 9일, 12일에 휴가를 쓸 것이다.

오답 CHECK

① 팀장은 매월 첫째 주 월요일에 있는 팀장급 회의에 반드시 참석해야 한다.
③ 팀장과 대리는 휴가 혹은 외부 일정이 겹쳐서는 안 되며, 21일은 대외행사로 팀 전원이 휴가를 쓸 수 없다.
④ 매월 마지막 주 월요일에 진행되는 월간회의는 팀원 전체가 참석해야 한다.
⑤ 팀장과 대리는 휴가 혹은 외부 일정이 겹쳐서는 안 된다.

정답 | ②

유형 9 | 시차

다음은 두바이로 출장을 가게 된 K과장의 비행기 티켓 예약 내역이다. 빈칸에 들어갈 내용으로 옳은 것은?

[구간 1] 인천(ICN) → 두바이(DXB)

출발시각	도착시각	비행시간
08/19(수) 13:30	08/19(수) 18:30	10:00

[구간 2] 두바이(DXB) → 인천(ICN)

출발시각	도착시각	비행시간
08/24(월) 10:55	( )	08:35

※ 출발시각과 도착시각은 모두 현지 기준임

① 08/24(월) 14:30
② 08/24(월) 19:30
③ 08/24(월) 20:55
④ 08/25(화) 00:30
⑤ 08/25(화) 02:55

유형&문제 CHECK

① 시차 문제는 문제해결ㆍ자원관리능력에서 종종 출제되는 유형으로, 시차의 기본 개념을 이해해야 문제를 풀 수 있다.

② 비행기로 이동하는 문제는 출발시각과 도착시각, 비행시간의 차이를 토대로 시차를 구한다.

Tip

> 시차 문제에서 자주 등장하는 개념 중 하나로 GMT(그리니치 표준시)가 있다. GMT를 기점으로 + 면 시간이 빠르고, − 면 시간이 느리다. 예를 들어 서울이 베이징보다 1시간 빠르다는 것은 서울이 오후 2시일 때 베이징은 오후 1시임을 의미한다. 또한 시차 계산 시 + / + 이거나 − / −처럼 부호가 같은 경우에는 큰 쪽에서 작은 쪽을 빼고, + / −처럼 부호가 다를 때는 절댓값을 합친다.

정답 찾기

① [구간 1]의 출발시각~도착시각과 비행시간 비교

⇒ 인천에서 두바이까지 비행시간은 10시간이다. 그런데 인천에서 오후 1시 30분에 출발하여 두바이에 오후 6시 30분에 도착했으므로 인천과 두바이의 시차는 5시간임을 알 수 있다.

② [구간 2]의 출발시각과 비행시간에 시차 더하기

⇒ 두바이에서 8/24(월)오전 10시 55분에 출발하여 8시간 35분 뒤 인천에 도착했다면 두바이 기준 오후 7시 30분에 인천에 도착한다. 여기에 시차를 적용하면 인천에는 8/25(화) 오전 12시 30분에 도착한다.

정답 | ④

연습문제

정답 및 해설 p. 308

PART 03 문제해결 · 자원관리능력 ▼

9일차

10일차

11일차

12일차

13일차

01 A, B, C, D 4명 중 각 2명은 마케팅팀과 영업팀 소속이다. 영업팀의 발언만 참일 때 영업팀 소속 2명은 누구인가?

> • A : B와 C 모두 영업팀이다.
> • B : C는 마케팅팀이다.
> • C : D는 마케팅팀이다.
> • D : A와 C는 마케팅팀이다.

① A, B ② A, C ③ B, C
④ B, D ⑤ C, D

02 K공사 직원 A~F 6명은 월요일부터 토요일까지 모두 다른 날에 출근하였다. 다음 〈조건〉을 따를 때 항상 참인 것은?

> 〈조건〉
> • F는 B 바로 다음날, D 바로 전날에 출근하였다.
> • A와 E 사이에 출근한 사람이 한 명 있다.
> • C의 출근 날은 E보다 이르다.
> • B의 출근 날이 가장 빠르다.

① D는 목요일에 출근하였다. ② A는 토요일에 출근하였다.
③ F는 수요일에 출근하였다. ④ E는 월요일에 출근하였다.
⑤ C는 금요일에 출근하였다.

[03~04] 다음은 야구경기 티켓 가격 및 다음 주 티켓 예매 현황이다. 야구팬인 K는 다음 주 두 차례 야구장을 방문할 예정이다. 자료를 바탕으로 이어지는 물음에 답하시오.(단, K는 이미 티켓 예매를 완료하였다.)

〈야구경기 티켓 가격 안내〉

구역	주중 가격	주말 가격
VIP	60,000	60,000
테이블석	43,000	48,000
익사이팅존	23,000	28,000
블루석	18,000	20,000
오렌지석	16,000	18,000
레드석	15,000	17,000
네이비석	12,000	14,000
외야석	8,000	9,000

※ 주말 가격은 금요일, 토요일, 일요일, 공휴일 경기에 적용된다.

〈다음 주 티켓 예매 현황〉

구역	화	수	목	금	토	일
VIP	매진			매진	매진	매진
테이블석	매진	매진	매진	매진	매진	
익사이팅존			매진	매진	매진	
블루석	매진	매진		매진	매진	매진
오렌지석	매진	매진	매진	매진	매진	매진
레드석	매진	매진	매진	매진		매진
네이비석			매진	매진	매진	매진
외야석	매진	매진		매진	매진	

※ 매주 월요일에는 야구경기가 열리지 않는다.

〈정보〉

K는 두 차례 중 1번은 친구들과 야구장을 방문할 예정이며, K를 제외한 2명이 함께 간다. 이날 티켓 가격은 총 54,000원이며, 해당 구역 좌석은 아직 예매 가능하다. 나머지 한 차례는 가족과 함께 야구장을 갈 예정이며, 부모님 두 분과 형, 형수님, 조카 1명과 동행한다. 가족과 함께 가는 날에는 한 구역을 제외한 전 좌석이 매진되었으며, K가 예매한 좌석은 다음 주 하루를 제외하고 K가 가는 날을 포함하여 매진되었다.

03 〈정보〉를 토대로 유추할 때, K가 친구들과 야구장에 가는 날은?

① 화요일 ② 수요일 ③ 목요일
④ 토요일 ⑤ 일요일

PART 03 문제해결 · 자원관리능력 ▼

9일차

10일차

11일차

12일차

13일차

04 K가 가족과 함께 가는 날 예매한 티켓 금액은 총 얼마인가?

① 90,000원

② 102,000원

③ 168,000원

④ 258,000원

⑤ 288,000원

[05~06] A기업은 4조 2교대 근무를 운영하고 있다. 주간 2일과 야간 2일 연속 근무한 뒤 4일간 휴무한다. 다음 근무기록표를 바탕으로 이어지는 물음에 답하시오.

	1	2	3	4	5	6	7	8	9	10	11	12	13	14
A조	주				휴				㉠					
B조		㉡				주	야							
C조	야			㉢		휴			야	㉣				
D조			주									주	㉤	

※ 주 : 주간 근무 / 야 : 야간 근무 / 휴 : 휴무

05 근무기록표의 ㉠~㉤ 중 옳지 않은 것은?

① ㉠ : 주간 근무

② ㉡ : 휴무

③ ㉢ : 휴무

④ ㉣ : 야간 근무

⑤ ㉤ : 주간 근무

06 교대근무 특성상 연차를 사용하게 되면 휴무인 조에서 근무를 대체해야 한다. 대체 근무조에 해당하는 ⓐ~ⓒ를 바르게 나열한 것은?

성명	소속	연차일	대체 근무조
송주헌	D조	3일	ⓐ
이진태	B조	7일	ⓑ
한민기	C조	9일	ⓒ

	ⓐ	ⓑ	ⓒ
①	A조	C조	B조
②	B조	D조	A조
③	C조	A조	D조
④	A조	D조	B조
⑤	B조	C조	D조

[07~08] 다음은 도시재생 뉴딜사업 전반에 관한 안내와 지역별 신청 사업유형 및 도시쇠퇴 현황이다. 내용을 바탕으로 이어지는 물음에 답하시오.

〈도시재생 뉴딜사업〉

도시재생 뉴딜은 인구의 감소, 산업구조의 변화, 도시의 무분별한 확장, 주거환경의 노후화 등으로 쇠퇴하는 도시를 지역 역량 강화, 새로운 기능의 도입·창출 및 지역자원의 활용을 통하여 경제적·사회적·물리적·환경적으로 활성화하는 사업입니다.

■ 사업유형별 국비 지원 한도

구분	우리 동네 살리기	주거지 지원형	일반근린형	중심 시가지형	경제기반형
국비 지원 한도 / 집행 기간	50억 원 / 3년	100억 원 / 4년	100억 원 / 4년	150억 원 / 5년	250억 원 / 6년

■ 도시쇠퇴 지표

도시재생 대상 지역은 인구 감소, 사업체 수 감소, 생활환경 악화와 관련된 5개 지표를 모두 충족하는 곳을 선정합니다.

인구 감소	사업체 수 감소	생활환경 악화
• 지난 30년 중 가장 많았던 시기에서 20% 이상 감소 • 최근 5년간 3년 연속 감소	• 지난 10년 중 가장 많았던 시기에서 5% 이상 감소 • 최근 5년간 3년 연속 감소	20년 이상 노후건축물 50% 이상

■ 지역별 도시쇠퇴 현황

지역	신청 사업유형	과거 대비 인구 변화율	최근 인구 변화 연속 년수	과거 대비 사업체 변화율	최근 사업체 변화 연속 년수	노후 건축물 비율
A	주거지 지원형	-72.5	5	-41.6	4	69.4
B	일반근린형	-21.7	3	-13.5	2	56.6
C	우리 동네 살리기	-36.1	4	-5.6	3	70.3
D	일반근린형	-25.5	1	-0.9	0	50.5
E	중심 시가지형	-43.8	4	-12.3	3	78.8
F	우리 동네 살리기	-38.0	3	-5.9	5	85.1
G	경제기반형	-16.4	5	-7.6	2	48.3
H	일반근린형	-19.5	1	-1.4	3	54.5
I	중심 시가지형	-33.6	2	-8.6	3	61.5
J	경제기반형	-20.2	3	-5.9	4	90.3

07 A~J지역의 도시쇠퇴 현황을 볼 때 도시재생 뉴딜사업에 선정될 곳을 모두 고르면?

① A, C, E, H ② C, D, F, G, I ③ A, C, E, F, J
④ A, B, C, E, I, J ⑤ B, D, E, F, H, J

08 도시재생 뉴딜사업 선정 지역 중 노후 건축물 비율이 80% 이상인 곳은 국비 지원 한도의 100%를 투입하며, 그 이하는 한도의 90%를 투입할 계획이다. 07번 문제에서 선정된 곳 전부 같은 시기에 사업을 시작할 때 첫해 국비 지원 총액은 얼마인가?(단, 100만 원 이하는 버린다.)

① 122.7억 원 ② 125.3억 원 ③ 129.5억 원
④ 133.4억 원 ⑤ 137.9억 원

09 K공사 기획팀은 5곳 중 한 곳을 선택하여 회의를 진행할 예정이다. 다음 조건을 참고할 때, 회의를 진행할 곳으로 가장 적절한 곳은?

구분	세미나실 1	세미나실 2	소회의실	중회의실	대회의실
수용 인원(명)	20	30	2	5	10
프로젝터	○	○	×	×	×
노트북	○	○	×	○	○
개별 마이크	○	○	○	×	×
사용 가능 시간	13:00~16:00	10:00~13:00	13:00~16:00	16:00~18:00	10:00~13:00
사용 가능 요일	화, 목	월, 화	수, 목, 금	목, 금	수, 금

※ 조건 1 : 회의 참가 인원은 3명 이상 15명 이하이다.
※ 조건 2 : 프로젝터와 노트북은 꼭 있어야 하며, 개별 마이크는 없어도 상관없다.
※ 조건 3 : 회의 날짜와 시간은 11월 25일 목요일 14:00~15:00이다.

① 세미나실 1　　　　　② 세미나실 2　　　　　③ 소회의실
④ 중회의실　　　　　　⑤ 대회의실

[10~11] 다음은 K공단에서 제공하는 천식과 만성폐쇄성폐질환의 위험도에 관한 자료이다. 이를 바탕으로 이어지는 물음에 답하시오.

천식·만성폐쇄성폐질환(이하 COPD) 위험도란 K공단에서 보유한 건강정보 DB와 타 기관의 기상관측정보, 대기오염 정보 등의 분석을 통해 지역별로 발병 가능성 및 유행 정도와 고위험자의 급성 악화 가능성 등의 예측정보를 알려주는 척도입니다. 예상 질병 발생 건수를 과거 2년간 평균 질병 발생 건수와 비교하여 평균에서 벗어난 정도를 기준으로 분포도에 따라 위험도를 관심, 주의, 경고, 위험 4단계로 구분합니다.

1. 천식

• 천식 위험도 단계별 행동요령

관심	기관지 자극 요인인 흡연, 찬바람, 찬 음식 등과 급격한 온도 변화는 피합니다.
주의	대기오염, 매연, 황사가 심한 경우에는 외출을 삼가고 부득이한 외출 시 마스크를 착용합니다.
경고	외출 후 손 씻기, 양치질 등 개인위생관리를 철저히 하고 인플루엔자 독감 예방접종을 받습니다.
위험	심한 기침 발생 시 바로 의료기관을 방문하여 전문의의 지시를 따르고 증상이 조절되더라도 재발, 합병증을 막기 위해 꾸준히 치료를 받습니다.

• 금일 천식 위험도

서울	경기	인천	대전	광주	부산	대구	울산
경고	경고	경고	경고	경고	주의	위험	위험

강원	충북	충남	전북	전남	경북	경남	제주
경고	경고	주의	경고	경고	경고	주의	관심

2. COPD

• COPD 위험도 단계별 행동요령

관심	손 씻기를 생활화하고, COPD 발병 가능성이 있는 흡연자라면 금연하고 꾸준한 운동을 통해 폐 기능을 보호합니다.
주의	미세먼지와 황사가 심한 날은 외출을 자제하고, 외출하더라도 마스크를 착용하여 공기 오염물질로부터 폐를 보호합니다.
경고	COPD 환자는 실외활동을 가급적 자제하고 외출 시 증상을 완화하는 흡입기 및 약제를 소지하며, 주기적으로 병원을 방문하여 지속적인 관심을 기울입니다.
위험	숨이 차거나 기침, 발열 등의 증상이 나타나면, COPD 급성악화를 의심하여 병원을 방문합니다.

• 금일 COPD 위험도

서울	경기	인천	대전	광주	부산	대구	울산
관심	관심	주의	경고	위험	주의	경고	주의

강원	충북	충남	전북	전남	경북	경남	제주
경고	경고	경고	경고	위험	경고	주의	주의

10 자료를 접한 사람들이 취한 행동 중 옳은 것만을 〈보기〉에서 모두 고르면?

┌─보기├─
ⓐ 충남에 사는 A씨는 예정된 일정을 미룰 수 없어 천식 예방차 마스크를 쓰고 외출하였다.
ⓑ 광주에 거주하는 천식 환자 B씨는 급격한 온도 변화에 주의하고 외출을 자제하였다.
ⓒ 대구에 사는 만성폐쇄성폐질환 환자 C씨는 정기검진차 병원을 방문하는 길에 흡입기와 약제를 소지하였다.
ⓓ COPD 고위험자인 서울 거주 D씨는 인플루엔자 독감 예방접종을 받았다.

① ㉠, ㉢   ② ㉡, ㉢   ③ ㉠, ㉡, ㉣
④ ㉠, ㉢, ㉣   ⑤ ㉡, ㉢, ㉣

11 금일 천식 위험도와 만성폐쇄성폐질환(COPD) 위험도를 지도상에 표기할 때, 옳은 것을 〈보기〉에서 골라 바르게 연결한 것은?

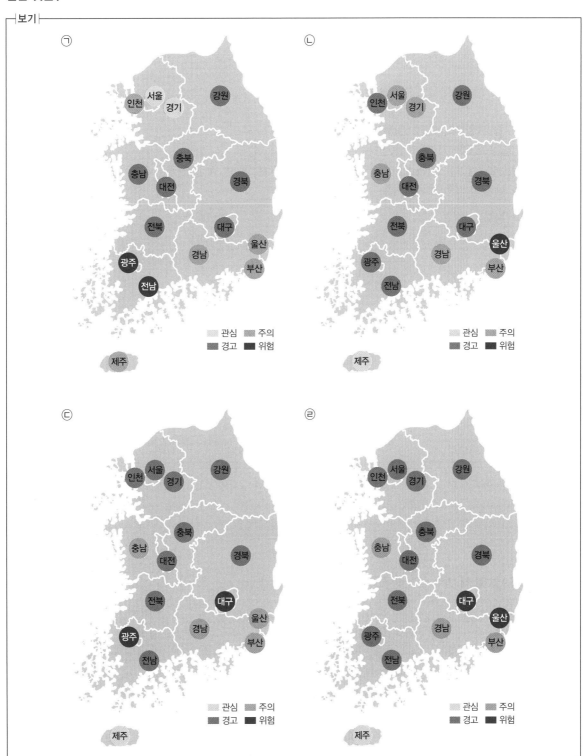

	천식 위험도	만성폐쇄성폐질환(COPD) 위험도
①	㉠	㉢
②	㉠	㉣
③	㉡	㉠
④	㉡	㉢
⑤	㉣	㉠

PART 03 문제해결 · 자원관리능력 ▼

9일차

10일차

11일차

12일차

13일차

[12~13] 다음은 R펜션의 이용요금 및 예약 취소 기준이다. 주어진 자료를 바탕으로 이어지는 물음에 답하시오.(단, 8월 15일은 공휴일이다.)

〈R펜션 이용요금〉

기간	기준	주중	금	토
비수기	1박/1실	90,000원	120,000원	150,000원
성수기		110,000원	140,000원	180,000원

- 성수기는 7월 21일부터 8월 15일까지이다.
- 공휴일 전일은 토요일 가격을 적용한다.
- 모든 객실은 2인실이며, 최대 1명까지 인원 추가가 가능하다(1명/1박당 20,000원 추가).
- 예약 취소 시 환불 기준(예약일 기준)

7일 전	5~6일 전	3~4일 전	2일 전~당일
90%	70%	50%	환불 불가

12 R펜션을 예약한 A~C 중 이용요금이 많은 순서대로 나열한 것은?

예약자	체크인	체크아웃	인원
A	7월 10일 수요일	7월 12일 금요일	2
B	7월 26일 금요일	7월 27일 토요일	3
C	8월 14일 수요일	8월 15일 목요일	3

① A - C - B   ② B - A - C   ③ B - C - A
④ C - A - B   ⑤ C - B - A

13 다음 Q&A를 볼 때 예약 취소 후 환불받는 금액은 얼마인가?

답변상태	제목	작성자	작성일
답변완료	예약 취소 문의입니다.	김○○	2024.08.04.
	안녕하세요. 8월 9일 금요일, 2명으로 1박 예약한 사람인데요, 부득이하게 예약을 취소하려 합니다. 환불 절차가 어떻게 되나요? └ **답변** 안녕하세요. 예약 취소 문자 발송해 드렸습니다. 은행과 계좌번호 남겨주시면, 환불 처리해 드리겠습니다.	관리자	2024.08.04.

① 70,000원   ② 84,000원   ③ 98,000원
④ 105,000원   ⑤ 126,000원

14 각기 다른 도시에 있는 4명의 친구가 온라인 채팅을 하고 있다. 다음 〈자료〉를 참고하여 대화의 빈칸 ㉠~㉢에 들어갈 내용을 바르게 짝지은 것은?

PART 03 문제해결 · 자원관리능력 ▼

9일차

10일차

11일차

12일차

13일차

〈자료〉

본초자오선은 경도 0°의 자오선을 말한다. 본초자오선을 기준으로 15°마다 1시간의 시차가 발생한다. 표준시는 동쪽으로 갈수록 빠르고 서쪽으로 갈수록 늦는다. 주요 도시별 표준시 기준 경도는 다음과 같다.

도시	뉴욕	LA	서울	시드니
표준시 경도	서경 75°	서경 120°	동경 135°	동경 150°

단, 서머타임을 시행하는 도시는 경도 기준 표준시보다 1시간이 빨라진다.

윤서 : 안녕 얘들아! 우리 이제 며칠 있으면 만날 수 있겠다!
민주 : 맞아! 그날만 기다리고 있어. 오늘이 12월 10일이니까 이제 일주일도 안 남았어!
세아 : 거기는 아직 10일이구나. 시드니는 11일이야.
주은 : 와, 새삼 우리가 멀리 떨어져 있는 게 실감 난다. 윤서야 서울은 지금 몇 시야?
윤서 : 서울은 11일 (㉠)야. 민주야 뉴욕은 지금 몇 시야?
민주 : 여긴 오후 7시야. 주은아, LA는 지금 (㉡)지?
주은 : 맞아. 세아야, 시드니는 지금 오전 10시지?
세아 : 아냐, 여기 지금 서머타임 중이라서 LA랑 (㉢) 차이 나. 아무튼 빨리 너희들 보고 싶어.

	㉠	㉡	㉢
①	오전 8시	오후 4시	17시간
②	오전 8시	오후 5시	18시간
③	오전 9시	오후 4시	19시간
④	오전 9시	오후 5시	18시간
⑤	오전 10시	오후 10시	19시간

15 미국 뉴욕 지사에서 근무 중인 A와 독일 프랑크푸르트 지사에서 근무 중인 B가 화상회의를 진행하려 한다. 근무시간 내에 2시간 동안 회의를 진행한다면, 뉴욕 기준 회의 시작 시각으로 가장 적절한 것은?(단, 근무시간은 오전 9시부터 오후 6시까지이며, 12시부터 1시까지는 점심시간이다.)

도시	뉴욕	프랑크푸르트
GMT	−5	+1

※ GMT : 그리니치 표준시. GMT 0을 기준으로 +는 시간이 빠르고, −는 시간이 느림을 나타냄

① 10:00
② 11:00
③ 13:00
④ 14:00
⑤ 15:00

[16~17] K씨는 공기청정기를 구매하려 한다. 다음은 K씨가 구매하려는 모델의 백화점 판매가와 해당 제품을 판매하는 온라인 쇼핑몰 관련 정보이다. 내용을 바탕으로 이어지는 물음에 답하시오.

〈구매 희망 모델 백화점 판매가〉

모델명	가격
AZBE380	500,000원
AS309DW	900,000원

〈온라인 쇼핑몰〉

쇼핑몰	판매가		비고
	AZBE380	AS309DW	
A	470,000원	870,000원	배송비 무료
B	480,000원	850,000원	제품당 배송비 5,000원
C	460,000원	840,000원	배송비 30,000원
D	480,000원	890,000원	3% 할인 쿠폰 적용 가능. 배송비 10,000원
E	460,000원	860,000원	배송비 무료

16 5개 쇼핑몰 중 비용이 가장 적게 드는 곳에서 AZBE380 모델 2대와 AS309DW 모델 1대를 구입하려 한다. 이때, 백화점 판매가 대비 얼마나 저렴하게 구입하는가?

① 75,000원   ② 90,000원   ③ 105,000원
④ 120,000원   ⑤ 135,000원

17 K씨는 가장 저렴한 쇼핑몰에서 구입하려 했으나 해당 쇼핑몰에서 AS309DW 모델이 품절되었다. AS309DW 모델만 다른 쇼핑몰에서 구입한다면 K씨가 선택할 쇼핑몰은 어디인가?

① A   ② B   ③ C
④ D   ⑤ E

12일차 학습 점검표

번호	유형	O/X	번호	유형	O/X
1	참 · 거짓		11	대응	
2	참 · 거짓		12	경비 계산	
3	상황 적용		13	경비 계산	
4	경비 계산		14	시차	
5	일정 조정		15	시차	
6	일정 조정		16	경비 계산	
7	평가		17	경비 계산	
8	경비 계산				
9	상황 적용				
10	상황 적용				

맞힌 문항 수	/ 17
취약 유형	

취약 유형 다시 보기

유형 10 | 경로

[01~02] 다음은 한 기업의 본사와 지사 A~D의 거리를 나타낸 그림이다. 이어지는 물음에 답하시오.

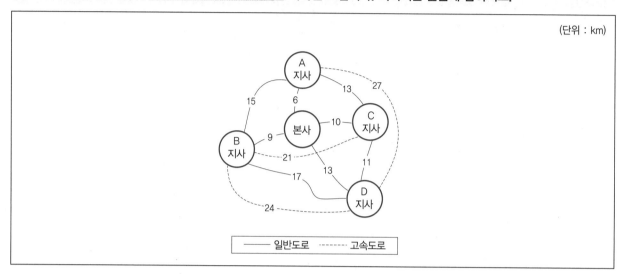

(단위 : km)

01 본사 직원 R씨는 지사를 들러 다시 본사로 돌아와야 한다. 최단 거리로 이동할 때 해당 경로는 총 몇 km인가?(단, 중간에 본사는 거쳐 가지 않는다.)

① 54km   ② 56km   ③ 59km
④ 61km   ⑤ 64km

02 본사 직원 Y씨는 본사에서 출발하여 모든 지사를 들른 뒤 현지에서 퇴근하려 한다. 가장 적은 시간이 걸리는 경로로 이동할 때, 소요시간은 얼마인가?(단, 1km 이동하는 데 일반도로로는 2분, 고속도로는 40초가 걸린다.)

① 60분   ② 79분   ③ 86분
④ 94분   ⑤ 102분

유형&문제 CHECK

지점 간 여러 경로로 연결된 그림에서 최단 경로를 찾는 유형이다. 기준 지점에서 다른 지점으로 넘어갈 때 가장 가까운 경로를 선택하는 방식으로 답을 찾는다.

정답 찾기

01

최단 거리 경로 찾기

➡ A와 D, B와 C처럼 상대적으로 멀리 떨어진 곳은 곧바로 이동하지 않는 방법으로 경우의 수를 줄인다. 본사에서 각 지사를 연결한 후 해당 지사에서 연결되는 지사 중 가장 가까운 곳을 선택하는 방식으로 경우의 수를 정리하면 다음과 같다.

- 본사－A－C－D－B－본사 : 6＋13＋11＋17＋9＝56
- 본사－B－A－C－D－본사 : 9＋15＋13＋11＋13＝61
- 본사－C－D－B－A－본사 : 10＋11＋17＋15＋6＝59
- 본사－D－C－A－B－본사 : 13＋11＋13＋15＋9＝61

따라서 최단 거리 경로는 56km이다.

정답 | ②

02

최단 시간 경로 찾기

➡ 1번 문제에서 구한 최단 거리 경로와 고속도로 이용 시 소요시간을 비교하면 다음과 같다.

- 본사－A－C－D－B : 6(12분)＋13(26분)＋11(22분)＋17(34분)＝94분
- 본사－A－D－B－C : 6(12분)＋27(18분)＋24(16분)＋21(14분)＝60분

따라서 고속도로를 이용해서 이동할 때, 가장 적은 60분이 소요된다.

Tip

고속도로 이용 시 일반도로보다 2배 이상 시간이 단축되므로 최대한 고속도로를 이용해야 한다. 본사에서 시작하여 각 지사는 1번씩만 들르게 되므로 고속도로 이용 시 순서만 달라질 뿐 소요시간은 동일하다. 따라서 본사에서 가장 가까운 A지사로 우선 이동한다.

정답 | ①

[01~02] 다음은 4조 3교대를 시행하는 기업의 근무기록표이다. 자료를 바탕으로 이어지는 물음에 답하시오.

	1	2	3	4	5	6	7	8	9	10	11	12	13	14
A조	휴	오	오	오	오	오	휴	야	야	야	야	야	휴	휴
B조	아				㉠									
C조	야												㉡	
D조	오						㉢							

※ 휴 : 휴무 / 아 : 아침 / 오 : 오후 / 야 : 야간

01 다음 〈교대 근무 규칙〉을 참고할 때 ㉠~㉢에 해당하는 근무로 바르게 짝지어진 것은?

〈교대 근무 규칙〉
- 4개 조의 근무는 서로 겹치지 않는다.
- 5일씩 아침, 오후, 야간 근무가 순서대로 돌아간다.
- 오후 근무에서 야간 근무로 바뀔 때는 1일을 쉰다.
- 아침 근무에서 오후 근무, 야간 근무에서 아침 근무로 바뀔 때는 2일을 쉰다.

	㉠	㉡	㉢
①	아침	야간	야간
②	아침	오후	야간
③	휴무	아침	오후
④	휴무	오후	야간
⑤	휴무	야간	오후

02 연차를 사용하는 경우 해당 날짜에 휴무인 조에서 근무를 대체해야 한다. 다음 중 일자별 연차 신청자 소속 조와 대체근무자 소속 조가 바르게 연결되지 않은 것은?

	일자	연차 신청자	대체근무자
①	4일	B조	C조
②	6일	A조	B조
③	8일	C조	B조
④	10일	D조	C조
⑤	12일	D조	B조

PART 03 문제해결 · 자원관리능력 ▼

9일차

10일차

11일차

12일차

13일차

[03~04] 다음은 A인쇄소의 제작비 안내이다. 내용을 바탕으로 이어지는 물음에 답하시오.

- 내지 인쇄

판형	210×297mm	182×257mm	152×225mm	148×210mm
흑백	20원	15원	10원	10원
컬러	40원	30원	20원	15원

- 표지 인쇄

지류	아트지	스노우지	랑데부	스타드림
가격	200원	300원	500원	600원

※ 인쇄비 별도(1부당. 컬러인쇄 200원, 흑백인쇄 100원)

- 제본 가격(권당)

종류	무선제본	와이어제본	중철제본
가격	1,100원	1,300원	1,000원

- 제작 부수별 할인

1,000부 이상 2,000부 미만	2,000부 이상 3,000부 미만	3,000부 이상
10% 할인	15% 할인	20% 할인

03 박람회에 참여하는 B기업은 홍보 부스에서 배포할 책자를 제작하려 한다. 인쇄소에 다음과 같이 제작을 의뢰할 때, 제작비는 총 얼마인가?

안녕하세요, 무선제본으로 제작 문의드립니다. 일단 책자 크기는 152*225mm이고요, 내지 분량은 총 50p인데, 흑백으로 인쇄하면 됩니다. 표지는 가장 저렴한 종류에 컬러인쇄로 하고요, 부수는 총 2,000부입니다.

① 325만 원　　　　② 340만 원　　　　③ 365만 원
④ 400만 원　　　　⑤ 425만 원

04 다음은 C출판사에서 A인쇄소에 전달한 발주 내역이다. 발주서 내용대로 제작 후 A인쇄소가 청구할 비용은 총 얼마인가?

발 주 서			
부수	3,000부		
제본 종류	중철제본	판형	210×297mm
표지	컬러인쇄 / 스노우지		
내지	컬러 20p + 흑백 60p		

① 792만 원　　　　② 816만 원　　　　③ 840만 원
④ 864만 원　　　　⑤ 888만 원

[05~06] 다음은 서울시티투어버스 노선과 연계 관광명소이다. 자료를 바탕으로 물음에 답하시오.

- 서울시티투어버스 노선

광화문 광장 → 덕수궁 → 남대문시장 → 전쟁기념관 → 국립중앙박물관

경복궁 ← 인사동 ← 창덕궁 ← 창경궁 ← N서울타워 ← 명동 ← 이태원

(경복궁 ← 광화문 광장, 국립중앙박물관 → 이태원)

※ 서울시티투어버스는 화살표 방향으로 순환한다.
※ 기점(광화문 광장) 기준 첫차는 09:00, 막차는 17:30이며, 30분 간격으로 배차되고, 정류장 간 이동 시간은 5분이다.

- 관광명소 정보

장소	개방시간	휴무	평균 관광시간
덕수궁	09:00~21:00	월요일	1시간 20분
남대문시장	00:00~23:00	일요일	1시간
전쟁기념관	09:30~18:00	월요일	1시간 40분
국립중앙박물관	10:00~18:00	신정, 설날, 추석 당일	2시간 20분
N서울타워	10:00~23:00	연중무휴	1시간
창경궁	09:00~20:00	월요일	1시간
창덕궁(일반관람)	09:00~18:00	월요일	1시간 10분
경복궁	09:00~18:00	화요일	1시간 30분

※ 이태원, 명동, 인사동은 개방시간 및 휴무일이 없으며, 평균 관광시간은 1시간 10분이다.
※ 평균 관광시간은 시티투어버스 정류장까지 오는 시간을 포함한다.
※ 창덕궁 후원은 일반관람과 별도로 가이드 안내에 따라 관람할 수 있다. 가이드 안내 시각은 10:00~15:00 매 정각이며, 관람은 1시간 30분 가량 소요된다.

05 제임스 씨 가족은 2024년 12월 28일 토요일 서울에 도착하여 6박 7일간 여행할 계획이다. 첫날과 마지막 날을 제외하고 하루를 정해 시티투어버스를 이용하여 대화 속 관광지를 돌아본다면 가장 적절한 날은 언제인가?

> 제임스 : 서울에서 하루는 시티투어버스로 관광지를 돌아보려고 하는데, 이동 경로 중에서 가고 싶은 곳이 어딘지 각자 말해볼까? 나는 한국의 역사적인 유물이 전시된 박물관을 꼭 관람했으면 해.
> 아내 : 좋아요. 난 개인적으로 한국의 전통시장을 구경하고 싶어요.
> 딸 1 : 전 궁궐에 가고 싶은데, 그중에서 경복궁에 가고 싶어요.
> 아들 : 전 N서울타워에서 도시 전경을 내려다보고 싶어요.
> 딸 2 : 전 창덕궁 후원이 특히 아름답다고 하니, 꼭 둘러볼 수 있었으면 해요.

① 12월 29일 ② 12월 30일 ③ 12월 31일
④ 1월 1일 ⑤ 1월 2일

06 다연은 오전 9시 광화문 광장에서 서울시티투어버스를 타고 관광명소를 돌아본 뒤 오후 2시에 광화문 광장으로 되돌아오려고 한다. 다음 중 이동 가능한 경로를 모두 고르면?(단, 휴무일과 겹치지 않으며, 개방시간 전에는 해당 관광명소에 들를 수 없다.)

> ㉠ 덕수궁, 전쟁기념관, N서울타워
> ㉡ 경복궁, 이태원, 창경궁
> ㉢ 국립중앙박물관, 남대문시장, 창경궁
> ㉣ 남대문시장, 창덕궁 후원, N서울타워

① ㉠, ㉢   ② ㉡, ㉣   ③ ㉠, ㉡, ㉢
④ ㉠, ㉢, ㉣   ⑤ ㉡, ㉢, ㉣

07 다음은 H공사 체험형 인턴 합격자 정보이다. 기술혁신본부 직원 갑과 해외사업본부 직원 을의 대화를 참고할 때, 기술혁신본부와 해외사업본부에 배정될 인턴이 적절하게 짝지어진 것은?

〈체험형 인턴 명단〉

구분	전공	자격증	비고
A	경제학	TOEIC, MOS	운전면허 보유
B	재료공학	컴퓨터활용능력	전기기사 획득
C	영어영문학	TOEIC, HSK	
D	전기공학	JLPT, 정보처리기사	운전면허 보유
E	화학공학	컴퓨터활용능력	
F	컴퓨터공학	컴퓨터활용능력, 정보처리기사	운전면허 보유
G	행정학	TOEIC	독일어, 러시아어 가능
H	경영학	TOEIC, 정보처리기사	

※ 어학 자격증 : TOEIC(영어), HSK(중국어), JLPT(일본어)
※ 컴퓨터 자격증 : 컴퓨터활용능력, MOS, 정보처리기사

> 갑 : 이번 인턴 명단 보셨어요?
> 을 : 네, 오늘 받아서 봤는데, 저희 쪽에 배정 요청하고 싶은 인력이 있더군요.
> 갑 : 잘됐네요. 저도 생각해 둔 사람이 있어요.
> 을 : 서로 겹치진 않겠죠? 저흰 전공은 크게 상관없지만, 외국어 능력이 중요해서, 2개 이상 외국어 가능자가 적합해요.
> 갑 : 저희는 공과대학 출신자여야 해요. 컴퓨터 관련 자격증도 있으면 좋은데, 그것보다 장비 점검 등 이동할 일이 종종 있어서 운전면허 보유자가 더 적합하고요.
> 을 : 듣자 하니 본부당 2명씩 배치된다던데, 적합자로만 배정받을 수 있을 것 같네요.

	기술혁신본부	해외사업본부
①	B, D	A, C
②	B, F	C, H
③	D, E	A, G
④	D, F	C, G
⑤	E, F	G, H

[08~09] 다음은 교통약자 보호구역 내 위반행위별 범칙금 및 벌점 부과 기준이다. 자료를 바탕으로 이어지는 물음에 답하시오.

교통약자 보호구역

어린이, 노인, 장애인 등 교통약자를 교통사고의 위험으로부터 보호하기 위하여 필요한 경우 해당 시설 주변 도로 가운데 300~500m의 일정 구간을 교통약자 보호구역으로 지정하여 자동차 등의 통행 속도를 시속 30km 이내로 제한하거나 도로 통행을 제한 또는 금지하는 조치를 취할 수 있다.

• 교통약자 보호구역 위반행위 및 범칙금

위반행위		범칙금
통행 금지 위반		8만 원
주 · 정차 위반		8만 원
속도 위반	40km/h 이상	12만 원
	20km/h 이상 40km/h 미만	9만 원
	20km/h 미만	6만 원
신호 · 지시 위반		12만 원
보행자보호의무 불이행	횡단보도	12만 원
	일반도로	8만 원

• 교통약자 보호구역 위반행위 및 면허벌점

위반행위		면허벌점
속도 위반	60km/h 이상	120점
	40km/h 이상 60km/h 미만	60점
	20km/h 이상 40km/h 미만	30점
	20km/h 미만	15점
신호 · 지시 위반		30점
보행자보호의무 불이행	횡단보도	20점
	일반도로	

---

08 다음 중 교통약자 보호구역 위반행위에 따른 범칙금과 벌점 부과 내용으로 옳은 것은?

① 노인 보호구역 내 횡단보도에서 보호자보호의무 불이행 차량에 8만 원의 범칙금과 벌점 20점이 부과된다.

② 어린이 보호구역 내 통행 금지 구역에 진입한 차량에 8만 원의 범칙금과 벌점 15점이 부과된다.

③ 노인 보호구역 내에서 신호를 위반하면 12만 원의 범칙금과 60점의 벌점이 부과된다.

④ 어린이 보호구역 내 주차 위반 시 6만 원의 범칙금이 부과된다.

⑤ 장애인 보호구역에서 60km/h로 주행하면 9만 원의 범칙금과 30점의 벌점이 부과된다.

PART 03 문제해결 · 자원관리능력 ▼

9일차

10일차

11일차

12일차

13일차

09 누적 벌점이 40점 이상이면 1점당 1일의 면허 정지 처분을 받게 되며, 1년간 벌점이 121점 이상 누적되면 면허 취소 처분을 받게 된다. A씨의 2023년 벌점 내역이 다음과 같고 2023년 11월 교통약자 보호구역에서 시속 70km로 주행한 뒤, 통행 금지 구역에 진입했다면 A씨에게 내려질 처분으로 옳은 것은?(단, 주어진 사항 외에 추가 벌점 내역은 없다.)

〈2023년 A씨 벌점 내역〉

• 3월 : 보행자보호 의무불이행(10점)
• 7월 : 속도 위반(15점)
• 9월 : 인적 피해 교통사고(7점)

---

① 누적 벌점 47점으로 면허 정지 처분을 받는다.
② 누적 벌점 62점으로 면허 정지 처분을 받는다.
③ 누적 벌점 92점으로 면허 정지 처분을 받는다.
④ 연간 누적 벌점 122점으로 면허 취소 처분을 받는다.
⑤ 연간 누적 벌점 137점으로 면허 취소 처분을 받는다.

10 다음은 비행기로 A와 B국 간 이동 시 출발시각과 도착시각이다. 시간은 모두 현지 기준이며, 비행시간은 두 구간이 같을 때, A와 B국 간 비행시간과 시차가 바르게 연결된 것은?(단, A국이 B국보다 1시간 빠르다는 것은 A국이 오전 9시일 때 B국은 오전 10시임을 뜻한다.)

출발지	도착지	출발시각	도착시각
A국	B국	22:00	익일 06:00
B국	A국	07:00	21:00

	비행시간	시차
①	10시간	A국이 B국보다 3시간 빠르다.
②	11시간	A국이 B국보다 3시간 느리다.
③	12시간	A국이 B국보다 3시간 빠르다.
④	10시간	A국이 B국보다 3시간 느리다.
⑤	11시간	A국이 B국보다 3시간 빠르다.

[11~12] 다음은 A사의 초과근무수당 산식과 A사에 재직 중인 K사원의 12월 1주 출퇴근 기록표이다. 자료를 바탕으로 이어지는 물음에 답하시오.

〈표 1〉 점수별 등급 기준

점수	95점 이상	90~94점	85~89점	80~84점	75~79점	74점 이하
등급	A+	A	B	C	D	E

※ 환산 등급을 기준으로 A+부터 E등급까지 각각 6~1점을 부여하여 등급 점수가 가장 높은 직원을 진급자로 결정함
※ 동 순위인 경우 고객 응대, 규정 준수도, 수익성, 관계 순으로 높은 등급을 획득한 사람을 최종 진급자로 결정함

〈표 2〉 승진 대상자 평가 점수표

(단위 : 점)

구분	김 과장	정 대리	이 대리	최 사원	박 사원
고객 응대	70	80	95	87	83
수익성	85	93	94	93	87
규정 준수도	92	80	83	96	92
대인관계	87	92	76	83	96

11 평가 점수 및 등급 기준을 고려할 때 최종 승진자로 결정될 직원은?

① 김 과장 ② 정 대리 ③ 이 대리
④ 최 사원 ⑤ 박 사원

12 인사부의 새로운 인사 기준이 다음과 같이 하달되어 승진 대상자 결정 기준을 수정할 경우 최종 승진자로 결정될 직원은?

> 이번 진급 대상자 평가는 고객 응대, 수익성, 규정 준수도, 대인 관계를 각각 35%, 20%, 15%, 30%씩 반영하여 평가점수의 최고 득점자를 최종 승진자로 결정합시다.

① 김 과장 ② 정 대리 ③ 이 대리
④ 최 사원 ⑤ 박 사원

[13~14] 다음은 K공사 성과급 지급 기준과 갑~경의 업무평가 결과이다. 내용을 바탕으로 이어지는 물음에 답하시오.

■ 성과급 지급 기준

지급 등급	지급 기준	지급액
S등급	평가 결과 80점 이상	월급여의 150%에 해당하는 금액
A등급	평가 결과 80점 미만 75점 이상	월급여의 125%에 해당하는 금액
B등급	평가 결과 75점 미만 70점 이상	월급여의 100%에 해당하는 금액
C등급	평가 결과 70점 미만	지급하지 아니함

■ 개인별 업무평가 점수

구분		업무효율	전문성
갑	기획본부	84	80
을	관리본부	83	75
병	상생발전본부	91	85
정	영업본부	83	89
무	관리본부	80	82
기	상생발전본부	87	83
경	영업본부	86	80

※ 개인 업무평가 합산 점수를 100점 만점(업무효율 50점, 전문성 50점)으로 환산한 뒤 조직성과를 곱한 점수를 최종 결과로 함
※ 조직성과는 다음의 본부별 업적점수를 적용하며, A = 100%, B = 90%, C = 80% 적용

기획본부	관리본부	상생발전본부	영업본부
B	A	C	B

13 평가대상 중 S등급에 해당하는 사람과 C등급에 해당하는 사람이 바르게 짝지어진 것은?

	S등급	C등급
①	을	없음
②	무	기
③	을, 정	병
④	정, 무	없음
⑤	없음	기

14 갑~경의 월급여가 다음과 같을 때, A등급과 B등급을 받은 사람들의 성과급 총액은 얼마인가?

갑	을	병	정	무	기	경
250만 원	220만 원	270만 원	260만 원	240만 원	220만 원	250만 원

① 1,060만 원 ② 1,190만 원 ③ 1,250만 원
④ 1,370만 원 ⑤ 1,420만 원

[15~16] 다음은 A~G지역 간 경로이다. 그림을 바탕으로 이어지는 물음에 답하시오.

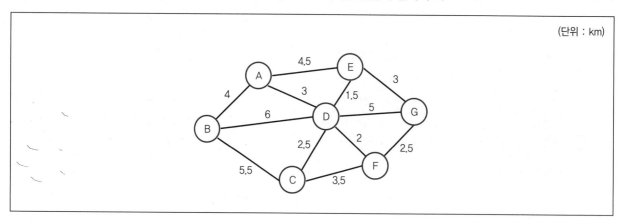

(단위 : km)

15 A지역에서 출발하여 전체 지역을 최단경로로 이동할 때의 거리는?(단, 한번 거쳐 간 지역은 다시 지나가지 않는다.)

① 18km   ② 18.5km   ③ 19km
④ 19.5km   ⑤ 20km

16 A지역에서 오전 10시에 출발하여 나머지 지역을 최단경로로 이동하며, 출발지와 도착지를 제외한 나머지 지역에서 30분씩 머물려 한다. 이때 마지막 지역에 도착하는 시간은?(단, 이동 시 30km/h의 속력으로 이동한다.)

① 오후 1시 5분   ② 오후 1시 8분   ③ 오후 1시 11분
④ 오후 1시 14분   ⑤ 오후 1시 17분

13일차 학습 점검표

번호	유형	O/x	번호	유형	O/x
1	일정 조정		11	상황 적용	
2	일정 조정		12	상황 적용	
3	경비 계산		13	평가	
4	경비 계산		14	경비 계산	
5	일정 조정		15	경로	
6	경로		16	경로	
7	대응				
8	상황 적용				
9	상황 적용				
10	시차				

맞힌 문항 수	/ 16
취약 유형	

취약 유형 다시 보기

P / A / R / T

04

마무리 학습

14일차 실전모의고사

01 빈칸 ㉠~㉢에 들어갈 적절한 단어로 바르게 짝지어진 것은?

> 식물의 꽃은 같은 종류끼리는 같은 시기에 피어야 유리하다. 그래야 수분* 확률이 (㉠)하고, 번식률을 높일 수 있기 때문이다. 그래서 제주도의 유채도 일제히 같은 시기에 개화한다. 그러나 유채가 대규모 군락을 이룬 상황에서 유채와 같은 시기에 꽃을 피우는 다른 식물들은 꽃가루받이 확률이 (㉡)한다. 꿀벌이나 나비는 꿀을 빨기 용이한 꽃이면 종류를 가리지 않는다. 예컨대 유채 군락에 드물게 제비꽃이 피었다고 하자. 제비꽃에서 꿀을 빤 나비나 벌이 다음 차례에 다시 제비꽃에 갈 확률은 대단히 (㉢).
>
> ※ 수분 : 수술의 화분이 암술머리에 붙는 일. 바람, 곤충, 새 등에 의해 이루어지며 꽃가루받이라고도 함

	㉠	㉡	㉢
①	증가	감소	낮다
②	감소	증가	높다
③	증가	증가	낮다
④	감소	증가	낮다
⑤	증가	감소	높다

02 사원 A는 구내식당에서 제공하는 식품 A와 B의 단백질과 지방 함량을 따져 섭취하려고 한다. 식품 A는 지방 8%, 단백질 10%를 포함한 식품이고, 식품 B는 지방 14%, 단백질 40%를 포함한 식품이다. 두 종류의 식품을 합하여 지방 30g, 단백질 60g을 섭취하려 한다면 식품 B는 몇 g을 섭취해야 하는가?

① 80g   ② 100g   ③ 120g
④ 150g   ⑤ 200g

03 다음 ○○기업의 정보공개업무 운영기준 내용 일부를 읽고 바르게 이해한 것은?

> 제22조(정보공개방법) ① 정보의 공개는 다음 각 호의 방법으로 한다.
>   1. 문서·도면·사진 등은 열람 또는 사본의 교부
>   2. 필름·테이프 등은 시청 또는 인화물·복제물의 교부
>   3. 마이크로필름·슬라이드 등은 시청·열람 또는 사본·복제물의 교부
>   4. 전자적 형태로 보유·관리하는 정보 등은 파일을 복제하여 정보통신망을 활용한 정보공개시스템으로 송부, 매체에 저장하여 제공, 열람·시청 또는 사본·출력물의 교부
>   5. 이미 공개된 정보의 경우 그 정보 소재(所在)의 안내
> ② 전자적 형태로 보유·관리하는 정보에 대하여 청구인이 전자적 형태로 공개하여 줄 것을 요청하는 경우에는 그 정보의 성질상 현저히 곤란한 경우를 제외하고는 청구인의 요청에 따라야 한다.
> ③ 전자적 형태로 보유·관리하지 아니하는 정보에 대하여 청구인이 전자적 형태로 공개하여 줄 것을 요청하는 경우에는 정상적인 업무수행에 현저한 지장을 초래하거나, 그 정보의 성질이 훼손될 우려가 없으면 그 정보를 전자적 형태로 변환하여 공개할 수 있다.
> ④ 정보를 공개할 때 본인 또는 그 정당한 대리인임을 확인할 필요가 없는 경우에는 청구인의 요청에 의하여 제1항 각 호의 사본·출력물·복제물·인화물 또는 복제된 파일을 우편·팩스 또는 정보통신망을 이용하여 보낼 수 있다.
> ⑤ 정보를 공개하는 때에는 타인의 지적 소유권, 사생활의 비밀, 그 밖에 타인의 권리 또는 이익이 부당하게 침해되지 아니하도록 유의하여야 한다.
> ⑥ 정보공개 청구대상이 이미 널리 알려진 사항이거나, 청구량이 과다하여 정상적인 업무수행에 현저한 지장을 초래할 경우 소관 업무부서장의 결정으로 공개일시, 장소, 방법 등에 대하여 일부 제한을 할 수 있다.

① 슬라이드 자료 공개 요청 시 자료가 저장된 매체를 제공받거나 정보 소재를 안내받을 수 있다.
② 전자적 형태로 정보를 보유하거나 관리하지 않는 경우 전자적 형태로 변환하여 제공하는 것은 원칙에 어긋난다.
③ 정보공개 청구인의 신원 확인이 필요하지 않은 정보는 정보통신망을 통하여 해당 정보의 복제 파일을 전송할 수 있다.
④ 공개 요청 정보가 타인의 지적 소유권 침해의 우려가 있다고 판단되는 경우 소관 업무부서장의 결정하에 공개를 보류할 수 있다.
⑤ 정보공개 청구량이 업무수행에 현저한 지장을 초래할 만큼 과다하다면, 담당자의 요청으로 공개일시를 제한할 수 있다.

PCV는 접종 시작 연령에 따라 필요한 접종 횟수가 다르므로 주의해야 합니다.
• PCV 접종 시작 연령에 따른 권장 접종 일정

백신 종류	첫 접종 연령	기초 접종	추가 접종
PCV10	생후 2~6개월	3회	12~15개월에 1회
	생후 7~11개월	2회	12~15개월에 1회
	생후 12~59개월	2회	–
PCV13	생후 2~6개월	3회	12~15개월에 1회
	생후 7~11개월	2회	12~15개월에 1회
	생후 12~23개월	2회	–
	생후 24~59개월	1회	–

• 최소 접종 간격

1~2차	2~3차	3~4차
• 4주 : 생후 12개월 이전에 1차 접종한 경우 • 8주(마지막 접종) : 생후 12개월 이후에 1차 접종을 한 경우 • 더 이상 접종이 필요하지 않은 경우 : 1차 접종을 PCV13으로 생후 24개월 이후에 한 경우	• 4주 : 현재 생후 12개월 미만이며 이전 접종을 7개월 미만에 한 경우 • 8주(마지막 접종) – 이전 접종을 생후 7~11개월에 한 경우로 생후 12개월 이후 실시 – 현재 연령이 생후 12개월 이상이며 1회 이상 생후 12개월 이전에 접종한 경우 • 더 이상 접종이 필요하지 않은 경우 : 이전 접종을 생후 24개월 이후에 한 경우	• 8주(마지막 접종) : 생후 12개월 이전에 3번의 접종을 한 생후 12~59개월 소아

04 생후 12주에 1차 접종 후 최소 접종 간격에 맞춰 접종할 때 마지막 접종이 끝나는 시기는?(단, 1개월은 4주이다.)

① 생후 5개월   ② 생후 7개월   ③ 생후 12개월

④ 생후 15개월   ⑤ 생후 23개월

05 다음 〈보기〉에서 다음 접종까지의 최소 간격이 8주인 경우를 모두 고르면?

┤보기├

㉠ PCV13 백신을 생후 11개월에 1차 접종한 경우

㉡ PCV10 백신을 생후 12개월에 2차 접종한 경우

㉢ PVC10 백신을 생후 13개월에 1차 접종한 경우

㉣ PVC13 백신을 생후 24개월에 1차 접종한 경우

㉤ PVC10 백신을 생후 36개월에 1차 접종한 경우

① ㉠, ㉡, ㉣   ② ㉡, ㉢, ㉤   ③ ㉠, ㉡, ㉢, ㉤

④ ㉠, ㉢, ㉣, ㉤   ⑤ ㉡, ㉢, ㉣, ㉤

06 다음은 ○○기업에서 게시한 발주서의 일부이다. 이를 이해한 것으로 옳지 않은 것은?

일반지침

1. 계약상대자는 계약일로부터 7일 이내에 다음 제반서류를 제출하여야 한다.
   (1) 착수보고서
      – 착수계, 사업책임기술자의 지정계(위임장, 재직증명서, 건설기술자 경력증명서, 기술자 면허수첩사본 첨부), 예정공정표, 조직도, 계약내역서, 보안각서 및 서약서 등
2. 계약상대자는 본 과업지시서와 관계법령 및 제 기준에 따라 성실히 수행하고 발주 기관은 계약상대자가 원활하게 과업수행 할 수 있도록 협조한다.
3. 용역진행에 관하여 감독자의 추가 과업지시가 있을 때에는 용역기관은 성실히 이행하여야 한다.
4. 과업내용에 대한 해석에 의견 차이가 있을시 관련 법령, 규정 등에 따르되 구체적으로 명기한 내용이 없는 경우에는 발주기관과 계약상대자가 상호 협의하여 처리한다.
5. 과업수행중 발주기관의 요구가 있을 때에는 계약상대자는 과업진행 상황 및 과업성과에 대한 자료를 제출해야한다.
6. 과업 완료 후에도 용역내용에 대한 재검토사항이 있는 경우 최대한 협조하여야 한다.
7. 현장 조사 중 불안전한 행동 또는 조건이 존재하지 못하도록 인원 및 장비를 통제하여 사고가 발생하지 않도록 미리 조치해야 하고, 모든 사고에 대한 책임은 용역사에게 있다.
8. 보수 · 보강 필요 시에는 가장 효율적이고 경제적인 방법으로 시행 할 수 있도록 제시하여야 하며 소요되는 공사비(산출 근거 포함)를 산출하여 제출하여야 한다.
9. 구조보강을 위한 특수공법 시공 시 시공에 필요한 기술적인 의견서를 제출하여야 한다.
10. 모든 점검은 시설물의 안전 및 유지관리 실시 등에 관한 지침(국토교통부 고시 제2018 – 45호) 및 세부지침에 의하여 점검하여야 한다.
11. 본 과업의 산출된 직접인건비는 용역품질의 저하 방지 등을 위하여 적절하게 투입될 수 있도록 한다.

---

① 계약상대자는 착수일로부터 7일 이내에 착수계, 사업책임기술자의 지정계, 예정공정표, 보안각서 등을 제출하여야 한다.

② 계약상대자는 용역 진행에 있어 추가적인 과업이나 진행 상황 및 성과에 대한 자료 제출을 지시받을 수 있으며, 과업완료 후 재검토사항 발생 시에도 협조하여야 한다.

③ 발주기관과 계약상대자의 과업내용에 대한 해석이 다르고, 관련 법령 및 규정이 구체적이지 않을 시 상호 협의하여 처리한다.

④ 과업 진행 중 보수 · 보강이 필요할 경우 공사비를 산출하여 산출 근거와 함께 제출하여야 하고, 특수공법 시공으로 구조를 보강할 경우에는 기술적 의견서를 제출하여야 한다.

⑤ 용역기관은 직접인건비를 적절하게 투입하여 용역품질의 저하를 방지해야 하고, 인원 및 장비를 통제하여 사고를 예방해야 한다.

[07~09] 다음 글을 읽고 이어지는 물음에 답하시오.

2022년 2월, 우크라이나에서 제2차 세계대전 이후 처음으로 유럽 내에서 침략 전쟁이 일어났다. 러시아와 우크라이나 전쟁은 2014년부터 시작된 분쟁으로 2022년에 러시아가 전면적으로 우크라이나를 침공하며 전쟁으로 확대되었다. (가)

다수의 학자는 러시아가 우크라이나를 침공한 이유를 나토(NATO)에 의한 ⓐ안보적 불안정성 때문이라고 판단한다. 나토(NATO)는 세계 주요 국제기구 중 하나로서, 유럽과 북미 지역 29개 회원국 간의 정치 및 군사 동맹이다. 나토 회원국은 한 회원국이 무력 공격을 받을 경우 지원하는 것에 동의하고 있다. (나)

2019년 우크라이나는 헌법을 개정해 EU와 나토 가입을 국가적 목표로 ⓑ명시했으며, 이는 러시아에 있어 위기의식을 ⓒ고조시키는 계기가 되었다. (다) 학자들은 러시아가 갈수록 강해지는 나토와 서방국가의 봉쇄망을 돌파하고 안보 위기를 극복하기 위해 우크라이나 침공에 나선 것이라고 현 사태를 파악했다.

러시아의 침공 직후 여러 국가는 우크라이나의 주권, 자유 수호, 유럽의 방어 등을 명목으로 무기와 물자를 대규모로 지원하며 러시아에 제재 조치를 가하였다. 이에 대응하여 러시아는 비우호국가 목록을 발표하며 러시아를 제재하는 국가들에 역제재를 부과하였다. 대한민국도 러시아의 비우호국가 목록에 포함되어있다. (라)

러시아 침공 이후 2년, 양국 간 분쟁이 발생한 지 10년이 지난 현재 전쟁은 계속되고 있다. 전쟁으로 우크라이나에서는 만 명이 넘는 민간인이 사망하였고, 2만 7천 명 이상의 사상자가 발생하였다. 2022년 2월 이후 교육 시설에 대한 러시아의 공격은 4,000회 이상, 의료 시설에 대한 공격은 1,300회 이상으로 기록되었다. (마)

이에 바이든 정부는 우크라이나가 무너지면 다음은 미국이 엮인 나토의 회원국들이 러시아의 먹잇감이 될 것임을 경고하고 있다. 러시아 – 우크라이나 전쟁과 더불어 우크라이나를 둘러싼 러 · 미 갈등은 유럽 안보 질서 ⓓ신설, 한반도 새로운 ⓔ냉전 구도 형성, 북방정책 추진 등과 관련이 있다는 점에서 지속적 모니터링과 종합적 대책 마련이 필요하다.

07 다음 ⓐ~ⓔ 중 글의 맥락상 적절하지 않은 어휘는?

① ⓐ   ② ⓑ   ③ ⓒ

④ ⓓ   ⑤ ⓔ

08 (가)~(마) 중 〈보기〉의 문장이 삽입되기에 가장 적절한 위치는?

┤보기├

러시아는 나토가 러시아의 주권과 영토 침해뿐만 아니라 경제이익을 포함한 세계 전 지역에서 자국의 국익을 제한하여 생존과 발전을 가로막는 위협으로 인식하고 있기 때문이다. 우크라이나를 속국으로 생각했던 러시아는 이러한 우크라이나의 나토 가입에 반발했다.

① (가)   ② (나)   ③ (다)

④ (라)   ⑤ (마)

09 다음 중 지문의 내용과 일치하는 것은?

① 러시아의 우크라이나 침공이 일어나자 대한민국 정부와 국민들은 러시아를 지원했다.

② 러시아–우크라이나 전쟁은 제1차 세계대전 이후 처음으로 일어난 유럽 내에서 침략 전쟁이다.

③ 우크라이나는 러시아와 함께 나토(NATO)에 가입하고자 한다.

④ 러시아–우크라이나 전쟁은 한반도에 새로운 냉전 구도를 형성하였다.

⑤ 나토(NATO)는 세계 주요 국제기구 중 하나로 현재 28개국이 가입되어있다.

10 A~F 6명의 연봉은 모두 다르다. 다음 중 1명이 거짓말을 하고 있으며, 나머지 진술은 모두 참이다. 연봉이 가장 낮은 사람이 A일 때, 연봉이 높은 순서대로 나열한 것은?

- A : D의 연봉이 가장 높아.
- B : 나는 이 중에서 5번째로 높아.
- C : 나는 E보다 연봉이 높아.
- D : F의 말은 사실이야.
- E : 내 연봉은 3번째로 높아.
- F : 나는 A보다는 많고, B보다는 낮아.

① A–F–B–E–C–D ② A–B–E–F–C–D ③ D–C–E–B–F–A

④ D–C–F–E–B–A ⑤ D–E–B–C–F–A

11 회사 근처에는 둘레가 1.5km인 호수가 있다. 이 호숫가의 한 지점에서 사원 A와 사원 B가 만나기로 했는데, 같은 방향으로 돌면 30분 후에 만나고, 반대 방향으로 돌면 10분 후에 만난다고 한다. 사원 B가 사원 A보다 걷는 속도가 더 빠르다면, 사원 A의 속력은?

① 40m/분 ② 50m/분 ③ 60m/분

④ 70m/분 ⑤ 80m/분

[12~13] 다음은 국내 소비자들의 품목별 해외직접구매(해외직구) 현황과 해외직구 건수 증감률을 나타낸 자료이다. 이어지는 물음에 답하시오.

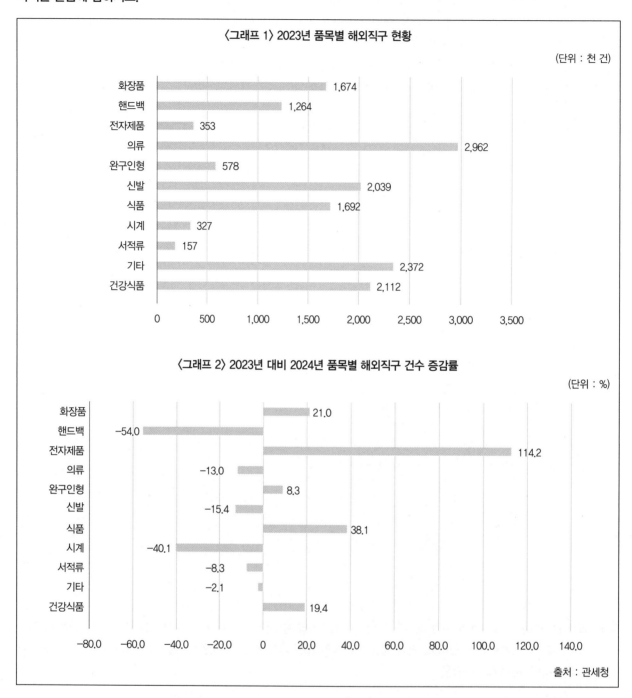

12 다음 중 자료에 대한 설명으로 옳지 않은 것은?

① 2024년 해외직구 품목 중 전자제품군의 건수가 전년에 비해 가장 빠르게 증가했다.

② 2023년 해외직구 품목 중 가장 많은 비중을 차지하는 품목은 의류이다.

③ 전년에 비해 2024년 해외직구 품목은 핸드백, 시계, 신발, 의류, 서적류, 기타 순으로 많이 감소했다.

④ 2024년 해외직구 품목 중 완구인형 구매 건수는 전자제품 구매 건수보다 많다.

⑤ 기타 품목을 제외한 2023년 품목 중 국내 소비자들이 200만 건 이상 구매한 품목은 3개이다.

13 2023년 품목별 해외직구 거래금액이 총 18억 6,360만 달러라면, 해당 연도의 해외직구 건당 평균 거래금액은 몇 달러인가?

① 120달러 　　② 130달러 　　③ 140달러
④ 150달러 　　⑤ 160달러

[14~15] 다음 글을 읽고 이어지는 물음에 답하시오.

양파에는 최소 25가지 이상의 항산화 물질이 함유되어 있다. 특히 자색 양파는 항산화 물질의 하나인 안토시아닌이 들어 있어 뇌의 활성산소를 제거하여 기억력 ㉠증진에 도움을 주고, 위를 보호해 위경련 및 궤양을 예방하는 데에 효과적이다. 그런데 특이한 것은 양파는 알맹이보다 껍질에 더 많은 항산화 물질이 ㉡함유되어 있다는 것이다. 양파 껍질에 다량 함유된 '퀘르세틴'은 혈관 내 콜레스테롤을 분해하고 면역 기능을 높여 주는 항산화 물질이다. 국내 한 연구에 따르면 양파 알맹이의 퀘르세틴 함량은 1.1mg, 양파 껍질의 퀘르세틴 함량은 무려 322mg으로 드러났다.

이 때문에 양파는 껍질까지 섭취해야 그 효능을 온전히 ㉢누릴 수 있다. 양파 껍질은 말려서 차로 마시거나 알맹이와 함께 착즙해 양파즙으로 섭취하는 등 여러 가지 방법으로 섭취할 수 있다. 시중에는 이미 원산지와 품종, 원물의 재배 방법 등이 다른 각양각색의 양파즙이 판매되고 있다. 양파즙 구매 시 이런 점을 확인하는 것도 중요하지만 제조 방식 역시 살펴보는 것이 좋다. 양파즙이 어떠한 방식으로 만들어졌는지에 따라 약효 성분의 추출률에 차이가 생길 수 있기 때문이다.

시중에 판매 중인 대부분의 양파즙 제품들은 양파를 물에 넣어 ㉣달여 내는 '추출액 방식'을 통해 만들어지는 경우가 많다. 추출액 방식은 물에 양파를 우려 진액을 뽑아내는 것이므로 양파에 담긴 수용성 영양소를 추출하는 데에는 용이하지만 물에 녹지 않는 비수용성 영양소를 추출하는 데에는 한계가 있을 수밖에 없다. 최근에는 추출액 방식의 한계성을 ㉤보완한 전체식 양파즙도 판매되고 있다. 전체식 방식은 양파를 껍질째 통으로 갈아낸 양파분말을 양파농축액에 담는 것이기 때문에 물 용해성과 상관없이 양파의 영양을 최대한 담아낼 수 있다. 한 진단검사기관에서는 이 양파즙과 양파분말의 영양성분을 비교한 연구를 통해 실제로 양파분말이 플라보노이드, 셀레늄, 게르마늄, 아연, 칼륨, 칼슘 등의 영양성분 함유량이 양파즙보다 1.66배에서 최대 28배가량 높다는 것을 확인했다.

또한, 양파즙은 일반적으로 유익한 식품이지만 매운 성분이 있어 임산부라면 섭취에 주의할 필요가 있다. 아울러 위장이 예민한 경우 공복에 양파즙을 섭취하면 속이 쓰리는 등 부작용을 겪기도 해 가능한 식후에 마시는 것이 좋다.

14 다음 중 글의 내용과 일치하는 것은?
① 자색 양파에 들어 있는 안토시아닌은 뇌의 활성산소를 활성화하여 기억력 증진과 위궤양 예방에 효과가 있다.
② 양파를 껍질째 통으로 갈아내는 추출액 방식을 통해 양파 껍질의 비수용성 영양소까지 최대한 추출할 수 있다.
③ 임산부의 경우 양파즙은 섭취에 주의해야 하며 되도록 식후보다는 공복에 섭취하는 것이 좋다.
④ 퀘르세틴은 면역 기능을 높여 주는 역할을 하며 양파의 알맹이보다 껍질에 더 많이 함유되어 있다.
⑤ 양파즙을 추출하는 방식에 따라 동일한 양파에서도 서로 다른 양의 약효 성분이 추출될 수 있다.

15 다음 중 ㉠~㉤과 바꿔쓸 수 있는 어휘가 아닌 것은?
① ㉠ 향상 　　② ㉡ 포함 　　③ ㉢ 소수할
④ ㉣ 고아 　　⑤ ㉤ 넘어

16 다음은 A병원 업무매뉴얼 중 일부이다. 간호사의 업무를 간호조무사에게 위임할 수 있는 활동 범위가 다음과 같을 때, 위임할 수 없는 행위를 〈보기〉에서 모두 고르면?

• 운동 및 활동

간호활동	위임 불가	위임 가능	주의사항
운동 및 활동범위 사정	●		
체위 변경		●	
이동 및 활동 시 단순 보조		●	– 환자의 의식이 명료하여 지시를 따를 수 있는 경우 위임 가능
보행기, 목발 사용 시 보조		●	– 탈구 등 환자 상태 변화의 가능성이 있거나 특정 체위가 불가능한 환자의 경우 간호사가 시행
휠체어, 눕는 차 이용 환자의 이동 보조		●	
CPM 기계 적용	●		기계 준비 및 정리 등의 간호활동 보조는 간호조무사가 시행
침대 조정		●	골절 및 신경계질환자는 간호사가 시행

• 안위 간호

간호활동	위임 불가	위임 가능	주의사항
불편감, 통증 사정	●		
수면 돕기		●	Ice bag, Hot bag 준비 등의 간호활동 보조는 간호조무사가 시행
냉온요법	●		
전환 및 이완요법 제공	●		
정서적지지 간호	●		환자의 정서상태 파악 및 개별화된 정서적지지 간호는 간호사의 고유 업무로 위임 불가하며, 간호조무사는 손 잡아주기, 응대하기 등을 통해 간호사의 간호활동을 보조

• 간호 기록 및 정보 관리

간호활동	위임 불가	위임 가능	주의사항
환자 간호 기록	●		
개인정보가 포함된 각종 자료 관리(동의서 등)	●		파쇄기록 수거함의 문서 파쇄는 간호조무사가 시행
의사처방 확인	●		
약품, 의료물품 관리	●		의료물품 세척 및 청결 유지는 간호조무사가 시행
병동 자산 및 물품 관리	●		환경 정리정돈 및 청결 유지는 간호조무사가 시행
환자 물품 정리		●	의치 및 보청기 관리는 간호사가 시행하며, 간호조무사는 의치 세척 등의 보조 활동을 시행

┌─보기├──
ⓐ 환자의 의치 세척
ⓑ 습관성 탈구 환자의 휠체어 이동 시 보조 역할
ⓒ 환자의 정서를 파악하고 지지하는 행위
ⓓ 다리 골절 수술을 받고 입원 중인 환자의 침대 조정
ⓔ 파쇄기록 수거함의 개인정보 문서 파쇄

① ㉠, ㉢
② ㉡, ㉣
③ ㉠, ㉡, ㉢
④ ㉡, ㉢, ㉣
⑤ ㉢, ㉣, ㉤

17 다음 글의 내용과 일치하지 않는 것은?

유전자의 구성물질인 DNA는 A, C, G, T라고 알려진 염기로 이루어져 있다. 이 염기들은 네 글자짜리 단어를 이루는 알파벳 문자라고 생각하면 쉽다. 신체의 구성과 작동을 위한 세포 단위에서의 지침은 AGT, GAT, AAC 등 세 글자짜리 '단어'의 형태로 유전자 속에 암호화된다. 이것들을 트리플렛(triplet)이라 한다. 이 단어를 이어 놓은 것들은 정보를 포함하고 있다. 알파벳 문자로 이뤄진 단어들을 이어놓으면 정보를 포함하게 되는 것이나 마찬가지다. 글자들의 서열이 충분히 길 경우 어떤 정보건 '쓸 수' 있다.

DNA 속 문자 서열은 인간의 생명에 필요한 정보를 담을 만큼 길다. 인간 유전체는 약 30억 개의 글자를 포함하고 있다. 컴퓨터 메모리로 환산하면 1기가바이트 정도에 해당하는 양이다. 어떤 의미에서 이것은 놀라울 정도로 적은 정보량이며 그 덕에 인간 유전체 지도 작성 프로젝트가 가능한 것이다. 개별 세포에도 같은 원리가 적용된다. 유전자 지도 덕분에 이제 우리는 2만 개에서 2만 5천 개 사이의 인간 유전자가 있으며, 이것들이 22개의 쌍을 이룬 염색체와 성을 결정하는 X 및 Y 염색체로 배열돼 있다는 것을 알게 됐다.

유전자 지도 작성을 전문 용어로 서열분석(sequencing)이라고 한다. 서열분석이란 DNA 사슬을 따라 글자의 배열을 찾아내는 것이다. 이를 위해 하나의 염색체를 구성하는 DNA 사슬을 따라 하나의 유전자가 어디서 끝나고 또 다른 유전자가 어디서 시작되는지 알아내야 한다. 과학자들은 이 일에 필요한 모든 작업에 효소를 이용한다. 효소는 일종의 화학적 가위로서 DNA를 정확한 위치에서 작은 조각으로 잘라준다. 정확한 위치를 알려면 글자들의 배열을 정확히 찾아내야 한다. 이 일은 책에서 특정 단어를 찾아내는 것과 같다. 그런 다음 이 조각들을 '겔 전기영동(gel electrophoresis)'이라는 기술을 이용해 분류한다. DNA 조각들을 끈끈한 겔로 가득한 관의 한쪽 끝에 놓고 전류를 사용해 이 조각들을 겔 속에서 움직이게 한다. 작은 조각들은 거칠 것이 적어 긴 조각들보다 빨리 움직이기 때문에 조각들이 크기별로 분류된다. 그다음 분류한 조각들을 화학적으로 분석해 염기서열을 찾아낸다. 여기에는 우리 몸이 DNA 복제를 위해 사용하는 것과 동일한 기술을 이용해 다수의 조각들을 복제함으로써 조각들을 '증폭'시키는 일이 포함된다. 이 작업을 통해 생긴 수많은 동일 DNA 복제물들로 화학자들은 이제 원하는 작업을 할 수 있게 된다.

① 인간 유전체는 A, C, G, T라고 알려진 염기 약 30억 개로 구성되어 있다.
② 서열분석 과정에서 효소는 유전자의 시작과 끝을 찾아 DNA를 자르는 기능을 한다.
③ 인간은 20,000~25,000개의 유전자와 22쌍의 염색체로 구성된다.
④ 겔 전기영동은 DNA 조각들을 크기별로 분류하기 위한 기술이다.
⑤ 트리플렛이란 3개의 염기로 이루어진 유전자 암호를 말한다.

[18~19] 야간전담 근무 직원의 급여 수준과 근무 운영지침, 야간전담 근무 직원 4명의 다음 달 근무 일정이 다음과 같다. 주어진 자료를 바탕으로 이어지는 물음에 답하시오.

〈야간전담 근무 급여 수준 및 운영지침〉

구분	내용
급여 수준	통상임금의 150% 기준으로 한다.
근무일수	근무 횟수는 월 15일 이내로 한다.
근무시간	8시간 근무를 원칙으로 한다.
근무 후 휴식	야간근무를 2회 이상 연속한 경우 48시간 이상의 휴식을 부여한다.
연속 근무	연속 야간근무는 3일을 초과하지 않는다.
주말 휴일	주말(토, 일) 휴일을 월 2회 이상 갖는다.

〈다음 달 근무 일정〉

일	월	화	수	목	금	토
1 오/문	2 신	3 신/오	4 주/오	5 주/문	6 신	7 오/문
8 신/오	9 문	10 주/오	11 신/오	12 주/신	13 신/오	14 오/문
15 신/문	16 오/신	17 주/오	18 신/오	19 주/문	20 주/신	21 신/문
22 문	23 주/오	24 오/문	25 주/오	26 신	27 주/오	28 주/문
29 주/오	30 주					

※ 주 과장은 ㉜, 신 대리는 ㉛, 오 주임은 ㉤, 문 사원은 ㉤으로 표시함

18 다음 달 근무 일정 수정 사항으로 적절하지 않은 것은?(단, 1일에 3명 이상이 동시에 근무하지 않는다.)

① 오 주임과 문 사원의 근무일을 1일씩 추가한다.
② 9일 근무자로 오 주임을 추가한다.
③ 7일 문 사원의 근무를 6일로 변경한다.
④ 신 대리를 15일 근무자에서 제외하고, 대신 22일에 배정한다.
⑤ 주 과장을 27일 근무자에서 제외하고, 대신 6일에 배정한다.

19 직급별 일일 통상임금이 다음과 같을 때, 주 과장, 신 대리, 오 주임, 문 사원 4명에게 지급될 다음 달 급여 총액은?(단, 다음 달 스케줄은 조건에 맞게 변경되었으며, 근무 일수는 변동이 없다.)

사원	주임	대리	과장
80,000원	96,000원	120,000원	150,000원

① 5,974,000원   ② 6,420,000원   ③ 7,862,000원
④ 8,961,000원   ⑤ 9,630,000원

20 A씨는 24평의 아파트에 입주하기 전 전체 도배와 거실 내부 바닥재를 새로 할 예정이다. 벽지는 실크 기준 1평에 6,500원인 것으로 선택했으며, 거실은 가로 4.5m, 세로 5.5m로 평당 30,000원인 P사 제품으로 바닥재를 시공할 계획이라면, 지불해야 하는 비용은 총 얼마인가?(단, 바닥재 평수 계산 시 소수점 첫째 자리에서 반올림한다.)

시공 견적 산출법

■ 벽지

벽지평수	분양평수×2.5 = 도배평수
도배 인건비	(실크 15평 기준) 인당 12만 원
부자재	(벽지가격 + 도배인건비)의 10%

■ 바닥재

평수	가로×세로÷3.24 = 바닥평수(아파트 또는 단독주택 모두 동일)
시공평수	바닥평수×1.1(로스분)

① 122만 1천 원 ② 123만 원 ③ 123만 6천 원
④ 124만 2천 원 ⑤ 124만 6천 원

21 다음 밑줄 친 단어와 동일한 의미로 쓰인 것은?

> 더 이상 아무런 증거도 나타나지 않아 수사가 막힌 상황이었다.

① 그는 딱딱한 얼굴을 한 채 출입구를 막고 서 있었다.
② 사측에서 노조의 정당한 활동과 요구를 막는 것은 법적으로도 부당한 일이다.
③ B는 즉시 불이 난 곳에 소화기를 뿌려 더 큰 피해가 일어나는 것을 막았다.
④ 그는 빠르게 상대 공격수의 앞을 막았다.
⑤ 이번 공격만 막아내면 이 경기는 이길 수 있다.

22 다음은 S사 직원 총 20명의 월급을 조사한 표이다. 평균, 중앙값, 최빈값을 바르게 짝지은 것은?

240	200	180	220	180	190	220	230	230	260
310	300	240	260	260	260	180	200	180	260

	평균	중앙값	최빈값
①	230	240	260
②	210	240	180
③	230	230	260
④	210	240	180
⑤	230	250	260

23 다음은 부담금 운용에 관한 자료이다. 이를 바탕으로 작성한 〈보고서〉의 내용 중 옳지 않은 것은?

〈표 1〉 부처별 부담금 징수실적 현황

(단위 : 억 원, %)

순위	소관 부처	금액	(구성비)	순위	소관 부처	금액	(구성비)
1	산업통상자원부	52,715	25.1	10	과학기술정보통신부	3,779	1.8
2	금융위원회	36,414	17.3	11	교육부	3,641	1.7
3	보건복지부	30,666	14.6	12	산림청	1,617	0.8
4	환경부	27,191	13.0	13	외교부	1,001	0.5
5	농림축산식품부	15,476	7.4	14	원자력안전위원회	901	0.4
6	국토교통부	12,552	6.0	15	해양수산부	877	0.4
7	고용노동부	8,751	4.2	16	기획재정부	842	0.4
8	문화체육관광부	7,488	3.5	17	행정안전부	187	0.1
9	중소벤처기업부	5,774	2.8	18	식품의약품안전처	48	0.0
합계					209,920(100)		

〈그래프〉 귀속주체별 부담금 귀속 내역

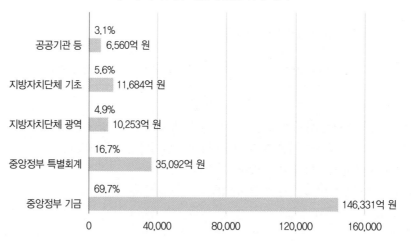

〈표 2〉 부처별 부담금 귀속 내역

(단위 : 억 원)

소관 부처	중앙정부		지방자치단체		공공기관 등
	기금	특별회계	광역	기초	
금융위원회	34,664	–	–	–	1,750
기획재정부	700	–	–	–	142
과학기술정보통신부	3,779	–	–	–	–
교육부	–	–	3,164	477	–
외교부	1,001	–	–	–	–
행정안전부	–	–	177	10	–
문화체육관광부	7,464	–	–	–	24
농림축산식품부	15,476	–	–	–	–
산업통상자원부	27,814	21,559	1	–	3,341
보건복지부	30,666	–	–	–	–

환경부	9,392	7,245	2,880	7,674	–
고용노동부	8,751	–	–	–	–
국토교통부	321	4,671	4,027	3,518	15
해양수산부	575	–	4	5	293
중소벤처기업부	4,827	–	–	–	947
산림청	–	1,617	–	–	–
원자력안전위원회	901	–	–	–	–
식품의약품안전처	–	–	–	–	48

〈보고서〉

부담금은 국가 또는 공공단체가 공공단체 또는 국가의 특정 사업에 요하는 경비의 전부 또는 일부를 분담하고자 지출하는 금전을 말한다.

2023년도 부담금 징수실적은 20조 9,920억 원으로 전년 대비 4.1%인 8,359억 원 증가하였다. 2023년도에 부담금을 운용한 18개 부처별 징수금액을 살펴보면, ㉠산업통상자원부가 전체 징수금액에서 5조 원 이상으로, 가장 많은 25.1%를 차지하였다. 반면, 식품의약품안전처는 50억 원 미만으로, 0%에 가까운 비중을 차지하였다. ㉡부담금 징수실적 상위 6개 부처의 부담금 총액은 17조 원 이상으로 전체 부담금의 83.4%를 차지하고, 부담금 징수실적 하위 6개 부처의 부담금 총액은 3,856억 원으로 전체 부담금의 1.8%를 차지하였다. ㉢2023년도에 징수된 전체 부담금은 중앙정부의 기금과 특별회계의 수입으로 86.4%가 귀속되었고, 광역지방자치단체와 기초지방자치단체의 수입으로 10.5%가 귀속되었으며, 나머지는 공공기관 등의 수입으로 귀속되었다. ㉣부처별 부담금 귀속 내역을 살펴보면 18개 부처 중 약 78%가 중앙정부 기금으로 귀속되었다. ㉤특히 국토교통부의 부담금은 중앙정부의 기금과 특별회계, 광역지방자치단체와 기초지방자치단체, 공공기관 등으로 모두 나누어 귀속되었고, 어느 한쪽으로만 귀속된 부처는 과학기술정보통신부, 외교부, 농림축산식품부, 보건복지부, 고용노동부, 원자력안전위원회, 식품의약품안전처로 총 7개의 부처가 해당되었다.

① ㉠

② ㉡

③ ㉢

④ ㉣

⑤ ㉤

〈H팀장의 검사지〉

문항		1	2	3	4	문항		1	2	3	4
1	자신감이 있다		V			21	온순하다		V		
2	꾀가 많다				V	22	단순하다	V			
3	강인하다			V		23	관대하다			V	
4	쾌활하지 않다	V				24	열성적이다				V
5	마음이 약하다		V			25	지배적이다			V	
6	다툼을 피한다		V			26	치밀하다			V	
7	인정이 많다		V			27	무뚝뚝하다		V		
8	명랑하다			V		28	고립되어 있다	V			
9	추진력이 있다			V		29	조심성이 많다			V	
10	자기 자랑을 잘한다		V			30	겸손하다		V		
11	냉철하다		V			31	부드럽다			V	
12	붙임성이 없다		V			32	사교적이다				V
13	수줍음이 있다	V				33	자기주장이 강하다		V		
14	고분고분하다		V			34	계산적이다		V		
15	다정다감하다			V		35	따뜻함이 부족하다	V			
16	붙임성이 있다				V	36	재치가 부족하다		V		
17	고집이 세다		V			37	추진력이 부족하다	V			
18	자존심이 강하다		V			38	솔직하다			V	
19	독하다			V		39	친절하다			V	
20	비사교적이다	V				40	활달하다			V	

※ 1은 전혀 그렇지 않다, 2는 약간 그렇다, 3은 상당히 그렇다, 4는 매우 그렇다를 의미함

〈점수 계산 방식〉

유형	문항 번호	점수	유형	문항 번호	점수
지배형	1, 9, 17, 25, 33	12	실리형	2, 10, 18, 26, 34	13
냉담형	3, 11, 19, 27, 35	( )	고립형	4, 12, 20, 28, 36	( )
복종형	5, 13, 21, 29, 37	( )	순박형	6, 14, 22, 30, 38	10
친화형	7, 15, 23, 31, 39	( )	사교형	8, 16, 24, 32, 40	( )

24 유형별 문항의 점수를 합산한 뒤 그래프로 나타낼 때, H팀장의 검사 결과에 해당하는 것은?

①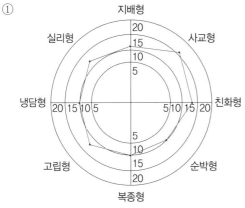

②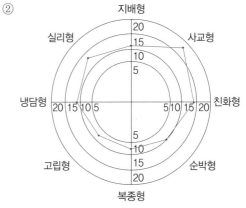

③

④

⑤

25 H팀장이 검사 후 다음의 유형별 특징을 보았다면, 그 반응으로 가장 적절한 것은?

- 지배형 : 자신감이 있고, 지도력이 있으나 논쟁적이고 독단이 강하여 대인 갈등을 겪을 수 있으므로 타인의 의견을 경청하고 수용하는 자세가 필요하다.
- 실리형 : 이해관계에 예민하고 성취 지향적으로 경쟁적이며 자기중심적으로 타인의 입장을 배려하고 관심을 갖는 자세가 필요하다.
- 냉담형 : 이성적인 의지력이 강하고 타인의 감정에 무관심하고 피상적인 대인관계를 유지하므로 타인의 감정 상태에 관심을 가지고 긍정적 감정을 표현하는 것이 필요하다.
- 고립형 : 혼자 있는 것을 선호하고 사회적 상황을 회피하며 지나치게 자신의 감정을 억제하므로 대인관계의 중요성을 인식하고 타인에 대한 비현실적인 두려움의 근원을 성찰해 볼 필요가 있다.
- 복종형 : 수동적이고 의존적이며 자신감이 없으므로 적극적인 자기표현과 주장이 필요하다.
- 순박형 : 단순하고 솔직하며 자기주관이 부족하므로 자기주장을 하는 노력이 필요하다.
- 친화형 : 따뜻하고 인정이 많고 자기희생적이나 타인의 요구를 거절하지 못하므로 타인과의 정서적인 거리를 유지하는 노력이 필요하다.
- 사교형 : 외향적이고 인정하는 욕구가 강하며, 타인에 대한 관심이 많아 간섭하는 경향이 있고 흥분을 잘 하므로 심리적으로 안정하고 지나친 인정욕구에 대한 성찰이 필요하다.

① 다른 사람의 감정에 관심을 가지고, 긍정적인 태도를 보여야겠어.
② 독단적인 행동을 자제하고, 다른 사람들의 의견을 잘 수용하도록 해야겠어.
③ 때로는 다른 사람의 요구를 거절할 수 있도록 노력해야겠어.
④ 너무 성취에만 몰두하지 않고, 다른 사람에게 관심을 갖고 배려하도록 해야겠어.
⑤ 타인에 대한 관심과 인정받고자 하는 욕구를 줄이도록 해야겠어.

26 밑줄 친 ㉠~㉤ 중 수정이 필요한 것은?

글로벌 전자상거래(이커머스) 시장을 중국 기업이 주도하는 것으로 나타났다. ㉠2023년 글로벌 전자상거래 회사들의 매출 순위를 살펴보면 세계 전자상거래 5대 기업 중 3개를 중국이 차지할 정도로 큰 시장규모를 갖고 있다. 이와 같은 중국 이커머스 플랫폼의 확대는 국내 전자상거래 시장에도 큰 변화를 가져왔다. ㉡2023년 하반기부터 중국 전자상거래(이커머스) 기업들이 국내에 공격적으로 진출하기 시작했다. 통계청에 따르면 2023년 중국 온라인 직구 규모는 전년 대비 120%의 증가율을 기록했다고 보도했다. 저렴한 가격과 더불어 한국어 서비스 지원, 배송 지연 시 보장, 해외배송임에도 빠른 도착일 등이 유입 요소로 작용했다. ㉢최근에는 화장품·의류 분야를 넘어 식품 분야까지 판매하며 규모를 키우고 있다.
㉣중국 전자상거래 기업들은 국내 소비자들을 공략하기 위해 최대 90% 할인 판매를 진행하거나 저가 상품을 대량으로 판매하는 초저가 전략을 활용하였다. 나아가 중국 전자상거래 기업 중 한 곳은 국내 기업과 간편 결제 시스템을 연동하여 구매자들의 구매 진입 장벽을 낮추었다. ㉤초저가 전략으로 국내 소비자들을 사로잡고 있는 중국 이커머스 기업으로 인해 국내 이커머스 기업들은 적자가 지속되고 있다. 양국 간의 경쟁은 앞으로도 심화될 전망이다.

① ㉠   ② ㉡   ③ ㉢
④ ㉣   ⑤ ㉤

27 다음은 고용센터 구인·구직 및 취업 현황에 대한 자료이다. 이에 대한 설명으로 옳지 않은 것은?

〈표〉 고용센터 구인·구직 및 취업 현황

(단위 : 명, 배, %)

구분	2019년	2020년	2021년	2022년	2023년
신규 구인 인원	1,695,711	1,669,708	1,737,393	1,747,468	( )
신규 구직 건수	2,933,866	2,996,521	2,779,343	2,670,279	2,690,900
구인배수	0.58	0.56	0.63	0.65	0.58
취업자 수	869,913	897,224	828,498	724,357	691,587
취업률	29.7	29.9	29.8	27.1	( )

※ 구인배수 = $\dfrac{\text{신규 구인 인원}}{\text{신규 구직 건수}}$ (단, 수치가 작을수록 구직이 어려움을 의미한다.)

※ 취업률 = $\dfrac{\text{취업자 수}}{\text{신규 구직 건수}} \times 100$

① 조사 기간 동안 구직이 가장 어려웠던 연도는 2020년이다.
② 조사 기간 동안 취업자 수가 10만 명 이상 감소한 연도는 2022년이다.
③ 2023년 신규 구인 인원은 전년 대비 20만 명 이상 감소했다.
④ 신규 구인 인원과 신규 구직 건수 증감 추이는 반대이다.
⑤ 2023년 취업률은 25% 이상이다.

28 인수, 하정, 주하, 승환, 윤영 5명이 해외 봉사를 신청하였다. 다음 〈조건〉이 참일 때, 5명 중 반드시 봉사자로 선정되는 사람의 수는?

〈조건〉
• 인수가 봉사자로 선정되면 하정도 선정된다.
• 인수가 봉사자로 선정되지 않으면 주하와 승환 모두 선정되지 않는다.
• 하정이 봉사자로 선정되면 윤영이 선정되거나, 인수는 선정되지 않는다.
• 주하가 봉사자로 선정되지 않으면 인수는 선정되지만 윤영은 선정되지 않는다.

① 1명   ② 2명   ③ 3명
④ 4명   ⑤ 5명

29 K가 총 9박 10일간 N국으로 해외여행을 갈 예정이다. N국에서는 달러화를 사용하며, 원화를 바로 달러로 바꾸는 방법 외에도 화폐 a, b, c를 환전하거나, 원화를 해당 화폐로 환전한 후 달러로 재환전할 수도 있다. 〈환율 정보〉와 〈필요 경비〉을 참고했을 때, K가 이용할 가장 저렴한 환전 방법과 원화를 달러로 바로 환전했을 경우와의 차액은 얼마인가?(단, 왕복 비행기 티켓은 미리 결제했으며, 환전 시 별도의 수수료는 발생하지 않는다.)

환율 정보

• 원화 → 외화

화폐	달러	a	b	c
가격	1,180원	10원	170원	1,500원

• 외화 → 달러(예 120a = 1달러)

화폐	a	b	c
가격	120	6.5	1.2

필요 경비

• 숙박비 : 1박 기준 100달러(숙박비 변동 없음)

• 식비 : 1끼 최대 30달러(1일 3끼 기준)

• 교통비 : 1일 기준 40달러(남을 경우 타용도로 사용 가능)

• 기타 경비 : 1일 기준 100달러

	가장 저렴한 방법	차액
①	원 → a → 달러	64,000원
②	원 → a → 달러	240,000원
③	원 → b → 달러	64,000원
④	원 → b → 달러	240,000원
⑤	원 → c → 달러	240,000원

30 다음은 연도별 대형화재의 원인에 대한 자료이다. 〈조건〉을 이용하여 B, C, E에 해당하는 지역을 바르게 나열한 것은?

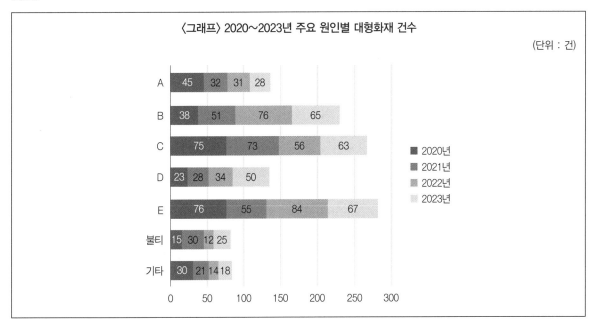

〈그래프〉 2020~2023년 주요 원인별 대형화재 건수

(단위 : 건)

〈조건〉
- 2020년부터 2023년까지 대형화재 건수가 200건을 넘는 원인은 전기와 유류, 가스이다.
- 2023년 대형화재 건수가 많은 상위 두 원인은 가스와 전기이다.
- 2022년에 전년 대비 대형화재 건수가 증가한 원인은 전기, 담뱃불, 가스이다.
- 2020년 방화와 전기로 인해 발생한 대형화재 건수의 합은 가스로 인한 대형화재 건수보다 10건 미만으로 많다.

	B	C	E
①	전기	유류	가스
②	가스	유류	전기
③	전기	방화	담뱃불
④	가스	유류	방화
⑤	전기	담뱃불	유류

31 다음 한국○○번역원의 학술연구용역비 산정기준 자료를 토대로 한 다음 사례 중 옳지 않은 것은?

학술연구용역비 산정기준

제1조 (총칙) ① 이 기준은 한국○○번역원이 시행하는 학술연구용역비의 세부 계상기준을 정함을 그 목적으로 한다.

② 학술연구용역에 대한 원가계산을 하고자 할 때에는 학술연구용역원가계산서를 작성하고 비목별 산출근거를 명시한 기초계산서를 첨부하여야 한다.

제2조 (인건비) 인건비는 당해 계약목적에 직접 종사하는 연구요원의 급료를 말하며 근로기준법에서 규정하고 있는 제수당, 상여금, 퇴직급여충당금의 합계액으로 한다.

1. 책임연구원이라 함은 당해 용역수행을 지휘 · 감독하며 결론을 도출하는 역할을 수행하는 자를 말하며, 박사 학위 소지자(대학교수 수준)의 기능을 보유하고 있어야 한다. 이 경우 책임연구원은 1인을 원칙으로 하되, 당해 용역의 성격상 다수의 책임자가 필요한 경우에는 그러하지 아니하다.
2. 연구원이라 함은 책임연구원을 보조하는 자로서 박사과정 이상(시간 강사 이상, 또는 해당분야 전문가)의 기능을 보유하고 있어야 한다.
3. 연구보조원이라 함은 통계처리 · 번역 등의 역할을 수행하는 자로서 당해 연구 분야에 대해 석사 학위 소지자 수준의 전문지식을 가진 자를 말한다.
4. 보조원이라 함은 타자, 계산, 원고 정리 등 단순한 업무처리를 수행하는 자를 말한다.

제3조 (경비) 경비는 계약목적을 달성하기 위하여 필요한 다음 내용의 여비, 유인물비, 전산처리비, 시약 및 연구용 재료비, 회의비, 임차료, 교통통신비 및 감가상각비를 말한다.

1. 여비는 다음 각 호의 기준에 따라 계상한다.
   가. 여비는 여비지급규칙에 의한 국내 여비와 국외 여비로 구분하여 계상한다.
   나. 국내 여비는 시외여비만을 계상하되 연구상 필요불가피한 경우 외에는 월 15일을 초과할 수 없다.
2. 유인물비는 계약목적을 위하여 직접 소요되는 프린트, 인쇄, 문헌복사비(지대 포함)를 말한다.
3. 전산처리비는 당해 연구내용과 관련된 자료처리를 위한 컴퓨터사용료 및 그 부대비용을 말한다.

〈표 1〉 학술연구용역 원가계산서

비목		산출근거	비고
인건비		기본인건비 + 상여금	
	1) 책임연구원	당해연도 기준단가×월×(참여율)%	지휘 · 감독 · 결론 도출 박사 학위 소지자 1인 원칙
	2) 연구원	당해연도 기준단가×월×(참여율)%	공동 연구. 박사과정 이상(시간강사 이상)
	3) 연구보조원	당해연도 기준단가×월×(참여율)%	통계처리 · 번역 등 역할 수행 당해 연구분야 석사과정 이상
	4) 보조원	당해연도 기준단가×월×(참여율)%	타자 · 계산 · 원고 정리 등 단순업무 처리
경비			
	1) 여비	국내 여비(지역, 기간, 인원별)	사외여비만 계상, 연 15일 이내
		국외 여비(지역, 기간, 인원별)	본원 여비규정 준용
	2) 유인물비	복사비 : 30원×장수×부수	제본비는 실제 책자 제본시만 계상
		제본비 : 단가×부수	
	3) 전산처리비	통계처리비 등	
	4) 자료구입비	실비 정산	해당 연구과제 관련 자료에 한함
	5) 회의비	200,000원×인원×3회	3회까지만 가능
	6) 임차료		회의장 사용료 등
	7) 교통통신비	실비 정산	
	8) 감가상각비		

* 인건비 기준단가는 직무수당, 가족수당, 자녀학자금보조, 식비 등을 포함한 것이므로 이를 다시 계상할 수 없다.

〈표 2〉 학술연구용역 인건비 기준단가

등급	책임연구원	연구원	연구보조원	보조원
월 임금	3,216,860원	2,466,647원	1,648,871원	1,236,694원

* 본 인건비 기준 단가는 1개월을 22일로 하여 용역참여율 50%로 산정한 것이며 용역 참여율을 달리하는 경우 기준단가를 증감시킬 수 있다.

① 박사과정을 이수한 A씨는 3개월 동안 진행된 학술용역에 50% 참여하여 공동 연구를 수행하며 책임연구원을 보조하였고 경비 등은 지출하지 않았으며 용역 관련 총 7,399,941원을 지급받았다.

② B씨는 한 달 중 11일 동안 50%의 참여율로 한국○○번역원의 학술용역에서 원고 정리 등 단순업무를 보조하였고, 이에 대하여 618,347원을 지급받았다.

③ C씨는 11개월 동안 학술용역 관련 회의를 4차례 진행하였고 매회 5명의 전문가가 참석하였으며, 첫 회의의 자료로 60페이지 분량의 복사물 5부를 배부하였다. 이에 대하여 C씨는 총 3,009,000원을 청구하였다.

④ 석사 학위 소지자 D씨는 학술용역 관련 번역 작업 중 관련 자료를 구입하여 실비를 정산받았으며 2개월 간 50%의 참여율로 역할을 수행한 데 대하여 3,297,742원을 지급받았다.

⑤ E씨는 박사 학위 소지자로 3개월 동안 진행된 학술용역에 40% 참여율로 과정 전반을 지휘·감독하였고 결론을 도출하였다. 별도의 경비는 지출하지 않았으며 총 9,650,580원을 지급받았다.

32 다음은 토양오염 우려지역 오염도를 조사한 자료이다. 이에 대한 설명으로 옳은 것은?

〈표〉 토양오염 우려지역 오염도

(단위 : 개, %)

구분		2017년	2018년	2019년	2020년	2021년	2022년	2023년
총 조사 지점 수		2,470	2,586	2,472	2,460	2,512	2,517	2,526
우려기준 초과 지점 수		41	55	61	65	( )	50	46
대책기준 초과 지점 수		12	15	21	( )	12	15	5
기준 초과 비율	우려기준 초과율	1.7	2.1	2.5	2.6	2.1	2.0	1.8
	대책기준 초과율	0.5	0.6	( )	0.7	0.5	0.6	0.2

출처 : 환경부

※ 우려기준 초과율 $= \dfrac{\text{우려기준 초과 지점 수}}{\text{총 조사 지점 수}} \times 100$

※ 대책기준 초과율 $= \dfrac{\text{대책기준 초과 지점 수}}{\text{총 조사 지점 수}} \times 100$

① 2021년 이후로 전국 2,500개 이상 지점 중 토양오염 우려기준을 초과한 비율은 2% 이상이다.

② 2020년 토양오염우려기준 초과 65개 지점 중 17개 지점은 토양오염대책기준을 초과했다.

③ 토양오염대책기준 초과율이 가장 높은 연도는 2020년이다.

④ 토양오염우려기준 초과 지점 수는 매년 증가하다가 2022년을 기점으로 매년 감소했다.

⑤ 전년 대비 토양오염우려기준 초과 지점 수 차이가 가장 큰 연도는 2021년이다.

[33~34] 다음 글을 읽고 이어지는 물음에 답하시오.

(가) 이 수도회에는 국기도 있고 국새도 있지만 몬테비데오 협약의 기준으로 보면 국가가 아니다. 로마의 본부를 제외하고는 영토도 없고 항구적인 국민도 없기 때문이다. 그러나 몰타기사단은 다른 국가들과 실제로 외교 관계를 맺고 있고 UN의 인정을 받고 있다. 어느 나라를 현대 세계의 국가로 인정하는가를 결정하는 주요 결정권자인 UN의 회원 자격은 단계별로 다양하다.

(나) 몰타기사단은 세 번째 단계에 속한다. 이 범주는 "UN의 일에 옵서버로 참여하라는 초대를 받은 그 외의 독립체"라는 복잡한 정의를 갖는다. 이 범주에 속한 조직으로는 적십자, 국제올림픽위원회, 국제의원연맹 등이 있다. 그 아래 범주에 속한 단체로는 비정부 기구들, 유네스코, 국제통화기금 등이 있다.

(다) 1571년에는 오스만제국에 대항한 레판토 전투에 참여하기도 했다. 1798년 나폴레옹이 이집트 원정 동안 몰타섬을 점령하고 기사단을 축출하면서 이들의 긴 망명 생활이 시작되었다. 1834년 몰타기사단은 로마에 본부를 설치하도록 교황과 협정을 맺었다. 이탈리아가 통일되기 전 몰타기사단은 주권을 가진 독립체로 인정받았고 오늘날에도 독립체로 건재한다. 오늘날 몰타기사단은 120개 이상의 국가에서 의료봉사를 지원하는 가톨릭 단체이며 13,000명의 회원이 속해 있다. 몰타기사단의 독특한 특징은 이들이 국제법 아래에서 주권을 유지하는 조직이라는 점이다.

(라) 몰타기사단은 1048년 성지를 순례하는 기독교도들을 위한 병원을 운영했던 수도회로, 상인들에 의해 예루살렘에 창설됐다. 훗날 이 단체는 예루살렘의 기독교도들을 보호하는 임무를 교회로부터 부여받았다. 1291년 이집트의 술탄에 의해 쫓겨난 기사들은 얼마간 키프로스에 본부를 두고 있었고 이후 1530년까지 로도스에 본부를 두고 활동했다. 1530년 이들은 결국 지중해의 몰타섬에 정착했고 이후 200년 동안 그곳을 근거지로 삼았다.

(마) 최상층 단계 자격은 회원국으로, 총 193개국이다. 새로 회원국이 되려면 UN총회 및 안전보장이사회의 승인을 모두 받아야 한다. 최근 몇 년 동안 팔레스타인이 얻으려고 했던 자격이 이 자격이다. 하지만 미국이 행사하는 거부권 때문에 두 번째 단계인 '옵서버국'으로 남아 있다. 옵서버국은 회의에는 참석할 수 있으나 표결권은 없다.

33 문단 (가)~(마)를 맥락에 맞게 배열한 것은?

① (가) – (라) – (다) – (마) – (나)   ② (나) – (다) – (가) – (라) – (마)

③ (라) – (가) – (다) – (나) – (마)   ④ (라) – (다) – (가) – (마) – (나)

⑤ (마) – (다) – (가) – (나) – (라)

34 다음 중 글의 내용과 일치하지 않는 것은?

① 몬테비데오 협약에서 정하는 국가의 조건에는 영토와 항구적 국민이 포함된다.

② 팔레스타인은 몰타기사단보다 UN 회원 자격이 높지만 표결권은 없다.

③ 몰타기사단은 나폴레옹에 의해 몰타섬에서 축출된 후 교황과 협정을 맺기 전까지 본부를 정하지 못했다.

④ 오늘날 몰타기사단은 120여 개국에 속하는 13,000명의 회원으로 구성된다.

⑤ 몰타기사단은 상인들이 예루살렘에 창설한 단체이다.

35 A~E팀의 사무기기 구매 요청 내역과 품목별 가격을 볼 때, 구매 요청서에 잘못 기입된 부분은?

■ A~E팀 사무기기 구매 요청 내역

구분	컴퓨터 본체	모니터	노트북	전화기	프린터
A팀	3	3	2	4	1
B팀	3	4	3	2	1
C팀	1	1	2	1	2
D팀	2	3	1	2	0
E팀	4	3	0	2	1

■ 품목별 가격

품목	교체
컴퓨터 본체	300,000원
모니터	150,000원
노트북	450,000원
전화기	30,000원
프린터	150,000원

구매 요청서		담당	부장	전무	사장

순번	품목	수량	금액
1	컴퓨터 본체	13	3,900,000원
2	모니터	14	2,100,000원
3	노트북	8	3,150,000원
4	전화기	11	330,000원
5	프린터	5	750,000원

2024. ○. ○.

① 컴퓨터 본체 ② 모니터 ③ 노트북
④ 전화기 ⑤ 프린터

[36~37] 다음은 연도별 체류 외국인과 연도별 장단기 체류 외국인 및 국적에 따른 불법 체류 외국인에 대한 자료이다. 이어지는 물음에 답하시오.

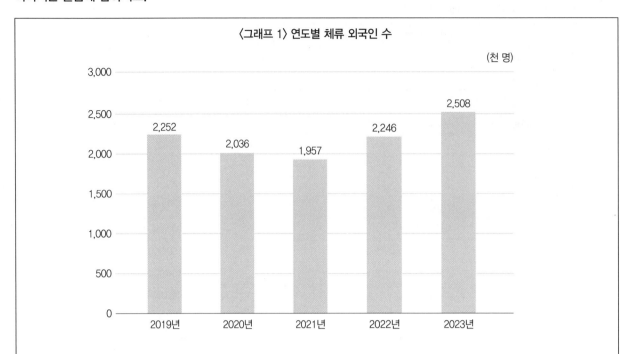

〈그래프 1〉 연도별 체류 외국인 수

(천 명)

※ 체류 외국인 = 합법 체류 외국인 + 불법 체류 외국인

〈표〉 연도별 장단기 체류 외국인 현황

(단위 : 천 명)

구분	2019년	2020년	2021년	2022년	2023년
장기 체류	1,732	1,610	1,570	1,689	1,882
단기 체류	793	426	387	557	626

※ 체류 외국인 = 장기 체류 외국인(등록 외국인, 외국국적동포 국내거소신고자) + 단기 체류 외국인

〈그래프 2〉 연도별 국적에 따른 대한민국 불법 체류 외국인 수

(단위 : 명)

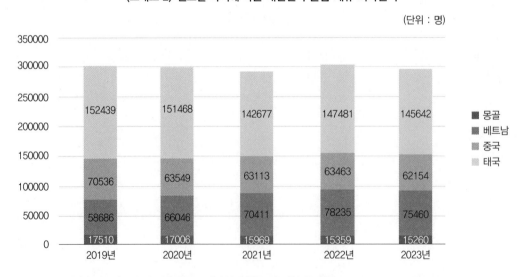

※ 해외 국적 중 주요 4개국만 나타냈으며, 이 외에 다른 국적의 불법 체류 외국인도 존재함

36 다음 중 자료에 대한 설명으로 옳지 않은 것은?

① 체류 외국인 수가 가장 적은 해에 몽골 국적의 불법 체류 외국인 수는 전년 대비 천 명 이상 감소했다.

② 2019년 대비 2023년에 태국 국적의 불법 체류 외국인 수가 5천 명 이상 감소했다.

③ 장기 체류 외국인 수가 세 번째로 많은 해에 베트남 국적의 불법 체류 외국인 수는 전년 대비 7천 명 이상 증가했다.

④ 체류 외국인 수가 가장 많은 해에 단기 체류 외국인 수는 전년 대비 6만 명 이상 증가했다.

⑤ 2019년~2023년 단기 체류 외국인 수 평균은 55만 명 이상이다.

37 2023년 장기 체류 외국인 중 등록 외국인과 외국국적동포 국내거소신고자의 비율이 12:5라면, 체류 외국인 중 외국국적동포 국내거소신고자가 차지하는 비중은 약 몇 %인가?(단, 계산 시 일의 자리에서 반올림한다.)

① 10%   ② 15%   ③ 20%
④ 25%   ⑤ 30%

38 다음은 2025년 의료기기를 포함한 의료기술 시장의 9개 분야에 대한 시장 규모와 예상 성장률 전망에 관한 자료이다. 이에 대한 설명으로 옳지 않은 것은?

〈그래프〉 2025년까지의 의료기술 시장의 분야별 시장 규모와 예상 성장률 전망

(단위 : 억 달러, %)

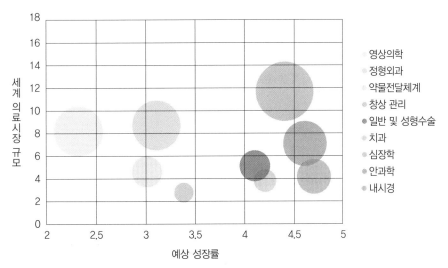

출처 : Evaluate MedTech

※ 원의 크기는 2025년의 시장점유율에 정비례함
※ 각 원의 중심좌표는 각 분야의 예상 성장률과 세계 시장 규모를 나타냄

① 2025년 시장점유율이 가장 큰 의료분야는 심장학 분야이고, 가장 작은 의료분야는 창상 관리 분야이다.

② 의료분야 중 치과 분야는 2025년까지의 예상 성장률이 약 4.2%로 비교적 높은 편에 속한다.

③ 의료분야 중 예상 성장률이 가장 높은 분야와 가장 낮은 분야의 세계 의료시장 규모는 4억 달러 정도 차이 난다.

④ 예상되는 세계 의료시장 규모가 높은 분야일수록 시장점유율도 높다.

⑤ 의료분야 중 예상 성장률이 3.5% 미만이고, 예상되는 세계 의료시장 규모가 4억 달러 이상인 분야는 3개이다.

[39~40] P대리는 파리에 11월 15일 오전 11시까지 도착한 뒤 업무를 마치고 서울에 11월 20일 오후 8시까지 돌아와야 한다. 다음 자료를 참고하여 이어지는 물음에 답하시오.

〈현지 시각〉

서울	파리
06:00 AM 11월 11일 월요일	10:00 PM 11월 10일 일요일

〈비행 스케줄〉

■ 서울 – 파리 노선

편명	출발일	출발시각	비행시간	운임
A8930	11월 15일	06:40	12시간 30분	780,000원
K3814	11월 14일	23:50	14시간 40분	660,000원
X5492	11월 15일	05:50	13시간 5분	720,000원

■ 파리 – 서울 노선

편명	출발일	출발시각	비행시간	운임
T1235	11월 20일	00:35	12시간 10분	810,000원
L9610	11월 19일	22:55	12시간 40분	770,000원
N8463	11월 19일	21:40	14시간 30분	730,000원

39 P대리가 정해진 시간까지 파리에 도착할 수 있는 비행기 노선과 도착 시간을 바르게 짝지은 것은?(단, 도착시각은 현지 시각을 기준으로 한다.)

	노선	도착시각
①	A8930	오전 9시 10분
②	K3814	오전 7시 30분
③	X5492	오전 10시 55분
④	A8930	오전 10시 10분
⑤	K3814	오전 8시 30분

40 P대리가 예정된 시간에 맞춰 서울과 파리를 왕복할 때 최소 비용은?(단, 제시된 비행기 운임만을 고려한다.)

① 1,390,000원 ② 1,430,000원 ③ 1,450,000원
④ 1,470,000원 ⑤ 1,490,000원

41 다음 글에 대한 설명으로 옳은 것은?

> 태평양의 섬들은 냉전 동안 역사상 가장 강력한 무기의 시험대가 되었다. 미국이 마셜 제도에 위치한 비키니 섬에서 원폭 실험을 한 이야기는 유명하다. 프랑스는 1960~1993년 폴리네시아 제도에서 거의 200차례나 핵실험을 행했다. 영국도 1957~1962년 키리바시 동쪽 끝에 있는 크리스마스 섬에서 30차례 이상 핵실험을 했다. 특히 다른 실험과 달리 크리스마스 섬에서는 실험 동안 주민들에게 대피령조차 내려지지 않았다. 주민들은 그저 폭발로부터 등을 돌리라는 지시만 받았을 뿐이다. 이 때문에 많은 이들이 위험 수위의 방사능에 노출됐을 것이다.
>
> 인산염 채굴 문제도 심각했다. 키리바시의 바나바 섬과 바나바 섬에서 서쪽으로 483km 떨어진 나우루라는 독립국이 대표적인 사례다. 나우루는 지구상에서 제일 작은 도서국으로 1960년대에는 섬 중심부에서 채굴하는 인산염 덕분에 사우디아라비아에 이어 세계 제2의 GDP를 뽐내던 나라였다. 그러나 거듭되는 채굴로 인산염이 바닥나고 가격도 하락한 데다 정부가 여러 건의 투자에서 실패하면서 나우루 경제는 파탄 지경에 이르렀고, 해안선 주변을 제외한 대부분의 땅은 거주 불가 지역이 되었다.
>
> 서양식 식단도 섬나라 사람들의 건강을 악화시켰다. 키리바시의 전통 먹거리는 빵나무 열매, 코코넛, 생선 등으로 가짓수는 적지만 건강에 매우 유익하다. 하지만 지금 이 섬에는 싸구려 밀가루가 넘쳐나고 주민들의 비만도 순위는 세계 8위이다. 키리바시, 사모아, 투발루 성인 인구의 20%가 당뇨병 환자라는 연구도 있다. 수백 년 동안의 고립으로 세계화·산업화된 식사에 적응하지 못한 결과이다.

① 미국은 비키니 섬에서 200회에 가까운 핵실험을 자행했다.
② 크리스마스 섬에서 행해진 핵실험으로 섬 주민들 모두 방사능에 피폭되었다.
③ 바나바 섬 주민들은 인산염 채굴로 다른 곳으로 이주했다.
④ 투발루와 나우루 인구의 20%는 당뇨병 환자라는 통계가 발표되었다.
⑤ 키리바시의 전통 먹거리가 서양식 식단으로 대체되면서 주민들의 건강에 악영향을 끼쳤다.

42 A~F 6명이 원탁에 앉아 있다. 다음 조건을 따를 때 A 맞은편에 앉는 사람은?(단, 테이블 방향으로 앉았을 때를 기준으로 한다.)

> 〈조건〉
> • A의 오른쪽으로 한 사람을 사이에 두고 D가 앉아 있다.
> • B 맞은편에는 C가 앉아 있다.
> • E는 B의 왼쪽에 앉아 있다.

① B   ② C   ③ D
④ E   ⑤ F

43 다음은 전국 가구 수 관련 통계 자료이다. 이에 대한 설명으로 옳지 않은 것은?(단, 2015년 일반가구원수는 47,000 천 가구이다.)

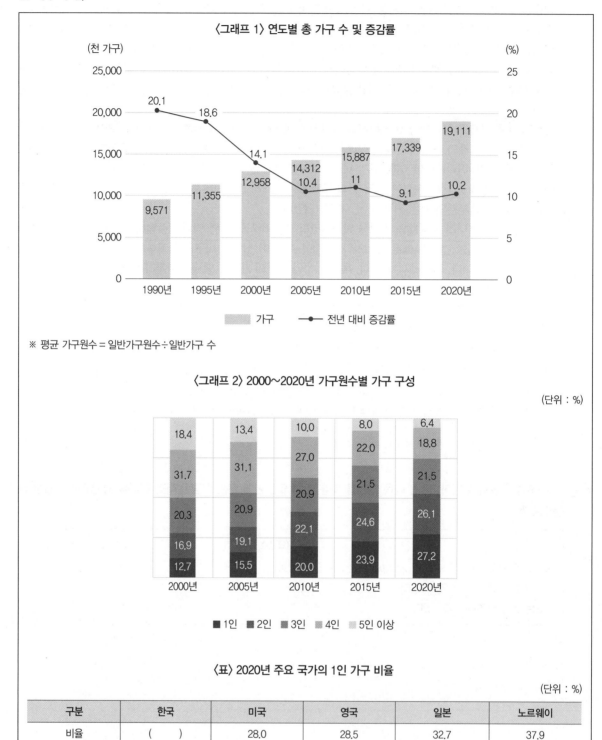

〈그래프 1〉 연도별 총 가구 수 및 증감률

(천 가구)

(%)

※ 평균 가구원수 = 일반가구원수 ÷ 일반가구 수

〈그래프 2〉 2000~2020년 가구원수별 가구 구성

(단위 : %)

■ 1인 ■ 2인 ■ 3인 ■ 4인 ■ 5인 이상

〈표〉 2020년 주요 국가의 1인 가구 비율

(단위 : %)

구분	한국	미국	영국	일본	노르웨이
비율	( )	28.0	28.5	32.7	37.9

① 조사 기간 동안 총 가구 수는 증가했다.

② 한국의 주된 가구 유형은 2000~2010년까지 4인 가구였으나, 이후 5년마다 변화했다.

③ 2020년 주요 국가 중 한국의 1인 가구 비율은 주요 국가보다 낮다.

④ 5년 전 대비 가구 수 증가율이 가장 작았던 연도는 평균 가구원수가 2.5명 미만이다.

⑤ 조사 기간 동안 4인 이상 가구 비율은 감소했지만, 1인과 2인 가구 비율은 증가했다.

44 다음은 소방공무원 현황 자료이다. 이에 대한 설명으로 옳지 않은 것은?(단, 소방공무원 1인당 담당인구 수 계산 시 일의 자리 미만에서 버린다.)

〈표 1〉 소방공무원 현황

(단위 : 명)

구분	2017년	2018년	2019년	2020년	2021년
인구	51,361,911	51,585,058	51,764,822	51,836,239	51,769,539
소방공무원 수	48,042	51,779	56,629	60,994	64,768
1인당 담당인구	1,091	1,004	( )	859	807

※ 정규 소방공무원에 한한 비교자료임
※ 담당인구 수가 적을수록 국민에 제공되는 소방안전서비스가 강화됨을 의미함

〈표 2〉 2019년 소방공무원 국제 비교

(단위 : 명)

구분	미국	일본	한국	독일	프랑스	영국
인구	329,676,200	126,633,000	( )	83,019,213	67,012,833	66,647,112
소방공무원 수	354,600	163,043	( )	30,796	53,200	22,945
1인당 담당인구	( )	( )	( )	( )	( )	( )

① 2019년 전국 소방공무원 1인당 담당인구 수는 약 914명이다.
② 전년 대비 2020년 소방공무원 수 증가율은 2019년보다 낮다.
③ 2019년을 기점으로 소방공무원 1인당 담당인구 수가 1천 명 미만으로 낮아졌다.
④ 2017년에 비해 2021년 소방안전서비스는 더 강화되었다.
⑤ 2019년 소방공무원 수 대비 인구 수가 한국보다 낮은 해외 국가는 1개국이다.

[45~46] 다음은 ○○기관의 고충처리 운영요령 중 고충심사 규정이다. 이어지는 물음에 답하시오.

고충심사

제7조(고충심사 청구) ① 원장은 고충상담 및 조사결과에 따라 고충심사위원회에 부의하여 고충을 처리하게 할 수 있다.

② 고충신청인이 상담 및 조사결과에 따른 조치에 이의가 있는 경우, 고충심사를 신청할 수 있다.

제8조(고충심사위원회의 구성) ① 직원의 고충심사를 위해 고충심사위원회(이하 위원회라 한다)를 운영한다.

② 위원회는 성별을 고려하여 위원장을 포함한 7인 이내의 위원으로 구성한다.

③ 위원장은 부원장으로 하고, 위원은 노동조합 추천 1명과 감사담당 부서장, 인사담당 부서장을 포함하여 매 회의마다 원장이 선임한다. 필요시 외부전문가를 포함시킬 수 있다.

④ 위원회 개최 등 위원회의 사무를 처리하기 위하여 간사 1인을 두며, 간사는 인사담당 팀장으로 한다.

제9조(제척, 기피 및 회피) ① 위원회 위원은 청구된 고충이 본인과 이해관계가 있거나 고충신청인이 본인 또는 본인의 친족인 경우, 당해 사안에 대하여 위원회 회의에 참여할 수 없다.

② 특정 위원이 공정하지 않은 심사를 할 우려가 있다고 인정할 만한 상당한 사유가 있는 경우 고충신청인은 그 사실을 서면으로 소명하고 해당 위원에 대해 기피를 신청할 수 있으며, 해당 위원은 당해 사안에 관하여 회피를 직접 신청할 수 있다.

③ 전항에 의한 기피 또는 회피신청이 있는 경우 위원회는 당해 사안에 대한 해당 위원의 참여 여부를 심의 · 의결하여야 한다.

④ 제1항 내지 제3항에 의하여 위원이 그 직무를 수행할 수 없게 된 때에는 그 위원은 재적위원에 산입하지 아니한다.

⑤ 제1항 내지 제3항에 의한 제척, 기피 또는 회피로 인하여 위원회의 위원 수가 5인 미만이 되는 경우, 원장은 위원이 5인 이상이 되도록 추가 선임하여야 한다.

제10조(위원회의 회의) ① 위원장은 고충심사 청구가 접수되거나 직장 내 괴롭힘 조사위원회의 조사보고서가 이관되는 경우 지체없이 회의를 소집한다.

② 위원회는 고충심사를 접수한 날로부터 30일 이내에 고충심사에 대한 결정을 하여야 한다. 다만 부득이하다고 인정되는 경우에는 위원회의 의결로 30일의 범위 안에서 연장할 수 있다.

③ 위원회는 고충신청인 또는 관계인의 진술을 청취하거나 증거물, 그 밖에 심사를 위한 자료 제출을 요구할 수 있다.

④ 위원회는 고충심사를 할 때 고충신청인 또는 관계인의 출석을 필요로 하는 경우 심사일시 및 장소 등을 심사기일 5일 전까지 통지하여야 한다.

제11조(취하) 고충신청인은 위원회의 결정 있을 때까지는 신고의 일부 또는 전부를 취하할 수 있다.

45 다음은 제시된 자료를 읽고 ○○기관의 직원들이 나눈 대화 내용이다. 잘못 이해한 사람은?

> A : 며칠 전 그 사건으로 힘들어하던 K대리가 고충을 신청하고 상담을 받았는데 상담 결과를 수긍할 수 없다고 하더라고요. 그래서 이의가 있으면 고충심사를 신청할 수도 있다고 알려줬어요.
> B : 고충심사를 신청한다면 고충심사위원회가 열리겠네요. 거기서 사무를 처리하는 인사담당 팀장을 알고 있는데, 10명 정도인 위원들의 남녀 비율이 비슷하다고 들었었어요.
> C : K대리가 겪은 사건은 다소 특수해서 그런 케이스를 잘 아는 외부전문가가 포함되면 좋겠네요.
> D : 가능할 거예요. 이전에도 외부전문가를 섭외하여 심사를 진행했다고 하더군요. 노동조합에서 추천한 위원도 포함될 테니 합리적인 심사 결과를 기대해도 괜찮지 않을까요? 참, 고충심사위원회에 K대리의 친척도 있다고 하지 않았나요?
> E : 맞아요. 감사담당 부서장님이 K대리의 친척이라고 들었어요. 하지만 친척이기 때문에 공정한 심사를 위하여 이번 심사에서는 빠지게 되시지 않을까요?

① A   ② B   ③ C
④ D   ⑤ E

46 다음 중 규정 내용과 일치하지 않는 것은?

① 고충심사가 접수되면 30일 이내에 고충심사에 대한 결정을 내려야 하고, 부득이한 경우에도 최대 60일 이내에는 결정을 내려야 한다.
② 고충심사위원회는 직장 내 괴롭힘 조사위원회의 조사보고서가 이관된 경우에도 고충심사 청구가 접수된 경우와 동일하게 바로 회의를 소집해야 한다.
③ 고충심사를 위하여 고충신청인의 출석이 필요하다고 판단될 경우 위원회는 해당 심사일의 전일에 고충신청인의 출석을 요청할 수 있다.
④ 고충신청인은 위원회의 심사가 진행 중일지라도 신고를 취소할 수 있다.
⑤ 고충신청인은 불공정한 심사가 진행될 것으로 우려되는 특정 위원이 있을 경우 서면 소명하여 해당 위원의 기피를 신청할 수 있다.

47 다음은 2020~2023년 특허 등 출원 및 등록 건수 현황을 나타낸 것이다. 이를 이용하여 작성한 그래프로 옳지 않은 것은?

〈표〉특허 등 출원 및 등록 건수 현황

(단위 : 천 건)

제도 \ 연도 \ 행위	2020년		2021년		2022년		2023년	
	출원	등록	출원	등록	출원	등록	출원	등록
특허	214	102	209	109	205	121	210	119
실용신안	9	3	8	3	7	3	6	3
디자인	68	55	66	56	63	49	64	50
상표	185	115	182	119	183	117	200	115
전체	476	275	465	287	458	290	480	287

※ 행위는 출원과 등록으로 구분됨

① 제도별 출원 건수 변화

(단위 : 천 건)

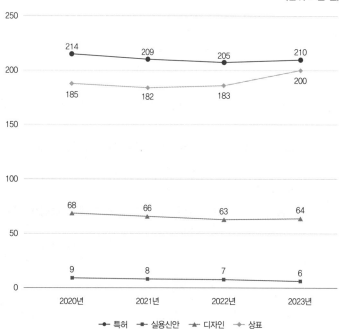

② 연도별 제도 전체의 출원 및 등록 건수

(단위 : 천 건)

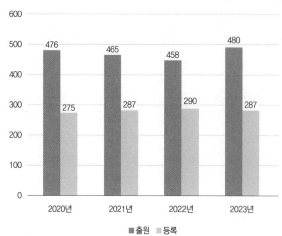

③ 2023년 출원 건수의 제도별 구성비

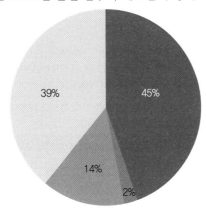

■특허 ■실용신안 ■디자인 ■상표

④ 2022년 제도별 출원 및 등록 건수

(단위 : 천 건)

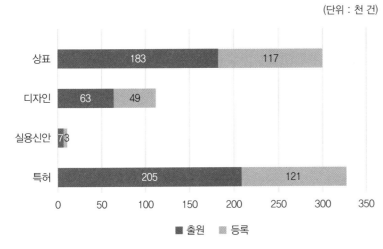

■출원 ■등록

⑤ 2020년과 2021년 제도별 등록 건수

(단위 : 천 건)

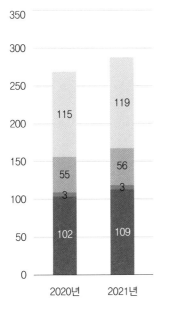

■특허 ■실용신안 ■디자인 ■상표

[48~49] 다음은 주요 플라스틱의 종류별 특징이다. 내용을 바탕으로 이어지는 물음에 답하시오.

명칭	재활용 분류기호	특징
폴리에틸렌 테레프탈레이트	1	투명도가 우수하고, 열에 강한 편이며 내구성이 좋다. 대체로 안전하나 재사용 시 박테리아 번식 가능성이 있으므로 1회만 사용한다. 생수병, 음료수병, 식료품 용기 등이 일반적이며, 재활용이 가능하다.
고밀도 폴리에틸렌	2	PET보다 딱딱한 소재로 전자레인지 사용이 가능하다. 타 플라스틱보다 가격이 더 높으나 배출되는 화학성분이 없어 안전하다. 욕실용품, 세제, 영유아용 장난감, 젖병 등에 쓰인다.
폴리염화비닐	3	유연한 플라스틱으로 가공이 쉽고 가격도 저렴하다. 평소에는 안정적이나 열과 빛에 약해 소각 시 환경호르몬과 발암물질을 방출한다. 주로 호스, 지우개, 공업용 랩 등에 쓰인다.
저밀도 폴리에틸렌	4	신축성이 좋은 플라스틱으로 비닐봉지와 위생 비닐장갑을 비롯해 주스나 우유병 등 다양한 용도로 활용된다. 재활용이 불가능하므로 사용 자제가 권고되지만 안전하다고 알려져 있다.
폴리프로필렌	5	가볍고 질긴 재질로 고온에도 변형되지 않고 호르몬 배출이 없다. 전자레인지 사용이 가능하며, 밀폐 용기와 컵, 텀블러 등에 널리 쓰인다.
폴리스티렌	6	투명하고 굴절률이 높아 가공성이 우수하지만, 내열성이 약해 고온에서 환경호르몬과 발암물질이 배출된다. 과자의 포장 용기, 테이크아웃 컵 뚜껑 등에 쓰인다.

48 다음 중 음식물 용기로 사용하기에 안전한 플라스틱으로만 묶인 것은?

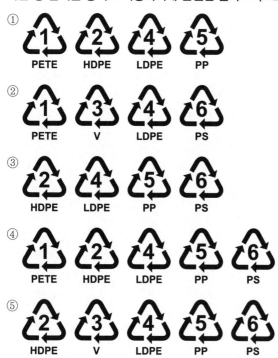

49 자료와 비교할 때 〈보기〉 중 적절한 행동에 해당하는 것을 모두 고르면?

┌─ 보기 ┐
㉠ 아침마다 뜨거운 아메리카노를 사 마시는 Y는 테이크아웃 컵 뚜껑 구멍에 입을 대고 마신다.
㉡ H는 재활용이 어려운 비닐봉지의 사용을 줄이기 위해, 마트에 갈 때 항상 장바구니를 가져간다.
㉢ C는 PP 재질 밀폐 용기에 밥을 얼려 놓고 그때그때 전자레인지에 데워 먹는다.
㉣ T는 아침에 생수를 한 병 사서 다 마시면 생수병에 정수기 물을 보충해서 마신다.
└──────┘

① ㉠, ㉢   ② ㉡, ㉣   ③ ㉡, ㉢
④ ㉠, ㉡, ㉣   ⑤ ㉡, ㉢, ㉣

50 다음은 ○○섬 이용요금에 관한 안내이다. 〈보기〉의 ㉠~㉢ 중 입장료와 시설 이용료 총액이 가장 큰 경우와 가장 작은 경우의 차액은?

• 입장료

구분	요금	비고
일반	12,000원	–
우대	10,000원	청소년(만 13~18세), 만 70세 이상
특별 우대	8,000원	만 12세 이하, 장애인 및 국가유공자

※ 36개월 미만 부모 동반 유아는 무료 입장. 짚와이어 이용 시 입장료 면제
※ 비수기(12~3월) 입장료의 20% 할인

• 시설 이용료

구분	요금	요금 기준
자전거 대여	3,000원	1인용 2시간
짚와이어	40,000원	1인 1회
레일바이크	25,000원	2인 1회

┌─ 보기 ┐
㉠ 4월 15일 32살 남성은 아내, 60세인 아버지와 어머니, 75세 할머니, 만 6세 아들, 28개월 딸과 방문하였고, 이들 중 부모님 두 분만 레일바이크를 탔다.
㉡ 3월 30일 15세 중학생 4명은 섬에 방문하여 2시간 동안 4명 모두 자전거를 탔다.
㉢ 9월 20일 25세 여성은 친구와 함께 짚와이어를 탔다.
└──────┘

① 33,000원   ② 39,000원   ③ 44,000원
④ 47,000원   ⑤ 52,000원

14일차 학습 점검표

번호	영역	O/X	번호	영역	O/X	번호	영역	O/X
1	의사소통능력		18	문제해결 · 자원관리능력		35	문제해결 · 자원관리능력	
2	수리능력		19	문제해결 · 자원관리능력		36	수리능력	
3	의사소통능력		20	수리능력		37	수리능력	
4	문제해결 · 자원관리능력		21	의사소통능력		38	수리능력	
5	문제해결 · 자원관리능력		22	수리능력		39	문제해결 · 자원관리능력	
6	의사소통능력		23	수리능력		40	문제해결 · 자원관리능력	
7	의사소통능력		24	문제해결 · 자원관리능력		41	의사소통능력	
8	의사소통능력		25	문제해결 · 자원관리능력		42	문제해결 · 자원관리능력	
9	의사소통능력		26	의사소통능력		43	수리능력	
10	문제해결 · 자원관리능력		27	수리능력		44	수리능력	
11	수리능력		28	문제해결 · 자원관리능력		45	의사소통능력	
12	수리능력		29	수리능력		46	의사소통능력	
13	수리능력		30	수리능력		47	수리능력	
14	의사소통능력		31	문제해결 · 자원관리능력		48	문제해결 · 자원관리능력	
15	의사소통능력		32	수리능력		49	문제해결 · 자원관리능력	
16	문제해결 · 자원관리능력		33	의사소통능력		50	문제해결 · 자원관리능력	
17	의사소통능력		34	의사소통능력				

맞힌 문항 수	/ 50

취약 영역

의사소통능력	수리능력	문제해결 · 자원관리능력
/ 16	/ 17	/ 17

실전모의고사

문번	①	②	③	④	⑤
1	①	②	③	④	⑤
2	①	②	③	④	⑤
3	①	②	③	④	⑤
4	①	②	③	④	⑤
5	①	②	③	④	⑤
6	①	②	③	④	⑤
7	①	②	③	④	⑤
8	①	②	③	④	⑤
9	①	②	③	④	⑤
10	①	②	③	④	⑤
11	①	②	③	④	⑤
12	①	②	③	④	⑤
13	①	②	③	④	⑤
14	①	②	③	④	⑤
15	①	②	③	④	⑤
16	①	②	③	④	⑤
17	①	②	③	④	⑤
18	①	②	③	④	⑤
19	①	②	③	④	⑤
20	①	②	③	④	⑤
21	①	②	③	④	⑤
22	①	②	③	④	⑤
23	①	②	③	④	⑤
24	①	②	③	④	⑤
25	①	②	③	④	⑤
26	①	②	③	④	⑤
27	①	②	③	④	⑤
28	①	②	③	④	⑤
29	①	②	③	④	⑤
30	①	②	③	④	⑤
31	①	②	③	④	⑤
32	①	②	③	④	⑤
33	①	②	③	④	⑤
34	①	②	③	④	⑤
35	①	②	③	④	⑤
36	①	②	③	④	⑤
37	①	②	③	④	⑤
38	①	②	③	④	⑤
39	①	②	③	④	⑤
40	①	②	③	④	⑤
41	①	②	③	④	⑤
42	①	②	③	④	⑤
43	①	②	③	④	⑤
44	①	②	③	④	⑤
45	①	②	③	④	⑤
46	①	②	③	④	⑤
47	①	②	③	④	⑤
48	①	②	③	④	⑤
49	①	②	③	④	⑤
50	①	②	③	④	⑤

성 명

수 험 번 호

① ② ③ ④ ⑤ ⑥ ⑦ ⑧ ⑨ ⓪

감독위원확인

(인)

(인)

P / A / R / T

05

정답 및 해설

1일차 >> 어휘·문법

01	02	03	04	05	06	07	08	09	10
①	④	①	②	③	⑤	③	③	④	③
11	12	13	14	15	16	17			
②	③	④	④	④	③	⑤			

01 답 ①

'요원하다'는 '아득히 멀다'를 뜻하는 말로 '거리가 매우 멀어 보이는 것이나 들리는 것이 희미하다'를 의미하는 '까마득하다'로 대체할 수 있다.
② 난망하다 : 바라기 어렵다.
③ 불가능하다 : 가능하지 아니하다.
④ 생소하다 : 어떤 대상이 친숙하지 못하고 낯이 설다.
⑤ 무관하다 : 관계나 상관이 없다.

02 답 ④

'상충하다'는 '맞지 아니하고 서로 어긋나다'를 의미하는 말로 '뜻이 서로 맞지 아니하다'를 의미하는 '불합하다'로 대체할 수 있다.
① 불하다 : 못하지 아니하거나 모자라지 아니하다.
② 응수하다 : 수요나 요구에 응하다.
③ 상응하다 : 서로 응하거나 어울리다.
⑤ 확충하다 : 늘리고 넓혀 충실하게 하다.

03 답 ①

'방념하다'는 모든 걱정을 떨쳐 버리고 마음을 편히 가진다는 뜻의 '안심하다'와 동의어이다.
② 부각하다 : 어떤 사물을 특징지어 두드러지게 하다.
③ 확립하다 : 체계나 견해, 조직 따위를 굳게 서게 하다.
④ 소비하다 : 돈이나 물자, 시간, 노력 따위를 들이거나 써서 없애다.
⑤ 감응하다 : 어떤 느낌을 받아 마음이 따라 움직이다.

04 답 ②

'고무'와 '독려'는 유의어 관계이므로 '알력'의 유의어인 '불화'가 적절하다.
• 고무(鼓舞) : 힘을 내도록 격려하여 용기를 북돋움
• 독려(督勵) : 감독하며 격려함
• 알력(軋轢) : 서로 의견이 맞지 아니하여 사이가 안 좋거나 충돌하는 상태
• 불화(不和) : 서로 관계가 좋지 아니하거나 좋지 않게 지냄
① 주목(注目) : 관심을 가지고 주의 깊게 살핌
③ 반박(反駁) : 남의 의견이나 비난에 대하여 맞서 공격함
④ 평화(平和) : 평온하고 화목함. 전쟁이나 분쟁 따위가 없이 평온함. 또는 그런 상태
⑤ 정쟁(政爭) : 정치상의 주의·주장 등에 관한 싸움

> **Tip**
>
> 주어진 식에서 단어의 관계를 파악하여 빈칸에 적절한 어휘를 삽입하는 유형이다. 유의어뿐만 아니라 반의어, 상위어와 하위어 등 다양한 어휘 관계에 적용할 수 있다.

05 답 ③

'폭등'과 '급락'은 반의어 관계이므로 '낙공'의 반의어인 '성취'가 적절하다.
• 폭등(暴騰) : 물건의 값이나 주가 따위가 갑자기 큰 폭으로 오름
• 급락(急落) : 물가나 시세 따위가 갑자기 떨어짐
• 낙공(落空) : 계획이나 바라던 것이 수포로 돌아감
• 성취(成就) : 목적한 바를 이루어 냄
① 비화(飛火) : 어떤 일의 영향이 직접 관계가 없는 장소나 사람에게까지 미침
② 낙명(落命) : 목숨을 잃음
④ 낙상(落傷) : 떨어지거나 넘어져서 다침
⑤ 명공(名工) : 기술이 뛰어난 장인

06 답 ⑤

제시된 문장에서 '타다'는 '어떤 조건이나 시간, 기회 등을 이용하다'를 의미하며, 이것과 같은 의미로 쓰인 경우는 ⑤이다.
① 바람이나 물결, 전파 따위에 실려 퍼지다.
② 도로, 줄, 산, 나무, 바위 따위를 밟고 오르거나 그것을 따라 지나가다.
③ 몫으로 주는 돈이나 물건 따위를 받다.
④ 복이나 재주, 운명 따위를 선천적으로 지니다.

07 답 ③

제시된 문장에서 '쓰다'는 '어떤 일을 하는 데에 재료나 도구, 수단을 이용하다'를 의미하며, 이것과 같은 의미로 쓰인 경우는 ③이다.
① 어떤 일을 하는 데 시간이나 돈을 들이다.
② 어떤 말이나 언어를 사용하다.
④ 사람이 죄나 누명 따위를 가지거나 입게 되다.
⑤ 합당치 못한 일을 강하게 요구하다.

08 답 ③

③의 '가리다'는 '자기 일을 알아서 스스로 처리하다'를 의미하지만, 나머지 선택지들은 '여럿 가운데서 하나를 구별하여 고르다'를 뜻한다.

09 답 ④

통념(通念)은 '일반 사회에 널리 퍼져 있는 생각'을 의미하며, 어디에도 들어갈 수 없다.
(가), (바) 통용(通用) : 일반적으로 두루 쓰임. 서로 넘나들어 두루 쓰임
(나), (마) 통칭(通稱) : 일반적으로 널리 이름 또는 그런 이름이나 언설
(다) 통상(通常) : 특별하지 아니하고 예사임
(라) 통달(通達) : 익히 알고 있어 막힘이 없음

10
답 ③

제시문은 공정성에 대한 의문이 제기되는 학생부종합전형을 개선하는 내용이다. ㉠의 전후 내용은 학생 선발 시 학생의 역량보다 외부 요인의 영향이 커서 공정성에 의문이 제기되었다는 것이므로, 외부 요인의 영향 정도를 표현하는 '결정적'이 적절하다. ㉡의 전후 내용은 학생부종합전형 개선이 입시의 공정성을 확보하는 데 중요하다는 것이므로, 선택지 중 '우선적'이 적절하다. ㉢은 입시의 공정성 확보를 위하여 학생부를 어떤 방식으로 개선할지를 묻고 있으므로 선택지 중 '획기적'이 적절하다.

> **Tip**
>
> 선택지에 여러 개의 단어가 주어지는 경우 문맥에 가장 부합하는 확실한 단어를 고르는 방식으로 답의 범위를 좁힌다.

11
답 ②

'장악하다'는 '소유하다'를 대체할 수 있는 유의어가 아니며, 각 어휘의 의미는 다음과 같다.

- 장악하다 : 무엇을 마음대로 할 수 있게 휘어잡다.
- 소유하다 : 물건이나 재산을 가지다.

① 삼다 : 무엇을 어떤 일의 수단이나 도구로 이용하다.
　잡다 : 담보로 맡다.
③ 추계하다 : 일부를 가지고 전체를 미루어 계산하다.
　추정하다 : 미루어 생각하여 판정하다.
④ 급감하다 : 급작스럽게 줄다.
　갑자기 줄어들다
⑤ 잇다 : 끊어지지 않게 계속하다.
　유지하다 : 어떤 상태나 상황을 그대로 보존하거나 변함없이 계속하다.

12
답 ③

합작법인의 가치를 약 40억 달러라고 셈하여 정했음을 의미하므로 '산정'은 적절한 표현이다.

㉠ 현대자동차, 기아자동차, 현대모비스의 우수한 재무구조를 고려할 때 감당 가능한 수준의 현금 출자를 통한 자율주행차 합작법인 설립이 3사의 신용도에 미칠 영향에 대하여, 국제 신용평가사 무디스가 '긍정적'이라고 전망하는 것이 자연스럽다.
㉡ 합작법인 설립의 영향으로 특정 기술에 대한 접근성이 높아지고 관련 상품의 상용화도 빨라지리라 전망할 때 일관성이 확보된다. 따라서 '재고'가 아닌 '제고', '향상' 등이 적절하다.
㉣ 5년 후 완료가 예상되는 거래를 지칭하는 맥락이므로 '이' 거래, '상기' 거래, '해당' 거래 등이 적절하다.
㉤ '기여할 것으로 보고 있다'는 표현을 통하여 합작의 긍정적 측면에 대한 설명임을 알 수 있다. 높은 R&D 비용부담을 더 높이는 것은 긍정적 영향이 아니므로, '완화', '축소' 등이 적절하다.

13
답 ④

'틈입'은 '기회를 타서 느닷없이 함부로 들어간다'는 의미의 단어로, '남의 영토나 권리, 재산, 신분 따위를 불법으로 범하거나 해를 끼친다'는 의미의 '침범'을 대체하여 사용할 수 없다.

14
답 ④

'기량'은 '기술적인 재주나 솜씨'를 의미하는 단어로, 운영과 함께 쓰이기에 적절하지 않다. '할 수 있는 힘이나 능력'을 의미하는 어휘 '역량'이 적절하다.

15
답 ④

'운영(運營)'은 '학교, 기업, 상점, 학회, 대회' 등과 함께 쓰이며 조직이나 기구 등의 대상을 관리하면서 움직여 감을 의미하는 데 비해 '운용(運用)'은 '기금, 예산, 물품' 등과 함께 쓰이며 대상을 움직여 가면서 사용함을 의미한다. 맥락에 따라 구별해 사용해야 하는 어휘로, ㉣이 포함된 맥락에서는 '운영'이 들어가는 것은 적절하지 않다.

㉠ '충당(充當)'은 모자라는 것을 채워 메움을 의미한다.
㉡ 가입자 비율이 줄고 수급자 비율이 늘면서 2048년에 두 수치가 31%에 이른 후에는 가입자보다 수급자가 많아지는 역전 상황을 예상하는 내용으로 '역전되어'로 대체할 수 있다.
㉢ '급등(急騰)'은 물가나 시세 따위가 갑자기 오름을 의미한다.
㉤ '발간(發刊)'은 책이나 신문 등을 박아 펴냄을 의미한다.

16
답 ③

㉠ [×] '낟알'은 껍질을 벗기지 아니한 곡식의 알을 뜻한다. 이 문장에서는 하나하나 따로따로인 알을 의미하는 '낱알'이라고 써야 한다.
㉡ [×] '늘렸다'는 물체의 넓이, 부피 따위를 본디보다 커지게 한다는 의미의 '늘리다'의 활용형이다. 길이를 연장한다는 의미의 단어는 본디보다 더 길어지게 한다는 뜻의 '늘이다'를 써야 한다. 따라서 그 활용형인 '늘였다'라고 써야 한다.
㉢ [×] '벌린'은 둘 사이를 넓히거나 멀게 한다를 뜻하는 '벌리다'의 활용형이다. 이 문장에는 일을 계획하여 시작하거나 펼쳐 놓는다는 의미의 '벌이다'의 활용형인 '벌인'이라고 써야 한다.
㉣ [×] '빼앗다'의 피동사 '빼앗기다'의 준말은 '뺏기다'이고, 과거형은 '뺏겼다'이다.
㉤ [○] '돋구다'는 '안경의 도수 따위를 더 높게 하다'를 뜻한다.

17
답 ⑤

〈보기〉에 제시된 문장의 술어 '사다'는 목적어를 반드시 필요로 하는 동사지만 목적어가 생략되어 있다. 이와 마찬가지로 ⑤ 또한 무엇을 먹었는지에 대한 목적어가 생략되었다.

① '를(을)'은 어떤 행위가 미친 직접적인 대상이나 목적지가 되는 장소를 나타내는 조사이다. 단, 이 용법으로 쓰일 때 서술어 '출발하다, 떠나다, 나오다, 벗어나다, 내려오다'에만 어울려 쓸 수 있다. 따라서 행위의 목적지를 나타내는 조사 '에'로 바꾸어 '기대에 못 미쳐'와 같이 써야 한다.
② 참고서와 펜 각각의 수량이 정확하지 않아 의미가 모호한 문장이다.
③ '기재 내용의 정정'과 '기관의 인이 없으면'이 '또는'으로 연결된 구조인데, '또는'을 전후로 문장 성분이 달라 어색하다. 따라서 '기재 내용을 정정하거나 기관의 인이 없으면'과 같이 수정한다.
④ 주어와 서술어의 호응이 어색한 문장으로 '지금 나에게 중요한 것은 열심히 공부하는 것이다'와 같이 고쳐야 한다.

01	02	03	04	05	06	07	08	09	10
④	④	③	②	④	③	③	②	④	③

11	12	13	14	15	16	17	18
⑤	①	③	③	④	①	①	④

01

답 ④

제시된 문장에서 '걸다'는 '다른 사람을 향해 먼저 어떤 행동을 하다'를 의미하며, 이것과 같은 의미로 쓰인 경우는 ④이다.
① 자물쇠, 문고리를 채우거나 빗장을 지르다.
② 돈 따위를 계약이나 내기의 담보로 삼다.
③ 의논이나 토의의 대상으로 삼다.
⑤ 기계 따위가 작동되도록 하다.

02

답 ④

'제련'은 '광석을 용광로에 녹여서 함유된 금속을 뽑아냄'을 의미하는 단어이다. 따라서 '기계나 작품 따위를 일정한 재료를 사용하여 만듦'을 뜻하는 '제작'과 바꿔쓸 수 없다.

03

답 ③

㉠ [×] '와중'이란 '복잡한 일이 벌어진 가운데'라는 뜻이므로 '요리를 처음 배우는 중이라서'로 수정하는 것이 적절하다.
㉡ [×] 백인은 피부색에 따른 분류이고 동양인은 지역에 따른 분류이다. 분류 기준을 일치 시켜 '백인과 흑인은~' 혹은 '서양인과 동양인은~' 등으로 수정하는 것이 적절하다.
㉢ [×] 문장의 맥락을 보면 응원이 어색했다는 뜻이지만, 주어와 술어를 정리하면 '응원단들은 ~ 어색했다'는 구도가 되므로 주어와 술어의 호응이 바르지 않다. 또한 '틀려서'는 '달라서'로 수정하는 것이 적절하다.
㉣ [○] '사실을 직접 증명할 수 있는 증거가 되지는 않지만, 주변의 상황을 밝힘으로써 간접적으로 증명에 도움을 주는 증거를 이르는 말'인 '방증(傍證)'을 썼으므로 적절하다.

> **Tip**
> 꾸준한 준비로 합격할 수 있었다는 사실을 증명한다는 맥락에서 흔히 '어떤 사실과 모순되는 것 같지만, 오히려 그것을 증명한다고 볼 수 있는 사실'을 뜻하는 '반증(反證)'이라는 표현을 쓰는데, 이는 잘못된 표현이다.

04

답 ②

2문단에 의하면 해당 건축물의 지하층 및 1층의 출입구를 국토교통부 장관이 정하여 고시하는 예상 침수 높이 이상으로 설치한 경우에는 물막이설비를 설치한 것으로 본다.
① 1문단에 의하면 건축물의 지하층 및 1층의 출입구에 물막이설비를 설치해야 한다고 언급한다.
③ 2문단에 의하면 개정 전에는 물막이 설비 설치 대상 건축물은 '연면적 1만㎡ 이상의 건축물'에 한정되어 있었지만, 개정 후 '모든 건축물'로 확대되었으므로 연면적 1만㎡ 이하의 건축물에도 물막이설비를 설치해야 한다.
④ 3문단에 의하면 물막이판은 세 가지 성능시험 결과를 모두 만족할 것을 권장하고 있고, KS F 2639에 따른 정수두 누수 시험 결과 물막이판의 누수율이 40L/(m · h) 이하인 경우 물막이판 성능시험 결과를 한 가지 만족하는 것이다.
⑤ 3문단에 의하면 세 가지 성능시험 중 KS F 2236에 따른 내충격성 시

험 결과 육안으로 관찰하여 잔류 변형, 손상 등의 이상이 있다면 성능 시험 결과를 만족하지 않는 것이다.

05

 답 ④

4문단에 '스웨덴의 한 배터리 제조사는 폐배터리에서 추출한 양극재 소재인 니켈 · 코발트 · 망간을 100% 재활용한 배터리를 만드는 데 성공했다'고 나와 있다.
① 1문단에 '최근 전기자동차 시장의 급성장과 함께 배터리(이차전지) 수요가 빠른 속도로 늘어나면서 배터리에 들어가는 광물이 부족할 수 있다는 우려가 커지고 있다'고 나와 있다.
② 2문단에 '미국 지질조사국(USGS)은 니켈과 아연을 핵심 광물 목록에 포함할 것을 제안했다'고 나와 있다.
③ 3문단에 '올해 1~9월 세계 80개국에 판매된 순수전기자동차(EV)는 총 297만 6,000대로 전년 동기 대비 138.3% 증가했다'고 나와 있다.
⑤ 4문단에 '국내 배터리 제조사 L사는 북미 최대 배터리 재활용 기업과 함께 폐배터리 재활용을 추진하고 있으며, S사는 수산화리튬 추출 기술을 세계 최초로 개발하며 파일럿 공정에 돌입했다'고 나와 있다.

06

답 ③

3문단에 의하면 가스발전 주기기인 가스터빈은 전통적으로 미국, 독일, 일본 등이 주도해 왔고, 원자력이나 석탄발전과는 달리 가스발전의 국내 산업 생태계는 상당히 미흡했다고 나와 있다.
① 1문단에 의하면 가스공사는 2025년부터 15년 동안 연간 158만 t 수준에 이르는 미국산 액화 천연가스 도입을 계약했고, 가격은 기존 계약의 70% 수준으로 알려져 있다.
② 1~2문단에 의하면 미국 셰일가스 혁명의 영향으로 구매자 중심 시장이 지속되고 과거 대비 경제적으로 가스를 확보할 수 있다. 하지만 원자력 · 석탄발전과 비교하여 비싸기 때문에 전기요금 인상과 연결될 수 있다.
④ 4문단에서 설명하는 가스발전 확대에 따른 전력 부문의 준비 사항으로 가스 파동 대비가 있다. 또한 대만의 정전이나 캘리포니아 가스 저장시설 파손과 유사한 상황에서의 안정적 전력을 공급할 수 있도록 해야 한다고 언급한다.
⑤ 4문단 후반부에서 우리나라와 같이 고립된 전력망에서 대규모 블랙아웃이 발생할 경우 피해가 상상을 초월한다고 설명하며, 안정적 전력 공급을 위한 대책 중 전력망 해외 연계로 전력망 고립 상황을 개선할 수 있음을 알 수 있다.

07

 답 ③

2문단에 의하면 2009년에 고시원 등 화재에 취약한 다중이용업소에 간이 스프링클러 설치를 의무화하는 법이 개정되기도 했다. 2009년에 법이 개정되어 2009년 이후에는 스프링클러를 의무적으로 설치해야 한다.
① 1문단에 따르면 2017년에 조사했을 때보다 2022년 고시원에 거주하고 있는 사람이 약 20% 가까이 급증한 수치이며, 주택 가격 상승은 저소득 가구의 유입 원인 중 하나이다.
② 1문단에서 쪽방, 여관, 판자촌 등 주거 환경이 열악한 주택 이외의 거처에 거주하는 사람은 전국 44만3126가구이며, 고시원 거주자가 13만7256가구라고 하였으므로 비주택 중 고시원을 제외한 쪽방, 여관, 판자촌 등에 거주하는 사람이 나머지를 차지한다고 볼 수 있다.
④ 2문단에 따르면 2008년 7월과 10월 경기도 용인시, 서울시 강남구의 고시원에서 불이 나 각각 7명과 6명이 사망하는 사건이 발생한 것을 계기로 2009년에 고시원 등 화재에 취약한 다중이용업소에 간이 스프링클러 설치를 의무화하는 법이 개정되었다.
⑤ 3문단에 의하면 고시원 대상 간이스프링클러 소급 설치지원 사업은 전체 대상 1,513개소 가운데 1,368개소(90.4%)에 설치 완료되었다.

08
답 ②

1문단에서 토머스 글로버가 미쓰비시 설립을 도왔다고 언급되지만, 나베시마 나오사마와 토머스 글로버가 미쓰비시를 세웠다는 내용은 찾을 수 없다.

① 1문단에 의하면 미쓰비시는 1870년 해운회사로 설립되어 필요한 분야로 사업을 다각화했고, 탄광에 투자하고 조선소를 사들였으며 제철소까지 매입했다.

③ 4문단 중반부에 의하면 하시마에서 채굴된 석탄은 야하타의 대규모 제출단지로 공급되었다.

④ 4문단에 의하면 하시마의 석탄 채굴은 섬 깊숙이 네 개의 수직 갱도를 뚫었는데 깊이가 해저로부터 최대 1km에 달했고, 석탄을 캐면 지하에서 이를 분쇄하고 세척한 다음 창고시설까지 운반했다.

⑤ 3문단에서 하시마가 군함도라고도 불린다고 언급하고, 5문단 후반부에서 하시마의 인구밀도는 마닐라의 현재 인구밀도보다 약 150퍼센트 높았다고 설명한다.

09
답 ④

'악순환'은 잘 결정하기 위해 자신의 판단이 아닌 전문가들의 의견을 따르려 하지만, 어떤 전문가의 판단을 따를지 결정하기 위해 자신의 판단에 의지해야 하는 순환을 의미한다. ⓐ, ⓑ, ⓒ는 '악순환'을 이루는 요소들이고 ⓔ는 '악순환'과 유사한 의미로 쓰인 표현이다. 악순환은 잘 결정하기 위해 참고할 만한 전문가의 의견을 선택하기 위해 참고할 만한 다른 전문가의 의견을 선택해야 하는 '난감한 역설(ⓐ)'적 상황에서 '타당한 근거에 주의(ⓒ)'하면서 그 의견들을 참고하고 '자신의 판단에 의지(ⓑ)'하여 따를 의견을 결정하면서 '올바른 균형을 찾는 일(ⓔ)'이라고 볼 수도 있다. 이러한 과정을 거치지 않고 '사실들의 논리성을 확인(ⓓ)'한 후 이를 따르는 방식은 '악순환'과 거리가 멀다.

10
답 ③

2문단에서 우리 자신의 판단과 다른 전문가들의 증언을 찾는 일은 지극히 어렵다고 언급한다.

① 1문단에서 신뢰할 만한 전문가를 결정하는 목적을 이루기 위해 그에 합당한 전문가를 또 골라야 한다고 하였으므로, 특정 전문가를 신뢰할 만하다는 의견을 제시하는 다른 전문가가 있음을 유추할 수 있다.

② 2문단에서 인간 이성의 비밀은 우리가 자신의 판단을 이성적으로 완벽하게 정당화할 수 없는 상태에서도 결국 자신의 판단에 의지할 수밖에 없다는 것이라고 설명한다.

④ 3문단에서 오늘날 전 생애를 바쳐 특정 분야를 연구해온 진정한 전문가들의 식견이 충분한 대접을 받지 못하고 있으며, 이는 과거와 다르다고 언급한다.

⑤ 3문단에서 자신이 권위를 부여하는 인물에 관해, 그리고 어떤 근거에서 그 같은 권위를 부여하는지에 대해 더 많은 주의를 기울여야 한다고 언급한다.

11
답 ⑤

건강보험 보장성 강화대책의 본격적인 시행을 앞두고 재정누수를 막을 대책을 마련하라는 요구사항이다. 그러므로 뒤를 이어 계속된다는 의미의 '후속적'이라는 표현은 어울리지 않는다. '우선적', '효과적' 등이 적절하다.

12
답 ①

첫번째 시정·처리 요구사항에 대하여 3)에서 노인의료비 관리와 관련하여 금년 1월부터 요양병원에 대해 본인부담상한제 별도 기준을 적용하되 입원일이 120일을 초과하는 경우에는 종전 상한액을 적용한다고 언급한다.

② 재정누수를 막기 위한 대책을 우선적으로 마련할 것을 요구하는 두번째 시정·처리 요구사항에 대하여 1)에서 사회적입원 및 장기입원방지를 위하여 요양병원 급여체계 개편을 통해 불필요한 장기입원 감소를 유도할 수 있도록 검토 중이라고 언급한다.

③ 첫번째 시정·처리 요구사항에 대하여 5)에서 보장성 강화대책의 효과적 시행을 위해 적정부담 및 적정수가 보상체계로 전환될 수 있도록 적극 노력하겠다고 언급한다.

④ 두번째 시정·처리 요구사항에 대하여 2)에서 의료이용량 급증 방지를 위하여 주무부처인 복지부와 함께 의료기관들의 각각의 기능에 맞는 역할을 정립하고, 이러한 기능에 따라 수요자, 공급자가 합리적인 선택을 할 수 있는 개선방안을 마련하겠다고 언급한다.

⑤ 두번째 시정·처리 요구사항에 대하여 3)에서 동네의원 중심 포괄적 만성질환 관리사업 제도화를 위한 사업 추진 지원단을 구성·운영하며 만성질환자 관리 조치를 완료했음을 언급한다.

13
답 ③

2) 기기폐액에 의하면 기기폐액탱크에 수집된 폐액은 폐액의 화학 및 방사능 특성을 분석한 뒤 바닥배수폐액과 같은 공정으로 처리된다. 역삼투압설비 패키지 중 일부 구성기기를 우회하여 처리할 수 있다는 언급과 바닥배수탱크에 수집되는 폐액의 경우 일반적으로 전기전도도가 높은 폐액이고, 대부분 부유물질이 많이 함유되어 제거하기 위해서는 전처리설비로 이송한다는 내용이 있으나 전처리설비를 거치지 않는다는 내용은 찾을 수 없다.

① 1) 바닥배수에 의하면 정상 운전 시 바닥배수탱크에는 핵연료취급지역, 보조건물, 복합건물 내 바닥 및 기기 배수와 원자로건물 내 바닥배수들이 수집된다. 또한 복수탈염기 재생폐액과 증기발생기 취출계통 오염폐액도 바닥배수탱크에 수집된다. 2) 기기폐액에 의하면 필요 시 기기폐액탱크는 바닥배수탱크의 보조탱크로도 사용될 수 있다.

② 1) 바닥배수에 의하면 바닥배수탱크가 만수위 또는 예정수위에 이르러 탱크 내 폐액 처리가 시작되면 전처리설비, 역삼투압설비를 거쳐 최종적으로 감시탱크로 이송된다. 감시탱크에서 수집된 폐액이 환경으로 방출할 수 있을 만큼 충분히 낮고 수질요건을 만족할 경우 액체방사성폐기물처리계통, 고체방사성폐기물처리계통 및 화학체적제어계통의 사용처로 이송된다.

④ 2) 기기폐액에 의하면 폐수지탱크로부터의 분리수 및 수지 이송수도 기기폐액탱크에 수집된다. 또한 기기폐액탱크에 수집된 폐액은 먼저 충분히 재순환시켜 균질하게 섞은 후 시료채취를 하여 폐액의 화학 및 방사능 특성을 분석한다.

⑤ 3) 화학폐액에 의하면 화학폐액탱크는 방사화학 실험실과 제염시설로부터 발생된 폐액을 수집하고, 복수탈염기 재생폐액과 증기발생기 취출계통 오염폐액도 수집될 수 있다. 2) 기계폐액에 의하면 기계폐액은 화학 및 방사능 특성 분석 후 바닥배수폐액과 같은 공정으로 처리되지만, 화학폐액은 고용존고형물폐액과 같은 공정으로 처리된다.

> **Tip**
>
> 선택지를 먼저 읽은 후 바닥배수탱크, 기기폐액탱크, 화학폐액탱크가 수집하는 폐액의 발생 장소와 처리 공정을 중심으로 제시문을 독해하면 풀이 시간을 줄일 수 있다.

14 ③

어지럼증의 흔한 원인이 귀에 있음을 설명하고 이와 관련된 주요 질환들의 증상 및 치료법 등을 소개하며 주의를 요하는 글이므로 '어지럼증의 원인, 귀에서 찾는다'는 제목이 가장 적절하다.

① 1문단에서 이석증이 중년 이후 성인이 주의해야 할 질환이라고 설명하지만, 중년이 필수적으로 점검해야 할 질환들에 대해 서술한 글은 아니다.

② 제시문의 핵심은 어지럼증을 유발하는 원인이 귀 질환과 유관하다는 것이다. 또한, 어지럼증과 관련된 귀 질환을 방치하면 청력을 잃을 수 있다는 언급을, 청력 이상을 방치하면 위험하다고 해석할 수는 없다.

④ 제시문은 이석증, 전정신경염, 메니에르병을 소개할 목적이 아니라 어지럼증이 청력 손상으로 이어질 수 있음을 설명하기 위해 3가지 질환을 예로 들고 있다. 또한 마지막 문단에서 청력 관련 질병으로 돌발성 난청이 설명되므로 3가지 질병이 제시문의 주제라고 보기 어렵다.

⑤ 어지럼증은 뇌와 양쪽 귀의 균형이 위태로워 발생할 수 있으나 이는 제시문에서 자세히 설명하는 질환들을 포괄하지 못하므로 가장 적절한 제목으로 보기 어렵다.

15 ④

D는 C가 과거에 앓았을 것으로 추정되는 전정신경염에 대해 말하고 있지만, 당분·염분 섭취를 삼가야 하는 질환은 전정신경염이 아닌 메니에르병이다.

① A가 말하는 주변이 빙글빙글 도는 듯한 증상은 제시문에서 이석증의 증상 중 하나로 소개된다. 이석증은 신체의 균형을 담당하는 전정기관의 이석과 관련하여 발생하므로 A의 발언은 제시문에 부합한다.

② B는 A의 질환으로 추정되는 이석증의 원인과 치료법을 설명하고 있고 이는 제시문에 부합한다.

③ C는 A의 질환으로 추정되는 이석증의 검사법과 치료법, 그리고 본인의 과거 질환으로 의심되는 전정신경염의 증상과 원인에 대해 말하고 있으며 이는 제시문에 부합한다.

⑤ E는 할머니의 질환으로 추정되는 메니에르병에 대해 설명한다. 메니에르병은 달팽이관 내 내림프액 순환의 문제로 발생하고 극심한 어지럼증과 청력 손상이 따른다. 약물치료 시 이뇨제를, 청력이 떨어질 때는 스테로이드제를 복용하며 어지럼증이 심할 때는 안정제가 필요한 질환이다.

> **Tip**
>
> 제시문에서 이석증, 전정신경염, 메니에르병의 증상과 치료법을 자세히 설명하고, A~E의 대화도 귀 관련 질환의 증상과 접근법에 대한 내용이므로 각 질환을 키워드 삼아 정보들을 매치하며 풀면 시간을 절약할 수 있다.

16 답 ①

'틱톡 금지법' 법안의 내용은 최장 360일의 기한 동안 모기업인 중국 기업을 떠나 비중국 업체에 매각하지 않으면 미국에서 앱스토어 사용을 금지한다는 것이다. 법안 통과 후 360일을 넘는 365일이므로 미국 앱스토어 사용이 금지된다.

② 개인정보 유출과 더불어 물론 중국 정부의 정치 선전 도구라는 비판까지 얹어져 전 세계에서 제재 움직임이 일고 있으며 그 중 대표적인 제재 행보를 보이는 국가로는 미국이 있다. 미국은 중국의 플랫폼 틱톡 내 자국민 개인정보 유출을 우려하여 제재하고자 하는 것을 알 수 있다.

③ 자국민 개인정보 유출은 국가 안보에 위협이 될 수 있는 문제로, 미국은 '틱톡 금지법안'을 통과시켜 틱톡 사용을 제한하려 한다.

④ 틱톡의 사용에 대해 2020년부터 정부 기관 소속 공무원에 한하여 금지하거나, 금지하려는 국가가 점점 늘어나고 있고, 더불어 중국의 정치 선전 도구라는 비판까지 얹어져 전 세계에서 제재 움직임이 일고 있어 여러 나라의 비판을 받고 있음을 알 수 있다.

⑤ 미국에서는 행정부와 정치권을 중심으로 막대한 수의 사용자를 가진 틱톡이 미국 국가 안보에 위협이 될 수 있다는 주장을 제기하며, 틱톡 금지법안에 찬성 352표를 얻은 것으로 보아 대다수가 틱톡 사용 반대에 찬성하고 있음을 알 수 있다.

17 ①

TV 토론 프로그램이 현대 사회의 공론장 역할을 하고 있는 것으로 여겨지고 있으나, 사실은 시민의 관심을 사회적 의제로부터 멀어지게 만들거나, 방송사의 의도대로 논의의 방향을 조절함으로써 시민을 방관자로 전락시키는 등, 제대로 된 공론장의 역할을 하고 있지 않다고 주장하는 글이다.

④ 글의 전체가 아닌 일부 주장만을 이야기하는 문장으로 글 전체를 아우르는 주제로 보기 어렵다.

18 답 ④

샐러드 드레싱과 노트북의 예를 통해 '합리적인 소비'를 위해서는 단순히 물건의 가격뿐만이 아니라 물건의 양과 용도, 사용 시기 등을 종합적으로 고려한 구매 활동이 필요함을 주장하고 있다.

01	02	03	04	05	06	07	08	09	10
②	③	④	⑤	④	④	②	⑤	④	④
11	12	13	14	15	16	17	18		
②	③	④	③	③	②	⑤	②		

01
답 ②

②의 '맡다'가 '면허나 증명, 허가, 승인 따위를 얻다'를 의미하는 반면 나머지 선택지들은 '어떤 일에 대한 책임을 지고 담당하다'를 뜻한다.

02
답 ③

ⓒ가 포함된 문장과 앞 문장들의 구조는 '~이 진부해 보인다. 국가들이 ~인 움직임을 보이기 때문이다. 미국 법원의 결정이 그 ⓒ다.'로 정리할 수 있다. 따라서 미국 법원의 결정이 '국가들이 보이는 움직임'의 예임을 알 수 있고, '사례', '실례', '예시', '증명', '입증' 등의 어휘가 가능함을 알 수 있다. '판례'는 '법원에서 동일하거나 유사한 소송 사건을 판결한 전례'를 뜻하는 단어로, ⓒ에 삽입될 경우 문맥이 어색해진다.

03
답 ④

'핑커'를 키워드 삼아 문단 구조를 분석하면, 스티븐 핑커의 주장을 설명하는 (라), 핑커의 주장을 반박하는 (나), 핑커의 설명보다 냉소적인 다른 설명을 소개하는 (다) 순서로 전개됨을 알 수 있다. 그리고 전쟁 비용 증가가 전쟁 감소의 원인이라는 주장의 근거로 쓰일 수 있는 (가)가 마지막 문단으로 적절함을 알 수 있다.

04
답 ⑤

제시문은 태양광 사업의 장점과 문제점을 설명하고 해결안을 제시하는 글이다. 태양광 기술의 경제적 장점을 설명하는 (다)를 처음에 놓고, (다)의 마지막에서 언급한 주민수용성 문제를 구체화하는 (나)를 두 번째 위치에, 이에 대한 해법으로 농가 태양광을 제안하는 (가)를 마지막에 놓으면 글의 맥락이 자연스럽게 이어진다.

05
답 ④

'그러자면', '그러나', '이런 측면에서', '나아가'로 시작되는 (가), (나), (다), (마)를 제외한 (라)를 첫 문단으로 놓는다. (라)는 로마 가도의 장점을 설명하므로, 로마 가도의 장점을 추가 설명하는 (마)가 이어지는 것이 자연스럽다. 남은 (가)~(다) 중 (가)는 포장 도로망이 게르만족의 이동에 이용된 이유 등을 설명하고, (나)는 게르만족 등의 이동이 빈번해진 이유 등을 설명하므로 (나)-(가) 순서로 이어짐을 알 수 있다. (다)는 로마 가도의 장점과 단점을 포괄하며 글을 정리하는 내용이므로 마지막에 배열한다.

06
답 ④

㉠은 기준이 없어서 발생하는 상황을 부연하는 문장이다. 따라서 기준이 없기 때문에 판단이나 비교가 어렵다는 내용과 이어지는 (나)에 적절하다. ㉡은 '이런 상황에서'라는 말로 시작되므로 자선단체의 효율성·투명성을 높여야 하는 상황 다음에 위치해야 한다. 따라서 후원금이 어떻게 쓰이고 있는지 모르고 있다는 내용과 이어지는 (라)에 위치하는 것이 적절하다. ㉢은 특정 기관의 설립 목적을 설명하므로 홀든과 엘리가 기브웰과 더클리어펀드를 운영하였다는 내용 다음인 (가)에 위치하는 것이 적절하다. ㉣은 향후 기브웰의 추천을 따르는 기부자가 많아지면서 기브웰의 자선단체 평가 및 추천의 긍정적 영향력의 확대를 전망하는 내용이다. 현재 자선단체 평가 및 추천 작업이 수월하지 않을 수 있고 비용이 소요된다는 내용인 (다)의 마지막에 위치하는 것이 적절하다.

07
답 ②

〈보기〉에서 튀르키예와·그리스 사이의 좋지 않은 관계를 언급하였으므로 다음에는 왜 양국 간의 사이가 좋지 않은지 이유의 내용인 (가)가 나와야 한다. 최근에도 외교적 대화가 단절되는 등 관계 악화가 이어졌다는 내용인 (라)가 이어져야 한다. 하지만 그리스가 튀르키예 대지진에 도움의 손길을 내밀며 사이가 완화되고 있다는 내용의 (다)와 1999년에도 비슷한 사례가 있었다는 내용의 (나)가 순서대로 나와야 한다.

08
답 ⑤

㉠~㉢은 모두 '예를 들어'로 시작되므로 ㉠~㉢이 (가)~(다)의 앞 내용에 대한 적절한 예인지를 기준으로 위치를 결정할 수 있다. (가)에는 일상 속 구체적 사례를 통하여 알고리즘의 구조를 교육하는 사례가 적절하므로 베이킹을 통해 알고리즘을 학습하는 내용의 ㉢이 어울린다. (나)에는 정보와 기술에서 상업적 목적을 파악하는 교육의 사례가 적절하므로 유튜브의 상업적 목적을 파악하는 교육 사례인 ㉡이 어울린다. (다)에는 데이터와 알고리즘의 편향성과 한계에 대해 교육하는 사례가 적절하므로 데이터세트가 골고루 섞여 있지 않아 분류 결과에 영향을 미치는 상황을 통한 교육인 ㉠이 적절하다.

09
답 ④

㉠ [×] 원칙 3에 따라 항목이 여러 개일 경우 1.부터 시작하는 점은 맞지만 원칙 2의 본문 내용은 왼쪽 처음부터 시작한다는 점에 어긋난다.
㉡ [×] 원칙 6에 의하면 연·월·일의 글자를 생략하는 대신 온점을 찍어야 하며, 원칙 10에 따라 기간을 나타낼 때는 물결표를 써야 한다. 따라서 '2024.1.28. 14:00~18:00'과 같이 써야 한다.
㉣ [×] 원칙 11에 따라 붙임 표시 끝에 1자를 띄우고 '끝.' 표시를 하였으나 붙임 다음에 쌍점을 찍지 않는다는 원칙 12에 어긋난다.
㉢ [○] 기안문 작성 원칙 8에 따라 2024년도 대신 '24라고 적었으며, 원칙 7에 따라 '목요일'은 괄호 안에 (목)으로 표시하였으므로 옳다.

10
답 ④

㉣은 '스레드업에서는~유도한다'로 주어와 술어가 연결되고, 다른 성분들도 적절하게 쓰였다.
㉠ [×] 주어와 술어가 호응하지 않으므로 '정보를~생성되고 있었다'는 '정보를~생성하고 있었다' 혹은 '정보가~생성되고 있었다'로 고쳐야 한다.
㉡ [×] '~이므로'는 앞 내용이 뒷 내용의 원인이 될 때 쓰이는 표현이다. '남아 있는 상품은 단 한 개'라거나 '이 상품을 232명이 함께 보고 있다' 등이 흔한 다크 패턴이기 때문에 정보를 제공하는 것은 아니므로 '흔한 다크 패턴이므로'를 '흔한 다크 패턴이며' 또는 '흔한 다크 패턴으로'와 같이 수정해야 한다.
㉢ [×] 이 문장의 서술절은 '있다'이고, 이를 제외한 나머지 부분은 주절이다. 주절의 주어는 주격조사 '이'로 보아 '~물품'이고 서술어는 '~끼워 넣음'이다. 하지만 '물품'은 속성상 '넣다'는 동작을 직접 하는 주체가 될 수 없으므로 '물품이'가 아닌 '물품을'로 고치거나 '넣는'이 아닌 피동사 '넣어진'으로 고쳐야 한다.
㉤ [×] 팝업창의 버튼과 선택지의 상태가 병렬 구조로 이어지므로 둘을 수식하는 표현에도 일관성이 필요하다. '버튼은~잘 보이지만 선택지는~잘 보이지 않는다'로 연결되는 것이 자연스럽다.

11
답 ②

뉴질랜드 법원은 테이티오타의 사례가 UN 난민협약의 난민 자격 부여 기준에 부합하지 않아서가 아니라, 국제사회 자체는 박해자가 될 수 없다는 이유로 테이티오타의 난민 자격 요구를 기각하였다. 따라서 제시문에서 UN 난민협약의 난민 자격 부여 기준을 편파적이라고 볼 근거는 충분하지 않다.

12

답 ③

4. 출산휴가 · 배우자출산휴가 사용자 수 표에 의하면 배우자출산휴가 사용자 수는 2021년 521명에서 2022년 404명으로 감소하였으므로, 사용자 수가 꾸준히 늘었다고 볼 수 없다.

① 3. 출산휴가 · 배우자출산휴가 제도 운영 현황에서 둘 이상의 자녀를 임신한 경우 최대 120일의 출산휴가를 쓸 수 있고, 배우자출산휴가의 최대 사용 가능 일수는 10일이라고 안내한다.

② 2. 육아휴직 사용자 수 표를 참고하면 남성 사용자 수는 2019년 19명에서 2023년 110명으로 약 6배 증가했고, 2019년 147명에서 2023년 기준 412명으로 전체 사용자 수도 2.5배가량 증가했다.

④ 1. 육아휴직 제도운영 현황 표에 의하면 최대 육아휴직 가능 기간은 3년이며, 자녀 1명에 대한 총 휴직기간이 1년을 넘는 경우에는 최초 1년까지 근무년수에 산입한다.

⑤ 5. 유산 · 사산휴가 제도운영 현황 표에 의하면 임신기간이 12~15주 이내인 경우 유산 · 사산휴가 최대 사용 가능 일수는 10일이다.

Tip

> 표의 내용이 크게 휴직과 휴가로 나뉨을 파악하고 휴직 기간과 휴가 일수의 상황별 적용 기준을 이해한 후 플면 선택지의 내용을 자료에서 찾아 확인하는 시간을 줄일 수 있다.

13

답 ④

2024년 기준 422기의 원전 중 미국이 운영하는 원전은 92기이다. 미국이 운영하는 원전은 전 세계 원전 중 약 40%에 해당한다.

① 1문단에 의하면 에우라요키시의 올킬루오토 지역에 사용후핵연료 영구처리시설인 온칼로 건설을 위한 굴착 작업이 진행 중이며, 4문단에 의하면 이는 화성암층 437m 깊이에 지하 터널을 만들고 터널 바닥에 구멍을 파서 밀봉용기를 묻는 프로젝트이다.

② 1문단에 따르면 헬싱키에서는 기존에 정식가동 중이었던 올킬루오토 원전 1 · 2호기와 더불어 3호기는 2023년 정식가동을 시작했다.

③ 3문단에 의하면 러시아는 1954년 가장 먼저 상업운전을 시작했고, 독일은 탈원전을 진행하고 있다.

⑤ 4문단에 의하면 핀란드 정부는 온칼로 프로젝트에 100년간 약 35억 유로를 투입할 계획이며 완공은 2025년경이다.

14

답 ③

㉠ [×] 상대를 직접 부를 때는 직함이 뒤에 오지만, 소개할 때는 직함이 앞에 오는 것이 원칙이므로 '장관 박○○'와 같이 쓴다.

㉢ [×] 외래어나 외국어는 우리말로 다듬어 써야 하므로 '연구 과제'와 같이 순화한다.

㉤ [×] 단위를 나타내는 말은 각각 띄어 쓰므로 '2024년 11월 7일'과 같이 쓴다.

㉡ [○] 외국 문자 대신 한글로 쓰거나 우리말로 바꿔 쓰며, 이해를 돕기 위해 외국 문자를 표기할 경우 괄호 안에 표기해야 하므로 '경제협력개발기구' 혹은 '경제협력개발기구(OECD)'와 같이 쓴다.

㉣ [○] '한눈'은 '한 번 봄' 또는 '한꺼번에'라는 뜻의 한 단어이므로 붙여 '한눈에'라고 붙여 쓴다.

15

답 ③

부품 관련 전자제어, 보안 등에 관한 업무는 부품연구처의 10번 업무이고 부품자기인증적합조사 총괄 관리 업무는 부품연구처의 3번 업무이다.

① 자동차 안전기준 연구개발은 부품연구처의 8번 업무이고, 안전도평가 관련 정부 협업과제 수행은 안전연구처의 3번 업무이다.

② 자동차 에너지 · 환경분야 시험시설 관련 업무는 친환경연구처의 12번 업무이고, 운행기록계 시험 등 관련 업무는 부품연구처의 11번 업무이다.

④ 건설기계 소음도 검사 관련 업무는 부품연구처의 12번 업무이고 자동차 및 건설기계 배출가스에 관한 업무는 친환경연구처의 11번 업무이다.

⑤ 도로교통 에너지, 온실가스 대기오염물질 저감기술 개발은 친환경연구처의 7번 업무이고, 도로안전시설 성능평가에 대한 업무는 안전연구처의 4번 업무이다.

16

답 ②

2)에 의하면 도로변 차량정차 작업 시 작업장 주변에 경광등, 작업안내 표지 및 라바콘 등 교통안전표지물을 설치해야 하고, 〈표〉에 의하면 제한속도 70km/h인 도시 고속국도의 경우 200m 간격으로 설치해야 한다.

① 1)에 의하면 작업차량은 차량통행 방향과 일치하게 정차하고 차량의 전조등, 후미등, 비상등 등을 점등하여 작업중 임을 알려야 한다.

③ 3)에 의하면 차량통행이 많은 도로에서는 원활한 작업을 위하여 교통신호수 배치 등 작업인력 보강하여 작업하여야 하고, 5)에 의하면 차량 통행이 많은 대도시 및 도심지역에서 도로변 정차하여 작업할 경우 인근 파출소 및 경찰서에 교통통제 협조 요청하여 작업하여야 한다.

④ 2)에 의하면 안전 확보를 위하여 작업장 주변에 안전삼각대, 라바콘 등 교통안전표지물을 〈표〉의 간격으로 설치하여야 하고, 4)에 의하면 야간작업시 음주, 졸음운전 가해사고 등 제3자에 의한 안전사고 예방을 위하여 작업구간을 식별할수 있는 교통안전 표지물(경광등, 점멸등)을 〈표〉의 간격으로 반드시 설치하고 작업하여야 한다.

⑤ 〈표〉를 참고할 때 제한속도 80km/h인 지방지역 일반도로의 제한속도 100km/h인 자동차 전용도로의 교통안전 표지물 설치 간격은 300m임을 알 수 있다.

17

답 ⑤

3문단에 의하면 아리스토텔레스는 구름과 구름이 강하게 부딪히는 과정에서 공기가 갇히면서 번개가 아니라 천둥이 발생한다고 여겼다.

① 1문단에서 로마 시대에 번개에 맞아 사망한 사람은 공동묘지보다는 번개 맞은 곳에 묻고 신성한 장소로 봉헌하기도 했다고 언급한다.

② 2문단에 의하면 기원전 620년에 태어난 탈레스 등의 사상가들이 제우스가 번개창을 던진다는 식의 신화적 접근법에서 벗어나고자 시도하였다. 따라서 기원전 620년경에는 번개를 제우스의 창이라고 인식하는 사람들이 있었음을 알 수 있다.

③ 2문단 전반부에 의하면 탈레스를 포함한 세 사람은 바람이 구름을 강타하여 천둥소리가 발생한다고 여겼다. 2문단 후반부에 의하면 아낙사고라스는 먼저 발생하는 것은 번개지만 구름 속 비에 의해 꺼지고, 천둥은 번개가 급히 꺼지는 과정에서 나는 소리라고 주장했다.

④ 2문단에 의하면 아낙시만드로스를 포함하는 세 사람은 바람이 구름을 강타하여 천둥소리가 발생하고 이 과정에서 번개를 일으키는 불꽃이 튄다고 여겼다. 3문단에 의하면 아리스토텔레스는 번개는 구름과 구름이 부딪히는 충격에 의해 발생하므로 천둥보다 늦게 일어나는 현상이라고 여겼다. 따라서 아낙시만드로스와 아리스토텔레스는 천둥이 번개보다 먼저 발생한다고 여겼음을 알 수 있다.

18

3문단 후반부에 의하면 아리스토텔레스는 번개와 천둥의 실제 발생 순서와, 사람이 인지하는 순서가 다른 까닭을 천둥은 소리로 듣고 번개는 눈으로 보기 때문이라고 주장했다. 이는 소리와 빛의 전달 속도는 다르며, 소리(천둥)의 전달 속도가 빛(번개)의 전달 속도보다 느리다는 의미를 내포한다.

① 2문단에 의하면 아리스토텔레스 이전에도 탈레스, 아낙시만드로스, 아낙시메네스가 제우스가 번개창을 던진다는 식의 신화적 접근법에서 벗어난 새로운 시각으로 천둥・번개 현상을 바라보려고 시도했다.

③ 아리스토텔레스의 주장은 빛이 소리보다 빠르다는 개념을 내포하고 있었지만 이를 입증할 목적의 주장은 아니었다.

④ 2문단에서 아낙사고라스가 천둥이 번개가 급히 꺼지는 과정에서 나는 소리라고 주장했음이 언급되지만 이 주장이 당대의 권위적인 학설이었다는 내용은 찾아볼 수 없다.

⑤ 제시문에서 구름과 구름의 충돌 때문에 발생하는 자연 현상에 대한 수많은 가설이 있었다는 내용은 찾을 수 없다.

4일차 >> 응용수리

01	02	03	04	05	06	07	08	09	10
①	⑤	③	④	④	②	⑤	④	⑤	④
11	**12**	**13**	**14**	**15**	**16**	**17**	**18**	**19**	**20**
④	②	④	①	④	①	①	①	③	①

01   답 ①

집에서 회사까지의 거리를 x라 하면, 시속 60km로 갈 때는 시속 40km
로 갈 때보다 15분 일찍 도착하므로, $\dfrac{x}{40} - \dfrac{x}{60} = \dfrac{15}{60} = \dfrac{1}{4}$

$\Rightarrow 3x - 2x = 30$ $\therefore x = 30$km

따라서 시속 40km로 주행 시 출근 소요시간은

$\dfrac{30}{40} = \dfrac{3}{4}$시간 = 45분이다.

02   답 ⑤

전체 일의 양을 1, A와 B가 하루에 할 수 있는 일의 양을 각각 미지수 x, y라 하면

· 두 사람이 함께 일해서 4일 걸리는 경우 : $4x + 4y = 1 \cdots$ ㉠
· A가 2일 일한 후 B가 나머지 일을 8일 걸려서 끝마친 경우 :
  $2x + 8y = 1 \cdots$ ㉡

㉠식과 ㉡식을 연립하면 $x = \dfrac{1}{6}$, $y = \dfrac{1}{12}$이다. 따라서 B가 혼자 일을 끝
마치려면 최소 12일이 걸린다.

03   답 ③

원가를 x라 하면, 정가는 $x(1 + 0.15)$이다.
$1.15x - 1,000 = x(1 + 0.1) \Rightarrow 0.05x = 1,000$ $\therefore x = 20,000$원
따라서 물건의 원가는 2만 원이다.

> **Tip**
>
> · 정가 = 원가 + 원가 × 이익률 = 원가(1 + 이익률)
> · 판매가 = 정가 − 정가 × 할인율 = 정가(1 − 할인율)
> · 이익금 = 판매가 − 원가

04   답 ④

추가채용을 진행하기 전 A회사의 사원은 총 180명이고 이 중 남자사
원은 30%이므로 180×0.3 = 54명, 여자사원은 180×0.7 = 126명이
다. 추가채용을 진행하면 사원은 총 180 + 160 = 340명이고, 이 중 남
자사원이 60%가 되려면 340×0.6 = 204명이 되어야 하므로 204 −
54 = 150명을 더 뽑아야 한다. 이때 여자사원은 전체의 40%가 되어야
하므로 340×0.4 = 136명이 되어야 한다. 따라서 여자사원은 136 −
126 = 10명을 더 뽑아야 하므로 최종적으로 남자사원이 전체의 60%가

되기 위해서는 여자사원의 $\dfrac{150}{10}$ = 15배를 뽑아야 한다.

05   답 ④

100원짜리 동전을 x개, 500원짜리 동전을 y개, 1,000원짜리 지폐를 z라
하면, $x + y + z = 18 \cdots$ ㉠

동전과 지폐를 다 합친 금액이 7,800원이므로,
$100x + 500y + 1,000z = 7,800 \Rightarrow x + 5y + 10z = 78 \cdots$ ㉡
100원짜리 동전과 1,000원짜리 지폐 개수의 비가 2 : 1이므로,
$x : z = 2 : 1 \Rightarrow 2z = x \cdots$ ㉢
㉢을 ㉠과 ㉡에 대입하여 도출한 두 식 $y + 3z = 18$, $5y + 12z = 78$
연립하면 $x = 8$, $y = 6$, $z = 4$이다.
따라서 100원짜리 동전은 8개이다.

06   답 ②

30명이 입장하는 경우 30명×5,000원× $\dfrac{6}{10}$ = 90,000원의 요금이 발생

하므로, 30명 미만의 입장하는 인원수를 x라 하면, $5,000x > 90,000$
$\therefore x > 18$
따라서 19명부터 입장 시 개인별로 입장하는 것보다 30명의 단체 요금
을 내고 입장하는 것이 유리하다.

07   답 ⑤

인사팀원을 a, b, c, d, e라 하고, 자신이 예매한 좌석 번호에 맞춰 앉은 2
명을 a, b라 하면 남은 세 자리에 인사팀원 c, d, e가 서로 자신이 예매했
던 좌석 번호와 다른 팀원의 자리에 앉는 경우는 (d, e, c), (e, c, d) 총 2
가지이다.
정리하면 자신이 예매했던 좌석 번호에 맞춰 인사팀원 2명이 앉는 경우

는 $\dfrac{5 \times 4}{2}$ = 10가지이고, 나머지 3명이 자신이 예매했던 좌석 번호와 다

른 팀원의 자리에 앉을 경우는 2가지이므로, 총 10×2 = 20가지이다.

08   답 ④

남자직원과 여자직원 총 8명 중 2명을 뽑는 전체 경우는 $_8C_2 = \dfrac{8 \times 7}{2 \times 1}$

= 28가지이고, 회의 발표자 2명이 모두 여자직원인 경우는 $_5C_2 = \dfrac{5 \times 4}{2 \times 1}$

= 10가지이다. 적어도 1명이 남자직원일 확률은 전체 확률에서 회의

발표자 2명이 모두 여자직원인 경우를 제외한 나머지이므로 $1 - \dfrac{_5C_2}{_8C_2}$

$= 1 - \dfrac{10}{28} = \dfrac{9}{14}$이다.

09   답 ⑤

분산을 구하면 다음과 같다.

$\dfrac{(-130)^2 \times 5 + (-30)^2 \times 30 + 70^2 \times 10 + 170^2 \times 5}{50}$

$= \dfrac{84,500 + 27,000 + 49,000 + 144,500}{50} = \dfrac{305,000}{50} = 6,100$만 원

① 25번째와 26번째 모두 200만 원 이상 300만 원 미만인 구간에 속하
  므로, 중앙값은 해당 계급의 계급값인 250만 원이다.
② 소득 금액 200만 원 이상 300만 원 미만인 인원이 30명으로 가장 많
  으므로, 최빈값은 250만 원이다.
③ 소득 금액이 300만 원 이상 500만 원 미만인 인원은 10 + 5 = 15명
  이다.

④ 소득 금액의 평균은 $\dfrac{150 \times 5 + 250 \times 30 + 350 \times 10 + 450 \times 5}{50}$

$$= \frac{750 + 7,500 + 3,500 + 2,250}{50} = \frac{14,000}{50} = 280만 \ 원이다.$$

10
답 ④

1	1	2 (= 1 + 1)	3 (= 1 + 2)	(5) (= 2 + 3)	8 (= 3 + 5)
(13) (= 5 + 8)	21 (= 8 + 13)	34 (= 13 + 21)	55 (= 21 + 34)		

11
답 ④

김 사원의 이동시간을 구간별로 구하면 다음과 같다.
- 0~8km 구간 : 속력이 60km/h이므로 1분에 1km를 갈 수 있다. 따라서 0~8km 구간의 이동시간은 8분 = 480초이다.
- 8~9km 구간 : 0~8km 구간의 이동시간보다 10% 증가하였으므로 480×1.1 = 528초이다.
- 9~10km 구간 : 8~9km 구간의 이동시간보다 10% 증가하였으므로 528×1.1 = 580.8초이다.

따라서 0~8km, 8~9km, 9~10km 구간의 이동시간을 모두 더해주면 480초 + 528초 + 580.8초 = 1,588.8초이며 이를 분으로 환산해주면 약 26분 29초이다.

12
답 ②

- A호스가 1시간 동안 채우는 물의 양 : $\frac{1}{4}$
- B호스가 1시간 동안 채우는 물의 양 : $\frac{1}{6}$

A, B 두 호스로 동시에 물을 채우는 시간을 x라 하면,

$$\left(\frac{1}{4} \times 2\right) + \left(\frac{1}{4} + \frac{1}{6}\right) \times x = 1$$

$$\therefore x = 1.2시간$$

13
답 ④

어떤 상품의 정가를 x, 원가를 y라 하면
- 20개를 팔 때마다 15,000원의 이익을 얻는 경우 :
$20 \times (x - y) = 15,000 \Rightarrow x - y = 750 \cdots \bigcirc$
- 정가의 25%를 할인, 60개 판매 시 이익금 = 정가에 3,000원 할인, 30개 판매 시 이익금인 경우 :
$60 \times (0.75x - y) = 30 \times \{(x - 3,000) - y\} \Rightarrow x - 2y = -6,000 \cdots \bigcirc$

$\bigcirc$식과 $\bigcirc$식을 연립하면 $x = 7,500$원, $y = 6,750$원이므로 이 상품의 정가는 7,500원이다.

14
답 ①

a, b, c강의실 입실자 수를 각각 a, b, c라 하면, 신입생 OT 참여 신입생 수($a + b + c$)를 구하기 위한 조건은 다음과 같이 정리된다.
- $b + c = 200 \cdots \bigcirc$
- $c = 100 \cdots \bigcirc$
- $a = b + 60 \cdots \bigcirc$

$\bigcirc$을 $\bigcirc$에 대입하면, $b = 100$이므로 $a = 160$이다.
따라서 총 160 + 100 + 100 = 360명의 신입생이 OT에 참여했다.

15
답 ④

마카롱 a의 개수를 x, 마카롱 b의 개수를 y라 하면, 총 14개를 구매하므로, $x + y = 14 \cdots \bigcirc$
마카롱 a와 b는 개당 2,500원, 2,000원이며, 30,000원 이상 40,000원 이하로 살 계획이므로, $30,000 \leq 2,500x + 2,000y \leq 40,000 \cdots \bigcirc$
$\bigcirc$과 $\bigcirc$을 연립하면, $60 \leq 5x + 4(14 - x) \leq 80$, $4 \leq x \leq 24$(단, $x \leq 14$)
마카롱 b를 최대한 많이 사려면, 마카롱 a를 최소한으로 사야 하므로, $x = 4$, $y = 100$이다.

> **Tip**
>
> $\bigcirc$과 $\bigcirc$을 연립하여 $60 \leq 5(14 - b) + 4b \leq 80$, $-10 \leq b \leq 10$(단, $b \geq 0$)라는 식을 도출할 수 있다. 따라서 마카롱 b의 최대 구매 가능 개수는 10개이다.

16
답 ①

9개의 팀이 4개의 팀과 5개의 팀으로 구성된 두 개의 조로 나뉘며, 두 개의 조는 예선 경기에서 리그전을 치르므로, 4개 팀의 경우 $\frac{4 \times 3}{2} = 6$경기이고, 5개 팀의 경우 $\frac{5 \times 4}{2} = 10$경기를 치르게 된다. 따라서 예선 경기 수는 총 16경기이고, 관람료는 1만 5천 원이므로, 총 16×1만 5천 원 = 24만 원이다.
각 조에서 1, 2위한 팀이 모인 4개의 팀은 토너먼트 방식으로 1~4위를 가리는 본선 경기를 치른다. 3·4위전을 포함한 본선 경기는 총 4경기이고, 관람료는 2만 5천 원이므로, 4경기×2만 5천 원 = 10만 원이다.
따라서 모든 경기를 관람할 시 지불해야 하는 총 관람료는 24 + 10 = 34만 원이다.

> **Tip**
>
> - 리그전
>   - 대회에 참가한 모든 팀이 돌아가면서 한 차례씩 대전하여 순위를 가리는 경기
>   - 경기의 횟수 : $\frac{팀의 \ 수 \times (팀의 \ 수 - 1)}{2}$번
> - 토너먼트전
>   - 확정된 대진표에 따라 치러진 경기 결과에 의해 탈락 여부 결정, 8강, 4강의 순서를 거쳐 결승을 치르는 경기
>   - 경기의 횟수 : (팀의 수 - 1)번

17
답 ①

신입사원 2명이 이웃한다면 한 팀으로 묶여 총 5명이 원형테이블에 앉는 경우가 되므로, $(5 - 1)! = 4! = 4 \times 3 \times 2 \times 1 = 24$가지이다. 이때 신입사원 2명이 서로 자리를 바꿔 앉는 경우는 $2! = 2 \times 1 = 2$가지이므로 총 $24 \times 2 = 48$가지이다.

> **Tip**
>
> - n명을 한 줄로 세우는 경우의 수 : $n \times (n - 1) \times (n - 2) \times \cdots \times 2 \times 1 = n!$
> - 원순열
>   - 서로 다른 것을 원형으로 배열하는 순열
>   - 서로 다른 n개를 원형으로 배열하는 경우 : $\frac{_nP_n}{n} = \frac{n!}{n} = (n - 1)!$

18 답 ①

승인이 완료될 확률은 80%이고, 승인이 완료되지 못할 확률은 20%이다. 따라서 2025년 사업 승인 가구 수의 기댓값은

$0.8 \times (1 - 0.1) \times 55,000 + 0.2 \times (1 + 0.1) \times 55,000 = 0.2 \times 55,000 \times (3.6 + 1.1) = 5$만 $1,700$가구이다.

19 답 ③

주어진 표의 빈칸을 채우면 다음과 같다.

시험점수(점)	도수(명)	상대도수	누적도수(명)
50 이상 60 미만	4	0.1	4
60 이상 70 미만	16	0.4	20
70 이상 80 미만	8(=40×0.2)	0.2	28
80 이상 90 미만	10	0.25	38
90 이상 100 미만	2	0.05	40
합계	40	1	

A반 학생은 총 40명이고, 70점 이상인 학생은 $8 + 10 + 2 = 20$명이므로, 전체의 $\frac{20}{40} \times 100 = 50\%$이다.

Tip

- 상대도수
  - 도수분포표에서 도수의 총합에 대한 각 계급의 도수의 비율

$$\frac{\text{해당 계급의 도수}}{\text{도수의 총합}}$$

  - 상대도수의 총합은 항상 1이다.
- 누적도수 : 작은 계급(또는 큰 계급)의 도수부터 어느 계급의 도수까지 차례로 더한 도수의 합

20 답 ①

1개 → 8개 → 64개 → 512개
　　×8　　×8　　×8

8씩 3번 곱하는 과정에 대한 소요 기간이 6일이었다면, 1번에 8배 늘어나는 소요 기간은 2일($= t$)이다. 따라서 1개의 세포가 2^{36}개의 세포로 늘어나는 데 소요 기간은 2일×12 = 24일이다.

01	02	03	04	05	06	07	08	09	10
⑤	③	②	④	①	③	②	③	④	④

11	12	13	14	15	16
③	③	①	⑤	③	①

01 답 ⑤

집에서 휴게소까지의 거리를 x라 하면, 가는데 걸리는 시간은 $\frac{x}{80}$이고, 휴게소에서 가평까지의 거리는 $(220 - x)$이므로 걸리는 시간은 $\frac{220 - x}{60}$이다. 중간에 휴게소에서 휴식을 취한 30분을 포함하여 총 3시간 30분이 걸리므로 $\frac{x}{80} + \frac{220 - x}{60} + \frac{30}{60} = \frac{7}{2}$

$3x + 4(220 - x) + 120 = 840$ $\therefore x = 160$km

02 답 ①

전체 일의 양을 1로 설정하고
A와 B가 하루에 할 수 있는 일의 양을 각각 x, y라 하면
$2x + 3(x + y) = 1 \cdots$ ㉠
$4y + 2(x + y) = 1 \cdots$ ㉡
㉠식과 ㉡식을 연립하면 $x = \frac{1}{8}$, $y = \frac{1}{8}$이다. 따라서 A가 혼자 일하면 8일 걸린다.

03 답 ②

합금 A의 양을 x, 합금 B의 양을 y라 하면

- 구리 : $\frac{4}{5}x + \frac{2}{5}y = 360 \times \frac{2}{3} = 240$, $2x + y = 600 \cdots$ ㉠
- 주석 : $\frac{1}{5}x + \frac{3}{5}y = 360 \times \frac{1}{3} = 120$, $x + 3y = 600 \cdots$ ㉡

㉠식과 ㉡식을 연립하면 $x = 240$g, $y = 120$g이다.
따라서 필요한 합금 B의 양은 120g이다.

04 답 ④

서로 다른 9권의 책을 한 책꽂이만 비운 채로 꽂는 경우는 남은 책꽂이 2개에 책 9권을 꽂는 경우이다. 3개의 책꽂이에서 2개의 책꽂이를 선택하는 경우의 수는 $_3C_2 = \frac{3 \times 2}{2 \times 1} = 3$가지이고, 선택된 2개의 책꽂이에 서로 다른 9권의 책을 꽂는 경우의 수는 $_2\Pi_9 = 2^9 = 512$가지이다. 선택된 2개의 책꽂이 중 한 책꽂이에만 책을 꽂는 경우 2가지를 제외해야 한다. 따라서 구하는 경우의 수는 $(_2\Pi_9 - 2) \times {_3C_2} = 510 \times 3 = 1,530$가지이다.

Tip

중복순열 : 중복을 허락하는 순열로, 서로 다른 n개 중 중복을 허락하여 r개를 택하는 경우의 수는 $_n\Pi_r (= \underbrace{n \times n \times \cdots \times n}_{r\text{개}} = n^r)$로 나타낸다.

05

답 ①

팀장 2명 중 1명, 사원 4명 중 2명을 뽑는 경우의 수를 구해 곱해준다.

- 팀장 2명 중 1명을 뽑는 경우의 수 $= {}_2C_1 = 2 \times 1 = 2$가지
- 사원 4명 중 2명을 뽑는 경우의 수 $= {}_4C_2 = \dfrac{4 \times 3}{2 \times 1} = 6$가지

따라서 해당 사건의 경우의 수는 $2 \times 6 = 12$가지이다.

06

답 ③

1달러 = 1,070원이므로, 200달러 = $200 \times 1,070$원 = 214,000원이다.

1위안 = 165원 → 1원 = $\dfrac{1}{165}$위안이므로, 214,000원을 다시 위안화로 환전하면 $214,000 \times \dfrac{1}{165}$위안 ≒ 1,300위안을 받을 수 있다.

07

답 ②

미국 USD 매매기준율은 1,076.50원, 현찰을 살 때 환율은 1,095.33원, 현찰을 팔 때 환율은 1,057.67원이다. 따라서 환전수수료는 1달러당 $1,095.33 - 1,076.50 = 1,076.50 - 1,057.67 = 18.83$원이다. 1,000달러 환전 시 별도의 할인을 받지 못했으므로 18.83원 $\times 1,000$달러 = 18,830원의 수수료를 지불해야 한다.

08

답 ③

9월 첫째 주에 납품 시 1유로 = 1,329.63원이며, 10,000개를 92유로로 납품 시 이익은 $920,000 \times 1,329.63$원이다. 9월 넷째 주(마지막 주)에 납품 시 1유로 = 1,315.93원이며, 같은 수량으로 납품 시 이익은 $920,000 \times 1,315.93$원이다. 따라서 $920,000 \times (1,329.63 - 1,315.93) = 920,000 \times 13.7 = 12,604,000$원의 손해를 보게 된다.

09

답 ④

계약량은 전년도 일평균사용량 75m³과 전년도 최대사용월의 일평균사용량 85m³($= \dfrac{2,635\text{m}^3/\text{월}}{31\text{일}}$)을 평균한 것으로, $\dfrac{75 + 85}{2} = 80$m³/일이다. 1개월간 2,400m³을 사용한 경우 기본요금은 70.0원/m³ × 80m³/일 × 31일 = 173,600원이고, 사용요금은 163.7원/m³ × 2,400m³ = 392,880원이다. 따라서 총 566,480원을 내야 한다.

10

답 ④

- 월 소득평가액(소득 − 소득공제액) : 학생 근로소득 130만 원, 아버지 국민연금 40만 원, 어머니 일용근로소득 120만 원을 모두 합하면 총 290만 원이다. 그중 공제액은 학생의 근로소득에 대한 130만 원(정액공제)과 어머니의 일용근로소득에 대한 60만 원(50% 정률공제)을 합친 총 190만 원이다. 따라서 소득평가액은 290 − 190 = 100만 원이다.
- 재산의 월 소득환액 : 아파트 등 1억 원의 4.17%/3, 저축 3,000만 원의 6.26%/3, 자동차 1,000만 원의 4.17%/3으로 계산하면,
$(10,000 - 5,400 - 1,600)$만 원 × 4.17% ÷ 3 + 3,000만 원 × 6.26% ÷ 3 + 1,000만 원 × 4.17% ÷ 3

$= \dfrac{3,000 \times 0.0417 + 3,000 \times 0.0626 + 1,000 \times 0.0417}{3}$

$= \dfrac{125.1 + 187.8 + 41.7}{3} = 118.2$만 원이다.

따라서 소득인정액은 100 + 118.2 = 218.2만 원이다.

11

답 ③

지원자별로 성적을 산출하면 다음과 같다.

구분	과목별 환산점수		총점
갑	(국어) $\dfrac{90}{100} \times 900$점 × 0.3 = 243		829점
	(수학) $\dfrac{88}{100} \times 900$점 × 0.2 = 158		
	(영어) $\dfrac{100}{100} \times 900$점 × 0.3 = 270		
	(탐구) $\dfrac{88}{100} \times 900$점 × 0.2 = 158		
을	(국어) $\dfrac{86}{100} \times 900$점 × 0.2 = 155 (154.8에서 반올림)		831점
	(수학) $\dfrac{90}{100} \times 900$점 × 0.3 = 243		
	(영어) $\dfrac{97}{100} \times 900$점 × 0.3 = 262 (261.9에서 반올림)		
	(탐구) $\dfrac{95}{100} \times 900$점 × 0.2 = 171		
병	(국어) $\dfrac{75}{100} \times 900$점 × 0.4 = 270		702점
	(영어) $\dfrac{70}{100} \times 900$점 × 0.3 = 189		
	(탐구) $\dfrac{90}{100} \times 900$점 × 0.3 = 243		

따라서 총점이 가장 높은 갑, 병, 을 순으로 합격 전화를 받을 것이다.

> **Tip**
>
> 과목별 환산점수 산식에서 분모의 값인 '100'과 반영 총점이 900점으로 모두 동일하다. 따라서 분자의 값으로 계산될 요소 중 '해당 영역 표준점수', '등급별 환산점수', '탐구영역별 과목 변환표준점수'만을 계산해서 대소 비교하면 풀이 시간을 단축할 수 있다.

12

답 ③

월평균 보수가 400만 원, 연금소득이 3,000만 원, 이자소득이 1,000만 원인 경우 직장가입자 A씨가 납부해야 할 건강보험료는 다음과 같다.
- 보수월액 : 4,000,000원 × 0.0646 = 258,400원
- 소득월액 : 237,500원 × 0.0646 = 15,340원(단, 하한액 없음)

따라서 총 273,740원의 건강보험료를 납부해야 한다.

> **Tip**
>
> 소득평가율이 다른 경우 소득월액보험료 계산 방법은 다음과 같다.
> - 소득월액보험료에 적용할 월 보수 외 소득 : 600만 원(4,000만 원 − 3,400만 원) ÷ 12개월 = 50만 원
> - 소득 비율대로 소득월액 계산
>   - 연금소득 : 50만 원 × $\{ \dfrac{3,000만 원}{(3,000 + 1,000)만 원} \} \times 30\%$ = 112,500원
>   - 이자소득 : 50만 원 × $\{ \dfrac{1,000만 원}{(3,000 + 1,000)만 원} \}$ = 125,000원
>
> 따라서 소득월액보험료는 $(112,500 + 125,000) \times 6.46\%$ = 15,340원이다.

13　답 ①

- 현행 : 소득금액이 3억 5천만 원이므로 적용 세율은 38%이고, 누진공제액은 1,940만 원이다. 따라서 소득세는 35,000×0.38 − 1,940 = 11,360만 원이고, 지방소득세는 1,136만 원이므로 총 납부세액은 11,360 + 1,136 = 12,496만 원이다.
- 개정 : 같은 소득금액으로 적용 세율은 40%이고, 누진공제액은 2,540만 원이다. 따라서 소득세는 35,000×0.4 − 2,540 = 11,460만 원이고, 지방소득세는 1,146만 원이므로 총 납부세액은 11,460 + 1,146 = 12,606만 원이다.

따라서 현행법과 개정법을 적용했을 경우 소득금액이 3억 5천만 원인 사람에게 부과될 세액은 12,606 − 12,496 = 110만 원 차이 난다.

14　답 ⑤

중도상환해약금은 1,500만 원×1.4%×(2년/3년) = 14만 원이다.

15　답 ③

수국, 리시안서스, 안개꽃, 장미, 작약 1송이 가격을 각각 a, b, c, d, e라고 하면, 조합별 가격은

$a + b = 10,000 \cdots \text{㉠}$

$c + d = 6,000 \cdots \text{㉡}$

$e + b = 9,000 \cdots \text{㉢}$

$a + c = 9,500 \cdots \text{㉣}$

$d + e = 7,500 \cdots \text{㉤}$

㉠~㉤식을 모두 더하면 $2(a + b + c + d + e) = 42,000$원

$a + b + c + d + e = 21,000$원이므로, $a = 6,000$원, $b = 4,000$원, $c = 3,500$원, $d = 2,500$원, $e = 5,000$원이다.

주문 꽃인 리시안서스 4송이, 안개꽃 1송이, 수국 8송이는 총 67,500원이고, 영등포(꽃가게)에서 출발하여 중구(사무실)로 배송 시 퀵 배송료는 13,000원이 든다. 따라서 총 80,500원의 비용이 든다.

16　답 ①

현재 생산 상황은 구리 500kg, 철 50kg, 주석 60kg, 아연 150kg이며, 제품 P의 재료 배합 비율은 순서대로 50%, 10%, 15%, 25%이다. 10kg 단위와 제품 P를 300kg 생산하는데 들어간 금속의 양은 다음과 같다.

제품	구리	철	주석	아연
10kg 기준	5kg	1kg	1.5kg	2.5kg
300kg	150kg	30kg	45kg	75kg
남은 금속량	350kg	20kg	15kg	75kg

제품 Q의 재료 배합 비율이 구리 70%, 철 10%, 주석 20%, 아연 0%이므로, 4kg 단위로 생산하는데 들어가는 금속의 양은 다음과 같다.

제품	구리	철	주석	아연
4kg 기준	2.8kg	0.4kg	0.8kg	0kg

따라서 4kg당 구리 $\dfrac{350}{2.8} = 125$, 철 $\dfrac{20}{0.4} = 50$, 주석 $\dfrac{15}{0.8} = 18.75$, 아연 0이므로, 제품 Q는 4kg 단위로 18개까지 생산 가능하다. 제품 P는 1kg = 4,000원이고, 제품 Q는 4kg = 3,200원이므로, 생산한 제품 P와 Q의 총 판매액은 4,000원×300 + 3,200원×18 = 1,257,600원이다.

01	02	03	04	05	06	07	08	09	10
①	②	②	③	③	③	①	④	③	①
11	12	13	14	15	16	17	18		
③	④	③	④	⑤	④	③	④		

01　답 ①

사원 A의 속력을 $a$km/h, 사원 B의 속력을 $b$km/h라 하면,

- 같은 방향으로 돌 때 : $(a - b) \times \dfrac{1}{2}$(30분) = 1.5km, $a - b = 3 \cdots \text{㉠}$
- 반대 방향으로 돌 때 : $(a + b) \times \dfrac{1}{6}$(10분) = 1.5km, $a + b = 9 \cdots \text{㉡}$

㉠식과 ㉡식을 연립하면 $a = 6$, $b = 3$이므로, 사원 B의 속력은 3km/h이다.

Tip

- 같은 방향으로 돌 때 = (A가 간 거리) − (B가 간 거리) = 사옥 둘레
- 반대 방향으로 돌 때 = (A가 간 거리) + (B가 간 거리) = 사옥 둘레

02　답 ②

1대의 포장기계가 하루 동안 포장할 수 있는 양을 x라 하면, 2대의 포장기계가 이틀 동안 80개의 기념품을 포장하였으므로

$x \times 2 \times 2 = 80$ ∴ $x = 20$

나머지 160개의 기념품을 이틀 동안 포장해야 하므로 필요한 포장기계를 A대라 하면,

$A \times 20 \times 2 = 160$ ∴ A = 4대

기존에 2대의 포장기계를 보유하고 있으므로, 추가로 필요한 포장기계는 2대이다.

03　답 ②

2L = 2,000mL이고, 1분에 xmL씩 물통을 채워 10분 안에 모두 채우려면 $x \times 10 = 2,000$ ∴ $x = 200$mL

따라서 1분에 200mL씩 채워야 2L 물통을 가득 채울 수 있다.

04　답 ③

작년 고졸 신입사원을 x명, 대졸 신입사원을 y명이라 하면

$x + y = 200 \cdots \text{㉠}$

$(1 + 0.12)x + (1 - 0.08)y = 196 \cdots \text{㉡}$

㉠식과 ㉡식을 연립하면 $x = 60$명, $y = 140$명이다.

따라서 작년 고졸 신입사원 대 작년 대졸 신입사원의 비율은 3:7이다.

05　답 ③

부품 P와 Q의 원자재 비용은 1 + 2 = 3만 원이고, 물가 상승 후의 원자재 비용은 각각 1만 1천 원, 2만 4천 원으로 총 3만 5천 원이다. 물가 상승 전 부품 P, Q의 원자재 구매 시 120개씩을 구매할 수 있었다면 원래 갖고 있던 예산은 120개×3만 원 = 360만 원이며, 해당 예산으로 물가 상승 후의 부품 P, Q를 구매 시 각각 $\dfrac{360\text{만 원}}{3\text{만 5천 원}} = 102.85 \cdots$이므로 최대 102개를 구매할 수 있다.

06　답 ③

㉠ [○] D국에서 치킨 1마리 가격은 60d원이고, 떡볶이 1인분 가격은 15d이다. 따라서 치킨 1마리 가격은 떡볶이 4인분 가격인 15d×4 = 60d와 동일하다.

ⓒ [○] A국의 피자 2판 가격은 2×12×600 = 14,400원이고, B국의 햄버거 6개 가격은 6×3×800 = 14,400원이다. 따라서 동일한 액수의 원화로 구매 가능하다.

ⓒ [○] C국 화폐 대비 원화 환율이 1,600원/c일 때 햄버거는 개당 9,600원이므로 원화 115,200원으로 12개를 구매할 수 있다. 만약 환율이 1,200원/c로 하락한다면 햄버거는 개당 7,200원이므로 16개를 구매할 수 있으므로 구매 가능한 햄버거 수가 4개 증가한다.

ⓔ [×] 국가별 화폐로 원화 288,000만 원을 환산하면 A국은 480a, B국은 360b, C국은 180c, D국은 720d이다. A국은 30마리, B국은 14마리, C국은 15마리, D국은 12마리를 구매할 수 있으므로, 가장 적은 마릿수의 치킨을 구매할 수 있는 국가는 D국이다.

Tip

원화 288,000원을 화폐 단위로 환산 시 환율이 높을수록, 판매단위별 음식가격이 비쌀수록 가장 적은 마릿수의 치킨을 구매할 수 있다.

07 답 ①

2026년 중국기업의 원화 환산 연봉은 6,680만 원으로 가장 높고, 일본기업의 원화 환산 연봉은 3,990만 원으로 가장 낮다. 따라서 두 기업의 연봉은 2,690만 원 차이 난다.

※ 2025~2027년 미국기업, 중국기업, 일본기업의 원화 환산 연봉을 정리하면 다음과 같다.

기업 / 연봉	미국	중국	일본
2025년	6,040만 원	6,960만 원	4,347만 원
2026년	5,355만 원	6,680만 원	3,990만 원
2027년	5,580만 원	6,640만 원	4,242만 원

② 중국기업의 원화 환산 연봉은 2025년부터 2027년까지 6,960 → 6,680 → 6,640만 원으로 유일하게 매년 감소했다.

Tip

연봉을 계산하지 않아도 그래프를 볼 때 환율이 꾸준히 하락한 통화는 위안화뿐이다.

③ 2025년 중국기업의 원화 환산 연봉은 6,960만 원으로 6천5백만 원 이상이었다.

④ 2026년 대비 2027년 미국기업의 원화 환산 연봉 증가율은 $\frac{1,116 - 1,071}{1,071}×100 ≒ 4\%$이고, 일본기업의 원화 환산 연봉 증가율은 $\frac{1,010 - 950}{950}×100 ≒ 6\%$이다. 따라서 일본기업의 원화 환산 연봉 증가율이 미국기업보다 높다.

Tip

미국·중국·일본기업이 J씨에게 제시한 연봉을 반영한 원화 환산 연봉을 구해 증가율을 계산하지 않고, 예상환율만을 고려한 증가율을 구해 비교하면 간단하다.

예 $\frac{1,116×5만 - 1,071×5만}{1,071×5만}×100 = \frac{1,116 - 1,071}{1,071}×100$이다.

⑤ 2027년 일본기업의 원화 환산 연봉은 4,242만 원으로 가장 적다.

08 답 ④

ⓒ [○] 2023년의 소비자물가지수는 112, 2014년은 94이다. 이 둘의 차이는 112 − 94 = 18로 10 이상이다.

ⓒ [○] 2014~2023년 소비자물가지수는 94 → 95 → 96.3 → 97.6 → 98.9 → 99.7 → 100 → 104 → 109 → 112로 110을 넘는 해는 2023년이 유일하다.

ⓐ [×] 2014~2017년 소비자물가지수는 94 → 95 → 96.3 → 97.6으로 소비자물가지수가 98.9인 2018년보다 낮았다.

ⓔ [×] 2024년 소비자물가지수가 전년 대비 10% 증가했다면 112×1.1 ≒ 123으로 125 미만이다.

09 답 ③

운전자	음주운전 당시 혈중알코올 농도	면허 정지
A	$\frac{150×0.15×0.08}{60×0.6} - 2×0.015$ $= 0.05 - 0.03 = 0.02\%$	×
B	$\frac{240×0.12×0.08}{50×0.6} - 3×0.015$ $= 0.0768 - 0.045 = 0.0318\%$	○
C	$\frac{180×0.14×0.08}{60×0.7} - 1.5×0.015$ $= 0.048 - 0.0225 = 0.0255\%$	×
D	$\frac{350×0.15×0.08}{75×0.7} - 2×0.015$ $= 0.08 - 0.03 = 0.05\%$	○
E	$\frac{360×0.21×0.08}{80×0.7} - 5×0.015$ $= 0.108 - 0.075 = 0.033\%$	○

따라서 음주운전 당시 혈중알코올 농도가 0.03%를 넘어 면허가 정지된 운전자는 B, D, E로 총 3명이다.

10 답 ①

• 주문 내역 1 : 햄치즈 샌드위치 2,500원, 레몬에이드 3,500원이며, 샌드위치와 에이드를 함께 구매한 경우로 800원 할인이 적용되어 직원 1인당 5,200원이다. 총 10명이므로 52,000원이다.

• 주문 내역 2 : 플레인 베이글 3,000원, 카페라떼(HOT) 2,500원이므로 직원 1인당 5,500원이다. 총 10명이므로 55,000원이다.

• 주문 내역 3 : 베이컨 샌드위치 4,000원, 아메리카노(ICE) 2,500원이므로 직원 1인당 총 6,500원이다. 총 10명이므로 65,000원이다.

• 주문 내역 4 : 카야 토스트 2,500원, 블랙 밀크티(ICE) 3,300원이며 총 15명 주문인데, 블랙 밀크티 2잔 구매 시 1잔 무료 증정이므로, 2,500×15 + 3,300×10 = 70,500원이다.

• 주문 내역 5 : 치즈 샌드위치 2,300원, 생과일주스 3,700원이며, 샌드위치와 생과일주스를 함께 구매하여 세트 800원 할인이 적용되어 직원 1인당 5,200원이다. 총 5명이므로 26,000원이다.

P사 직원 할인 20%가 적용되므로, (52,000 + 55,000 + 65,000 + 70,500 + 26,000)×0.8 = 214,800원이며, 배달료 4,000원을 더한 지불해야 할 비용은 총 218,800원이다.

11 답 ③

2023년 인천 지역의 총인구수는 $\frac{1,004×1,080,000}{370.5} ≒ 2,927천$ 명이다.

① 2019년 대비 2023년 가구 수는 서울 3,813 − 3,728 = 85천 가구, 인천 1,080 − 999 = 81천 가구, 경기 4,603 − 4,199 = 404천 가구 증가했다. 따라서 수도권 3개 지역 중 경기 지역의 가구 수가 가장 크게 증가했다.

② 2021년 서울 지역의 가구 수는 3,785천 가구이고, 주택보급률

은 96%이므로, 주택 수는 0.96×3,785,000 = 3,633,600호이다. 2020년 서울 지역의 가구 수는 3,756천 가구이고, 주택보급률은 96%이므로, 주택 수는 0.96×3,756,000 = 3,605,760호이다. 따라서 2021년 서울 지역의 주택 수는 2020년보다 3,633,600 − 3,605,760 = 27,840호 늘어났다.

④ 2019년부터 2023년까지 주택보급률이 100%보다 컸던 지역은 서울, 인천, 경기 지역 중 인천 지역이 유일하다.

⑤ 2020~2023년 천 명당 주택수는 '서울 지역 > 인천 지역'이지만, 2019년만 주택 수가 355.0호/천 명(서울)<359.4호/천 명(인천)이다.

12 답 ④

특수어에 해당하는 언어는 말레이·인도네시아어, 베트남어, 아랍어, 태국어이며, 연도별로 해당 언어 관광통역안내사 등록자 수를 정리하면 다음과 같다.

2021년	2022년	2023년
64 + 25 + 2 + 79 = 170명	130 + 30 + 6 + 94 = 260명	213 + 52 + 9 + 122 = 396명

따라서 특수어 관광통역안내사 등록자 수는 2022년에 90명, 2023년에 136명 증가했다.

① 관광종사원 등록자 증가율은 2022년 $\frac{217,695 - 214,658}{214,658} \times 100 ≒$ 1.4%이고, 2023년 $\frac{220,239 - 217,695}{217,695} \times 100 ≒$ 1.2%이다.

② 2021년 일어 및 중국어 관광통역안내사 등록자는 관광통역안내사 전체 등록자의 $\frac{10,330 + 9,613}{26,784} \times 100 ≒$ 74.5%이다.

③ 2022년 아랍어 관광통역안내사 등록자는 전년에 비해 200% 증가했으므로, 시험 응시 가능 외국어 12개 중 증가율이 가장 크다.

⑤ 2021~2023년 관광종사원 자격별 등록자 비중은 호텔서비스사, 국내여행안내사, 관광통역안내사, 호텔관리사, 호텔경영사 순이다.

13 답 ③

전문과목별로 최종 불합격자를 구하면 다음과 같다(응시자 = 2차 합격자인 전문과목 제외).

전문과목	불합격자	전문과목	불합격자
내과	13	마취통증의학과	7
외과	1	신경과	2
정신건강의학과	7	재활의학과	5
정형외과	5	진단검사의학과	1
성형외과	1	병리과	2
안과	2	가정의학과	19
이비인후과	6	응급의학과	6
영상의학과	3		

따라서 최종 불합격자가 가장 많은 전문과목은 가정의학과이다.

① 전체 응시자 중 1차 합격자 비율은 $\frac{3,080}{3,149} \times 100 ≒$ 97.8%로 2차 응시자 중 최종 합격자 비율 $\frac{3,069}{3,102} \times 100 ≒$ 98.9%보다 낮다.

② 1차 면제자가 발생하려면, 2차 응시자가 1차 합격자보다 많아야 한다. 해당 전문과목은 정신건강의학과, 정형외과, 이비인후과, 가정의학과, 응급의학과로 총 5개과이다.

④ 2차 응시자와 2차 합격자 수가 같은 경우이며, 전문과목 25개 중 정신건강의학과, 정형외과, 안과, 이비인후과, 영상의학과, 마취통증의학과, 가정의학과, 응급의학과 총 8개과를 제외한 17개과이다.

⑤ 응시자와 2차 합격자가 동일한 경우 최종합격률은 100%이다. 따라서 해당 전문과목은 소아청소년과, 산부인과, 신경외과, 흉부외과, 피부과, 비뇨의학과, 방사선종양학과, 예방의학과, 직업환경의학과, 핵의학과로 총 10개과이다.

14 답 ④

응시자 수가 가장 많았던 내과 다음으로 많은 전문과목은 351명이 응시한 가정의학과이다. 해당 전문과목의 1차 면제자는 2차 응시자에서 1차 합격자를 제외한 나머지로, 341 − 330 = 11명이며, 이는 전문의자격시험 총 1차 면제자인 3,102 − 3,080 = 22명 중 절반을 차지한다.

15 답 ⑤

2023년 한방병원과 요양병원 수는 각각 전년 대비 9%, 8.5% 증가했다.

① 2017~2023년 중 2023년만 전년 대비 요양병원 수 증가율(8.5%)이 한방병원 수 증가율(9%)보다 낮았다.

② 2016년 요양병원과 한방병원 수가 주어지지 않았으므로, 주어진 전년 대비 증가율 자료만으로는 해당 연도의 요양병원과 한방병원 수 차이를 알 수 없다.

③ 한방병원 수의 전년 대비 증가율이 2017년부터 2023년까지 매년 (+)이므로, 2023년에 가장 많음을 알 수 있다.

④ 2017~2023년 전년 대비 증가율이 (+)이므로 2019년보다 2021년 요양기관 수가 더 많으며, 전년 대비 요양병원 수 증가율은 2019년과 2021년 모두 11.6%로 동일하다. 따라서 전년 대비 증가한 요양병원 수는 2019년보다 2021년에 더 많음을 알 수 있다.

16 답 ④

2021년 최대전력수요와 공급능력은 각각 7,879만 kW, 8,793만 kW로 전년보다 감소했다.

① 2022년 최대전력수요가 8,518만 kW로 가장 높으며, 해당 연도의 공급예비율은 $\frac{9,240 - 8,518}{8,518} \times 100 ≒$ 8.5%이다.

② 2020년 설비용량은 9,322만 kW로 처음 9,000만 kW를 넘었으며, 해당 연도의 설비예비율은 $\frac{9,322 - 8,015}{8,015} \times 100 ≒$ 16.3%이다.

③ 2023년 공급예비력은 9,610 − 8,513 = 1,097만 kW이고, 2015년 공급예비력은 7,207 − 6,680 = 527만 kW이다. 따라서 2023년 공급예비력은 2015년의 $\frac{1,097}{527} ≒$ 2배이다.

⑤ 2019년 공급예비율은 $\frac{8,071 - 7,652}{7,652} \times 100 ≒$ 5.5%이고, 2018년 공급예비율은 $\frac{7,997 - 7,599}{7,599} \times 100 ≒$ 5.2%이다. 따라서 2019년 전기 수급이 2018년에 비해 안정적으로 이루어졌음을 알 수 있다.

17

답 ③

2019년부터 2023년까지 암 발생자 수가 매년 증가한 암은 폐암과 유방암으로 총 2가지이다.

① 2023년 암 발생률은 위(59.7%), 대장(55.0%), 폐(50.4%), 유방(42.7%), 간(30.9%), 자궁경부(7.0%) 순으로 높다.

② 2019~2023년 위암 발생자 수의 평균은

$$\frac{31,133 + 30,428 + 30,093 + 29,337 + 30,504}{5} = 30,299명이다.$$

> **Tip**
>
> 위암 발생자 수 평균 기준을 30,000명으로 했을 때, 2019년 +1,133명, 2020년 +428명, 2021년 +93명, 2022년 −663명, 2023년 +504명이다. 따라서 초과분이 미달분보다 크므로, 평균 또한 3만 명 이상임을 알 수 있다.

④ 2023년 자궁경부암 발생률은 $\frac{3,566명}{5,111만 명} \fallingdotseq 7명/10만 명$으로, 2021년과 동일하다.

⑤ 5대 암 중 유방암 발생률은 2019년부터 10만 명당 33.3 → 34.6 → 36.4 → 37.9 → 42.7명으로 매년 증가했으며, 그 외 나머지 암 발생률은 증감을 반복한다.

18

답 ④

전월세전환율이 6% 이상 8% 미만인 지역 중 전월세전환율이 가장 높은 지역은 충남(7.7%)이다.

> **Tip**
>
> 전월세전환율이 높을수록 전세보다 월세 부담이 상대적으로 높음을 의미한다. 〈그림〉에서 전월세전환율이 6% 이상 8% 미만인 지역을 모두 찾기보다는, 8%에 가장 가까운 수치를 보이는 지역을 찾는 것이 시간 단축에 좋다.

① 수도권에 해당하는 서울, 인천, 경기지역의 전월세전환율은 각각 5.3%, 6.5%, 6.3%이다. 따라서 가장 낮은 지역은 서울이다.

> **Tip**
>
> 범례에서 '4.0 이상~6.0 미만'에 해당하는 색은 서울, 경기, 인천 중 서울밖에 없다.

② 전월세전환율이 4% 이상 6% 미만인 지역은 서울, 세종, 제주로 총 3곳이다.

③ 6대 광역시(부산, 대구, 광주, 대전, 울산, 인천)의 전월세전환율 평균은 $\frac{6.5 + 7.2 + 6.9 + 6.9 + 7.1 + 6.5}{6} = \frac{41.1}{6} = 6.85\%$이고, 5대 광역시(6대 광역시 중 인천 제외)의 전월세전환율 평균은 $\frac{41.1 - 6.5}{5} = 6.92\%$이다. 따라서 5대 광역시의 전월세전환율 평균은 6대 광역시보다 6.92 − 6.85 = 0.07%p 더 높다.

⑤ 전월세전환율이 가장 높은 지역은 8.9%인 경북이다. 해당 지역에서 전세금 1억 5천만 원, 월세보증금 3천만 원 계약 조건에 따른 주택에 거주하기 위해 지불해야 하는 월세는 12,000만 원÷12×0.089 = 89만 원이다.

> **Tip**
>
> 두 번째 주석에서 전월세전환율 공식을 변형하면, 월세
>
> $= \frac{전월세전환율 \times (전세금 - 월세보증금)}{100 \times 12}$
>
> $= \frac{0.089 \times (1억 5천만 원 - 3천만 원)}{12} = 89만 원이다.$

7일차 >> 연계형 자료해석

01	02	03	04	05	06	07	08	09	10
③	③	④	②	①	④	③	①	⑤	③

11	12	13	14	15	16
⑤	①	③	②	③	④

01

답 ③

2021년 농업용 농가부채와 비농업용 농가부채는 모두 증가했다.

① 2020년부터 2023년까지 농가부채는 19,898 → 26,619 → 26,892 → 27,210천 원으로 매년 증가했다.

② 2021년 농가자산의 15%인 204,527천 원×0.15 ≒ 30,679천 원보다 당좌자산(33,942천 원)이 더 크다.

> **Tip**
>
> 2021년 농가자산 중 당좌자산이 차지하는 비중은 $\frac{33,942}{204,527} \times 100 \fallingdotseq 17\%$이다.

④ 2020년 대비 2023년 농가소득은 $\frac{30,503 - 24,475}{24,475} \times 100 \fallingdotseq 25\%$ 증가했다.

⑤ 2023년 단기상환능력은 $\frac{27,210}{54,354} \times 100 \fallingdotseq 50\%$이고, 장기상환능력은 $\frac{27,210}{298,178} \times 100 \fallingdotseq 9\%$이다. 2022년 단기상환능력은 61%, 장기상환능력은 11%이므로, 2022년 대비 2023년 장단기상환능력 수치가 모두 하락하여 부채상환능력이 향상되었음을 알 수 있다.

> **Tip**
>
> 주석 세 번째를 참고하면, 장단기상환능력 수치가 모두 하락할수록 부채상환능력이 향상된다.

02

답 ③

2019~2023년 제조업 종사자 수는 2,904,914 → 2,957,917 → 2,954,811 → 2,956,442 → 2,928,289명으로 2021년과 2023년에 감소했다.

① 2023년 제조업 사업체 수는 전년 대비 $\frac{69,639 - 69,513}{69,513} \times 100 = \frac{126}{69,513} \times 100 \fallingdotseq 0.2\%$ 증가했다.

② 2020년 제조업 사업체 1개당 평균 종사자 수는 $\frac{2,957,917}{68,790} \fallingdotseq 43명$으로 40명 이상이다.

④ 2023년과 2019년 제조업 사업체 수 차이는 69,639 − 68,640 = 999개이다.

⑤ 2019~2023년 평균 제조업 종사자 수는

$$\frac{2,904,914 + 2,957,917 + 2,954,811 + 2,956,442 + 2,928,289}{5}$$

$$= \frac{14,702,373}{5} \fallingdotseq 2,940,475명이다.$$

03
답 ④

신규 등록한 면세사업자와 폐업한 면세사업자 차이는 2021년 2만 7천 명(= 105 − 78), 2022년 2만 5천 명(= 105 − 80), 2023년 1만 9천 명(= 101 − 82)으로, 점점 좁혀졌다.

① 사업을 계속하고 있는 개인사업자는 2021년 472만 8천 명(= 5,232 − 504), 2022년 488만 8천 명(= 5,417 − 529), 2023년 504만 4천 명(= 2,832 + 1,661 + 551)이다. 따라서 2023년에 처음으로 개인사업자 수는 500만 명을 넘었다.

> **Tip**
>
> '총 사업자 = 법인사업자 + 개인사업자(일반/간이/면세)'이므로, '개인사업자 = 총 사업자 − 법인사업자'이다.

② 개인사업자 중 부가세가 과세되는 사업자는 일반사업자와 간이사업자이며, 2022년에 폐업한 사업자는 $\frac{398 + 307}{4,888} \times 100 ≒ 14\%$이다.

> **Tip**
>
> 분모의 값(4,888)이 분자의 값(705)의 약 7배이므로, 15% 미만임을 알 수 있다.

③ 2021~2023년 신규 등록한 일반사업자와 (간이사업자 + 면세사업자)를 정리하여 비교하면 다음과 같다.

(단위 : 천 명)

구분	2021년	2022년	2023년
일반사업자	503	495	534
간이사업자 + 면세사업자	507	466	453

따라서 2021~2023년에는 신규 등록한 일반사업자가 (간이사업자 + 면세사업자)보다 많았다.

⑤ 사업을 계속하고 있는 총 사업자는 전년에 비해 2021년 18만 5천 명(= 5,417 − 5,232), 2023년 18만 4천 명(= 5,601 − 5,417) 증가했다.

> **Tip**
>
> 2023년 사업을 계속하고 있는 사업자는 총 557(법인) + 2,832(일반) + 1,661(간이) + 551(면세) = 5,601천 명이다.

04
답 ②

밀 생산량이 두 번째로 많은 대륙은 유럽이며, 가장 적은 대륙은 남아메리카이다. 유럽과 남아메리카의 재배면적은 각각 43,908천 ha, 6,021천 ha이므로, $\frac{43,908}{6,021} ≒ 7.3$배이다.

① 대륙 중 아시아의 재배면적이 86,833천 ha로 가장 넓으며, 생산량 또한 258,459천 M/T로 가장 많다.

③ 아시아의 수량성은 2,977kg/ha이고, 재배면적이 6,021천 ha로 가장 좁은 남아메리카의 수량성은 2,377kg/ha이다. 따라서 2,977 − 2,377 = 600kg/ha 차이가 난다.

④ 유럽에 속한 주요국은 러시아, 프랑스, 독일, 영국, 우크라이나이며, 그중 재배면적이 5,000천 ha 미만인 국가는 독일, 영국이다. 따라서 두 국가의 생산량에 대한 산술평균은 $\frac{25,989 + 17,227}{2} = 21,608$천 M/T이다.

⑤ 세계 기준 수량성은 3,043kg/ha이고, 이보다 높은 대륙은 유럽뿐이며 해당 대륙의 주요국 중 생산량이 가장 적은 국가는 영국이다. 영국의 생산량은 17,227천 M/T이므로 전체 생산량의 $\frac{17,227}{585,845} \times 100 ≒ 3\%$이다.

05
답 ①

북아메리카에 속하는 주요국은 미국, 캐나다, 멕시코이며, 이중 재배면적이 두 번째로 넓은 국가인 캐나다의 수량성은

$$\frac{28,611천 M/T}{10,768천 ha} = \frac{28,611 \times 1,000kg}{10,768ha} ≒ 2,657kg/ha이다.$$

06
답 ④

ⓒ [×] 2022년과 2023년 월별 이사 건수를 나타내는 꺾은선그래프 간격의 차이를 비교하면, 6월이 가장 크다. 2023년 6월 이사 건수는 약 45만 건이고, 2022년 6월 이사 건수는 약 30만 건이므로 15만 건 정도 차이 난다.

ⓔ [×] 2023년 한 해 중 3~7월, 10월, 11월 이사 건수는 40만 건 이상이다. 12개월 중 7개월이 해당되므로, 절반 이상($\frac{7}{12} \times 100 ≒ 58\%$)을 차지한다.

ⓐ, ⓒ [○] 1~12월 중 10월, 12월 총 2차례를 제외한 나머지 시기의 이사 건수는 2022년보다 2023년에 더 많았다.

07
답 ③

2023년 일반회계 실적은 9.4% 증가하였으나, 특별회계액은 전년 대비 증감률이 0.0%이므로 전년과 동일하다.

> **Tip**
>
> 전년 대비 증감 여부를 파악할 때 2022년과 2023년 실적 금액의 차이를 직접 구하기보다는 자료에 제시된 증감률이 (+)인지 (−)인지를 파악하는 것이 시간 단축에 유리하다.

① 2022년 총 국세 예산액은 225.8(일반회계액) + 6.9(특별회계액) = 232.7조 원이다.

② 2023년 총 국세액의 예산 · 실적 대비 오차금액은 14.5 + (− 0.2) = 14.3조 원이다. 따라서 오차율은 $\frac{14.3}{251.1} \times 100 ≒ 5.7\%$이다.

④ 2022년 부가가치세액은 61.8조 원으로 전년 대비 14.2% 증가했다. 따라서 2021년 부가가치세액은 $\frac{61.8}{1.142} ≒ 54$조 원이다.

> **Tip**
>
> 2022년 부가가치세액 61.8조 원을 약 62조 원으로, 증가율 14.2%를 약 14%로 어림잡아 계산하면 계산의 복잡함을 줄일 수 있다.

⑤ 2022년 대비 2023년 소득세 5.2 → 5.5조 원, 법인세 0.7 → 1.9조 원, 부가가치세 2.0 → 4.5조 원으로, 오차금액은 모두 커졌다.

08
답 ①

2023년 소득세액, 법인세액, 부가가치세액을 합하면

75.1 + 59.2 + 67.1 = 201.4조 원이다.

따라서 총 국세액의 $\frac{201.4}{265.4} \times 100 ≒ 76\%$이다.

09
답 ⑤

2018년 대비 2023년 국세 증가율은 $\frac{265.4 − 203}{203} \times 100 ≒ 30.7\%$이고, 지방세 증가율은 $\frac{80.4 − 54}{54} \times 100 ≒ 48.9\%$이다. 따라서 국세 증가율이 지방세보다 낮다.

국세가 203 → 265.4조 원이므로, 203조 원의 30%인 60.9조 원
정도 증가했고, 지방세가 54 → 80.4조 원이므로, 54조 원의 50%
인 27조 원 정도 증가했음을 알 수 있다.

① 2022년 경상GDP는 1,740.80조 원이고, 조세(국세 + 지방세)는
242.6 + 75.5 = 318.1조 원으로 조세부담률은 $\frac{318.1}{1,740.80} \times 100 ≒$
18.3%이다. 따라서 2018년부터 2023년까지 조세부담률은 2019년
을 제외하고 매년 증가했다.

② 2022년 한국의 조세부담률과 국민부담률은 각각 18.3%, 24.7%로,
OECD 평균보다 각각 6.6%p, 9.3%p 더 낮다.

③ 2022년 OECD 주요국 중 사회보장부담률이 16.7%로 가장 높은 국가
는 프랑스이며, 한국의 사회보장부담률과 16.7 − 6.4 = 10.3%p 차이
난다.

Tip

2022년 한국과 OECD 주요국의 사회보장부담률을 구하면 다음과
같다.

구분	한국	미국	스웨덴	프랑스	독일	이탈리아	영국
사회보장부담률	6.4	6.2	9.9	16.7	14	12.8	6.2

④ 2018~2023년 '국세 ≥ 지방세×3'이다.

10 답 ③

2022년 한국의 조세부담률은 18.3%이고, 국민부담률은 24.7%이므
로, 사회보장부담률은 24.7 − 18.3 = 6.4%이다. 2022년 경상GDP는
1,740.80조 원이므로 사회보장기여금은 0.064×1,740.80조 원 ≒ 111
조 원이다.

11 답 ⑤

〈표 2〉를 참고하면, 선진 5개국의 신재생에너지 공급 비중은 독일
(9.6%), 프랑스(8.6%), 미국(5.9%), 일본(4.1%), 영국(3.5%) 순으로 높다.

① 2023년 신재생에너지의 공급 비중은 4.8%로, 2017년 신재생에너지
의 공급 비중인 2.6%보다 4.8 − 2.6 = 2.2%p 증가했다.

② 2022년 IGCC에너지가 처음 공급되었으며, 해당 연도의 재생에너지
공급량은 13,288.3 − (230.2 + 1.3) = 13,056.8천 toe이다.

Tip

두 번째 주석에서의 식을 변형하면, '재생에너지 = 신재생에너지 −
신에너지'이다. 또한, 신에너지 공급량이 231.5천 toe로 신재생에
너지 공급량의 천의 자리 미만의 값보다 작으므로, 1,300만 toe 이
상임을 알 수 있다.

③ 2021년 재생에너지 공급량은 폐기물(6,904.7천 toe), 바이오(2,822.0
천 toe), 수력(581.2천 toe), 태양광(547.4천 toe), 풍력(241.8천 toe), 지
열(108.5천 toe), 해양(103.8천 toe), 태양열(28.5천 toe) 순으로 많다.

④ 2017년 선진국 중 신재생에너지 공급 비중이 가장 높은 국가는 독
일이며, 해당 국가의 1차에너지 공급량은 $\frac{31,471}{0.096} ≒ 327,823$천 toe
이다. 한국의 1차에너지 공급량은 $\frac{6,856.2}{0.026} = 263,700$천 toe이므로
6,400만 toe 이상 차이 난다.

Tip

첫 번째 주석을 참고하면, 1차에너지는 $\frac{신재생에너지}{공급 비중} \times 1000$이다.

12 답 ①

2023년 재생에너지가 신재생에너지의 97.75%를 차지하므로, 신에너
지는 2.25%를 차지한다. 따라서 신에너지 공급량은 14,170천 toe(신재
생에너지 공급량)×2.25% ≒ 320천 toe이다. 수소·연료전지와 IGCC
공급량이 19:6이므로, 수소에너지 공급량은 320천 toe× $\frac{19}{25}$ ≒240천
toe = 24만 toe이다.

13 답 ③

〈표 1〉을 참고하면 2023년 진료인원은 총 725,511명이고, 50대 이상
진료인원은 177,571 + 153,265 + 90,857 + 38,127 = 459,820명이므
로, 725,511×0.6 ≒ 435,310명 < 459,820명이다. 따라서 2023년 50대
이상 진료인원은 전체의 60% 이상을 차지한다.

Tip

정확히 계산하면, 전체 진료인원 중 50대 이상의 비중은 $\frac{459,820}{725,511}$
×100≒63.4%이다.

① 2020년 성비는 $\frac{402,550}{260,600}$ ≒ 1.5로, 2019~2023년 중 해당 연도를
제외하고 모두 여성의 진료인원이 남성보다 1.6배 많았다.

② 2019년 대비 2023년 진료인원 증감 인원은 남성 284,359 − 251,891 =
32,468명, 여성 441,152 − 393,733 = 47,419명이다. 따라서 여성의
진료인원이 남성보다 14,951명 더 많다.

④ 2023년 연령대 중 9세 이하와 10대는 남성보다 여성 진료인원이 더
적다.

⑤ 2023년 남성의 진료인원 상위 1~3위는 50대(62,033명), 60대
(58,225명), 40대(46,370명)이고, 여성의 진료인원 상위 1~3위도
50대(115,538명), 60대(95,040명), 40대(67,613명)으로 동일하다.

14 답 ②

중년층 진료인원은 30~40대 진료인원인
84,451 + 113,983 = 198,434명으로,
전체 진료인원에서 차지하는 비중은 $\frac{198,434}{725,511} \times 100$ ≒ 27%이다.

청년층 진료인원은 10~20대 진료인원인
19,950 + 43,622 = 63,572명으로, 전체 진료인원에서 차지하는 비중은
$\frac{63,572}{725,511} \times 100$ ≒ 9%
따라서 중년층 비중은 청년층 비중과 27 − 9 ≒ 18%p 차이 난다.

15 답 ③

㉠ [○] 〈그래프 1〉에서 남성의 경우 20~24세(청년대)와 45~49세
(중년대)의 성장률은 약 3.5%이고, 45~49세(중년대)의 평균 신장
은 약 166cm이다. 20~24세(청년대)의 평균 신장은 $\frac{166cm}{1.035}$ ≒
160cm이므로, 6cm 더 컸음을 알 수 있다. 〈그래프 2〉에서 여성의 경
우 20~24세(청년대)와 45~49세(중년대)의 성장률은 약 2.6%이고,
45~49세(중년대)의 평균 신장은 약 156cm이다. 20~24세(청년대)
의 평균 신장은 $\frac{156cm}{1.026}$ ≒ 152cm이므로, 4cm 더 컸음을 알 수 있다.

㉢ [○] 미국과 아이슬란드의 경우 20~24세 청년대와 45~49세 중년대
의 성장률은 남성은 (+)이지만 여성은 (−)이다.

㉡ [×] 〈그래프 1〉에서 OECD 평균 45~49세 중년대 남성의 평균 신
장은 약 175cm이며, 이보다 큰 국가는 23개국 중 한국, 멕시코, 포
르투갈, 스페인, 영국, 이탈리아, 일본, 그리스를 제외한 15개국이다.
〈그래프 2〉에서 OECD 평균 45~49세 중년대 여성의 평균 신장은
162cm로, 이보다 큰 국가는 23개국 중 스페인, 한국, 포르투갈, 멕시
코, 이탈리아, 아일랜드, 일본, 미국을 제외한 15개국이다.

ⓒ [×] 남성과 여성 모두 20~24세 청년대와 45~49세 중년대의 성장률이 OECD 평균 이상인 국가는 한국, 스페인, 포르투갈, 벨기에, 멕시코로 총 5개국이다.

16 답 ④

2019~2023년 K공사와 A사의 신재생 에너지 발전량은 다음과 같다.

(단위 : MWh)

에너지원	2019년	2020년	2021년	2022년	2023년
K공사	1,098,064	2,693,481	3,663,802	5,427,962	7,016,146
A사	17,837,596	21,451,881	23,512,872	25,098,295	24,040,363

따라서 신재생 에너지 발전량은 매년 K공사보다 A사가 많다.

① 2019~2023년 K공사 평균 수력 에너지 발전량은

$$\frac{4,834,818 + 5,262,507 + 5,187,234 + 4,476,640 + 4,501,624}{5}$$

$$=\frac{24,262,823}{5}≒4,853,565\text{MWh이다.}$$

② 2022년 발전량이 가장 많은 에너지원은 K공사와 A사는 각각 36,669,948 MWh, 73,618,864MWh로 모두 복합화력 에너지이다.

③ 2022~2023년 K공사 에너지 발전량 총합은 다음과 같다.

(단위 : MWh)

2022년	2023년
48,953,287	52,964,219

따라서 K공사 에너지 발전량 총합은 2022년보다 2023년이 더 많다.

⑤ 2020년 A사 수력 에너지 발전량은 전년 대비

$$\frac{2,083,219 - 1,732,666}{1,732,666}×100 = \frac{350,553}{1,732,666}×100≒20.2\% \text{ 증가했다.}$$

8일차 >> 매칭·작성

01	02	03	04	05	06	07	08	09	10
②	③	④	②	④	①	④	①	④	③
11	12	13	14	15	16	17	18	19	20
⑤	②	③	②	③	⑤	④	⑤	①	②
21
①

01 답 ②

부양인구비가 전년 대비 감소한 연도는 2016년, 2019년이며, 그중 가장 크게 감소한 연도는 0.6%p 감소한 2016년이다.

① 2020년부터 2023년까지 유소년인구수는 매년 감소했으며, 노인인구는 매년 증가했다.

③ 생산가능연령인구(15~64세)는 2021년에 15만 2천 명, 2023년에 7만 3천 명 증가하여 총 22만 5천 명 증가했다.

④ 유소년인구가 670만 명 미만이라면 소년부양인구비가 $\frac{6,700}{37,645}×$ $100≒17.8\%$ 미만이어야 한다. 2021년 소년부양인구비가 17.5%이므로 670만 명 미만임을 알 수 있다.

Tip

2023년 소년부양인구비는 17.5%이고, 생산가능연령인구가 3,764만 5천 명이므로 유소년인구(15세 미만 인구)는 0.175× 37,645,000명 = 6,587,875명이다.

⑤ 2022년 65세 이상 인구(노인인구)는 706만 6천 명이고, 15~64세 인구(생산가능연령인구)는 3,757만 2천 명이므로, 노년부양인구비는 $\frac{7,066}{37,572}×100 = 18.8\%$이다.

Tip

노년부양인구비가 20% 미만이라면, '706만 6,000명(노인인구) <751만 4,400명(생산가능연령인구×0.2)'이어야 한다.

02 답 ③

2022년 유소년인구수는 672만 4천 명이고, 노인인구수는 706만 6천 명이므로 고령화지수는 $\frac{7,066}{6,724}×100≒105$이다.

03 답 ④

2023년 3분기 통합재정수지는 132,981 − 134,805 = −1,824억 원이고, 4분기 통합재정수지는 132,744 − 134,208 = −1,464억 원으로 적자를 기록했다.

Tip

통합재정수지가 적자라면, 총수입이 총지출보다 작다는 의미이므로, 해당하는 분기는 3분기와 4분기이다.

① 2017년 348,599억 원에서 2023년 526,339억 원으로 매년 증가했다.

② 2017년 보험급여비는 전년에 비해 11.7% 증가했다. 2018~2023년 보험급여비는 전년에 비해 10% 미만으로 증가했다.

③ 〈표 1〉에서 2012년 당기수지는 12,994억 원 적자였으며, 2018~2023년 당기수지는 모두 흑자였다.

⑤ 2023년 누적수지는 169,800 + 30,856 = 200,656억 원 = 20조 656억 원이므로, 전년보다 3조 856억 원 증가했다.

04
답 ②

〈표 2〉에서 2023년 1~4분기 중 누적수지가 20조 3,944억 원으로 가장 큰 분기는 2분기이다. 해당 분기의 지출액은 13조 424억 원으로, 2021년 총지출액(52조 6,339억 원) 중 $\frac{130,424}{526,339} \times 100 ≒ 25\%$를 차지한다.

05
답 ④

2019~2023년 중부권은 순이동자 수가 매년 (+)로 순유입 권역에 속하고, 호남권과 영남권은 순이동자 수가 매년 (−)로 순유출 권역에 속한다.
① 2022년 이동자 성비는 104.5명으로 2019년에 비해 104.5 − 102.9 = 1.6명 증가했다.

② 2023년 평균 이동규모는 $\frac{7,297}{4,728} ≒ 1.5$명이고, 2021년 평균 이동규모는 $\frac{7,378}{4,636} ≒ 1.6$명이다. 따라서 2021년 평균 이동규모가 2021년에 비해 크다.

③ 2019~2023년 이동자 수와 전입신고 건수 증감 추이는 증가, 감소, 감소, 증가로 동일하다.
⑤ 2023년 수도권에서 6만 명의 순유입자가 발생했으며, 영남권에서 6만 9천 명의 순유출자가 발생했다. 따라서 순유출과 순유입이 가장 많이 발생한 연도는 2023년으로 동일하다.

06
답 ①

2023년 이동률은 $\frac{729만\ 7천\ 명}{5,161만\ 명} \times 100 ≒ 14.1\%$이다. 따라서 2022년 대비 0.1%p 증가했다.

07
답 ④

한약재만을 수입하지 않은 국가는 영국, 독일, 일본, 스위스, 프랑스, 네덜란드, 이탈리아, 벨기에, 덴마크, 아일랜드, 스웨덴, 오스트리아, 스페인, 캐나다로 총 14개국이다. 1~19위 국가와 기타 69개국을 합한 조사대상 국가는 총 88개국이므로 전체의 $\frac{14}{88} \times 100 ≒ 16\%$를 차지한다.

① 〈표 1〉에서 한국 제약사들의 원료 및 완제약을 4억 6,280만 6천 달러 수출한 국가 1위는 일본이고, 〈표 2〉에서 8억 5,094만 9천 달러를 원료 및 완제약으로 수입한 국가 1위는 영국이다.
② 일본, 중국, 미국, 독일, 인도로 총 5개국은 의약품 수출국과 수입국 10위 안에 모두 해당된다.
③ 완제약 수출액이 큰 국가부터 나열하면 크로아티아, 베트남, 일본, 헝가리, 중국, …로, 상위 5위인 국가는 중국이다. 해당 국가의 원료약 수입액은 5억 797만 3천 달러로 가장 크다.
⑤ 유일하게 태국만 원료약 102만 9천 달러, 완제약 319만 7천 달러, 의약외품 4,556만 9천 달러로 의약외품 수입액이 가장 크다.

08
답 ①

1~20위 국가 중 원료약과 완제약 수출액 차이가 가장 적은 국가는 20,328 − 15,773 = 4,555천 달러 = 455만 5천 달러인 대만이다. 대만의 총 수출액이 3,610만 1천 달러이므로 전체의 $\frac{36,101}{3,120,397} \times 100 ≒ 1.2\%$를 차지한다.

09
답 ④

㉠ [○] 2023년 10a당 쌀 생산량은 전년에 비해 10kg 감소했으므로, 생산성이 나빠졌음을 알 수 있다.
㉡ [○] 2023년 10a 논벼 소득은 975,000 − 433,000 = 542,000원으로, 전년도와 비교해서 542,000 − 429,000 = 113,000원 더 벌었다.
㉣ [○] 2023년 논벼 직접 생산비는 10a당 44만 8천 원, 논벼 간접 생산비는 10a당 24만 4천 원으로 약 2배 정도 많았으나, 직접 생산비는 전년 대비 $\frac{7}{441} \times 100 ≒ 1.6\%$ 증가, 간접 생산비는 전년 대비 $\frac{10}{234} \times 100 ≒ 4.3\%$ 증가했다.

㉢ [×] 2022년 순수익률은 $\frac{856,000 − 675,000}{856,000} \times 100 ≒ 21\%$이고, 2023년 순수익률은 $\frac{975,000 − 692,000}{975,000} \times 100 ≒ 29\%$이다.

10

답 ③

- 첫 번째 조건에서 2020년 대비 2023년 계절별 사용량이 모두 감소한 에너지는 석유류이므로, 해당 부문은 B이다. ⇒ B = 석유류
- 두 번째 조건에서 2020년 대비 2023년 가을의 에너지 사용량 증가 규모는 총 323 + 83 + 25 = 431천 TOE이고, 그중 50%인 215.5천 TOE 이상의 에너지 사용량 증가 규모를 보인 부문은 323천 TOE 증가한 가스류이다. ⇒ C = 가스류
- 세 번째 조건에서 2020년 대비 2023년 여름에 가정 내 에너지 사용량이 증가한 부문은 367천 TOE 증가한 C, 47천 TOE 증가한 D, 63천 TOE 증가한 E이다. ⇒ C 또는 D 또는 E = 가스류 또는 전력 또는 기타
- 2, 3번째 조건을 정리하면, C = 가스류, D 또는 E = 전력 또는 기타이다.
- 네 번째 조건에서 전력 부문의 에너지 사용량 증가 규모가 연탄류의 5배 미만이어야 하므로, 전력 부문의 에너지 사용량 증가 규모(9천 TOE)의 5배보다 적은 에너지 사용량 증가 규모(40천 TOE)를 보인 D는 전력이다. ⇒ A = 연탄류, D = 전력, E = 기타

A	B	C	D	E
연탄류	석유류	가스류	전력	기타

Tip

첫 번째 조건에서, 2020년 대비 2023년 계절별 사용량이 모두 감소한 에너지는 석유류이며, 해당 부문은 B이므로 B = 석유류이다. 따라서 B = 석유류가 아닌 선지 ①, ②, ④는 제외된다. 선지 ③과 ⑤를 통해 A = 연탄류, B = 석유류, C = 가스류이고, D 또는 E = 전력 또는 기타임을 알 수 있다.
네 번째 조건에서, 연탄류(A)의 에너지 사용량 증가 규모(9천 TOE)의 5배보다 적은 에너지 사용량 증가 규모를 보인 전력 부문은 D 또는 E 중 D이다. 따라서 D = 전력, E = 기타임을 알 수 있다.

11

답 ⑤

자전거 교통사고로 인한 사망자 수가 전월 대비 가장 크게 증가한 달은 27명 증가한 5월이며, 해당 월의 부상자 수(3,564명)는 전월 대비 3,564 − 2,645 = 919명으로 가장 크게 증가했다.
월별 자전거 교통사고로 인한 부상자 수와 사망자 수 증감을 정리하면 다음과 같다.

구분	1월	2월	3월	4월	5월	6월
부상자 수	961	987	1,851	2,645	3,564	3,615
전월 대비 증감		26	864	794	919	51
사망자 수	23	18	38	32	59	55
전월 대비 증감		−5	20	−6	27	−4

구분	7월	8월	9월	10월	11월	12월
부상자 수	3,281	3,318	3,613	3,204	2,138	1,180
전월 대비 증감	−334	37	295	−409	−1,066	−958
사망자 수	59	64	67	52	44	29
전월 대비 증감	4	5	3	−15	−8	−15

Tip

자전거 교통사고로 인한 사망자 수가 전월 대비 가장 크게 증가한 달은 꺾은선 그래프의 선 기울기가 가장 가파른 경우이다.

① 자전거 교통사고 발생으로 인한 사망자 수는 101 + 93 + 107 + 113 + 126 = 540명이다.
② 〈그래프〉를 참고하면, 최근 5년간 월별 자전거 교통사고 발생 건수는 6월에 3,391건, 9월에 3,389건으로 각각 전체 발생 건수의 약 12%를 차지한다.

Tip

6월과 9월 자전거 교통사고 발생 건수가 2건밖에 차이나지 않으므로, 전체에서 차지하는 비중을 계산할 때 6월과 9월 중 하나만을 계산해도 무방하다.

- 6월 : $\frac{3,391}{28,739} \times 100 ≒ 12\%$
- 9월 : $\frac{3,389}{28,739} \times 100 ≒ 12\%$

③ 〈그래프〉를 참고하면, 최근 5년간 월별 자전거 교통사고 사망자 수는 9월 67명, 8월 64명, 5월과 7월 59명으로 많이 발생했다.
④ 자전거 교통사고는 2017~2019년 6,920 − 4,249건 = 2,671건 증가했으며, 2021~2023년 6,920 − 5,659 = 1,261건 감소했다.

12

답 ②

2018~2023년 사망자 수는 540명이고, 발생건수는 28,739건이므로 치사율은 $\frac{540}{28,739} \times 100 ≒ 1.9$명/100건이다. 사망자 수가 가장 많은 연령대는 65세 이상으로 285명이며, 해당 연령대의 치사율은 $\frac{285}{5,872} \times 100 ≒ 4.9$명/100건이다. 따라서 65세 이상 치사율은 자전거 평균치사율의 $\frac{4.9}{1.9} ≒ 2.6$배이다.

Tip

- 치사율은 교통사고 100건당 사망자 수를 의미하므로, $\frac{사망자\ 수}{발생건수} \times 100$이다.
- 치사율 계산 시 값을 어림잡아 $\frac{54,000}{29,000} ≒ 1.9$명(2명 미만), $\frac{28,500}{5,900} ≒ 4.8$명(5명 미만)으로 계산하면, 65세 이상의 치사율이 2배보다 크고 3배보다 작음을 알 수 있다.

13

답 ③

- 세 번째 조건에서, 종인장강도와 종압축강도의 차를 구하면 A는 3.5(= 9 − 5.5), B는 2.5(= 7.5 − 5), C는 2(= 7 − 5), D는 2(= 6 − 4)이다. 따라서 차가 가장 큰 수종군은 낙엽송류이다. ⇒ A = 낙엽송류
- 첫 번째 조건에서, 횡압축강도 대비 종압축강도 비를 구하면 A는 $\frac{9}{3.5}$ ≒ 2.6, B는 $\frac{7.5}{3} = 2.5$, C는 $\frac{7}{2.5} = 2.8$, D는 $\frac{6}{2.5} = 2.4$이다. 따라서 상위 2개 수종군은 잣나무류와 낙엽송류이다. ⇒ C = 잣나무류
- 두 번째 조건에서, 수종군 C와 D의 휨강도는 각각 6, 5이고, 전단강도는 각각 0.45, 0.4로 휨강도와 전단강도가 가장 작은 하위 2개 수종군은 잣나무류와 삼나무류이다. ⇒ D = 삼나무류

A	B	C	D
낙엽송류	소나무류	잣나무류	삼나무류

14 답 ②

- 조건 1에 의하면, 2021~2022년 순위 변동이 없던 경우는 A와 D이다. ⇒ A 또는 D = 아동용섬유제품 또는 LED등기구이므로, 선지 ①과 ③은 답에서 제외된다.
- 조건 2에 의하면, 2021~2023년 순위가 매년 하락 또는 상승한 경우는 B와 C이다. ⇒ B 또는 C = 완구 또는 직류전원장치이다.
- 조건 3에 의하면, 2021~2023년 B보다 순위가 높은 품목은 A가 유일한데, A의 2021~2023년 순위는 1위, 1위, 2위로 매년 완구보다 높다. ⇒ A = 아동용섬유제품, B = 완구이므로, C = 직류전원장치, D = LED등기구이다.

A	B	C	D
아동용섬유제품	완구	직류전원장치	LED등기구

15 답 ③

- 조건 첫 번째의 외국인 관람객 수를 반올림하여 계산하면 A는 $\frac{2,900,000}{12} ≒ 241,700$명, B는 $\frac{500,000}{16} = 31,250$명, C는 $\frac{300,000}{11} ≒ 27,300$명, D는 $\frac{100,000}{7} ≒ 14,300$명이다. 따라서 외국어 해설사 대비 외국인 관람객 수가 가장 적은 궁은 D이다. ⇒ D = 창경궁
- 조건 두 번째에 따르면, 외국인 관람객이 '영어권 ≥ 일어권×2'인 곳은 B, C, D(창경궁)이다. ⇒ B 또는 C = 창덕궁 또는 덕수궁, A = 경복궁
- 조건 세 번째에 따르면, 경복궁 입장료는 덕수궁 입장료의 3배이다. ⇒ C = 덕수궁, B = 창덕궁

A	B	C	D
경복궁	창덕궁	덕수궁	창경궁

16 답 ⑤

- ⓜ [×] 국내 마스크 생산 실적 중 보건용 마스크가 차지하는 비중은 2021년 $\frac{157}{190}×100 ≒ 83\%$, 2022년 $\frac{152}{187}×100 ≒ 81\%$, 2023년 $\frac{337}{381}×100 ≒ 88\%$로, 2022년에는 감소했다. 따라서 2021년부터 2023년까지 마스크 생산 실적 중 80% 이상이 보건용 마스크였으나 매년 해당 비중이 증가했다는 내용은 옳지 않다.
- ⓙ [○] 2021~2023년 국내 의약외품 생산 실적은 1조 8,562억 원 → 1조 9,465억 원 → 1조 4,703억 원으로, 수입 실적은 2,043억 원 → 2,410억 원 → 2,087억 원으로 모두 2022년에 증가, 2023년에 감소하였다.
- ⓛ [○] 2022년 대비 2023년 국내 의약외품 생산 실적은 $\frac{19,456 - 14,703}{19,456}×100 ≒ 24\%$ 감소하였으며, 이는 〈표 2〉의 주석을 통해 기타 품목에 속한 4종의 제품군(염모제, 탈모방지제, 욕용제, 제모제)이 2023년에 의약외품 생산 실적에서 제외됨으로써 감소했음을 알 수 있다.

Tip

〈표 2〉를 참고하면, 2021~2022년 국내 의약외품 생산 실적 중 기타 품목에 속한 4종의 제품군 비중은 전체의 20.62%, 21.54%이었다.

- ⓒ [○] 국내 2021~2023년 국내 의약외품 품목군별 생산 실적은 치약제, 생리용품, 내복용제제, 위생용품 및 기타 유사물품, 가정용 살충제가 상위 5개 품목군에 속한다. 상위 5개 품목군의 비중은 2021년 69.4%(= 29.87 + 14.76 + 14.70 + 6.60 + 3.47), 2022년 70.48%(= 29.44 + 15.31 + 15.30 + 5.94 + 4.49), 2023년 86.49%(= 33.71 + 17.74 + 20.15 + 8.54 + 6.35)로 매년 증가했다.

Tip

2021~2023년 전체에서 상위 5개 품목군이 차지하는 생산 실적 비중은 생리용품, 내복용제제, 가정용 살충제의 경우 매년 증가했고, 치약제와 위생용품 및 기타 유사물품의 비중은 2022년에 감소했으나 비중 감소분이 나머지 3개 품목군의 증가분보다 작다. 따라서 연도별로 상위 5개 품목군의 비중은 매년 증가했음을 알 수 있다.

- ⓔ [○] 2023년 콘택트렌즈관리용품의 생산 실적은 전년 대비 $\frac{125 - 55}{55}×100 ≒ 127\%$ 증가, 마스크의 생산 실적은 $\frac{381 - 187}{187}×100 ≒ 104\%$ 증가했다.

17 답 ④

- ⓔ [×] 2023년 보조제품 시장 규모는 845억 달러이므로, 전체 건강기능식품 시장에서 $\frac{84,500}{301,385}×100 ≒ 28\%$를 차지한다. 따라서 30% 미만임을 알 수 있다.
- ⓙ [○] 〈그래프 1〉에서 세계 건강기능식품 시장 규모는 2020년에 2,542억 1,200만 달러로 전년 대비 8.9%의 성장률을 보인다.
- ⓛ [○] 〈그래프 1〉에서 전년 대비 성장률은 2021년 8.0%, 2022년 3.8%, 2023년 6.0%로 2022년에 잠시 둔화되었으나 계속 성장하여 2023년에는 3,013억 8,500만 달러를 기록했다.
- ⓒ [○] 〈표〉에서 세계 건강기능식품을 크게 4가지로 분류했으며, 해당 품목인 보조제품, 유기식품, 유기상품, 기능성식품 모두 2020년에서 2023년까지 시장 규모가 증가했다.
- ⓜ [○] 〈표〉에서 세계 보조제품 시장 규모는 845억 달러이고, 〈그래프 2〉에서 미국의 시장점유율은 33%로 가장 큰 시장을 형성한다. 따라서 미국의 보조제품 시장 규모는 845억 달러×0.33 = 278억 8,500만 달러이며, 미국과 서유럽, 일본 총 3개국은 전체 시장점유율 33 + 18 + 12 = 63%를 차지한다.

18 답 ⑤

보고서 네 번째 항목에서 총 근로시간이 2013년 180.8시간에서 2023년 156.4시간으로 '매년' 감소하였다고 언급하였으나, 해당 자료에서는 2013년부터 2016년까지 계속 감소하다가 2017년에 한 차례 증가 후 2023년까지 매년 감소하였으므로, 보고서와 부합하지 않는 자료이다.

① 보고서 세 번째 항목에서 월 임금총액이 남성 근로자는 2013년 2,869천 원 → 2023년 3,569천 원, 여성 근로자는 2013년 1,714천 원 → 2023년 2,259천 원으로 바뀌었음을 언급하였으므로, 보고서와 부합하는 자료이다.

② 보고서 두 번째 항목에서 직종별로 총 근로시간을 비교하면 장치·기계 조작 및 조립종사자가 2013년에는 205.9시간, 2023년에는 180.8시간으로 가장 많고, 월 임금총액을 비교하면 관리자가 2013년에 5,778천 원, 2023년에 8,804천 원으로 가장 많았다. 따라서 보고서와 부합하는 자료이다.

③ 보고서 첫 번째 항목에서 2013년과 2023년 월급여액 중 정액급여 비중과 비교하면 보고서와 부합하는 자료이다.

④ 보고서 다섯 번째 항목에서 총 근로시간이 5인 미만 사업체의 경우 2013년 172.9시간 → 2023년 140.4시간으로 가장 많이(32.5시간) 감소하였고, 300인 이상 사업체의 경우 2013년 182.1시간 → 2023년 162.7시간으로 가장 적게(19.4시간) 감소하였으므로, 보고서에 부합하는 자료이다.

19

답 ①

2017~2023년 단순이동평균을 구하면 다음과 같다.

구분	피해금액	단순이동평균
2012년	434	–
2013년	877	–
2014년	621	–
2015년	553	–
2016년	1,019	–
2017년	595	743
2018년	552	(919)
2019년	973	(1,331)
2020년	1,070	(1,905)
2021년	544	(2,758)
2022년	967	(3,772)
2023년	1,430	(4,144)

따라서 그래프 증감 추이는 2017년 743억 원을 기점으로 계속 상승이다.

20

답 ②

2020년 국어 과목 응시자 수와 영어 과목 응시자 수가 같으므로 두 과목 그래프가 겹쳐야 한다. 2019~2023년 국어, 영어, 수학 과목 응시자 수 현황을 올바른 그래프로 나타내면 다음과 같다.

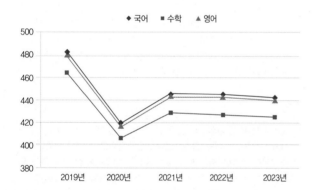

21

답 ①

- 조건 2 : 미세먼지 오염도가 2019년부터 2023년까지 49 → 48 → 46 → 44 → 44μg/m³으로 전반적으로 매년 개선된 지역은 B이다. ⇒ B = 부산

B가 부산이므로 선지 ④와 ⑤는 제외된다.

- 조건 3 : D의 미세먼지 오염도는 2019년 42μg/m³, 2020년 41μg/m³, 2021년 43μg/m³, 2022년 40μg/m³, 2023년 40μg/m³로 연도별로 비교한 5대 도시 중 가장 낮다. ⇒ D = 광주

D가 광주이므로 선지 ③이 제외된다.

- 조건 1 : 2019~2023년 A는 0.033 → 0.033 → 0.032 → 0.031 → 0.030ppm으로, C는 0.028 → 0.028 → 0.026 → 0.025 → 0.024ppm으로 이산화질소 오염도가 매년 유지 또는 개선되었다. ⇒ A 또는 C = 서울 또는 인천
- 조건 4 : 2020년 미세먼지 오염도가 전년도와 같은 수준으로 유지된 지역은 C(49μg/m³)와 E(45μg/m³)이다. ⇒ C 또는 E = 대구

조건 1과 4를 정리하면, E = 대구, A 또는 C = 서울 또는 인천이다.

A	B	C	D	E
서울/인천	부산	인천/서울	광주	대구

9일차 >> 추리

01	02	03	04	05	06	07	08	09	10
③	④	①	⑤	④	④	③	③	④	①

11	12	13	14	15
②	①	③	②	⑤

01

답 ③

주어진 명제를 다음과 같이 기호로 정리할 수 있다.
- 튀니지 → ~멕시코(대우 : 멕시코 → ~튀니지)
- 이집트 → 캐나다(대우 : ~캐나다 → ~이집트)
- ~칠레 → 이집트(대우 : ~이집트 → 칠레)
- 스위스 → ~캐나다(대우 : 캐나다 → ~스위스)
- ~튀니지 → ~칠레(대우 : 칠레 → 튀니지)

연결하면 '스위스 → ~캐나다 → ~이집트 → 칠레 → 튀니지 → ~멕시코'이고, 대우는 '멕시코 → ~튀니지 → ~칠레 → 이집트 → 캐나다 → ~스위스'이다.
따라서 '스위스에 가 본 적 있는 사람은 칠레에 가 본 적이 있다'만 항상 참이다.
①은 거짓, ②, ④, ⑤는 참 · 거짓 여부를 확인할 수 없다.

02

답 ④

조건을 기호로 정리하면 다음과 같다.
- 최 → ~이(대우 : 이 → ~최)
- ~박 → 이(대우 : ~이 → 박)
- ~정 → ~김(대우 : 김 → 정)
- 정 → 최(대우 : ~최 → ~정)
- ~김 → 유(대우 : ~유 → 김)

종합하면 '~유 → 김 → 정 → 최 → ~이 → 박'이므로, 유 사원이 휴무일 때 근무인 직원은 김 사원, 정 사원, 최 사원, 박 사원이다.

03

답 ①

A와 D는 모순 관계이므로, 둘 중 한 명의 진술은 거짓이다. 또한 B와 E는 동일 관계인데, 이미 A와 D 중 1명이 거짓을 말하는 상황이므로 B와 E의 진술은 참이다. 그렇다면 나머지 1명인 C의 말이 거짓이 되므로 범인은 E이며, D를 범인으로 지목한 A의 말이 거짓이다.
정리하면, 거짓을 말한 사람은 A와 C, 범인은 E이다.

04

답 ⑤

주어진 정보 가운데 하나를 선택하여 참 · 거짓을 가정한다. 정보 1을 기준으로 가정하면 다음과 같다.
- 아랑의 혈액형이 O형인 경우 : 정보 2와 3에서 조안과 기현은 모두 O형일 수 없고, 나머지 내용은 참이 된다. 따라서 태주는 A형, 기현은 AB형이고, 조안은 남은 B형이 된다.
- 아랑의 혈액형이 O형이 아닌 경우 : 태주의 혈액형은 B형이다. 그러면 정보 3에 나타난 태주의 혈액형은 거짓이므로 기현의 혈액형은 O형이다. 그런데 이 경우 정보 2의 내용이 모두 거짓이 되므로 성립할 수 없다.
따라서 A형은 태주, B형은 조안이다.

05

답 ④

대화에 언급된 날짜는 2월 6일, 2월 9일, 3월 6일이며, 이들이 언급한 월과 일 중 일치한다. 따라서 가능한 날짜는 2월 6일, 2월 9일, 3월 6일, 3월 9일이다. 이를 기준으로 조건이 충족되는지를 판단한다.
- 2월 6일 : A는 2개, B는 1개, C는 1개 일치하므로 조건을 충족하지 못한다.
- 2월 9일 : A는 1개, B는 2개, C는 0개 일치한다. 그러나 요일을 적용하면 조건을 충족하지 못한다.
- 3월 6일 : A는 1개, B는 0개, C는 2개 일치한다. 그러나 요일을 적용하면 조건을 충족하지 못한다.
- 3월 9일 : A는 0개, B는 1개, C는 1개 일치한다. 만약 금요일이나 토요일에 여행을 갔다면 조건을 충족한다.
ⓐ [○] 여행 간 날짜는 3월 9일이므로 월과 일을 정확히 기억하는 사람은 없다.
ⓒ [○] 토요일에 여행을 갔다면 C는 3월만 일치한다.
ⓑ [×] 일요일에 여행을 갔다면 A의 기억이 1개 일치하므로 성립할 수 없다.

06

답 ④

〈조건〉의 명제를 기호로 바꾸면 다음과 같다.
- A → D∧E
- ~B → C∧D (대우 : ~C∨~D → B)
- C → ~D (대우 : D → ~C)

A는 참여하므로 첫 번째 조건에 따라 D와 E도 참여한다. D가 참여하면 세 번째 조건의 대우에 의해 C는 참여하지 않는다. 그리고 두 번째 조건의 대우에 의해 C 또는 D가 참여하지 않으면 B는 참여하므로 B는 참여한다. 정리하면 해외 봉사에 참여하는 인원은 C를 제외한 A, B, D, E 4명이다.

07

답 ③

〈조건〉에 의하면 B는 본사 소속이 아니며 E와 같은 지사 소속이다. 그런데 강원지사 소속 2명 중 1명이 C이므로 B와 E는 경기지사 소속이다. 그러므로 강원지사 소속이 아닌 A는 G와 같은 본사 소속이다. 마지막으로 C와 소속이 다른 D도 본사 소속이고, F는 강원지사 소속이다. 이 내용을 표로 정리하면 다음과 같다.

본사	경기지사	강원지사
A, G, D	B, E	C, F

08

답 ③

마지막 사람이 출근한 시간은 8시 50분이고, 2분 간격으로 출근했으므로 첫 번째 사람이 출근한 시간은 8시 38분이다. ⓐ에 의해 A는 6번째, ⓒ에 따라 B가 1번째로 출근했고, ⓓ과 ⓔ에 의해 F는 3번째, G는 4번째로 출근했다. 그리고 ⓑ에 의해 D는 2번째, C는 5번째, E는 마지막으로 출근했다. 정리하면 다음과 같다.

B	D	F	G	C	A	E

09　답 ④

A와 C가 모두 빨간 기둥에 걸었다면 A는 1+2+1+2+1-2=5점, C는 1+2+1+1=5점으로 같다.

① A가 보유한 고리를 같은 색의 기둥에 걸었다면 1+2+1+2+7+2=15점을 획득할 수 있다.

② 초록색 기둥의 점수가 가장 높으므로 고리는 무조건 초록색 기둥에 걸어야 하며, 고리 색과 기둥 색이 같으면 가산점을 받는다. 그런데 B와 C 모두 초록색 고리를 가지고 있지 않으므로, 7+7+7=21점이 최고점이다.

③ 파랑 기둥에만 고리를 걸었다면 A는 3+3+3=9점, B는 3+2+3+2+3-1=12점, C는 3+3-1+3-1=7점, D는 3+2+3-1+3=10점이다.

> **Tip**
>
> 점수는 기둥 색에 따라 결정되며, 고리 색은 기둥 색과 같거나 특정 경우일 때만 점수에 영향을 미친다. 따라서 모두 같은 기둥에 걸었다면 계산하지 않아도 파랑 고리를 많이 가질수록 점수가 높다.

⑤ 세로방향 가운데 기둥은 노랑, 초록, 빨강색이다. 최저점을 받는 경우는 고리와 다른 색 기둥에 걸고, 초록 고리는 빨강 기둥에 걸 때이다. 이때 점수는 5+7+1-2=11점이다.

10　답 ①

주어진 진술이 모두 참일 때 가능한 경우는 다음과 같다.

5층	A	A	A
4층	B	B	C
3층	E	E	E
2층	D	C	B
1층	C	D	D

따라서 언제나 참이 되는 것은 ①이다.

11　답 ②

조건 ㉡, ㉣, ㉺을 그림에 적용하면 다음과 같다.

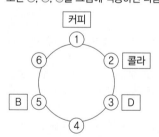

조건 ㉠과 ㉾을 고려하면 B는 콜라를 마시며, 4에 앉는 사람은 커피를 마신다. 그러므로 D는 녹차를 마시고 6번 자리는 비어 있다. 남은 자리 배치상 조건 ㉻에 의해 1과 4에 C 또는 F가 마주 보고 앉아 있고, ㉼에 의해 2에 A가 앉는다. 그림으로 정리하면 다음과 같다.

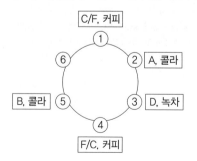

12　답 ①

4번째 조건에 따라 A는 월요일에 근무하지 않고, 6번째 조건에 따라 B와 C는 수요일에 근무한다. 또한 3번째와 7번째 조건에 의하면 D는 화요일과 목요일에 근무한다. 이 내용을 근무기록표에 적용하면 다음과 같다(근무는 ○, 휴무는 ×로 표기).

구분	월	화	수	목	금
A	×				
B		×	○		
C			○		
D	×	○	×	○	×
E					○

5번째 조건에 의하면 C는 A와 근무일이 겹치지 않는다. C는 2일간 근무하므로 월요일과 수요일에 근무하고, A는 화요일, 목요일, 금요일에 근무한다. C와 목요일을 제외하고 근무일이 모두 겹치는 B는 월요일, 수요일, 목요일에 근무한다. 마지막으로 3번째 조건에 의해 E는 화요일과 금요일에 근무한다. 이 내용을 표로 정리하면 다음과 같다.

구분	월	화	수	목	금
A	×	㉠ ○	×	○	○
B	○	×	○	㉡ ○	×
C	○	×	○	×	㉢ ×
D	㉣ ×	○	×	○	×
E	×	㉤ ○	×	×	○

따라서 근무에 해당하는 것은 ㉠, ㉡, ㉤이다.

13　답 ②

C는 남동생이 있다고 하였으므로 누나가 없는 D는 여동생이 있다. 그리고 B는 여동생만 있다고 하였으므로 여동생만 1명이 있다. A는 형제가 1명뿐이므로 누나(언니) 1명이고, C는 남동생과 누나(언니)로 형제가 2명이다.

14　답 ②

갑의 말이 참인 경우와 거짓인 경우로 나누어 판별한다.

- 갑의 말이 참인 경우 : 갑은 B시에 사는 여자이다. 을의 말은 거짓이므로 을은 A시에 사는 여자이고, 병의 말도 거짓이다. 정의 말은 을이 A시에 산다고 했으므로 참이며, 병은 A시에 사는 여자이다. 이때 A시에는 을과 병이, B시에는 갑이 살고 있으므로 정은 B시에 사는 여자이다. 이때 모든 조건을 만족하고 모순이 발생하지 않는다.

- 갑의 말이 거짓인 경우 : 갑은 A시에 사는 여자이다. 을의 말은 거짓이므로 을은 A시에 사는 여자이며, 병의 말도 거짓이다. 정은 을이 A시에 산다고 하였으므로 정의 말이 참이라면 병도 A시에 살아야 하는데, 이 경우 A시에 사는 사람이 3명이 되므로 조건을 충족하지 못한다.

이 내용을 표로 정리하면 다음과 같다.

구분	갑	을	병	정
참·거짓	참	거짓	거짓	참
거주지	B시	A시	A시	B시
성별	여자	여자	여자	여자

그러므로 B시에 사는 사람은 갑과 병이다.

Tip

문제 조건에서 A시의 남자는 참말만 하고, B시의 남자는 거짓말만 한다고 하였다. 따라서 남자는 항상 자신이 A시에 산다고 말하며, 반대로 여자는 항상 자신이 B시에 산다고 말함을 알 수 있다.

15

답 ⑤

2번째, 3번째 4번째 조건을 조합하면 꽃가게는 문구점과 같은 라인인 101호, 편의점은 문구점 맞은편인 108호에 입점했으며, 옷가게는 105~107호 중 하나이다. 또한 5번째 조건을 적용하면 카페는 102호, 베이커리는 106호이다. 확정된 사실을 그림으로 정리하면 다음과 같다.

101호 꽃가게	102호 카페	103호	104호 문구점
복도			
105호	106호 베이커리	107호	108호 편의점

남은 옷가게와 약국, 빈 곳은 다음과 같은 경우가 가능하다.

• 경우 1

101호 꽃가게	102호 카페	103호 약국	104호 문구점
복도			
105호 비어 있음	106호 베이커리	107호 옷가게	108호 편의점

• 경우 2

101호 꽃가게	102호 카페	103호 약국	104호 문구점
복도			
105호 옷가게	106호 베이커리	107호 비어 있음	108호 편의점

• 경우 3

101호 꽃가게	102호 카페	103호 비어 있음	104호 문구점
복도			
105호 약국	106호 베이커리	107호 옷가게	108호 편의점

• 경우 4

101호 꽃가게	102호 카페	103호 비어 있음	104호 문구점
복도			
105호 옷가게	106호 베이커리	107호 약국	108호 편의점

이때 어떤 경우에든 카페와 편의점은 다른 라인에 위치한다.

10일차 >> 최적 선택

01	02	03	04	05	06	07	08	09	10
①	⑤	①	⑤	③	①	②	②	③	⑤

11	12	13	14	15
①	①	③	②	②

01

답 ①

C와 D의 발언은 모순이다. 따라서 이 둘 중 한 명만 진실이다.
• C가 참인 경우 : 오늘은 B의 생일이다. 그런데 이 경우 A의 발언도 참이 되므로 1명만 진실을 말한다는 조건에 어긋난다.
• D가 참인 경우 : 오늘은 B의 생일이 아니다. 나머지 발언이 모두 거짓이면 오늘은 A의 생일이며, 이때 서로 충돌하는 진술이 없다.
그러므로 오늘 생일인 사람은 A이다.

02

답 ⑤

제품 다를 사용하고 트러블이 발생한 사람은 B뿐이다. 원료에 미네랄오일이 포함된 제품은 가, 다, 라, 마이고, DHT가 포함된 제품은 가, 다, 라인데, B는 가, 다, 라 제품을 사용했을 때 트러블이 발생했으므로 B는 DHT에 트러블 반응을 보인다.
제품 가를 사용했을 때 트러블이 발생한 사람은 A와 B이다. B는 DHT로 확정되었으므로, 미네랄오일 또는 벤조페논-3가 A에게 트러블을 일으킨다. 그런데 제품 다를 사용했을 때 트러블이 나타나지 않았으므로 A는 벤조페논-3에 트러블 반응을 보인다. 그러므로 제품 마에는 벤조페논-3이 포함되며, 미네랄오일에 트러블 반응을 보이는 사람은 아무도 없다.
참고로 제품 나를 통해 소르빈산이 C의 트러블을 유발하고, 제품 라를 통해 페녹시에탄올이 D의 트러블을 유발함을 알 수 있다. A, B, C, D의 트러블 유발물질을 표로 정리하면 다음과 같다.

A	B	C	D
벤조페논 – 3	DHT	소르빈산	페녹시에탄올

03

답 ①

최근 3년 이내 연구실적의 양적 수준 평가 결과를 계산하면 다음과 같다.
• A : $200 + (70 \times 1.5) + 100 + 70 = 475 \rightarrow 24$점
• B : $140 + (100 \times 3) + 50 = 490 \rightarrow 24$점
• C : $(140 \times 2) + (100 \times 2) + (100 \times 0.7) = 550 \rightarrow 27$점
• D : $(140 \times 2) + (100 \times 1.5 \times 2) + 50 = 630 \rightarrow 30$점
• E : $(100 \times 2) + 70 + 30 = 300 \rightarrow 21$점
전공적부 평가 결과를 점수화하고, 연구업적 심사와 함께 다음과 같이 표로 정리할 수 있다.

구분		A	B	C	D	E
전공적부	㉠	15	10	20	20	15
	㉡	20	20	30	20	30
	㉢	50	50	25	25	50
연구업적	㉠	8	4	10	6	6
	㉡	(24)	(24)	(27)	(30)	(21)
	㉢	21	24	21	27	15
합계		138	132	133	128	137

따라서 A의 총점이 138점으로 가장 높다.

04

답 ⑤

A : 심사위원 2의 첫 번째 언급을 보면, 발표방법 및 태도의 적절성과 논리적 표현능력 점수가 같다고 하였으므로, ⓐ = 17점이다. 따라서 A지원자의 총점은 69점이다.

B : 심사위원 1의 두 번째 언급을 보면, B지원자의 발표 방법 및 태도의 적절성 점수가 전체 지원자 중 두 번째로 높다고 하였다. 따라서 가장 높은 점수를 받은 D지원자(20점) 다음으로 ⓒ = 19점을 받았으며, B지원자의 총점은 76점이다.

C : 심사위원 3의 첫 번째 언급을 보면, C지원자의 총점은 A지원자의 총점과 같다고 하였으므로 ⓑ + 55 = 69점이다. 따라서 ⓑ = 14점이다.

E : 심사위원 2의 두 번째 언급을 보면, E지원자의 질문에 대한 응답 능력 점수는 B지원자(17점)보다 높고 C지원자(19점)보다 낮다고 하였으므로 ⓓ = 18점이다. 따라서 총점은 74점이다.

심사위원 합계 점수÷3을 적용한 지원자별 공개 세미나 점수는 다음과 같다.

A	B	C	D	E
23	25	23	26	24

공개 세미나 점수를 5번 문제에서 도출한 전공적부 심사 및 연구업적 심사 점수와 합산하면 A와 E가 161점으로 같다. 동점자가 발생할 경우 전공적부 심사 총점이 더 높은 사람을 선임하므로 전공적부 심사 점수가 10점 더 높은 E가 Q대학교 교수로 선임된다.

05

답 ③

항목별 점수를 표로 정리하면 다음과 같다.

장소	종류	맛	가격	룸 예약	총점
A	3	1	2	2	8
B	1	3	4	0	8
C	5	2	5	2	14
D	3	5	1	2	11
E	5	4	3	0	12

따라서 회식 장소로 선정될 곳은 C이다.

06

답 ①

기준 점수 통과 여부를 정리하면 다음과 같다.

평가 기준	A사업	B사업	C사업	D사업	E사업
사업 목적성	통과	미통과	통과	통과	통과
집행관리의 적절성	통과	통과	미통과	미통과	통과
성과목표 달성도	통과	통과	미통과	통과	미통과

• A사업 : 3개 항목 전부 통과하였으므로 전년 예산의 5%를 증액한 15억 7,500만 원이 편성된다.

• B사업 : 2개 항목만 통과했으므로 전년 예산의 10%를 감액한 18억 원이 편성된다.

• C사업 : 1개 항목만 통과했으므로 전년 예산의 15%를 감액한 25억 5,000만 원이 편성된다.

• D사업 : 2개 항목을 통과했지만 집행관리의 적절성 항목을 통과하지 못했으므로 전년 예산의 15%를 감액한 21억 2,500만 원이 편성된다.

• E사업 : 2개 항목만 통과했으므로 전년 예산의 10%를 감액한 36억 원이 편성된다.

따라서 A~E사업의 2025년 예산 총액은 116억 5,000만 원이다.

07

답 ②

신입사원의 입사 성적 합계와 희망 부서는 다음과 같다.

신입사원	필기시험 점수	면접 점수	합계	희망 부서
A	85	90	175	기획조정실
B	81	91	172	법무지원실
C	89	86	175	경영지원실
D	82	91	173	기획조정실
E	86	92	178	법무지원실
F	90	89	179	기획조정실
G	84	90	174	경영지원실
H	87	88	175	법무지원실

기획조정실 희망자 중 점수가 가장 낮은 D와 법무지원실 희망자 중 점수가 가장 낮은 B는 경영지원실에 배치된다.

부서별 충원 요청 인원과 신입사원의 희망 부서를 비교할 때 경영지원실은 요청 인원보다 희망 인원이 적으므로 경영지원실을 희망하는 C와 G는 점수에 상관없이 희망 부서에 배치된다.

08

답 ②

희망 부서가 법무지원실인 신입사원 B, E, H 중 전공 적합 점수와 입사 성적을 합산한 총점이 높은 순서는 E → B → H이다. 따라서 법무지원실에 2명이 충원된다면 E와 B가 배치되고, H는 타 부서에 배치된다.

신입사원	입사 성적	전공	합계	희망 부서
A	175	90	265	기획조정실
B	172	100	272	법무지원실
C	175	100	275	경영지원실
D	173	100	273	기획조정실
E	178	100	278	법무지원실
F	179	95	274	기획조정실
G	174	90	264	경영지원실
H	175	95	270	법무지원실

① 희망 부서가 기획조정실인 신입사원 A, D, F 중 전공 적합 점수와 입사 성적을 합산한 총점이 가장 낮은 신입사원은 A이므로, 기획조정실에 2명이 배치된다면 A는 타 부서에 배치된다.

③ 신입사원 E는 전공 적합 점수와 입사 성적을 합산한 총점이 278점으로 가장 높다.

④ 희망 부서가 경영지원실인 신입사원 C와 G 중 전공 적합 점수와 입사 성적을 합산한 총점이 더 높은 사원은 C이므로 G보다 우선 배치된다.

⑤ 전공 적합 점수가 만점인 사원은 B, C, D, E로 총 4명이다.

09 답 ③

강의 평가 결과에 따른 시급 조정률을 표로 정리하면 다음과 같다.

구분	A	B	C	D	E
2024년 2학기	10% 인상	5% 삭감	10% 삭감	동결	5% 인상
2025년 1학기	5% 인상	동결	5% 인상	5% 삭감	10% 인상

이를 시급에 적용하여 2025년 1학기 시급을 구하면 다음과 같다.
- A : 110,000×1.1×1.05 = 127,050원
- B : 130,000×0.95 = 123,500원
- C : 140,000×0.9×1.05 = 132,300원
- D : 150,000×0.95 = 142,500원
- E : 120,000×1.05×1.1 = 138,600원

따라서 D－E－C－A－B 순서대로 시급이 높다.

10 답 ⑤

시급과 월간 수업시수에 따른 월급을 계산하면 다음과 같다.
- A : 127,050×34 = 4,319,700원
- B : 123,500×33 = 4,075,500원
- C : 132,300×32×1.1 = 4,656,960원
- D : 142,500×33 = 4,702,500원
- E : 138,600×35 = 4,851,000원

따라서 월급이 가장 많은 강사는 E이다.

Tip

> 9번 문제에서 2025년 1학기 시급을 이미 구하였으므로 시급이 더 낮으면서 수업시수가 같거나 적은 경우는 계산할 필요가 없다. A는 E보다 시급이 낮고 수업시수가 적으며, B는 D와 수업시수가 같지만 시급은 더 낮다. 따라서 A와 B는 답에서 우선 제외된다.

11 답 ①

- 국민연금 : 190만 원×0.045×0.1 = 8,550원
- 고용보험 : 190만 원×0.0065×0.1 ≒ 1,240원(10원 미만 자리에서 반올림)

Tip

> 5명 미만 사업 고용자의 지원 비율은 90%이다. 보험료의 90%를 지원한다는 것은 실제 본인부담률은 10%라는 의미이다.

12 답 ①

5인 이상 10인 미만 사업의 지원 비율은 80%이며, 고용된 6인 중 월평균보수액이 210만 원 이상인 2명은 지원 대상에서 제외된다.
- 국민연금 : (180 + 190 + 180 + 200)만 원×0.045×0.8 = 270,000원
- 고용보험 : (180 + 190 + 180 + 200)만 원×0.009×0.8 = 54,000원

따라서 총 지원 금액은 324,000원이다.

Tip

> 5명 이상 10년 미만 사업 고용자의 지원 비율은 80%이다. 또한 고용보험의 경우 사업주의 부담 비율이 근로자와 다르다는 점에 주의해야 한다.

13 답 ③

- 출퇴근 운임 : 법정공휴일을 제외한 근무일이 21일이므로 42회분이다. 거리는 58km이므로 기본운임 1,250원에 추가운임 900원이 붙는다. 따라서 2,150×42 = 90,300원이다.
- 1월 25일과 26일 : 거리는 90km이므로 기본요금 1,250원에 추가운임 1,300원이 붙으며 왕복요금이므로 5,100원이다.

합산하면 95,400원이다.

14 답 ②

A씨의 출퇴근 거리는 58km이므로 8단계에 해당하는 정기권 운임을 충전해야 한다. 이때 1월 25일과 26일 이동 시의 추가 차감횟수를 고려해도 60회를 초과하지 않으며, 1월 1일은 법정공휴일로 정기권은 1월 2일 출근부터 1월 31일까지 30일간 사용 가능하다. 따라서 정기권카드 판매 가격 2,500원과 정기권 운임 80,400원을 합산한 총 82,900원이 든다. A씨가 1월 이용한 전철의 총 운임은 95,400원이므로 12,500원을 절약할 수 있다.

15 답 ②

A사의 국외 출장경비는 모두 1인 기준이므로 A사 해외사업부 5명의 3박 4일 독일 출장경비를 구하면 다음과 같다.
- 항공료 : 2,350,000×5 = 11,750,000원
- 교통비 : 110,000×4×5 = 2,200,000원
- 숙박비 : 270,000×3×5 = 4,050,000원

따라서 A사 해외사업부 5명의 3박 4일 독일 출장경비는 11,750,000 + 2,200,000 + 4,050,000 = 1,800만 원이다.

01	02	03	04	05	06	07	08	09	10
④	④	②	⑤	④	⑤	②	①	④	⑤
11	12	13	14	15	16
①	②	②	③	③	③

01
답 ④

주어진 조건을 정리하면 다음과 같다.
- 수박<사과<딸기
- 참외<귤
- 귤<딸기
- □<참외<□<□<□

따라서 과일 수량을 비교하면 수박<참외<귤 or 사과<사과 or 귤<딸기이다. 사과가 5개일 때 수박이 최대 수량을 갖는 경우는 사과가 3번째에 위치해야 하는데 이때 수박의 최대 수량은 3개이다.

① 과일별 최소수량은 최소 1개 이상이고, 5종류의 과일 중 딸기가 가장 많으므로 딸기는 최소 5개이다.
② 과일 수량을 비교했을 때 참외는 2번째, 사과는 3~4번째이므로 사과가 4개일 때 참외는 2개 또는 3개이다.
③ 과일 수량을 비교했을 때 수박<참외<귤<사과<딸기, 수박<참외<사과<귤<딸기 두 가지의 경우가 있다. 첫 번째 경우에서 귤이 7개라면 총 개수는 27개이고, 두 번째 경우에서 귤이 7개라면 총 개수는 21개이다. 따라서 귤이 7개일 때 총 개수는 최소 21개이다.
⑤ 과일 수량을 비교했을 때 귤은 3~4번째이므로 수박이 1개, 딸기가 5개라면 귤은 3개 또는 4개이다.

02
답 ⑤

가은은 다미보다 5살 어리며, 나정이 26살이므로 26세 미만이다. 이들은 모두 20대이므로 가은과 다미의 나이 조합은 22/27, 23/28, 24/29이다. 또한 마희는 라연보다 6살 어리므로 마희와 라연의 나이 조합은 22/28, 23/29이다. 다미는 라연보다 나이가 많다는 조건을 볼 때 다미는 29살, 가은은 24살이고, 라연은 28살, 마희는 22살이다.

03
답 ②

㉠ $9,860 \times 20 \times 4 = 788,800$원
㉡ $2 \times (788,800 - 769,600) = 38,400$원

04
답 ⑤

2023년 시급 적용 주급과 2024년 시급 적용 주급을 계산하면 다음과 같다.

성명	기존	변경	주급 변화
김도영	$9,620 \times 9 = 86,580$원	$9,860 \times 6 = 59,160$원	27,420원 감소
이주나	$9,650 \times 6 = 57,900$원	$9,860 \times 4 = 39,440$원	18,460원 감소
정은솔	$9,620 \times 4 = 38,480$원	$9,860 \times 4 = 39,440$원	960원 증가
박희찬	$9,900 \times 9 = 59,400$원	$10,400 \times 4 = 41,600$원	17,800원 감소
한민규	$9,700 \times 9 = 87,300$원	$10,200 \times 9 = 91,800$원	4,500원 증가

따라서 주급이 가장 많이 증가한 사람은 한민규이다.

Tip

2024년 시급은 2023년보다 240원 인상되었다. 해당 문제와 같이 주당 근로시간이 10시간 미만인 상황에서 1시간이라도 근로시간이 줄어들면 시급 인상분보다 큰 금액이 감소하게 되므로 계산할 필요 없이 주급이 감소한 것임을 유추할 수 있다. 참고로 주당 근로시간에 변화가 없다면, 증가분은 '(2024년 시급 − 2023년 시급)×근로시간'으로 계산하면 더 빠르다.

05
답 ④

시간대별 과목을 정리하면 다음과 같다.

시간	월, 수	화, 목
09:00~10:15	과학과 철학, 인권과 헌법	미술의 세계, 생물학이란 무엇인가
10:30~11:45	역사란 무엇인가, 동양고전의 이해, 현대의 시민생활과 법	교육이란 무엇인가, 현실세계와 통계
12:00~13:15	예술이란 무엇인가, 한국사회의 현실과 쟁점	고대 문명사, 영상문학기행
13:30~14:45	언어란 무엇인가	현대사회의 윤리, 과학사
15:00~16:15	논리란 무엇인가, 현대 물리의 이해	현대인의 정신건강, 컴퓨터란 무엇인가

같은 요일 같은 시간대에는 한 강의실을 배정할 수 없다. 2408 강의실에 배정된 역사란 무엇인가와 현대의 시민생활과 법은 시간대가 겹치므로 둘 중 한 과목은 다른 강의실로 배정해야 한다.

06
답 ⑤

사회과학대 소속계열 영역인 인간과 사회 영역을 제외한 나머지 영역에서 1과목씩 신청하였고, 필수과목도 포함되어 있으므로 이수 조건을 충족한다.

① 경영대 소속계열 영역인 인간과 사회를 제외하고 나머지 영역에서 1과목씩 이수해야 하지만, 자연과 과학에 속하는 2과목을 신청했으므로 이수 조건에 어긋난다.
② 인문대에서 제외해야 하는 문학과 예술 영역 과목인 '언어란 무엇인가'를 신청했으므로 이수 조건에 어긋난다.
③ 공과대 소속계열 영역인 자연과 과학 영역을 제외했지만 신청한 과목 중 1개 이상은 반드시 필수과목이어야 한다는 이수 조건에 어긋난다.
④ 사학과는 인문대지만 역사와 철학 영역을 제외하고 신청해야 한다. 그러나 이 영역에 속하는 '논리란 무엇인가'를 신청했으므로 이수 조건에 어긋난다.

07
답 ②

전시회가 개최되는 이틀 중 하루는 주말이어야 하므로, 대관이 가능한 날짜인 6~7일, 8~9일, 13~14일을 우선해야 한다. 또한 면적은 제3전시실을 대관할 때 비용상 유리하므로 6~7일에 제3전시실을 대관하는 것이 가장 적절하다.

08
답 ①

- 전시실 기본 사용료 : $150,000 \times 2$일 $= 300,000$원
- 전시실 추가 사용료 : $20,000 \times 5$시간 $= 100,000$원
- 부대설비 사용료 : $(45,000 + 50,000) \times 2 = 190,000$원
따라서 A회관에 지불해야 할 금액은 총 590,000원이다.

09

답 ④

복도, 계단에서 인사할 때 상사를 만나더라도 걸음을 멈출 필요는 없으며 3~4계단 위에서 인사하면 된다.
① 엘리베이터 안에서의 적절한 인사 예절이다.
② 통화 중일 때의 인사 예절로 적절하다.
③ 첫 만남의 정중한 인사에 부합한다.
⑤ 물건을 주고받을 때의 가벼운 인사에 해당한다.

10

답 ⑤

K씨의 허리둘레는 90cm로 정상 A 범위를 벗어나며, 해당 항목은 정상 B의 값이 없으므로 질환 의심으로 판정된다. 단위를 참고하여 K씨의 체질량지수를 계산하면 $85/1.78^2 ≒ 26.8 kg/m^2$로 정상 B에 해당한다.

11

답 ①

㉠ [○] 이완기와 수축기 모두 정상 B인 경계 수치로, 지속적인 관리가 필요하다.
㉣ [○] 중성지방은 정상 A에 속하므로 양호하나 총콜레스테롤과 HDL-콜레스테롤 수치는 정상 B(경계)에 속하고, LDL-콜레스테롤의 경우 정상 B(경계) 범위도 훌쩍 초과하므로 재검을 통해 관련 질환 여부를 확인해야 한다.
㉡ [×] 식전혈당은 정상 B인 경계 수치이다.
㉢ [×] AST와 ALT는 정상 A에 속하므로 양호하나, γ-GTP가 정상 B(경계) 범위에 속하므로 주석을 참고할 때, 알코올성 간 질환에 주의해야 한다.

12

답 ②

결제일별 이용 기간의 금액을 구하면 다음과 같다(단위 : 만 원).

사용 일자	결제액	1일	5일	12일	20일	25일
2023년 3월 20일	15,000원					
2023년 3월 22일	40,000원					
2023년 3월 25일	80,000원					
2023년 3월 29일	8,000원					
2023년 4월 1일	200,000원					
2023년 4월 8일	65,000원					
2023년 4월 10일	20,000원					
2023년 4월 16일	40,000원					
2023년 4월 20일	6,000원					
2023년 4월 24일	300,000원					
2023년 4월 25일	80,000원					
2023년 4월 28일	100,000원					
2023년 5월 2일	50,000원					
2023년 5월 5일	20,000원					
2023년 5월 7일	150,000원					
2023년 5월 10일	90,000원					
2023년 5월 13일	22,000원					
합계		46.8	41.9	81.1	76.6	85.8

따라서 가장 적은 금액이 청구되는 결제일은 5일이다.

13

답 ②

결제일별 적립 포인트를 정리하면 다음과 같다.

결제처	결제액	기본 적립률	1일 기본	5일 기본	12일 2배	20일 1.5배	25일 2배
카페	15,000원	2%	300				
마트	40,000원	0.5%	200				
2월 통신비	80,000원	1%	800	800			
패스트푸드점	8,000원	1%	80	80			
호텔	200,000원	0.5%	1,000	1,000	2,000		
서점	65,000원	3%	1,950	1,950	3,900		
극장	20,000원	3%	600	600	1,200	900	
온라인 쇼핑	40,000원	0.5%	200	200	400	300	400
편의점	6,000원	1%		60	120	90	120
비행기 티켓	300,000원	0.5%			3,000	2,250	3,000
3월 통신비	80,000원	1%			1,600	1,200	1,600
주유	100,000원	0.5%			1,000	750	1,000
마트	50,000원	0.5%				375	500
카페	20,000원	2%				600	800
뮤지컬 티켓	150,000원	0.5%				1,125	1,500
백화점	90,000원	0.5%					900
베이커리	22,000원	2%					880
포인트 합계			5,130	4,690	13,220	7,590	10,700

따라서 가장 많은 13,220포인트가 적립되는 결제일은 12일이다.

> **Tip**
>
> 기본적으로 결제 총액이 많을수록 포인트 적립률이 높다. 또한 80만 원 이상 사용 시 적립률이 가장 높으므로 12일과 25일의 포인트만 계산해서 비교해도 무방하다.

14

답 ③

상품 구매금액이 50,000원 이상 100,000원 미만이므로 1시간 차감되고, 무료 주차이용권을 더하면 총 3시간 동안 무료로 주차할 수 있다. 나머지 2시간 20분간의 주차 요금은 최초 30분에는 2,000원이, 1시간 50분 동안은 10분당 1,000원이 부과된다. 따라서 H씨가 지불할 주차 요금은 $2,000 + 11 × 1,000 = 13,000$원이다.

15

답 ③

청약철회 등 조항 제2항의 각 호에 해당하는 사유를 제외하면 소비자는 일반적으로 7일 이내에 계약에 관한 청약철회 등을 할 수 있다. ㉣은 제5호에 해당하는 내용으로 청약철회가 불가하나 나머지 사유는 청약철회 불가 사유에 해당하지 않는다.

16

답 ③

신원 및 거래조건에 대한 정보의 제공 조항 제1항에서 통신판매업자는 소비자가 계약체결 전에 실수나 착오 없이 거래할 수 있도록 각 호의 사항을 표시해야 한다고 하였다. 또한 제2의 2호를 볼 때 재화의 정보에 관한 사항을 고지해야 하며, 청약철회 등 조항 제3항에서 표시·광고의 내용과 다르면 재화 등을 공급받은 날부터 3개월 이내에 청약철회가 가능하다고 하였다. 따라서 사례 1과 사례 3은 청약철회가 가능하다. 반면 사례 2는 내용을 확인하기 위해 포장을 훼손하였다고 해도 도서라는 특성상 청약철회 등 조항 제2항 제4호에 해당하므로 청약철회가 불가능하다.

01	02	03	04	05	06	07	08	09	10
④	⑤	③	⑤	⑤	③	③	①	①	①
11	12	13	14	15	16	17			
⑤	④	③	③	①	④	②			

01
답 ④

A를 기준으로 참·거짓 여부를 판정한다.

- A가 참 : B와 C는 모두 영업팀이며, 각 팀에는 2명만이 소속될 수 있으므로 A는 마케팅팀이 된다. 영업팀의 발언만 참이라고 하였으므로 A의 발언은 참이 될 수 없으며, 따라서 모순이 된다.
- A가 거짓일 경우 A는 마케팅팀이며, 따라서 B와 C 모두가 영업팀 소속은 아니며, 또한 B와 C 모두가 마케팅팀이 될 수도 없다. 그러면 B와 C 중 누가 마케팅팀이냐를 따져야 하는데, B가 마케팅팀이라고 가정하면 C는 영업팀이 되며 C의 말이 참이 된다. 그런데 이 경우 D 역시 마케팅팀이 되어야 하므로 조건과 모순된다. 따라서 B는 영업팀이며, C가 마케팅팀이 된다. C가 마케팅팀일 경우 D는 영업팀이 되고, 이는 D의 발언과도 일치한다. 표로 정리하면 다음과 같다.

A	B	C	D
마케팅팀	영업팀	마케팅팀	영업팀

02
답 ⑤

주어진 〈조건〉에 따라 A~F의 출근 순서를 정리하면 다음과 같다.
- B → F → D
- A → □ → E / E → □ → A
- C → ? → E
- B → □ → □ → □ → □ → □

이를 종합하여 A~F의 출근 순서를 정리하면 B → F → D → A → C → E이다. 따라서 항상 참인 것은 ⑤이다.

03
답 ③

K를 포함한 3명의 티켓 가격이 54,000원이므로 1장당 18,000원이다. 이는 주중 블루석 또는 주말 오렌지석 가격이다. 예매한 구역의 좌석은 아직 예매 가능하다고 하였으나 오렌지석은 매진이므로 목요일이다.

04
답 ⑤

K가 예매한 좌석은 다음 주 하루를 제외하고 모두 매진인데, 이 조건에 맞는 구역은 테이블석과 레드석이다. 그런데 K가 가는 날도 매진이라고 하였으므로 K가 예약한 좌석은 테이블석이다. 가족은 K를 포함 6명이므로 금액은 48,000×6 = 288,000원이다.

05
답 ⑤

4조 2교대이므로 매일 주간 근무조와 야간 근무조가 1조씩, 휴무조가 2조씩 존재한다.
A조는 1일에 주간 근무 후 5일에 휴무였으므로 2일까지 주간 근무, 3일과 4일 야간 근무임을 추론할 수 있다. 같은 방식으로 추론하여 표로 정리하면 다음과 같다.

	1	2	3	4	5	6	7	8	9	10	11	12	13	14
A조	주	주	야	야	휴	휴	휴	주	주	야	야	휴	휴	휴
B조	휴	휴	휴	휴	주	주	야	야	휴	휴	휴	휴	주	주
C조	야	야	휴	휴	휴	휴	주	주	야	야	휴	휴	휴	휴
D조	휴	휴	주	주	야	야	휴	휴	휴	휴	주	주	야	야

따라서 ⓐ은 야간 근무이다.

06
답 ③

5번 문제에서 도출한 근무기록표를 바탕으로 할 때, 일자별 휴무조는 다음과 같다.

ⓐ	ⓑ	ⓒ
B조, C조	A조, D조	B조, D조

① 3일 A조는 야간 근무, 7일 C조는 주간 근무이므로 대체할 수 없다.
② 9일 A조는 주간 근무이므로 대체할 수 없다.
④ 3일 A조는 야간 근무이므로 대체할 수 없다.
⑤ 7일 C조는 주간 근무이므로 대체할 수 없다.

07
답 ③

도시쇠퇴 지표 기준의 부합 여부를 정리하면 다음과 같다.

지역	과거 대비 인구 변화율	최근 인구 변화 연속 년수	과거 대비 사업체 변화율	최근 사업체 변화 연속 년수	노후 건축물 비율
A	○	○	○	○	○
B	○	○	○	×	○
C	○	○	○	○	○
D	○	×	×	×	○
E	○	○	○	○	○
F	○	○	○	○	○
G	×	○	○	×	×
H	×	×	×	○	○
I	○	×	○	○	○
J	○	○	○	○	○

따라서 모든 기준을 충족한 A, C, E, F, J지역이 선정된다.

08
답 ①

선정 지역의 사업유형과 노후 건축물 비율을 기준으로 한 연간 국비 지원액은 다음과 같다.

지역	신청 사업유형	노후 건축물 비율	연간 국비 지원액
A	주거지 지원형	69.4	100×0.9÷4 = 22.5억 원
C	우리 동네 살리기	70.3	50×0.9÷3 = 15억 원
E	중심 시가지형	78.8	150×0.9÷5 = 27억 원
F	우리 동네 살리기	85.1	50÷3≒16.6억 원
J	경제기반형	90.3	250÷6≒41.6억 원

따라서 사업 첫해 국비 지원 총액은 22.5 + 15 + 27 + 16.6 + 41.6 = 122.7억 원이다.

09
답 ①

세미나실 2는 사용 가능 시간과 요일이 맞지 않으며, 소회의실은 수용 인원이 맞지 않을뿐더러 프로젝터와 노트북이 구비되지 않았으므로 회의장소에서 제외된다. 또한 중회의실과 대회의실은 수용 인원, 프로젝터, 사용 가능 시간, 요일 모두 맞지 않아 회의장소에서 제외된다. 따라서 K공사 기획팀이 회의를 할 장소는 세미나실 1이 가장 적절하다.

10
답 ①

ⓒ 광주의 천식 위험도는 경고 단계이나 B씨는 관심 및 주의 단계에 해당하는 요령을 따랐다.

ⓔ 서울의 COPD 위험도는 관심 수준이며, 인플루엔자 독감 예방접종은 천식 경고 단계일 때의 행동요령이다.

11
답 ⑤

자료에 주어진 금일 천식 위험도와 COPD 위험도를 볼 때, 금일 천식 위험도에 해당하는 것은 ⓔ, 금일 COPD 위험도에 해당하는 것은 ㉠이다.

12
답 ④

· A : 비수기에 주중 2박이므로 90,000×2 = 180,000원이다.
· B : 성수기 금요일 1박에 추가 1명이므로 140,000 + 20,000 = 160,000원이다.
· C : 성수기 공휴일 전일이므로 토요일 요금이 적용되며 1박에 추가 1명이므로 180,000 + 20,000 = 200,000원이다.

따라서 C − A − B 순서로 이용요금이 많다.

13
답 ③

8월 9일은 성수기 금요일이므로 1박 요금은 140,000원이다. 취소 문의를 한 날짜는 예약일 기준 5일 전인 8월 4일이므로 70%를 환불받는다. 따라서 환불 금액은 98,000원이다.

14
답 ③

주어진 경도 정보를 토대로 GMT(그리니치 표준시) 기준 시차를 구할 수 있다.

뉴욕	LA	서울	시드니
−5	−8	+9	+10

㉠ 뉴욕이 오후 7시이고, 서울은 뉴욕보다 14시간 빠르므로 오전 9시이다.

ⓒ LA는 뉴욕보다 3시간 느리므로 오후 4시이다.

ⓒ 시드니는 서머타임 중이므로, 주은이 말한 시각보다 1시간 빠른 오전 11시이다. 따라서 LA와는 19시간의 시차가 발생한다.

> **Tip**
>
> 시드니는 현재 서머타임이 적용된다는 점에 주의한다. 이때 시드니 표준시는 GMT +11과 같다.

15
답 ①

뉴욕과 프랑크푸르트의 시차는 6시간으로 뉴욕 기준 오전 9시에 프랑크푸르트는 오후 3시이다. 뉴욕 시각 오전 10시에 회의를 시작하면 프랑크푸르트 시각으로 오후 4시이므로 6시까지 2시간 동안 회의 진행이 가능하다. 나머지 시간대는 프랑크푸르트 기준 근무시간을 벗어나므로 불가능하다.

16
답 ④

· A : 47만 원×2 + 87만 원 = 181만 원
· B : 48만 원×2 + 85만 원 + 1만 5천 원 = 182만 5천 원
· C : 46만 원×2 + 84만 원 + 3만 원 = 179만 원
· D : (48만 원×2 + 89만 원)×0.97 + 1만 원 = 180만 4,500원
· E : 46만 원×2 + 86만 원 = 178만 원

백화점 판매가는 50만 원×2 + 90만 원 = 190만 원이므로 E쇼핑몰에서 구입할 때 12만 원 더 저렴하게 구입할 수 있다.

17
답 ②

16번 문제에서 선택한 쇼핑몰은 E이다. 이곳을 제외하면 AS309DW 모델 판매가는 C쇼핑몰이 가장 저렴하나 배송비를 포함하면 B쇼핑몰에서 구입할 때 855,000원으로 가장 저렴하다.

A	B	C	D	E
870,000원	855,000원	870,000원	873,300원	품절

01	02	03	04	05	06	07	08	09	10
④	③	②	③	⑤	②	④	⑤	③	⑤
11	12	13	14	15	16				
④	⑤	②	④	③	②				

01 답 ④

〈교대 근무 규칙〉을 바탕으로 근무기록표의 빈칸을 모두 채우면 다음과 같다.

	1	2	3	4	5	6	7	8	9	10	11	12	13	14
A조	휴	오	오	오	오	오	휴	야	야	야	야	야	휴	휴
B조	아	아	아	아	휴	휴	오	오	오	오	오	휴	야	야
C조	야	야	휴	휴	아	아	아	아	아	휴	휴	오	오	오
D조	오	휴	야	야	야	야	야	휴	휴	아	아	아	아	아

따라서 ㉠은 휴무, ㉡은 오후 근무, ㉢은 야간 근무이다.

02 답 ③

8일 휴무조는 D조이다. B조는 오후 근무이므로 C조의 근무를 대체할 수 없다.

03 답 ②

1권당 제작비는 다음과 같다.
- 내지 : 10×50 = 500원
- 표지 : 200 + 200 = 400원
- 제본 : 1,100원

권당 제작비는 2,000원이므로 2,000부 제작 시 400만 원이나, 15% 할인 적용되므로 제작비는 총 340만 원이다.

04 답 ③

발주 내역에 따른 1권당 제작비는 다음과 같다.
- 내지 : 40×20 + 20×60 = 2,000원
- 표지 : 300 + 200 = 500원
- 제본 : 1,000원

권당 제작비는 3,500원이므로 3,000부 제작 시 1,050만 원이나, 20% 할인이 적용되므로 840만 원이다.

05 답 ⑤

대화를 볼 때, 방문하려는 관광지는 국립중앙박물관, 남대문시장, 경복궁, N서울타워, 창덕궁이다. 첫날과 마지막 날을 제외한 여행 기간 중 장소별 휴무일을 정리하면 다음과 같다.

12월 29일 (일)	12월 30일 (월)	12월 31일 (화)	1월 1일 (수)	1월 2일 (목)
남대문시장	창덕궁	경복궁	국립중앙 박물관	–

따라서 어느 장소와도 휴무일이 겹치지 않는 1월 2일에 둘러보는 것이 가장 적절하다.

06 답 ②

㉠ 덕수궁(09:05분 도착, 10:35 출발)−전쟁기념관(10:45 도착, 12:45 출발)−N서울타워(13:05 도착, 14:05 출발)−광화문 광장 (14:30 도착)

㉡ 이태원(09:25 도착, 10:55 출발)−창경궁(11:10 도착, 12:10 출발)− 경복궁(12:25 도착, 13:55 출발)−광화문 광장(14:00 도착)

㉢ 남대문시장(09:10 도착, 10:10 출발)−국립중앙박물관(10:20 도착, 12:50 출발)−창경궁(13:10 도착, 14:10 출발)−광화문 광장(14:30 도착)

㉣ 남대문시장(09:10 도착, 10:10 출발)−N서울타워(10:35 도착, 11:35 출발)−창덕궁 후원(11:45 도착, 12:00 관람 시작, 13:45 출발)−광화문 광장(14:00 도착)

07 답 ④

기술혁신본부는 공과대학 출신에 운전면허 보유자를 희망하며, 해외사업본부는 2개 이상의 외국어 가능자를 원하는 상황이다. 공과대학 출신자 B, D, E, F 중 운전면허 보유자는 D와 F이고, 2개 이상 외국어 가능자는 C와 G이다. 따라서 기술혁신본부에는 D와 F, 해외사업본부에는 C와 G가 배정된다.

08 답 ⑤

제한속도 30km/h보다 30km/h 초과하였으므로 9만 원의 범칙금과 30점의 벌점이 부과된다.
① 횡단보도에서 보호자보호의무 불이행 시 12만 원의 범칙금과 벌점 20점이 부과된다.
② 통행 금지 위반 시 범칙금은 8만 원이 부과되며, 벌점은 부과되지 않는다.
③ 신호 위반 시 12만 원의 범칙금과 벌점 30점이 부과된다.
④ 주ㆍ정차 위반 시 8만 원의 범칙금이 부과된다.

09 답 ③

A씨의 2023년 벌점 내역을 볼 때 현재까지 32점의 벌점이 누적되었다. 11월에 교통약자 보호구역 제한 속도인 시속 30km보다 시속 40km 빠르게 주행하였으므로 60점의 벌점이 부여된다. 통행 금지 위반은 별도의 벌점이 부여되지는 않으므로, 92점의 벌점 누적에 따라 면허 정지 처분을 받게 된다.

10 답 ⑤

주어진 시간 기준 A국에서 B국까지는 8시간, B국에서 A국까지는 14시간이 걸렸다. 그런데 두 구간의 비행시간이 같다고 하였으므로 비행시간은 (8 + 14)÷2 = 11시간이다. 그리고 B국 출발 A국 도착이 실제 비행시간보다 3시간 더 걸렸으므로 A국이 B국보다 3시간 더 빠르다.

11 답 ④

등급 환산법에 의한 각 직원의 등급 획득 현황은 다음과 같다.

구분	김 과장	정 대리	이 대리	최 사원	박 사원
고객 응대	E	C	A+	B	C
수익성	B	A	A	A	B
규정 준수도	A	C	C	A+	A
대인관계	B	A	D	C	A+
등급 점수 (점)	14	16	16	18	18

따라서 최 사원과 박 사원이 동 순위가 되나, 고객 응대에서 더 우수한 등급을 획득한 최 사원이 최종 승진자로 결정된다.

12

답 ⑤

변경된 산정 방법에 의한 평가 점수 득점 현황은 다음과 같다.

구분	김 과장	정 대리	이 대리	최 사원	박 사원
고객 응대	70×0.35 =24.5	80×0.35 =28.0	95×0.35 =33.25	87×0.35 =30.45	83×0.35 =29.05
수익성	85×0.2 =17.0	93×0.2 =18.6	94×0.2 =18.8	93×0.2 =18.6	87×0.2 =17.4
규정 준수도	92×0.15 =13.8	80×0.15 =12.0	83×0.15 =12.45	96×0.15 =14.4	92×0.15 =13.8
대인관계	87×0.3 =26.1	92×0.3 =27.6	76×0.3 =22.8	83×0.3 =24.9	96×0.3 =28.8
합계	81.4	86.2	87.3	88.35	89.05

따라서 인사 기준이 변경될 경우 최종 승진자는 박 사원으로 결정된다.

13

답 ②

조직성과를 적용한 최종 점수로 환산한 등급은 다음과 같다.

구분	조직성과	최종 결과	등급
갑	90%	73.8	B
을	100%	79	A
병	80%	70.4	B
정	90%	77.4	A
무	100%	81	S
기	80%	68	C
경	90%	74.7	B

따라서 S등급은 무, C등급은 기이다.

14

답 ④

13번 문제 해설에 따르면 A등급을 받은 사람은 을과 정이고, B등급을 받은 사람은 갑, 병, 경이다. 등급별 성과급 총액을 계산하면 다음과 같다.
- A등급 : (220 + 260)×1.25 = 600만 원
- B등급 : (250 + 270 + 250) = 770만 원

따라서 이들의 성과급 총액은 1,370만 원이다.

15

답 ③

A지역에서 출발하여 B지역까지의 최단경로는 A - D - E - G - F - C - B이다. 이때 거리는 3 + 1.5 + 3 + 2.5 + 3.5 + 5.5 = 19km이다.

Tip

> 특정 지점에서 특정 지점까지 중복하지 않고 최단 거리를 찾을 때는 시작점과 연결되는 곳 중에서 가장 짧은 곳으로 이동하고, 그 다음 경로에서도 계속 같은 방식을 적용한다.

16

답 ②

출발지와 도착지인 A와 B를 제외한 각 지역에서 머무는 시간은 총 150분이다. 또한 속력이 30km/h라면 1km 이동 시 2분이 걸리므로 이동 시간은 총 6 + 3 + 6 + 5 + 7 + 11 = 38분이다. 따라서 오전 10시에 A지역을 출발한다면 도착지인 B지역에 도달하는 시간은 3시간 8분 후인 오후 1시 8분이다.

14일차 >> 실전모의고사

01	02	03	04	05	06	07	08	09	10
①	②	③	③	②	①	④	③	④	③
11	12	13	14	15	16	17	18	19	20
②	④	①	④	⑤	④	③	②	④	①
21	22	23	24	25	26	27	28	29	30
②	③	⑤	②	⑤	③	③	④	④	①
31	32	33	34	35	36	37	38	39	40
⑤	②	④	④	④	⑤	③	④	③	②
41	42	43	44	45	46	47	48	49	50
⑤	④	④	②	②	③	③	①	③	④

01
답 ①

㉠ 꽃이 같은 시기에 피어야 유리한 이유로, 수분 확률이 '증가'해야 번식률을 높일 수 있다는 맥락과 통한다.

㉡ 꿀벌이나 나비는 꽃을 가리지 않는다. 두 종류의 식물이 같은 시기에 개화한다면 꿀벌과 나비의 선택지가 넓어지므로 수분 확률은 '감소'하게 된다.

㉢ 유채 군락에 제비꽃이 드물게 핀 상황이라면 제비꽃에서 꿀을 빤 나비나 벌이 다음 차례에 제비꽃을 골라 갈 확률은 '낮다'.

02
답 ②

식품 A를 xg, 식품 B를 yg 섭취한다고 할 때
$0.1x + 0.4y = 60 \Rightarrow x + 4y = 600 \cdots$ ㉠
$0.08x + 0.14y = 30 \Rightarrow 4x + 7y = 1,500 \cdots$ ㉡
㉠식과 ㉡식을 연립하면 $x = 200g$, $y = 100g$이다. 따라서 식품 B는 $100g$ 섭취해야 한다.

03
답 ③

제4항에 의하면 정보를 공개할 때 본인 또는 그 정당한 대리인임을 확인할 필요가 없는 경우에는 복제된 파일을 정보통신망을 이용하여 보낼 수 있다.

① 제1항 제3호에 의하면 슬라이드 등은 시청·열람 또는 사본·복제물로 교부한다. 매체에 저장한 형태로 제공받는 경우는 전자적 형태로 보유·관리하는 정보이며(제4호), 정보 소재를 안내하는 경우는 이미 공개된 정보의 경우이다(제5호).

② 제3항에 의하면 전자적 형태로 보유·관리하지 않는 정보를 전자적 형태로 공개하여 줄 것을 요청하는 경우, 정상적인 업무수행에 현저한 지장을 초래하거나 그 정보의 성질이 훼손될 우려가 없을 시 전자적 형태로 변환하여 공개할 수 있다.

④ 제5항 정보를 공개하는 때에는 타인의 지적 소유권이 침해되지 아니하도록 유의하여야 한다고만 언급하였다.

⑤ 제6항에 의하면 정보공개 청구량이 과다하여 정상적인 업무수행에 현저한 지장을 초래할 경우 소관 업무부서장의 결정에 의해 공개일시 등에 대하여 일부 제한할 수 있다.

04
답 ③

생후 2~6개월 사이에 1차 접종을 했다면 백신 종류와 관계없이 기초 접종 3회에 경우에 따라 추가 접종을 1회 해야 한다. 생후 12주(3개월)에 1차 접종했다면 생후 12개월 이전에 1차 접종한 경우이므로 1~2차 최소 접종 간격은 4주이다. 따라서 생후 16주(4개월)에 2차 접종을 한다. 생후 12개월 미만이고 이전 접종을 7개월 미만에 한 경우 2~3차 최소 접종 간격도 1~2차와 마찬가지로 4주이다. 그러므로 생후 20주(5개월)에 3차 접종을 한다. 3차례의 기초 접종은 끝났으나 생후 12개월 이전에 3번의 접종을 한 소아는 3~4차에 8주의 최소 간격을 두고 생후 12~15개월에 1회 추가 접종한다. 따라서 12개월에 추가 접종까지 끝내면 마지막 접종이 끝난다.

05
답 ②

㉡ [○] 생후 12개월에 2차 접종했다면 1차 접종은 11개월 이전에 한 것이다. 현재 연령이 생후 12개월 이상이며 1회 이상 생후 12개월 이전에 접종한 경우이므로 8주 후 마지막으로 접종한다.

㉢ [○] 생후 12개월 이후에 1차 접종을 한 경우이므로 8주 후 마지막으로 접종한다.

㉣ [○] 생후 12개월 이후에 1차 접종을 한 경우이므로 8주 후 마지막으로 접종한다.

㉠ [×] 11개월에 1차 접종한 경우 생후 12개월 이전에 1차 접종한 경우이므로 4주 후 2차 접종한다.

㉣ [×] 생후 24개월 이후에 PVC13 백신으로 1차 접종한 경우는 더 이상의 접종이 필요하지 않다.

06
답 ①

1-(1)에 의하면 계약상대자는 착수일이 아닌 계약일로부터 7일 이내에 착수계, 사업책임기술자의 지정계, 예정공정표, 보안각서 등을 제출하여야 한다.

② 3에 의하면 용역기관은 용역진행에 관하여 추가 과업지시가 있을 때 성실히 이행하여야 하고, 5에 의하면 과업수행중 발주기관의 요구가 있을 때에는 과업진행 상황 및 과업성과에 대한 자료를 제출해야 하며, 6.에 의하면 과업 완료 후에 용역내용에 대한 재검토사항이 있는 경우 최대한 협조하여야 한다.

③ 4에 의하면 과업내용에 대한 해석에 의견 차이가 있을 시 관련 법령, 규정 등에 따르되 구체적으로 명기한 내용이 없는 경우에는 발주기관과 계약상대자가 상호 협의하여 처리한다.

④ 8에 의하면 보수·보강 필요 시 소요되는 공사비(산출 근거 포함)를 산출하여 제출하여야 하고, 9에 의하면 구조보강을 위한 특수공법 시공 시 시공에 필요한 기술적인 의견서를 제출하여야 한다.

⑤ 11에 의하면 직접인건비는 용역품질의 저하 방지 등을 위하여 적절하게 투입될 수 있도록 해야 하고 7에 의하면 현장 조사 중 불안전한 행동 또는 조건이 존재하지 못하도록 인원 및 장비를 통제하여 사고가 발생하지 않도록 미리 조치해야 한다.

07
답 ④

ⓓ가 포함되는 문장에는 우크라이나를 둘러싼 러·미 갈등은 기존에 있던 유럽 안보 질서를 변화시키거나 다시 정립한다는 내용이다. 하지만 이는 유럽 질서를 새로 설치·설비한다는 의미는 아니므로 ⓓ에 '신설'은 적절하지 않다.

08 답 ③

〈보기〉의 문장은 러시아가 나토에 반감을 갖고 있는 이유에 관한 내용이다. 뒤의 문장에는 결과 문장이 놓여야 한다. '러시아가 나토에 반감을 갖고 있고, 속국이라고 여겼던 우크라이나의 나토 가입 시도가 원인으로 러시아의 침공이 시작했다'라는 학자들의 의견이 이어지는 (다)가 제일 적절하다.

09 답 ④

5문단에 따르면 러시아-우크라이나 전쟁과 더불어 우크라이나를 둘러싼 러 · 미 갈등은 유럽 안보 질서를 구축하고, 한반도 새로운 냉전 구도를 형성한다.
① 3문단에 의하면 대한민국도 러시아의 비우호국가 목록에 포함되어있다. 러시아에 제재 조치를 취한 국가에 대해 러시아도 비우호국가를 발표했다.
② 1문단에 따르면 우크라이나에서 제2차 세계대전 이후 처음으로 유럽 내에서 침략 전쟁이 일어났다.
③ 〈보기〉 문장에 따르면 러시아는 나토를 자국의 위협이 되는 존재로 인식하고 있다.
⑤ 2문단에 따르면 나토(NATO)는 세계 주요 국제기구 중 하나로서, 유럽과 북미 지역 29개국이 회원국으로써 가입되어있다.

10 답 ③

B의 말이 참이라면 B는 연봉이 2번째로 낮으며, A 다음으로 B의 연봉이 낮다. 그런데 이 경우 F의 말과 모순된다. 또한 D가 F의 말에 동조하고 있으므로 만약 F의 진술이 거짓이라면 D도 거짓이 되어야 하나, 이들 중 거짓말을 하는 사람은 1명뿐이므로 B의 진술이 거짓이다. 나머지 진술을 바탕으로 연봉 순서를 따지면, D-C-E-B-F-A 순서로 연봉이 높다.

11 답 ②

사원 A의 속력을 분속 xm, 사원 B의 속력을 분속 ym라 하면, 둘이 반대 방향으로 갈 경우 10분 후에 만나므로 $10x + 10y = 1,500 \cdots \bigcirc$
둘이 같은 방향으로 갈 경우 $30y - 30x = 1,500 \cdots \bigcirc$
㉠식과 ㉡식을 연립하면 $x = 50$m/분, $y = 100$m/분이다. 따라서 사원 A의 속력은 50m/분이다.

12 답 ④

2023년 완구인형과 전자제품 구매 건수는 각각 $578 \times 1,083 ≒ 626$천 건, $353 \times 2,142 ≒ 756$천 건이다. 따라서 완구인형 구매 건수보다 전자제품 구매 건수가 더 많다.

> **Tip**
>
> 완구인형과 전자제품의 전년 대비 2023년 구매 건수 증가율이 각각 8.3%, 14.2%이고, 화장품이 21%이므로 '8.3 + 14.2 = 22.5%> 21%'라 생각하여 완구인형과 전자제품 구매 건수의 합이 화장품 구매 건수보다 많다고 해석하지 않는 것에 주의한다.

① 〈그래프 2〉에서 전년 대비 2023년 품목별 해외직구 증감률은 전자제품의 경우 114.2%로 가장 빠르게 증가했다.
② 〈그래프 1〉에서 2022년 해외직구 품목 중 의류의 구매는 296만 2천 건으로 가장 많았다.
③ 〈그래프 2〉에서 2023년 해외직구 품목 중 전년 대비 감소한 품목은 핸드백(-54.0%), 시계(-40.1%), 신발(-15.4%), 의류(-13.0%), 서적류(-8.3%), 기타(-2.1%) 순이다.
⑤ 〈그래프 1〉에서 기타 품목을 제외하고 해외직구 구매 건수가 200만 건 이상인 품목은 의류(296만 2천 건), 신발(203만 9천 건), 건강식품(211만 2천 건)으로 총 3개이다.

13 답 ①

2022년 품목별 해외직구 건수는 총 1,553만 건이고, 거래금액이 총 18억 6,360만 달러이므로, 건당 평균 거래금액은 $\dfrac{18,636 \times 10^5}{1,553 \times 10^4} = 120$달러이다.

> **Tip**
>
> 해외직구 건수 계산 시 백의 자리까지만 합한 식과 나머지 자리를 합한 식을 따로 구해서 더하면 풀이 시간을 단축할 수 있다.
> $100 \times (16 + 12 + 3 + 29 + 5 + 20 + 16 + 3 + 1 + 23 + 21) + (74 + 64 + 53 + 62 + 78 + 39 + 92 + 27 + 57 + 72 + 12) = 14,900 + 630 = 15,530$천 건 = 1,553만 건이다.

14 답 ④

1문단에 따르면 양파는 알맹이보다 껍질에 더 많은 항산화 물질이 함유되어 있다.
① 1문단을 보면 자색 양파에는 항산화 물질의 하나인 안토시아닌이 들어 있어 뇌의 활성산소를 제거하여 기억력을 증진시키고, 위를 보호해 위경련 및 궤양 예방에 효과가 있다고 나와 있다.
② 3문단을 보면 전체식 방식은 양파를 껍질째 통으로 갈아낸 양파분말을 양파농축액에 담기 때문에 물 용해성과 상관없이 양파의 영양을 최대한 담아낼 수 있다고 나와 있다. 따라서 추출액 방식과는 달리 물에 녹지 않는 비수용성 영양소까지 최대한 추출이 가능함을 알 수 있다.
③ 4문단에 따르면 임산부의 경우 양파즙은 섭취에 주의해야 하며 되도록 공복보다는 식후에 섭취하는 것이 좋다.
⑤ 2문단을 보면 양파즙이 어떠한 방식으로 만들어졌는지에 따라 약효 성분의 추출률에 차이가 생길 수 있다고 나와 있다.

15 답 ⑤

'넘다'는 '보완하다'를 대체할 수 있는 유의어가 아니며, 각 어휘의 내용상 의미는 다음과 같다.
• 한계를 넘다 : 사물이나 능력이 작용할 수 있는 범위를 넘다.
• 한계를 보완하다 : 한계점을 보충하여 완전하게 하다.
㉠ 증진하다 : 기운이나 세력 따위를 점점 더 늘려 가고 나아가게 하다
  향상시키다 : 실력, 수준, 기술 따위를 나아지게 하다.
㉡ 함유하다 : 물질이 어떤 성분을 포함하고 있다.
  포함하다 : 어떤 사물이나 현상 가운데 함께 들어가게 하거나 함께 넣다.
㉢ 누리다 : 생활 속에서 마음껏 즐기거나 맛보다.
  소수하다 : 누리어 가지다.
㉣ 달이다 : 액체 따위를 끓여서 진하게 만들다.
  고다 : 졸아서 진하게 엉기도록 끓이다.

16 답 ④

㉡ [×] 운동 및 활동 항목에서 휠체어, 눕는 차 이용 환자의 이동 보조 시 탈구 등 환자 상태 변화의 가능성이 있을 경우 간호사가 시행하므로 간호조무사에게 위임할 수 없다.
㉢ [×] 안위 간호 항목에서 정서적지지 간호와 관련하여 환자의 정서상태 파악 및 개별화된 정서적지지 간호는 간호사의 고유 업무로 위임할 수 없다.
㉣ [×] 운동 및 활동 항목에서 침대 조정 시 골절 환자는 간호사가 시행해야 한다.
㉠ [○] 간호 기록 및 정보 관리 항목에서 환자 물품 정리 시 의치 관리는 간호사가 시행하지만 의치 세척은 간호조무사에게 위임한다.
㉤ [○] 간호 기록 및 정보 관리 항목에서 개인정보가 포함된 각종 자료 관리는 위임 불가하나, 파쇄기록 수거함의 문서 파쇄는 간호조무사가 시행한다.

17 답 ③

2문단 후반부에서 유전자는 22쌍의 염색체와 성을 결정하는 X 및 Y 염색체로 배열되어 있다고 하였으므로 46개의 염색체, 즉 23쌍의 염색체로 구성된다.

① 1문단에서 DNA를 구성하는 염기 A, C, G, T를 글자로 비유하고, 2문단에서 인간 유전체는 약 30억 개의 글자를 포함하고 있다고 설명한다.

② 3문단에 의하면 서열분석을 위해서는 DNA 사슬을 따라 유전자의 시작과 끝을 알아내야 한다. 그리고 이 과정에서 필요한 모든 작업에 효소를 이용하는데, 효소는 DNA를 자르는 일종의 화학적 가위이다.

④ 3문단을 통해 겔 전기영동 기술은 전류를 사용해 DNA 조각들이 겔 속에서 움직이게 함으로써 크기별로 분류하는 기술임을 알 수 있다.

⑤ 1문단에서 염기 4개 중 3개가 단어 형태로 유전자 속에 암호화되는데, 이것을 트리플렛이라 지칭한다고 하였다.

18 답 ②

오 주임이 9일에 근무하게 되면 4일 연속 야간근무를 하게 되므로 적절하지 않다.

① 다음 달 근무 횟수는 오 주임과 문 사원 모두 14일이다. 근무 횟수는 월 15일 이내이므로 추가해도 무방하다.

③ 문 사원은 현재 주말 휴일이 1회뿐이므로 휴일 근무를 1회 변경해야 한다. 7일 토요일 근무를 6일 금요일로 옮길 경우 목요일과 금요일 연속 근무하게 되지만, 7~8일 48시간 휴식하게 되므로 변경 가능하다.

④ 신 대리는 11~13일 연속 근무하므로 14~15일은 휴무여야 하지만 15일에 근무가 배정된 상태이므로 다른 날로 변경해야 한다. 22일 근무 시 3일 연속 근무하게 되지만 23~24일은 휴무이며, 22일 근무자는 1명이므로 조건에 문제가 없다.

⑤ 주 과장은 27~30일까지 4일 연속 근무가 배정된 상황이므로 근무일을 조정해야 한다. 6일은 신 대리 1명만 근무하고, 4~6일 연속 근무하게 되어도 7~9일은 휴무이므로 적절하다.

19 답 ④

다음 달 근무 횟수는 주 과장과 신 대리가 각각 13일, 오 주임과 문 사원은 각각 14일이다. 계산하면 {(150,000 + 120,000)×13 + (80,000 + 96,000)×14}×1.5 = 8,961,000원이다.

> **Tip**
>
> 야간전담 근무 직원의 급여는 통상임금의 150%임을 반드시 적용한다.

20 답 ①

• 벽지 : 아파트 24평의 경우 도배평수는 24평×2.5 = 60평이므로, 실크 기준의 벽지 가격은 39만 원이다. 60평이므로 도배 인건비는 12만 원×4 = 48만 원(실크 15평 기준 1인 12만 원), 부자재는 (39 + 48)× 0.1 = 8.7만 원이다. 따라서 시공 비용은 총 95.7만 원이다.

• 바닥재 : 거실 평수는 4.5×5.5÷3.24 ≒ 8평이고, 시공평수는 8평× 1.1 = 8.8평이다. 평당 30,000원인 제품으로 시공 시 비용은 3만 원× 8.8평 = 26.4만 원이다.

따라서 지불해야 하는 총 비용은 122만 1천 원이다.

21 답 ②

주어진 문장에서 '막다'는 '어떤 일이나 행동을 못하게 하다'라는 의미로 사용되었다. ②에서의 '막다' 역시 노조의 정당한 활동과 요구라는 '행동'을 못하게 한다는 의미이므로 동일한 의미로 사용된 문장이다.

① '길, 통로 따위가 통하지 못하게 하다'의 의미로 쓰였다.

③ '어떤 현상이 일어나지 못하게 하다'라는 의미로 ②에서의 의미와 유사하나 여기서는 자연적인 현상이나 상황적인 흐름에 의해 발생하려는 일을 일어나지 못하게 한다는 의미이다.

④ '트여 있는 곳을 가리게 둘러싸다'라는 의미로 사용하였다.

⑤ '외부의 공격이나 침입 따위에 버티어 지키다'라는 뜻으로 쓰였다.

22 답 ③

• 평균 : $\dfrac{260×5 + 180×4 + (240 + 230 + 220 + 200)×2 + (310 + 300 + 190)×1}{20}$

$= \dfrac{4,600}{20} = 230$

• 중앙값 : 230

• 최빈값 : 260

> **Tip**
>
> • 평균은 자료값의 합을 자료의 수로 나눈 값이다.
> • 중앙값은 자료를 크기 순서대로 배열했을 때 중앙에 위치하는 값이다.
> • 최빈값은 가장 빈도수가 높은 값이다.

23 답 ⑤

ⓜ [×] 〈표 2〉에서 국토교통부는 중앙정부(기금/특별회계), 지방자치단체(광역/기초), 공공기관 등으로 각각 321억 원, 4,671억 원, 4,027억 원, 3,518억 원, 15억 원으로 나누어 귀속되었다. 그러나 과학기술정보통신부, 외교부, 농림축산식품부, 보건복지부, 고용노동부, 원자력안전위원회로 총 6개 부처의 부담금은 모두 중앙정부 기금으로 귀속되었고, 산림청의 부담금은 모두 중앙정부 특별회계로, 식품의약품안전처의 부담금은 모두 공공기관 등으로 귀속되었다.

㉠ [○] 〈표 1〉에서 산업통상자원부가 가장 많은 5조 2,715억 원으로 전체 징수실적의 25.1%를 차지했고, 식품의약품안전처는 가장 적은 48억 원으로 전체 징수실적의 0.0%를 차지했다.

㉡ [○] 부담금 징수실적 상위 6개 부처의 부담금 총액은 17조 5,014억 원(= 52,715 + 36,414 + 30,666 + 27,191 + 15,476 + 12,552)이며, 83.4%(= 25.1 + 17.3 + 14.6 + 13.0 + 7.4 + 6.0)를 차지한다.

하위 6개 부처의 부담금 총액은 3,856억 원(= 48 + 187 + 842 + 877 + 901 + 1,001)이며, 1.8%(= 0.1 + 0.4 + 0.4 + 0.4 + 0.5)를 차지한다.

> **Tip**
>
> 부담금 징수실적 상위 6개 부처의 부담금 총액은 부담금 자릿수에서 만의 자리와 천의 자리만을 고려하면 5.2 + 3.6 + 3.0 + 2.7 + 1.5 + 1.2 = 17.2조 원으로, 17조 원 이상임을 알 수 있다.

㉢ [○] 〈그래프〉에서 중앙정부의 기금과 특별회계의 수입으로 전체 부담금의 86.4%(= 69.7 + 16.7)가 귀속되었고, 광역지방자치단체와 기초지방자치단체의 수입으로 전체 부담금의 10.5%(= 4.9 + 5.6)가 귀속되었으며, 공공기관 등의 수입으로 나머지 3.1%가 귀속되었다.

㉣ [○] 〈표 2〉에서 중앙정부 기금으로 귀속된 부처는 총 18개 부처 중 교육부, 행정안전부, 산림청, 식품의약품안전처 총 4개 부처를 제외한 14개 부처이다. 따라서 18개 부처 중 $\dfrac{14}{18}×100 ≒ 78\%$가 귀속되었음을 알 수 있다.

24
답 ②

점수를 계산하면 다음과 같다.

유형	문항 번호	점수
지배형	1, 9, 17, 25, 33	2＋3＋2＋3＋2＝12
냉담형	3, 11, 19, 27, 35	3＋2＋3＋2＋1＝11
복종형	5, 13, 21, 29, 37	2＋1＋2＋2＋1＝8
친화형	7, 15, 23, 31, 39	2＋3＋3＋3＋3＝14
실리형	2, 10, 18, 26, 34	4＋2＋2＋3＋2＝13
고립형	4, 12, 20, 28, 36	1＋2＋1＋1＋2＝7
순박형	6, 14, 22, 30, 38	2＋2＋1＋2＋3＝10
사교형	8, 16, 24, 32, 40	3＋4＋4＋4＋3＝18

합계 점수를 바르게 반영한 그래프는 ②이다.

25
답 ⑤

H팀장은 사교형 점수가 가장 높으므로 이와 관련된 반응을 보여야 한다. 사교형은 '외향적이고 인정하는 욕구가 강하며, 타인에 대한 관심이 많아 간섭하는 경향이 있고 흥분을 잘 하므로 심리적으로 안정하고 지나친 인정욕구에 대한 성찰이 필요하다'라는 특징을 보이므로 타인에 대한 관심과 인정받고자 하는 욕구를 줄여야겠다는 반응이 적절하다.
①은 냉담형, ②는 지배형, ③은 친화형, ④는 실리형과 관련된 반응이다.

26
답 ③

'분야'는 '판매하며'의 목적어가 될 수 없다. 따라서 '식품 분야까지 확장하며 규모를 키우고 있다'와 같이 수정해야 한다.

27
답 ③

2023년 신규 구인 인원은 2,690,900×0.58＝1,560,722명이다. 따라서 2022년 대비 186,746명 감소했다.
① 2020년 구인배수는 0.56으로, 2019~2023년 중 구직이 가장 어려웠음을 알 수 있다.
② 전년 대비 취업자 수가 감소한 연도는 2020년을 제외한 나머지 연도이며, 그중 2022년 취업자 수는 전년보다 828,498 － 724,357 ＝ 104,141명 감소했다.
④ 2020~2023년 신규 구인 인원과 신규 구직 건수 증감 추이는 다음과 같다.
  • 신규 구인 인원 : 감소, 증가, 증가, 감소
  • 신규 구직 건수 : 증가, 감소, 감소, 증가
  따라서 증감 추이는 반대이다.
⑤ 2023년 취업률＝$\frac{691,587}{2,690,900}$×100≒25.7%이다.

Tip

취업률이 25% 이상이려면, '4×취업자 수 ≥ 신규 구직 건수'여야 한다.
'4×691,587 ＝ 2,766,348 ≥ 2,690,900'를 만족하므로 2018년 취업률은 25% 이상이다.

28
답 ④

조건을 기호로 정리하면 다음과 같다.
• 인수 → 하정
• ～인수 → ～주하∧～승환 (대우 : 주하∨승환 → 인수)
• 하정 → 윤영∨～인수
• ～주하 → 인수∧～윤영 (대우 : ～인수∨윤영 → 주하)

2번째 조건에 의해 주하 → 인수, 4번째 조건에 의해 ～주하 → 인수이므로 인수는 무조건 봉사자로 선정된다. 인수가 선정되면 1번째 조건에 따라 하정도 선정되고, 3번째 조건에 의해 윤영도 선정되며, 4번째 조건에 의해 주하도 선정된다. 그러나 승환의 참여 여부는 확정할 수 없다. 따라서 인수, 하정, 윤영, 주하가 반드시 봉사자로 선정된다.

29
답 ④

필요 경비는 총 3,200달러(숙박비 900달러, 식비 900달러, 교통비 400달러, 기타 경비 1,000달러)이므로, 원화로 계산하면 3,200×1,180 ＝ 3,776,000원이다.
K가 총 경비 3,200달러를 구입하기 위한 금액과 해당 금액을 구입하기 위한 원화를 계산하면 다음과 같다.

구분	a	b	c
외화 → 달러	120a ＝ 1달러	6.5b ＝ 1달러	1.2c ＝ 1달러
	384,000a ＝ 3,200달러	20,800b ＝ 3,200달러	3,840c ＝ 3,200달러
원화 → 외화	3,840,000원	3,536,000원	5,760,000원

따라서 가장 저렴한 방법은 b로 환전 후 달러로 다시 바꾸는 것이며, 원화를 바로 달러로 환전했을 때와의 차액은 3,776,000 － 3,536,000 ＝ 240,000원이다.

30
답 ①

• 조건 1 : 대형화재 원인 중 건수가 200건을 넘는 경우는 B, C, E이다.
  ⇒ B 또는 C 또는 E ＝ 전기 또는 유류 또는 가스
• 조건 2 : 2010년 대형화재 건수가 많은 상위 두 원인은 E(67건)와 B(65건)이다. ⇒ B 또는 E ＝ 가스 또는 전기
조건 1과 조건 2를 정리하면, C ＝ 유류이다.
• 조건 3 : 2008년 대비 2009년 대형화재 건수가 증가한 원인은 B(51 → 76건), D(28 → 34건), E(55 → 84건)이다. ⇒ D ＝ 담뱃불
• 조건 4 : B 또는 E ＝ 가스 또는 전기이며, 대형화재 건수가 '(방화 ＋ 전기) － 가스 < 10'여야 한다. 만약 B ＝ 가스, E ＝ 전기라면, 121(＝ 45 ＋ 76) － 38 > 10이고, B ＝ 전기, E ＝ 가스라면 83(＝ 45 ＋ 38) － 76 < 10이다. 따라서 A ＝ 방화, B ＝ 전기, E ＝ 가스이다.

A	B	C	D	E
방화	전기	유류	담뱃불	가스

31
답 ⑤

E씨는 용역을 지휘·감독하고 결론을 도출하였으므로 책임연구원임을 알 수 있다. 기준단가는 참여율 50%를 기준으로 산정되었는데 E씨는 40% 참여하였고 3개월 동안 참여하였으므로 3,216,860원×0.8×3개월로 계산하여 7,720,464원을 지급받게 된다.
① 박사과정을 이수했고, 책임연구원을 보조하며 공동 연구를 수행하였으므로 A씨의 직책은 연구원이다. 〈표 2〉의 기준단가가 참여율 50%를 기준으로 책정된 액수이므로 연구원의 월 임금 2,466,647원에 3개월을 곱하면 7,399,941원임을 알 수 있다.
② 원고 정리 등의 단순 업무를 맡았으므로 B씨가 보조원임을 알 수 있다. 기준단가는 22일, 50% 참여율을 기준으로 책정되었고 B씨는 11일을 일하였으므로 1,236,694원의 반액인 618,347원을 지급받는다.
③ 회의비는 200,000원×인원으로 산정되며 총 3회로 한정된다. 따라서 참석 인원이 5명인 회의 3회에 대하여 3,000,000원을 청구할 수 있다. 또한 60장 분량의 유인물 5부를 복사하였다. 유인물의 제본 여부는 선택지에 언급되지 않았고, 실제 책자를 제본했다는 내용 또한 없으므로 복사비에 한정하여 계산할 때 복사비는 '30원×장수×부수'로

산정하므로 C씨는 총 3,009,000원을 청구할 수 있다.

④ 석사 학위 소지자이며 번역을 담당했다는 점에서 D씨가 연구보조원임을 알 수 있으며 2달 동안 50% 참여율로 수행하였으므로 3,297,742원을 지급받는다. 또한 관련 자료의 경우 실비정산한다.

32 답 ②

2020년 토양오염우려기준 초과 지점 중 토양오염대책기준을 초과한 지점 수는 2,460×0.007≒17개이다.

① 총 조사 지점 수는 2021년 2,512개, 2022년 2,517개, 2023년 2,526개로 모두 2,500개 이상이었으나, 2021년 토양오염우려기준을 초과한 비율은 1.8%로 2% 미만이었다.

③ 2019년 토양오염대책기준 초과율이 $\frac{21}{2,472}×100≒0.8\%$로 가장 높다.

④ 토양오염우려기준 초과 지점 수는 2017년부터 매년 41 → 55 → 61 → 65개로 증가하다가 2021년을 기점으로 53 → 50 → 46개로 감소했다.

⑤ 2021년 토양오염우려기준 초과 지점 수는 2,512×0.021≒53개이며, 전년도와 비교해서 지점 수가 12개 줄었다. 그러나 2018년의 경우 2017년 대비 지점 수가 14개 늘어났으므로, 지점 수 차이가 가장 큰 연도는 2018년이다.

33 답 ④

(다)와 (라)는 몰타기사단의 역사를 설명하고 있는데 1048년에서 오늘날에 이르는 시간 흐름에 따라 (라) 뒤에 (다)를 놓는다. (다)는 몰타기사단이 조직임을 설명하며 끝나고 (가)는 몰타기사단이 몬테비데오 협약 기준에서는 국가가 아님에도 세계 국가로 인정하는 일의 주요 결정권자인 UN의 인정을 받고 있음을 설명하므로 (다) 뒤에 (가)를 놓는다. (가)는 UN의 회원 자격 단계를 언급하며 끝나고, (마)는 최상층 단계에서 두 번째 단계를, (나)는 세 번째 단계와 그 아래 범주를 설명하므로 (가)-(마)-(나)의 순서로 이어지는 것이 자연스럽다. 정리하면 (라)-(다)-(가)-(마)-(나)가 된다.

34 답 ④

3문단에서 몰타기사단 의료봉사를 지원하는 국가가 120개국 이상이고, 회원은 13,000명이라고 하였다. 즉, 몰타기사단이 지원하는 국가가 120개국 이상일 뿐 회원이 120개국에 속하는지는 알 수 없다.

① (가)에서 몰타기사단은 영토도 없고 항구적인 국민도 없기 때문에 몬테비데오 협약의 기준으로 보면 국가가 아니라고 하였다.

② (마)에서 팔레스타인은 두 번째 단계인 옵서버국으로 표결권이 없다고 하였고, (나)에서 몰타기사단은 세 번째 단계에 해당한다고 하였다.

③ (다)에 의하면 1798년 몰타섬을 점령한 나폴레옹이 기사단을 축출하면서 이들의 망명 생활이 시작되었고 1834년에야 로마에 본부를 설치하도록 교황과 협정을 맺었다고 하였다.

⑤ (라)에 의하면 몰타기사단은 상인들에 의해 예루살렘에 창설되었다.

35 답 ③

A~E 5개팀에서 구매 요청한 노트북 대수는 총 8대로, 금액은 450,000×8=3,600,000원이다.

36 답 ③

장기 체류 외국인 수가 세 번째로 많은 해는 2022년이다. 2022년의 베트남 국적의 불법 체류 외국인 수는 약 78,235명이고 2021년의 베트남 국적의 불법 체류 외국인 수는 약 70,411명이다. 78,235 - 70,411 = 7,824명이므로, 2022년의 베트남 국적의 불법 체류 외국인 수는 2021년 대비 5천 명 이상 감소했다.

① 체류 외국인 수가 가장 적은 해는 2021년이고, 2021년의 몽골 국

적의 불법 체류 외국인 수는 15,969명이다. 2020년의 몽골 국적의 불법 체류 외국인 수는 17,006명이므로, 전년 대비 17,006 - 15,969 = 1,310명이 감소했다.

② 2023년 태국 국적의 불법 체류 외국인 수는 145,642명이고 2019년의 태국의 불법 체류 외국인 수는 152,439명으로 5천 명 이상 감소했다.

④ 체류 외국인 수가 가장 많은 해는 2023년이다. 2023년의 단기 체류 외국인 수는 62만 명이고 2022년의 단기 체류 외국인 수는 55만 명이므로 2022년 대비 6만 명 이상 증가했다.

⑤ 2019년~2023년 단기 체류 외국인 수의 평균은 (793 + 426 + 387 + 557 + 626)÷5 = 2,789÷5 = 558(소수점 뒷자리는 반올림함)이므로 55만 명 이상이다.

37 답 ③

2023년 장기 체류 외국인은 1,882천 명이며, 등록 외국인과 외국국적동포 국내거소신고자로 구분된다. 등록 외국인:외국국적동포 국내거소신고자 = 12:5이므로, 외국국적동포 국내거소신고자 수는 1,882천 명×$\frac{5}{17}$ ≒ 553천 명이며, 체류 외국인 중 $\frac{553}{2,508}×100 ≒ 20\%$를 차지한다.

38 답 ④

의료분야 중 일반 및 성형수술 분야와 내시경 분야를 비교하면, 예상되는 세계 의료시장 규모는 일반 및 성형수술 분야 5억 달러, 내시경 4억 달러이지만, 시장점유율은 내시경 분야가 더 크다.

① 2025년 시장점유율이 가장 큰 의료분야는 원의 크기가 가장 큰 심장학 분야이고, 가장 작은 의료분야는 원의 크기가 가장 작은 착상 관리 분야이다.

② 의료분야 중 치과 분야는 예상 성장률이 약 4.2%이며, 9개 분야 중 4번째로 비교적 높은 편에 속한다.

③ 의료분야 중 예상 성장률이 가장 높은 경우는 약 4.7%인 내시경 분야로 예상되는 세계 의료시장 규모는 4억 달러이며, 예상 성장률이 가장 낮은 경우는 약 2.3%인 영상의학 분야로 예상되는 세계 의료시장 규모는 8억 달러이다.

⑤ 의료분야 중 예상 성장률이 3.5% 미만이면서 예상되는 세계 의료시장 규모가 4억 달러 이상인 분야는 영상의학 분야, 정형외과 분야, 약물전달체계 분야로 총 3개이다.

39 답 ③

서울 – 파리 노선별 도착시각은 다음과 같다.

• A8930 : 11월 15일 오전 6시 40분에 출발하여 12시간 30분 후에 도착하므로 서울 기준 15일 오후 7시 10분에 도착하며, 파리 시간으로는 15일 오전 11시 10분에 도착한다. 이 경우 정해진 시간 안에 도착할 수 없다.

• K3814 : 11월 14일 오후 11시 50분에 출발하여 14시간 40분 후에 도착하므로 서울 기준 15일 오후 2시 30분에 도착하며, 파리 시간으로는 15일 오전 6시 30분에 도착한다.

• X5492 : 11월 15일 오전 5시 50분에 출발하여 13시간 5분 후에 도착하므로 서울 기준 15일 오후 6시 55분에 도착하며 파리 시간으로는 15일 오전 10시 55분에 도착한다.

Tip

서울과 파리의 시차는 8시간이다. 서울이 파리보다 8시간 빠르므로 서울에서 파리로 이동할 때 도착시각 = 출발시각 + (비행시간 – 8시간)임을 고려하여 한 번에 계산하면 더 간단하다.

40

답 ②

파리 – 서울 노선별 도착시간은 다음과 같다.

- T1235 : 11월 20일 오전 12시 35분에 출발하여 12시간 10분 후에 도착하므로 파리 기준 20일 오후 12시 45분에 도착하며, 서울 시각으로는 20일 오후 8시 45분에 도착한다. 이 경우 정해진 시간 안에 도착할 수 없다.
- L9610 : 11월 19일 오후 10시 55분에 출발하여 12시간 40분 후에 도착하므로 파리 기준 20일 오전 11시 35분에 도착하며, 서울 시각으로는 20일 오후 7시 35분에 도착한다.
- N8463 : 11월 19일 오후 9시 40분에 출발하여 14시간 30분 후에 도착하므로 파리 기준 20일 오후 12시 10분에 도착하며, 서울 시각으로는 20일 오후 8시 10분에 도착한다. 이 경우 정해진 시간 안에 도착할 수 없다.

서울 – 파리 노선의 경우 정해진 시간에 도착 가능하면서 가장 저렴한 비행기는 K3814편으로 66만 원이고, 파리 – 서울 노선의 경우 L9610편으로 77만 원이다. 따라서 최저 운임은 143만 원이다.

41

답 ⑤

3문단에서 서양식 식단은 섬나라 사람들의 건강을 악화시켰다고 하면서, 건강에 유익한 키리바시의 전통 먹거리가 싸구려 밀가루로 넘쳐나고 주민들의 비만도 순위도 세계 8위에 이른다고 하였다.

① 1문단에서 미국은 비키니 섬에서 원폭 실험을 했고, 프랑스는 폴리네시아 제도에서 거의 200차례나 핵실험을 행했다고 하였다.
② 1문단에 의하면 영국은 크리스마스 섬에서 30차례 이상 핵실험을 했으나 주민들에게 대피령을 내리지 않았다. 이 때문에 많은 이들이 위험 수위의 방사능에 노출되었을 것이라고 하였으나 섬 주민들 모두 방사능에 피폭되었다고 볼 명확한 근거는 없다.
③ 2문단에서 나우루는 인산염 채굴로 해안선 주변을 제외한 대부분의 땅이 거주 불가 지역이 되었다고 하였으나, 바나바 섬 주민들의 상황은 알 수 없다.
④ 3문단에서 키리바시, 사모아, 투발루 성인 인구의 20%가 당뇨병 환자라는 연구 결과가 있다고 하였으나 나우루는 해당되지 않는다.

42

답 ④

조건 순서대로 그림에 적용하면 다음과 같다.

- 첫 번째 조건

- 두 번째 조건

- 세 번째 조건

C   A   F
D   B
    E

따라서 A 맞은편에 앉는 사람은 E이다.

43

답 ④

〈그래프 1〉을 보면, 2015년 총가구 수는 2010년 대비 9.1% 증가하여 조사 기간 중에 가장 증가율이 작다. 해당 연도의 평균 가구원수는

$\frac{47,000천 가구}{17,339천 가구} ≒ 2.7명$이다.

> **Tip**
>
> 2015년 평균 가구원수가 2.5명 미만이라면, 일반가구원수가 47,000천 가구이므로 일반가구 수는 $\frac{47,000천 가구}{2.5} = 18,800천$ 가구보다 많아야 한다.

① 〈그래프 1〉에서 총 가구 수는 5년 주기로 증가했다.
② 〈그래프 2〉를 보면, 4인 가구의 경우 2000년 31.7%, 2005년 31.1%, 2010년 27.0%로, 주된 가구 유형이었으나 2015년에는 2인 가구가 24.6%로, 2020년에는 1인 가구가 27.2%로 주된 가구 유형이었다.
③ 〈그래프 2〉를 참고하면 2020년 한국의 1인 가구 비율은 27.2%이며, 〈표〉에서 주요 국가로 제시된 미국, 영국, 일본, 노르웨이보다 더 낮은 비율을 보인다.
⑤ 〈그래프 2〉에서 1인 가구는 12.7%(2000년)에서 27.2%(2020년)로, 2인 가구는 16.9%(2000년)에서 26.1%(2020년)로 꾸준히 증가했으나, 4인 가구는 31.7%(2000년)에서 18.8%(2020년)로, 5인 이상 가구는 18.4%(2000년)에서 6.4%(2020년)로 꾸준히 감소했다.

44

답 ②

전년 대비 2019년 소방공무원 수 증가율은 $\frac{56,629 - 51,779}{51,779} \times 100 ≒ 9%$이고, 전년 대비 2020년 소방공무원 수 증가율은 $\frac{60,994 - 56,629}{56,629} \times 100 ≒ 8%$이다.

> **Tip**
>
> 소방공무원 수에 대한 전년 대비 증가율 식을 세우면, 2019년의 경우 분모의 값이 분자의 값의 약 10배이고, 2020년의 경우 분모의 값이 분자의 값의 13배이다. 따라서 전년 대비 2020년 소방공무원 수 증가율이 더 크다는 것을 알 수 있다.

① 2019년 전국 소방공무원 1인당 담당인구 수는 $\frac{51,764,822}{56,629} ≒ 914$명이다.
③ 2017년부터 2018년까지 소방공무원 1인당 담당인구 수는 감소했으나, 1천 명 대를 유지했다. 그러나 2021년을 기점으로 소방공무원 1인당 담당인구 수는 807명으로 1천 명 미만을 기록했다.
④ 소방공무원 1인당 담당인구 수는 2017년 1,091명에서 2021년 807명으로 감소했다. 따라서 2021년 소방안전서비스가 2017년에 비해 강화되었음을 알 수 있다.

> **Tip**
>
> 주석 첫 번째에 따르면, 소방공무원 1인당 담당인구 수가 적을수록 소방안전서비스가 강화됨을 의미한다. 따라서 2017년 1인당 담당인구 수보다 2021년 1인당 담당인구 수가 더 적으므로, 소방안전서비스가 보다 강화되었음을 알 수 있다.

⑤ 2019년 한국과 미국, 일본, 독일, 프랑스, 영국 총 5개국의 소방공무원 1인당 담당인구 수를 비교하면 다음과 같다.

구분	미국	일본	한국	독일	프랑스	영국
1인당 담당인구	929명	776명	914명	2,695명	1,259명	2,904명

따라서 일본의 소방공무원 1인당 담당인구 수는 한국보다 더 적다.

45
답 ②

제8조 제4항에 의하면 위원회의 사무를 처리하기 위하여 간사 1인을 두며, 간사는 인사담당 팀장으로 한다. 하지만 제8조 제2항에 의하면 위원회는 성별을 고려하여 위원장을 포함한 7인 이내의 위원으로 구성한다. 따라서 B의 의견은 옳지 않다.

A [○] 제7조 제2항에 의하면 고충신청인이 상담 및 조사결과에 따른 조치에 이의가 있는 경우, 고충심사를 신청할 수 있다.

C [○] 제8조 제3항에 의하면 필요시 외부전문가를 포함시킬 수 있다.

D [○] 제8조 제3항에 의하면 위원은 노동조합 추천 1명과 감사담당 부서장, 인사담당 부서장을 포함하여 매 회의마다 원장이 선임한다.

E [○] 제8조 제3항에 의하면 위원에는 감사담당 부서장이 포함되고, 제9조 제1항에 의하면 위원회 위원은 고충신청인이 본인의 친족인 경우 당해 사안에 대하여 위원회 회의에 참여할 수 없다.

46
답 ③

제10조 제4항에 의하면 위원회는 고충심사를 할 때 고충신청인 또는 관계인의 출석을 필요로 하는 경우 심사일시 및 장소 등을 심사기일 5일 전까지 통지하여야 한다.

① 제10조 제2항에 의하면 위원회는 고충심사를 접수한 날로부터 30일 이내에 고충심사에 대한 결정을 하여야 하고, 부득이하다고 인정되는 경우에는 위원회의 의결로 30일의 범위 안에서 연장할 수 있다.

② 제10조 제1항에 의하면 위원장은 고충심사 청구가 접수되거나 직장 내 괴롭힘 조사위원회의 조사보고서가 이관되는 경우 지체없이 회의를 소집한다.

④ 제11조에 의하면 고충신청인은 위원회의 결정이 있을 때까지는 신고의 일부 또는 전부를 취하할 수 있다.

⑤ 제9조 제2항에 의하면, 특정 위원이 공정하지 않은 심사를 할 우려가 있다고 인정할 만한 상당한 사유가 있는 경우 고충신청인은 그 사실을 서면으로 소명하고 해당 위원에 대해 기피를 신청할 수 있다.

47
답 ③

해당 자료는 2021년 출원 건수의 제도별 구성비로, 2023년 출원 건수의 제도별 구성비를 바르게 나타내면 다음과 같다.

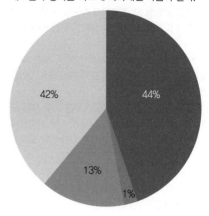

44%
13%
1%
42%

■특허 ■실용신안 ■디자인 ■상표

48
답 ①

기호	명칭	안전 수준	
♲ 1 PETE	폴리에틸렌 테레프탈레이트	재사용 시 박테리아 번식 가능성이 있으나, 1회 사용 시 대체로 안전하다.	○
♲ 2 HDPE	고밀도 폴리에틸렌	배출되는 화학성분이 없어 안전하다.	○
♲ 3 V	폴리염화비닐	열과 빛에 약하며, 발암물질과 환경호르몬이 배출되므로 음식물 용기로 안전하지 않다.	×
♲ 4 LDPE	저밀도 폴리에틸렌	재활용이 불가능하여 사용 자제가 권고되지만 안전에는 문제가 없다.	○
♲ 5 PP	폴리프로필렌	고온에도 변형되지 않고 호르몬 배출도 없으므로 안전하다.	○
♲ 6 PS	폴리스티렌	내열성이 약해 가열 시 환경호르몬과 발암물질이 배출되므로 음식물 용기로 안전하지 않다.	×

49

답 ③

㉠ [×] 테이크아웃 컵 뚜껑은 주로 PS 재질인데, PS는 내열성이 약해 고온에서 환경호르몬과 발암물질이 배출된다. 따라서 뜨거운 음료를 마실 때 컵 뚜껑에 직접 입을 대고 마시는 것은 바람직하지 않다.

㉡ [○] 비닐봉지의 재질은 LDPE인데, 안전하여 다양한 용도로 활용되지만 재활용이 되지 않는다. 따라서 비닐봉지 사용을 줄이기 위해 장바구니를 사용하는 것은 적절한 행동이다.

㉢ [○] PP는 고온에도 변형이나 호르몬 배출이 없어 밀폐 용기 등에 자주 쓰이며, 전자레인지 사용도 가능하므로 행동에 문제가 없다.

㉣ [×] 생수병은 PET 재질인데, 재사용 시 박테리아가 번식할 가능성이 있으므로 1회만 사용하는 것이 바람직하다.

50

답 ④

㉠ 36개월 미만 부모 동반 유아는 무료 입장이므로 일반 4명 + 우대 1명 + 특별 우대 1명 입장료와 레일바이크 2인 요금을 더한다. → 12,000×4 + 10,000 + 8,000 + 25,000 = 91,000원

㉡ 비수기 우대 4명 입장료에 4명의 자전거 대여 요금을 더한다. → 10,000×4×0.8 + 3,000×4 = 44,000원

㉢ 짚와이어 이용 시 입장료는 면제되므로 짚와이어 2명의 요금을 구한다. → 40,000×2 = 80,000원

이 중 총액이 가장 큰 ㉠ 91,000원과 가장 작은 ㉡ 44,000원의 차액은 47,000원이다.

2025 공기업 NCS
2주 완성 핵심문제집

———

초 판 발 행   2020년 01월 20일
개정4판1쇄   2024년 08월 20일

저   자   NCS 공기업연구소
발 행 인   정용수
발 행 처   (주)예문아카이브
주   소   서울시 마포구 동교로 18길 10 2층
T E L   02) 2038-7597
F A X   031) 955-0660

등 록 번 호   제2016-000240호

정   가   24,000원

홈페이지 http://www.yeamoonedu.com

I S B N   979-11-6386-335-9   [13320]